荷澤神會研究

神會の生涯・著作・思想とその史的意義

伊吹 敦［著］
IBUKI Atsushi

法藏館

父と母に

序

荷澤神會の研究は、言うまでもなく重要である。彼は禪思想が形成され、確立される過程を解明するうえで、肝心要の位置を占めており、その行動と思想を明らかにし、その史的意義を評價することは、取りも直さず、初期禪宗史の展開を理解することに繋がるのである。

ただ、禪宗の傳統の中では、神會は必ずしも重要とは思われていなかった。高々、「六祖慧能」の一人の弟子という扱いに止まったのである。ところが、胡適によって敦煌文書中にその著作が發見されると、彼の重要性が、一躍、注目されるようになった。

禪宗の傳統の中では、「六祖慧能」は、「初祖達摩」とともに最も重要な祖師と見做されてきた。達摩が禪を中國に初めて傳えたのに對して、慧能は五祖弘忍の門下において、「漸悟」という誤った教えを説く神秀・普寂らの「北宗」が中央で勢力を得る中で、達摩以來の「頓悟」思想を南方の僻地、曹溪で維持し續け、南嶽懷讓や青原行思らの弟子を養成することによって正しい教えを後世に傳えた立役者として「南宗の祖」と位置づけられてきたのである。

ところが、新たに發見された神會の著作の中に、激しい「北宗」批判を見ることができ、また、「慧能の言行録」

とされてきた『六祖壇經』等と酷似する表現が見つかると、『宋高僧傳』等の神會の傳記が新たに讀み直されて、

①慧能が「六祖」と尊ばれるようになったことに弟子の神會が大いに關わっていたのではないか。

②慧能の思想とされてきたものは、實は神會のものであったのではないか。

③傳統的には慧能が「東山法門」の正統思想を承け繼いだとされてきたが、實は神秀系こそが正統思想を承け繼いだのであって、慧能、あるいは神會は禪宗史に革新を齎したのではなかったのか。

等々の疑念が生じ、かくして神會研究は、慧能研究と竝ぶ、あるいはそれ以上の重要性を持つようになったのである。

胡適による神會の著作の發見以降、神會の研究は、錢穆、印順、鈴木大拙、宇井伯壽、柳田聖山らによって續けられてきた。その閒、神會の「第七祖國師身塔銘」の發見、弟子の慧堅や無名の「碑銘」「塔銘」の發見等もあり、神會に對する認識は徐々に深まってきたが、なお、多くの課題が殘されている。これまで論じられてきた主な論點としては、

a 神會の生涯、特に晩年の事跡について

b 神會と慧能・神秀・普寂等との思想的同異について

c 神會の思想的特徵について

d 神會の「北宗」批判の理由について

e　神會の弟子の事跡について
f　神會と『六祖壇經』との關係について
g　神會の著作と內容、後代の增補部分について
h　神會が佛敎界に與えた影響について

等があるが、これらのいずれについてもいまだ定論には至っていないというのが現狀である。本書では、これらの各問題のうち、神會の弟子を主題とするeとfを除く諸問題について、かなりの說得力をもつ形で私見を提示したつもりである（eとfについては引き續き刊行豫定の續篇『荷澤宗研究――慧堅の活動と禪宗史の再編』を參照されたい）。

これまで論じられてきた上記の論點は、確かに初期禪宗史における重要な問題である。しかし、筆者は、これまでの神會研究者の誰一人として氣づいていない、より大きな問題に注意を促したい。それは、これまでの研究は全て、神會の思想と行動を「東山法門」、あるいは禪宗という極めて限られた範圍內でしか捉えていないという點である。それに對して本書では、先に筆者が提唱した、中國の佛敎を、①「都市佛敎＝國家佛敎」と、②「山林佛敎＝アウト・ロー佛敎」とに二分して捉えることで禪宗成立の意義を解明しようとする巨視的な視點に基づき、神會の「北宗」批判や、神會自身に見られる思想的な變化の意義を理解しようとする試みを行った。

そもそも從來の神會研究では、「北宗」の保守的性格と慧能や神會の革新性ばかりが強調されてきたが、神會から批判された「北宗」そのものが、從來の傳統的な佛敎の立場から見れば、餘りに新しく、とても「佛敎」とは認めがたいものであったことは、慈愍三藏慧日の禪宗批判によって明白である。つまり、兩京から遠く離れた湖北の山中で修行していた段階では何の問題にもならなかったことが、中原では全く許されないものであったのである。

しかし、それならば、同じ立場に立つはずの神會がどうしてその「北宗」を批判しなくてはならなかったのか。また、洛陽に入って後の神會には、一部、以前には見られなかった思想が窺えるが、その理由は何なのか。こうした問題に答えるには、上に示したような巨視的な視座が非常に有効になることを本書で訴えたかったのである。後世の人々から見れば、本書には多くの不備があるであろうが、筆者は、少なくともこの點において、本書によって神會研究は、あるいは初期禪宗史研究は、全く新たな段階に入ったと考えている。しかし、その當否は讀者の判斷に委ねるより外はない。

本書の出版に當たっては、日本學術振興會の科研費「二〇二四年度研究成果促進費（學術圖書）」（課題番號24HP5001）、竝びに「東洋大學井上圓了記念研究助成（刊行の助成）」の給付を受けることができた。この場を借りて關係各位に感謝申し上げる。また、助成金の申請、標記・體裁の統一、索引の作成等において法藏館編集部の今西智久氏のお世話になった。ここに記して感謝の意を表させて頂きたい。

二〇二五年一月一日　　東京板橋區の自宅にて

荷澤神會研究——神會の生涯・著作・思想とその史的意義——＊目次

序

第Ⅰ部　神會の生涯と著作

第Ⅱ部　神會の思想形成

荷澤神會研究

神會の生涯・著作・思想とその史的意義

第Ⅰ部　神會の生涯と著作

第一章　神會の生涯と著作の概要

先行研究と問題の所在

荷澤神會（六八四～七五八）が禪宗史上の最重要人物の一人であることを初めて明らかにしたのは胡適（一八九一～一九六二）であった。『菩提達摩南宗定是非論』（P三〇四七號、P三四八八號、以下、『定是非論』と略稱）や『南陽和尚問答雜徵義』（P三〇四七號、以下、『雜徵義』と略稱）、『頓悟無生般若頌』（S四六八號）等の神會の著作（あるいは神會關係の文獻）を敦煌文書中に發見したのも胡適であるし、近代の學術的な手法に基づいて神會の傳記を初めて書いたのも胡適であった。彼は正しく神會研究のパイオニアであり、彼の『神會和尚遺集──胡適校敦煌唐寫本』（一九三〇年）は、神會研究の最初を飾る金字塔であった。ただ、彼の置かれた時代的制約や、神會の史的意義を强調したいとする强い意欲のため、神會の活動と弟子たちの活動を分離することを怠り、いくつかの重大な過ちを犯したという點は注意されるべきである。

以下、胡適以降における神會の著作と生涯に關する主要な研究に觸れるとともに、どのような點が課題として殘されているかについて私見を述べることとしたい。

先ず、神會の著作についてであるが、胡適が發見したものに『定是非論』や『雜徵義』（しばしば「胡適本」と呼ばれる）があったことは既に述べたが、その後、『雜徵義』の異本として石井積翠軒本の存在が知られ（一九三二年刊行、「石井本」と呼ばれる）、更に、鈴木大拙（一八七〇〜一九六六）によって、もう一つの神會の主要な著作である『南陽和上頓教解脱禪門直了性壇語』（以下、『壇語』と略稱）が、北京本敦煌文書の中から發見され（寒八一、一九三五年刊行）、神會の主要な著作とされるものが出揃った。その後も神會の諸著作の異本は多數紹介されており、それらを含めた校訂作業が行われてきた。現在では、少なくとも上記の諸著作に關しては、その全容は略ぼ明らかになったと言える。

上に見たように、神會の主要な著作は既に一九三〇年代にほぼ出揃っていたのであるが、これらの著作に關する文獻學的な研究はなかなか進まなかった。こうした狀況を大きく變えたのが印順（一九〇六〜二〇〇五）の『中國禪宗史――從印度禪到中華禪』（一九七一年、以下、『中國禪宗史』と略稱）である。『中國禪宗史』では、神會の著作を一つ一つ取り上げて分析を加えているが、特に『定是非論』について、「文獻の成長」という新たな視座を初めて導入したという點は注目すべきである。印順は、神會の著作中に、後で弟子たちが加えた部分が存在することを初めて明らかにしたうえで、神會の思想を問題にする場合には、それを分離しなくてはならないことを指摘したのである（因みに印順は、胡適が神會の著作とした『六祖壇經』についても、その原本を慧能の說法に由來するものと認めたうえで、後代の弟子による加上を問題にしたが、これも同じ視座に立つものと言える）。

『中國禪宗史』では、それ以外にも、『傳燈錄』が神會の著作として掲げる『顯宗記』の「西天二十八祖說」が後世のものであること、『壇語』や『雜徵義』に「南陽和尚」「南陽和上」という呼稱が冠せられているからといって、必ずしも南陽時代のものとは言えないということ、特に『雜徵義』の成立がかなり遲れるということ等、今日から見ても非常に斬新で劃期的な主張が盛り込まれている。何故か日本の學界が言及することは少ないが、その點で

『中國禪宗史』こそは神會研究における第二の金字塔であったと言える。ただ、これで神會の著作に關する全ての問題が片付いたわけではない。むしろ、これを起點として更に詳細な研究が後進に求められたと言うべきなのである。例えば、既知のもの以外にも神會の著作がないかを確認する作業が必要であったし、從來から神會の著作として知られているものについても、それを本當に神會のものと認め得るかの檢討や、それらの成立時期や相互の關係、後代の書き換えや書き加えの有無、その時期等について更に詳しい研究が必要であったのであるが、その後、こうした面で大きな成果を上げた者がいたようには見えない。

一方、神會の生涯について言えば、神會の貶逐後の事跡について、『圓覺經大疏鈔』等の宗密（七八〇～八四一）の著作と『宋高僧傳』（九八八年）との間に大きな相違が認められるが、胡適は、前者の配流地で歿したという説を採らず、後者の説を採用して、晩年、神會は都に呼び戻され、成功裏に人生を終えたと主張した。この説は、その後、廣く受け入れられたが、弟子の慧空が撰述した神會の塔銘「大唐東都荷澤寺歿故第七祖國師大德於龍門寶應寺龍首腹建身塔銘幷序」（七六五年、以下、「第七祖國師身塔銘」と略稱）が發見されたことにより、これが全くの誤りであり、宗密の説に據るべきであったことが判明した。そもそも宗密は荷澤宗に屬し、また時代的にも『宋高僧傳』より百五十年も先行するのであるから、當然、宗密の説を採用すべきであったのである。この胡適の判斷の錯誤には、宗密の荷澤宗としての法系や人格を根據もなく疑ったこと、もっと言えば、彼自身の持つ佛敎への不信感が密接に關係したのであるが、白話文學を中心とする文學革命の主導者であった胡適は、自らの立場を「佛敎の革命家」としての神會と重ね合わせて理解していたため(1)、神會の人生が成功に彩られたものであることを強く願ったということも影響したであろう。

神會の生涯については、慧能（六三八～七一三）に參問した時期、王維（六九九～七五九／七〇一～七六一）等と交流した時期など、他にもいくつかの問題が殘されているが、神會の史的意義を決するほどの大きな問題として、神會がどのようにして自らの思想形成を行ったのか、また、どうして貶逐を招くような激しい「北宗」批判に敢えて及んだのかという動機の解明はいまだ十分には行われていないように思われる。

この問題は、神會と『六祖壇經』の關係をいかに捉えるかという問題と直結する。胡適は、『六祖壇經』と神會の著作との類似によって、『六祖壇經』を神會の著作であり、從來、慧能の思想と見做されてきたものは、實は神會のものなのだから、禪宗史に革新を齎したのは慧能ではなく神會であると主張した。『六祖壇經』と神會の著作がいかに似ていようと、

a　『六祖壇經』を神會系の著作と見るにしても、それを制作しうるものは神會自身に限られるわけではなく、その弟子であっても、師の說を取り込む形で『六祖壇經』を制作できた。

b　『六祖壇經』に成長を認め、後から加えられた層のみに神會の著作の影響を認め得るのであれば、『六祖壇經』の原型を慧能に歸することができる。

c　神會は慧能の忠實な弟子であったため、『六祖壇經』に示された師說をそのまま自らの著作に取り込んだと考えれば、慧能の作品であると認め得る。

という三つの可能性がありうるのに、胡適はそれを全く考慮していなかった。從って、これは明らかに獨斷であったと言えるが、その根底に神會の史的意義を高めたいという強い欲求があったことは閒違いないであろう。

ところで、この獨斷について嚴しい批判を行ったのが、印順と錢穆（一八九五～一九九〇）である。印順が『中

國禪宗史』で行った主張は、上のbの立場に立つものであり、錢穆が「神會與壇經」(2)で主張したのは、cの立場に立つものであった（因みに、拙稿「『六祖壇經』の成立に關する新見解――敦煌本『壇經』に見る三階敎の影響とその意味」(3)で示したように、著者はaの立場に立っている）。

『六祖壇經』と神會の關係については、原理的に上記のa～cに、胡適の立場を加えた四つしかあり得ないと思われるが、これは要するに慧能と神會の關係、神秀（六〇六?～七〇六）と慧能の關係をいかに捉えるかという極めて重要な問題に歸著する。これは言い換えれば、弘忍門下における思想的な同質性をどこに認めるかという問題に外ならない。卽ち、神會の「北宗」批判は、直接には普寂（六五一～七三九）を對象としたものであったため、神會と普寂の閒に思想的な相違があると神會が認めていたことは確かでも、弘忍（六〇一～六七四）・神秀・慧能・普寂・神會の思想的な同異については、さまざまな可能性が有りうるのである。卽ち、神會の「北宗」批判については、

①神秀や普寂の思想が東山法門の傳統から逸脫したものであったために、慧能から東山法門の傳統を承け繼いだ神會が普寂を批判した（この場合は、弘忍、慧能、神會は基本的に同一思想で、神秀と普寂のみが傳統から逸脫した思想となる）。

②神會が革新的思想を打ち出し、東山法門の傳統を承け繼ぐ普寂を批判した（この場合は、弘忍、神秀、普寂、慧能は基本的に同一の思想で、神會のみが革新的思想を持ったことになる）。

③慧能が革新的な思想を打ち出し、神會はそれを繼承發展させて、東山法門の傳統を承け繼ぐ普寂を批判した（この場合は、弘忍、神秀、普寂は基本的に同一思想で、慧能と神會のみが革新的思想となる）。

④普寂の思想には東山法門の傳統から逸脱した點があったため、神會はそれを批判したが、それを社會に受け入れさせようと努力する過程で、それまでにない新たな主張を行うようになった（この場合は、弘忍、神秀、慧能は基本的に同一思想で、普寂と神會はそれぞれ獨自の思想を持っていたことになる）。

という四つの可能性が考えられるのである。

これは神會の史的意義を考える場合、最も重要な點であり、從って、上に言及した先學たちは、それぞれに自身の立場を表明してきた。卽ち、①は傳統說の立場、②は胡適の立場、③は錢穆や印順の立場である（因みに、本書は、第四章「「北宗」との對比に見る神會說の獨創性とその由來」に見るように、基本的には④の立場に立つものであり、神會の批判の背景として、「北宗」の國家佛教化、竝びに、慈愍三藏慧日（六八〇～七四八）の禪宗批判に對處するために「北宗」をスケープゴートに用いたという點があったと考えている）。

ところが、近年は、どういうわけか初期禪宗史に關する著作はおろか、神會を主題とする著作においても、この問題に對して自身の立場を明示しない例が多いようである。例えば、小川隆の『神會――敦煌文獻と初期の禪宗史』は、恐らく神會をテーマとした日本で唯一の單行本であろうと思われるが、神會に直接關わらない初期禪宗の研究史などに多くページを割く一方、神會を評價するうえで最も重要なこの點については全く說明がない。しかも、研究史についても胡適や鈴木大拙には觸れるが、印順や錢穆への言及は皆無であり、從って、『六祖壇經』の位置づけについても默して語らない。それどころか、神會の「北宗」批判を、「普寂に參ずることで自らも輝ける嵩山法門の一員たらんと志し、にもかかわらずその門徒によって無情にも門前拂いを食らわされた、そのような屈辱の經驗が神會にあって、その昔年の怨恨が「北宗」批判の陰の動機となっているのではないか」などという根據のな

い想像に基づいて、その理由を神會の私憤に歸そうとしている。(4)

一方、最近出版されたジョン・R・マクレー（John R. Mcrae）の『禪の宣教師――神會・頓悟・南宗禪』（*Zen Evangelist: Shenhui, Sudden Enlightenment, and the Southern School of Chan Buddhism*）では、侯莫陳琰の『頓悟眞宗金剛般若修行達彼岸法門要決』（以下、『要決』と略稱）等と神會の著作とを比較した上で、「北宗」と神會の思想的連續性を認め、(5)また、『六祖壇經』に神會の思想が多く含まれていることを確認しながらも、柳田聖山の說に從って、『六祖壇經』と牛頭宗の關係性を強調する。(6)しかし、『要決』等を取り上げて「北宗文獻」の代表のように扱うことは問題であるし、『六祖壇經』の成立を牛頭宗と關聯づけることは、種々の理由から不可能である。もしそのように主張するのであれば、そこに神會の思想が多く採用されていることの理由を人が納得できる形で說明すべきであろう。

マクレーは、神會と「北宗」との間に思想的に大きな違いがないと認めるため、神會の「北宗」批判については、その理由を求め得ず、「不明」であると素直に認めている。しかし、その上で、無理に理由を求めて、この問題を慧安が自らを神秀以上に位置づけようとしたという自らの認識に從って、神會にこの慧安の性格の影響があったのではないか等の推測を述べている。(7)しかし、これまた確かな根據を缺く臆見に過ぎず、同意することは困難である。

この問題は神會の思想形成がいかにして行われたのかという、もう一つの重大な問題にも直結する。慧能と神會の間で思想的な相違があるのであれば、そして、神會が慧能の印可を得たということを認めるのであれば、神會に特有の思想は、慧能のもとを離れてから、北地で自らが發展せしめたものと見ねばならない。ところが、この立場を採ったはずの胡適にも、この點の說明は見られないし、先に觸れた小川の『神會――敦煌文獻と初期の禪宗史』は、「神會の思想は、惠能の教えの祖述でなく、彼自身の思索と體驗に基づく獨自のものであったとも言えるのである」と根據のはっきりしない推測を述べるのみで、それを基礎づける努力を怠っている。[8]

マクレーが「北宗」の思想と神會の思想に連續性を認めたのは確かに正しい。そして、神會の「頓悟」説の由來の一つを『要決』に求めるのも正しい認識であると言える。ただ問題は、著書の題名からも窺われるように、マクレーは、神會を「Zen master」、卽ち「禪師」ではなく、「Zen evangelist」、卽ち「禪の宣教師」と位置づけることによって、神會が禪定を重んじなかったことや、彼の思想の特徴である「頓悟」説の主要な由來を説明しようと努めているという點である。ここで言う「宣教師」とは、弟子や信徒を集めることを主たる任務とし、その後の弟子の指導等には積極的には關與しない布敎の專門家のことを指す。つまり、マクレーの考えでは、神會は、「宣敎師」としての職務を全うするため、多くの人の集まる授戒等の法會において、出家後の嚴しい禪定修行への言及を意圖的に控え、菩提心を起こすことの重要性や、目標達成の容易さを強調する「頓悟」を強調して弟子や信徒を集めたが、その弟子の得度・授戒や、出家後の弟子の指導は熱心に行わなかったというのである。[9] マクレーは、この説の根據として、

1　晩年、神會が安史の亂の時に授戒によって多くの香水錢を集めることができたのは、それ以前に洛陽において、しばしば授戒活動を行っていたことの延長線上に捉えられるべきである。

2　神會の弟子たちが、入門して數年の內に神會の下を離れて山中で修行を行ったのは、神會が禪定の指導を行っていなかったためであり、有力な弟子が育たなかったのも、出家後の指導に力を注がなかったことによるものである。

等を舉げている。(10) 從來にない非常に斬新な見解であることは認めるが、具體的に言えば、上の論據には、

1 そもそも、安史の亂の時に神會が授戒によって香水錢を集め、その功績が認められて「帝師」として遇されたという『宋高僧傳』の說は史實として認めがたいものであるし、神會が洛陽で行った授戒が菩薩戒の傳授であることは『壇語』を見れば明らかであり、菩薩戒の傳授と、僧侶としての資格に關わる具足戒の傳授とは嚴密に分けて考えなければならない。菩薩戒傳授の機會を利用して布敎を行うことは、初期禪宗で廣く行われた「開法」と呼ばれる布敎方法であって、彼が批判した「北宗」でもこれを行っていたことは、『大乘無生方便門』等の開法のテキストが傳わっていることによって明らかである。從って、もし授戒に積極的に携わったことが「頓悟」說に繫がったというのであれば、「北宗」がこれを强調しなかった理由を說明しなければならない。

2 神會の弟子の多くは、師の貶逐後に各地に分散して山中等で禪修行をせざるを得なかった。それは師の罪狀が「聚衆」であったため、弟子たちが集團で活動することが憚られたためである。しかも、神會の弟子の多くは、神會が洛陽の荷澤寺に入って後に入門した人々であったから、師の貶逐によって修行を全うするところまで行かない人も多かった。これが引き續き禪修行を必要とした理由である。つまり、マクレーの示した事實は、神會が、その主張のままに、禪の指導を熱心に行わなかったことを示すものとは言えないし、むしろ、その主張とは裏腹に、普段から禪の指導を行っていたからこそ、一人になっても山中で修行し得たと考えるべきである。禪定の價値を否定するかのごとき神會の主張は、「北宗」を批判するためのレトリックの一つであって、彼や弟子たちが、その言葉の通りの修行生活を送っていたと考えるのは、あ

まりにナイーヴに過ぎた理解である。

等といった根本的な問題があり、到底、同意できない主張である。更に、假にこの主張が認められたとしても、本人が認めているように、「北宗」をわざわざ批判しなければならなかった理由にはなり得ないのである。

小川、マクレー兩氏の見解を通して言えることは、二人とも荷澤神會の活動と思想を禪宗内部の問題としてしか捉えていないということである。禪の兩京への流入、「禪ブーム」の興起とそれへの反撥、それに續く神會の活動と貶逐は、當時の佛教界全體に大きな影響を及ぼした一大事件であった。二人が神會の「北宗」批判の理由を求め得なかった原因は、ここにあったと言えるであろう。

神會の著作・生涯・思想についてのこれまでの研究には、上記のように問題とすべき點が多く殘されている。本書は、それら種種の問題について現時點における著者の見解を提示しようとするものであるが、次章以下において個別の問題を取り扱うのに先立って、本章では、神會の著作と生涯と思想の概要を示そうと思う。

第1節　神會の生涯と思想を知るための基礎資料

荷澤神會の生涯と思想を知るための資料としては、以下のものを擧げることができる。なお、1の「神會自身の著作」については、何をそれと認めるかという問題があり、次節においてそれを確定するので、ここでは個々の著作の名稱の提示は行わない。

1　神會自身の著作

2　塔銘・碑銘等

a　王維撰「六祖能禪師碑銘幷序」（七四五年前後、以下、「六祖能禪師碑銘」と略稱）

b　宋鼎撰「曹溪能大師碑」（七四五年前後）

c　房琯撰「三祖僧璨禪師碑文」（七四六年前後）

d　撰者未詳「常上人墓誌銘幷序」（七四八年）

e　李華撰「荊州南泉大雲寺故蘭若和尚碑」（七五一年以降、以下、「蘭若和尚碑」と略稱）

f　李華撰「潤州鶴林寺故徑山大師碑銘」（七五二年以降、以下、「徑山大師碑銘」と略稱）

g　李華撰「故左溪大師碑」（七五四年以降）

h　慧空撰「大唐東都荷澤寺歿故第七祖國師大德於龍門寶應寺龍首腹建身塔銘幷序」（七六五年、以下、「第七祖國師身塔銘」と略稱）

i　李華撰「潤州天鄉寺故大德雲禪師碑」（七六六年以降、以下、「法雲禪師碑」と略稱）

j　獨孤及撰「舒州山谷寺覺寂塔隋故鏡智禪師碑銘幷序」（七七二年、以下、「鏡智禪師碑銘」と略稱）

k　元誼撰「大唐廣陽漆泉寺故覺禪師碑銘幷序」（七七四年以降、以下、「惠覺禪師碑銘」と略稱）

l　徐岱撰「唐故招聖寺大德慧堅禪師碑銘幷序」（七九二年以降、以下、「慧堅禪師碑銘」と略稱）

m　慧岌撰「唐東都同德寺故大德方便和尚塔銘幷序」（七九五年、以下、「方便和尚塔銘」と略稱）

n　劉禹錫撰「袁州萍鄉縣楊岐山故廣禪師碑」（七九八年以降、以下、「乘廣禪師碑」と略稱）

o　賈餗撰「揚州華林寺大悲禪師碑銘并序」（八一六年以降、以下、「大悲禪師碑銘」と略稱）

3　荷澤宗及び他派の著作

a（傳）慧能撰・法海編『南宗頓教最上大乘摩訶般若波羅蜜經六祖慧能大師於韶州大梵寺施法壇經』（七六五～七七〇年頃、以下、敦煌本『六祖壇經』と略稱）

b　撰者未詳「大乘頓教頌并序」（七八〇年前後）

c　編者未詳『歷代法寶記』（七八〇年前後）

d　編者未詳『唐韶州曹溪寶林山國寧寺六祖惠能大師傳法宗旨并高宗大帝敕書兼賜物改寺額及大師印可門人并滅度時六種瑞相及智藥三藏懸記等傳』（七八一年、以下、『曹溪大師傳』と略稱）

e　宗密撰『裴休拾遺問』（八二九年前後）。異本：『中華傳心地禪門師資承襲圖』（八三三年前後、以下、『承襲圖』と略稱）

f　宗密撰『圓覺經大疏鈔』『圓覺經略疏鈔』（八三一年前後）

4　禪宗燈史と僧傳

a　智炬編『大唐韶州雙峯山曹侯溪寶林傳』（八〇一年、以下、『寶林傳』と略稱）

b　靜・均二禪德編『祖堂集』（九五二年）

c　贊寧編『宋高僧傳』（九八八年）

d　道原編『景德傳燈錄』（一〇〇五年、以下、『傳燈錄』と略稱）

ただし、各資料の信憑性には相當な相違があるので、以下、これらの資料の概要とそこに記される神會の事跡を簡單に紹介した上で、各資料の史料價値等についても個別に論じて行きたい。

おおよそ、1が最も重要な資料で、その後、2、3、4と進むにつれて、資料としての信憑性は遞減して行くと見てよいが、3-dの『歷代法寶記』は神會と同時代の傳聞を含み、3-fの『圓覺經大疏鈔』『圓覺經略疏鈔』は洪州宗に對して荷澤宗の正統性を强調した宗密（七八〇～八四一）の著作で、荷澤宗の古い傳承をよく傳えており、非常に史料價値が高い。

第2節　神會の著作の概要

a　神會の著作とその成立時期

神會の著作として一般に認められているものとして、

1　獨孤沛編・序跋『菩提達摩南宗定是非論』（以下、『定是非論』と略稱）
2　『南陽和上頓敎解脫禪門直了性壇語』（以下、『壇語』と略稱）
3　劉澄集・序『南陽和尙問答雜徵義』（以下、『雜徵義』と略稱）
4　『頓悟無生般若頌』
5　「荷澤寺神會和尙五更轉」二種

等があるが、この內、『雜徵義』は、種々の點から神會自身の著作とは認められないものである（これについては、本書第二章第5節「『雜徵義』の成立と史的意義」を參照されたい）。また、「荷澤寺神會和尙五更轉」は、恐らくは、洛陽進出後に、文盲を含む一般大衆に「南宗」の思想を擴めるために口頭で流布させたものであろうが、神會自身の著作か、神會歿後の荷澤宗の人々の著作かは決定しがたい。神會の思想を論ずる場合、先ずは確實に神會の著作と認められるものに基づくべきことは言うまでもないことであるから、以下においては、これへの言及は避けることとしたい。

一方、現在、石井本『雜徵義』の末尾に附加されている東土六祖の傳記は、もともと『師資血脈傳』と稱する獨立した著作で、『定是非論』とともに、神會の最初期の著作と認め得るものである（これについては、本書第二章第1節「『師資血脈傳』の成立と初期の傳承」を參照されたい）。

また、神會は『定是非論』では「西天八祖說」を主張していたが、後に掲げる「故左溪大師碑」や「大悲禪師碑銘」等の資料によって、貶逐前に「西天二十九祖說」に移行しており、それが廣く流布していたことが確認される。「西天二十九祖說」が流布するためには、その內容を明示する何らかの著作があったと考えざるを得ないが、それに該當すると考えられるのが、『歷代法寶記』、宗密の著作等に言及される『付法藏經』であり、敦煌文書中に數本が傳えられている『付法藏人聖者傳』（田中良昭による擬題）こそは、その神會原撰のテキストが後世に改編されたものであると考えられる（これについては、本書第六章「『付法藏經』の編輯とその後の變化」を參照）。

従って、ほぼ確實に神會の著作と呼べるものは、以下の五種となる。

1 『師資血脈傳』

2『定是非論』
3『壇語』
4『頓悟無生般若頌』
5『付法藏經』

これらの著作の成立時期については、本書第二章「神會の主要著作の成立時期と相互關係」等を參照して頂きたいが、ここではその結論のみを簡單に示しておく。

先ず、『師資血脈傳』は「滑臺の宗論」が行われた開元二十年（七三二）前後の著作と見ることができ、『定是非論』も、その素材は「滑臺の宗論」であるが、弟子の獨孤沛がこれを編輯し、その末尾に『師資血脈傳』を付したのは、天寶四載（七四五）に神會が洛陽の荷澤寺に入って後、間もない頃であろうと考えられる。

また、『壇語』と『頓悟無生般若頌』、『付法藏經』は、何年間かの洛陽での布教を經た後に編輯されたものと推測されるが、『歴代法寶記』の記載等を考慮に入れれば、おおよそ天寶六載（七四七）前後に相次いで成立したものと見てよいようである（これについては、本書第八章「神會の活躍・貶逐・復權と保唐宗の成立」を參照）。

なお、從來、『壇語』や『雜徴義』に「南陽和上」や「南陽和尚」の稱號が冠されているために、南陽の龍興寺に住していた時の著作であるとする安易な推測が行われ、それが一般化しているが、これは正されるべきである。これについては、本書第二章第6節「『壇語』の成立について」を參照されたい。

b　神會の著作に對する後世の改編

神會の著作の特徴として、後世、しばしば改編（あるいは改變）が行われたということを擧げることができる。八世紀後半には荷澤宗の活動が非常に活潑であったため、弟子たちの閒で新たな思想が生み出されると、それを師の著作に組み込むことで、宗祖以來の思想であることを明示し、社會に流布させようとした。その結果が、この神會の著作の改編であると見ることができる。

先ず、『師資血脈傳』では、各傳記の冒頭に「第〇代〇〇禪師承〇〇大師後」という定型句があり（ただし、「達摩傳」は除く）、また、六代の祖師が傳法に當たって『金剛經』を用いたとする記載が見えるが、これらは『歷代法寶記』の竝行する文章等との比較によって、明らかに後世の附加であることが知られる。また、『師資血脈傳』の「慧能傳」では、慧能（六三八〜七一三）が後繼者を尋ねる弟子たちに對して「四十年外懸記」を與える場面があるが、これも同樣の理由によって、元來は「二十年外懸記」であったのを後に改めたものであることが知られる。「二十年外懸記」が開元二十年（七三二）の「滑臺の宗論」での神會の活躍を指すのに對して、「四十年外懸記」は、神會が貶逐先の荊州の開元寺で入寂した後に慧堅（七一九〜七九二）を中心とする弟子たちの盡力によって乾元二年（七五九）に神會の遺體が龍門に移され、寶應二年（七六三）に神會の墓所に敕命で寶應寺が建てられて、神會が完全に復權を遂げたことを指したものと解される。これらの改變は相互に關聯するものと見ることができるようであるから、いずれも七六三年以降、閒もない時期に行われたと見ることができる。

次に『定是非論』については、その末尾に近い部分に『金剛經』を中心に種種の般若經の文を書き拔いた部分が存在するが、この部分はどう見ても文脈から浮いており、後代の附加と知られる。これは『師資血脈傳』に『金剛經』に關する記述が書き加えられたのと關聯するものであり、しかも、獨孤沛が序文を書いた時點では『定是非論』の末尾に『師資血脈傳』が附録されていたと考えられるから、この形態のテキスト全體に對して、一時期に改編と附加が行われたものと見做すことができる。從って、この般若經の文章の附加も七五九年、あるいは七六三年以降、間もない時期に行われたと見てよいであろう。これらの詳細については、本書第二章第3節「『師資血脈傳』改變の時期と理由」、第4節「『雜徵義』と『定是非論』『師資血脈傳』との關係」等を參照されたい。

次に『頓悟無生般若頌』については、敦煌文書から發見されたもので、著者名は明記されないが、内容から見て、神會が洛陽の荷澤寺での布教に關聯して撰述したものと見ることができる。『傳燈錄』の「神會章」においてその著作として言及され、巻三十に「荷澤大師顯宗記」として全文が收められている『顯宗記』は、大部分、内容が共通し、『頓悟無生般若頌』が後世に改編されて成立したものと見ることができる。この改編によって、當初存在しなかった「西天二十八祖說」が新たに加えられるなどしており、荷澤宗が「西天二十九祖說」から「西天二十八祖說」に移行した後の改編と見ることができる。「西天二十八祖說」を說く最も古い文獻は敦煌本『六祖壇經』で、七六五～七七〇年頃の成立であるから、それと同時期、あるいは、それ以降の改編であろう。

最後に『付法藏經』については、當初は「西天二十四祖說」を說く『付法藏因緣傳』を傳法の部分を中心に要約し、その末尾の「師子比丘」の後に、『達摩多羅禪經』に說く八人の系譜の內、重複しないと考えられた「舍那婆斯」「優婆崛」「婆須蜜」「僧伽羅叉」「達摩多羅」という五名の名前を書き加え、最後の「達摩多羅」と「菩提達摩」を同一視して「菩提達摩多羅」とし、新たに「西天二十九祖說」を主張したものであったようである。『歷代法寶記』の撰者が參照したのはこの本であったらしいが、後に「西天二十八祖說」に改められるなどの改編が行われ、最澄（七六七～八二二）や宗密（七八〇～八四一）が言及するものがそれに當たるようである。この改編も、上記の理由により、七七〇年前後、あるいは、それ以降と見られるが、その後も種種の改編が行われ、現行本（『付法藏人聖者傳』）はかなり特異な內容を持つようになっている。

上記のように、神會の著作は、後世の改編を經ている場合が多いので、そこに記された思想等を問題する場合、注意が必要である。ただ、『壇語』のみには、後世の改編が認められず、また、他の神會の著作との相互關係も窺えない。このことは、『壇語』のみが他とは別に傳承されたことを暗示するものであるが、その理由は明らかではない。

なお、神會の著作と同樣、荷澤宗の著作も後にしばしば改編されており、荷澤宗の人々が常に思想的な革新、あるいは更新を行っており、それを著作へと反映させていたことが知られる。具體的に言えば、敦煌本『六祖壇經』から『法寶記壇經』への成長がそれであるし、『雜徵義』の石井本と胡適本との相違もその結果と認めることができる。[11]『雜徵義』については、上述のように、當初、「南陽和尙」の呼稱が冠せられていたようであり、圓仁（七九四〜八六四、八三八〜八四七入唐）の『入唐新求聖敎目錄』に、

「南陽和尙問答雜徵義一卷 劉澄集[12]」

と記されているものは、その當初の形態のものであったと考えられるが、圓珍（八一四〜八九一、八五三〜八五八入唐）の『智證大師請來目錄』には「荷澤禪師」を冠した、

「南宗荷澤禪師問答雜徵一卷[13]」

が著録されている。この場合、名前の變更だけでなく、それと同時に内容についても改編が行われた可能性が強く、『雜徵義』の石井本を前者に、胡適本を後者に充て得る可能性が考えられる。また、この事例は、神會に對する「荷澤和尚」「荷澤禪師」という呼稱が、歿後、かなり後になって初めて使われるようになったことを證するという點でも注目すべきである。

第3節　神會自身の著作から知られる事跡

a　『師資血脈傳』（七三二年前後）

石井本『雜徵義』の末尾に附されている達摩から慧能に至る六代の傳記は、もともと「師資血脈傳」と稱される獨立した著作であって、獨孤沛（生歿年未詳）が『定是非論』を編輯した際には、その末尾に附載されていた。この獨孤沛による編輯は、恐らく、神會が天寶四載（七四五）に洛陽の荷澤寺に住した後、その活動が廣く知られるようになった頃に、神會の指示を受けて行われたもので、神會と北宗の禪僧との對論に關する資料を「滑臺の宗論」の際のものを中心に纏めて『定是非論』とし、また、當時、既に流布していた神會の著作、『師資血脈傳』をそれとセットにして世に知らしめんとしたものと見られる。從って、『師資血脈傳』は、『定是非論』の草稿とともに神會の最初期の著作と見ることができる。

本書第三章「『師資血脈傳』に見る『傳法寶紀』の影響」で論じるように、『師資血脈傳』の編輯は杜胐（生歿年未詳）の『傳法寶紀』をベースにし、『續高僧傳』なども參照しつつ改編を行ったもので、第六祖を法如・神秀から慧能へと插げ替え、弘忍と慧能の親密な關係を捏造し、また、慧能の「二十年外懸記」を創作して「滑臺の宗論」での自身の活躍を慧能の豫言に沿ったものであると主張し、更に「傳衣說」、慧能の碑文の磨改等の自身の主張を書き込むことで成立した。『師資血脈傳』のベースとなった『傳法寶紀』は、『定是非論』中で言及されているので、神會は「滑臺の宗論」(七三二年)以前に入手していたと考えられ、その點から見て、『師資血脈傳』は「滑臺の宗論」と相前後する時期の成立と見られる。「一代は一人に限られる」という主張、インド以來の祖統によって自らを權威づけんとする發想、「開佛知見」という用語等に見られる『傳法寶紀』との一致は、神會の思想が慧能に由來するものではなく、北地で育まれたものであることを示すという點で貴重である。

b 『定是非論』(七四五年前後)

『定是非論』の成立の經緯は、上の『師資血脈傳』の項で述べたごとくであり、『師資血脈傳』とともに神會の最初期の著作の一つである。本著作によって、「北宗」の禪僧との對論が開元十八年(七三〇)以降に何度か行われたこと、その中でも開元二十年(七三二)に崇遠と行った「滑臺の宗論」が最も有名であったこと等が窺われる[14]。「南宗」と「北宗」の思想的違いと慧能(六三八～七一三)こそが弘忍(六〇一～六七四)の眞の後繼者であることを強調し、神秀の弟子、普寂(六五一～七三九)が「南宗」を名乘ることを嚴しく批判している。また、普寂批判に關聯して『傳法寶紀』にも言及しており、神會が『傳法寶紀』を入手したのが「滑臺の宗論」以前であったことを強く示唆する。また、本書第四章「「北宗」との對比に見る神會說の獨創性とその由來」で論ずるように、「頓悟漸修」の主張などに侯莫陳琰(六六〇～七一四)の『要決』と共通する點が認められ、「神通」や「比量見」等の扱いにおいて慈愍三藏慧日(六八〇～七四八)の『淨土慈悲集』と共通する點が認められる。從って、神會は「滑臺の宗論」以前にこれらも入手して研究していた可能性が強い。このように『定是非論』は、神會の「北宗」批判の主張を最も端的に表現したもので、その思想を知る上で最も重要な資料であるとともに、『師資血脈傳』と同様、神會思想の獨自性の由來が、南地の慧能にではなく、北地における「北宗」を中心とする思想動向にあったことを示唆する點でも重要である。

更に、神會がインドにおける祖統に初めて言及したのが『定是非論』で、杜朏の『傳法寶紀』の説を承けて、『達摩多羅禪經』の「達摩多羅」を「菩提達摩」と同一視し、そこに説かれる「達摩多羅」に至る八人の系譜をそのまま禪の祖統と見做す「西天八祖説」を説いている。「故左溪大師碑」や「大悲禪師碑銘」等に見るように、神會は後年には「西天二十九祖説」を説くようになるので、神會の思想に發展があったことを明確に示すという點でも貴重である。

神會の傳記に關して注目すべきこととして、『定是非論』で神會を「襄陽神會和上」と呼んでいるという點がある。これは神會の出身地が襄陽であったことを示すだけでなく、南陽の龍興寺に住していた時には「南陽和上」と呼ばれていなかったことを強く示唆するものと言える。

c『壇語』（七四七年前後）

一般には、その具名である「南陽和上頓教解脱禪門直了性壇語」に「南陽」が冠せられているため、南陽の龍興寺での開法の記録と見られているが、本書第二章第6節「『壇語』の成立について」で論ずるように、實際には、洛陽の荷澤寺で開法を行った際の內容を著作の形に纏めたものと見るべきであり、下で言及する『歷代法寶記』の記載からもこれは支持される。

これは、「東山法門」系の人々が各地で普遍的に行っていた「開法」、卽ち、出家在家を對象とする菩薩戒の傳授を中心とする布教方法の神會ヴァージョンと言うべきものであり、菩薩戒を受けに來た人々に對して、自派の思想や行法を説明することで弟子や信徒を増やそうとするものであった。

本書第四章「「北宗」との對比に見る神會説の獨創性とその由來」で論じるように、禪定のみでなく戒律や經典學習の重要性を說くなど、『壇語』には、それまでの東山法門には見られなかった主張が現れるが、そこには慧日が『淨土慈悲集』で行った禪宗批判への對處といった側面を窺うことができる。慧日の批判には、「淨土敎」vs.「禪宗」という對立軸のみならず、「都市佛敎＝國家佛敎」vs.「山林佛敎＝アウト・ロー佛敎」という對立軸も含まれていた。慧日の影響は既に『定是非論』に見えるのであるから、神會は「滑臺の宗論」以前に、慧日の禪宗批判の内容を知っていたはずであるが、『壇語』にこれが初めて現れるのは、帝都洛陽で布教を行うようになったことが、慧日の「都市佛敎＝國家佛敎」の立場に基づく禪宗批判への對處が喫緊の課題となったことを示すものであろう。

更に言えば、慧日の批判が彼の「北宗」批判そのものの契機となった可能性も考えるべきである。卽ち、慧日が批判した普寂に代表される「北宗」を邪説として「東山法門」から切り離し、「東山法門」の正統としての「南宗」の在り方を强調することで、「東山法門」が正統な佛敎であることを明らかにしようとしたものであったとも言えるのである。慧日の禪宗批判が、直接の對象となった「北宗」のみならず、神會の思想と行動にも大きな影響を與えたことを示すという點で注目すべき資料である。

d 『頓悟無生般若頌』（七四七年前後）

『頓悟無生般若頌』は、「無念」「無住」「般若」等を强調し、「定慧等」「如來知見」や「傳衣說」等の神會に特有の説が説かれているが、『定是非論』のような激しい「北宗」批判は見受けられない。これは『壇語』にも共通するもので、洛陽で法を説く以上、佛教界にことさら對立や混亂を齎すようなことは避けようとしたためと見られる。『頓悟無生般若頌』は「南宗」の思想の要點を簡潔に纏めたものであり、(實際には「頌」の形式を採っていないが、)「頌」と名づけられているように、暗記して口傳えで流布させることを狙ったものであろう。神會に關する傳記的な要素は含まれていないが、文盲の人々への布教も念頭に入れていたことを示すという點で注意すべきである。成立時期は不明であるが、不特定多數に對して布教を行うためのものであり、また、上記の思想傾向から、神會が洛陽の荷澤寺に入って以降、暫くしてのもので、『壇語』と相前後して作られたものであろう。

e『付法藏經』(七四七年前後)

『付法藏經』は、インドにおける二十四人の傳法を説く曇曜・吉迦夜共譯『付法藏因緣傳』の法門の付囑に關わる部分を中心に抜粋を行い、その後に、『達摩多羅禪經』の序に名前の見える「舍那婆斯」「優婆掘」「婆須蜜」「僧伽羅叉」「達摩多羅」の五人を接續させ、「達摩多羅」を「菩提達摩」と同一人物と見做すことで、西天二十九祖説を説こうとしたものである。恐らくは、神會の指示のもと、その門下によって編輯されたものであろう。『歷代法寶記』の編者がその祖統説で採用したものがこの説であり、下に掲げる李華撰「故左溪大師碑」等によって、神會の晩年には「西天二十九祖説」が廣く流布していたことが確認できるので、『付法藏經』の編輯は、洛陽の荷澤寺に入って暫くしてのことで、『壇語』等と相い前後する頃のことと考えられる。

なお、『付法藏經』の祖統は、後に末田地を除くことで「西天二十八祖説」に改編され、また、本文にも改變が加えられたようであり、最澄が將來し、『內證佛法相承血脈譜』で用いた『西國佛祖代代相承傳法記』や、宗密が

『圓覺經大疏鈔』等の著作で用いた「祖宗傳記」等は、その改編本に基づくものであったようである。ただし、宗密のいう「祖宗傳記」は東土の祖師の傳記も含んでいたようで、『師資血脈論』の發展型のものが『西國佛祖代代相承傳法記』の異本とセットになっていた、あるいは、その兩者を「祖宗傳記」の名で總稱したと考えるのが妥當かと思われる。その後もテキストに種種の變化が見られたようで、田中良昭によって紹介された敦煌文書、『付法藏人聖者傳』（擬題）こそが、この發展型のものであろうと推測される。いずれにせよ、神會自身が「東山法門」を釋迦以來の祖統によって佛敎として正統化しようとする強い意志を持っていたことを示すものと言える。

小結

神會の著作は、神會の思想や布敎活動の實際を知る基礎資料である。これらを成立順に比較考察することで、神會の思想形成、その後の思想的な變化、特に洛陽の荷澤寺に住したことが神會に與えた影響等を知ることができる。また、これらをいわゆる「北宗」文獻や、慧日の『淨土慈悲集』と比較對照することで、神會と「北宗」の思想的相違、慧日の禪宗批判の影響、神會が「北宗」批判に及んだ理由等を明らかにすることができる。このような點において、神會の著作は唯一無二の價値を有するものであると言える。

第4節　塔銘・碑銘に見る神會の事跡

a　王維撰「六祖能禪師碑銘」（七四五年頃）

神會が王維に依賴して書いてもらった慧能の碑文である（本文は『全唐文』三二七等に所收）。撰述時期は不明であるが、神會は宋鼎（生歿年未詳）にも慧能碑の撰述を依頼しており、それとほぼ同時期と見ることができる。神會は天寶四載（七四五）に宋鼎の庇護のもと、洛陽の荷澤寺に入ったのであるから、それから間もない頃の撰述であろう。

本文中に「弟子曰神會。遇師於晩景。聞道於中年」の句があり、他の資料の記載と合わないことが、胡適や印順らによって問題にされてきたが、これは慧能と神會の年齢差を確認した上で述べたものではなく、通常、師弟の年齢差が三十程度であるという常識に沿って記したに過ぎないであろう。神會は恐るべき早熟であって、師との年齢差は四十六に達している。

また、本文中に、神會は師の慧能の教えが一般にはあまり知られていないことを悲しみ、王維が佛教に詳しいことを見込んで撰述を依頼したとあるが、實際のところ、慧能が盧氏で邊疆の出身であること、弘忍から傳衣を授けられたこと、得法後十六年間の隱遁生活と印宗による出家等、神會によるプロパガンダ的虚構は多く述べられるものの（これについては、本書第七章「慧能の實像と神會による「六祖」化」を參照）、慧能の生涯の重要な事項についても具體的な年月を缺いており、神會から詳しい情報を得て撰述したものとは思えない。先の「神會が中年の時に晩歳の慧能に學んだ」という記載が史實と齟齬する點も、この理由に依るものと判斷できる。恐らく神會は、王維の文學者としての名聲を利用して自らの主張を宣傳するために撰述を依頼したのであろう。

b　宋鼎撰「曹溪能大師碑」（七四五年頃）

宋鼎が撰述した「慧能碑」の本文は現存しないが、陳思（生歿年未詳）撰『寶刻叢編』巻六の「邢州」の項に、

「唐能大師碑
唐兵部侍郎宋鼎撰。河南陽翟縣丞史惟則八分書。能大師姓盧氏。南海新興人。居新興之曹溪。天寶七年其
弟子神會建碑于鉅鹿郡之開元寺　集古録目
曹溪能大師碑。天寶十一載二月立　金石録[15]」

という記載があり、かつて、その文を刻んだ碑文が神會によって實際に建てられていたことが知られる。『集古録目』と『金石録』とで建立年が異なっており、これを根據として吳其昱は、天寶七載と天寶十一載の二度、邢州に宋鼎が撰述した慧能の碑文が建てられたとするが[16]、『金石録』の「十一」は「七」を誤ったものと見做すべきである[17]。いずれにしろ、この記載によって、天寶七載（七四八）に邢州（鉅鹿）の開元寺に、宋鼎が撰述した慧能の碑文が建立されたことは確實であるが、邢州開元寺は、下に述べるように、神會の弟子の惠覺が名を隷した寺であるから、その建立に何らかの形で彼が關わったことは間違いないであろう。從って、宋鼎が慧能の碑文を撰述したのは、これ以前であることが分かる。

c　房琯撰「三祖僧璨禪師碑文」（七四六年頃）

これについては、『寶林傳』巻八に全文が引かれており、『傳燈録』等の引用はこれに基づくと見られるから、説明は『寶林傳』の項に譲ることとしたい。

d　撰者未詳「常上人墓誌銘幷序」（七四八年）

居士の崔漣のために書かれた墓誌銘で、撰者は未詳であるが、天寶七載（七四八）十一月十八日に萬安の南原に遷塔したと記載されているので、同年中の撰述と見られる。崔漣は鉅鹿（河北省邢臺市）の人で佛教に志し、鶴林玄素（六六八〜七五二）に參じて禪決を受けた後、洛陽の神會の下で剃髮したが、その直後に病氣となり、三十五歳で亡くなったと記されている。ただ、歿年は明らかではない。まだ正式に得度受戒していなかったため、「塔銘」ではなく、「墓誌銘」と呼ばれている。牛頭宗を學んだものが神會の弟子となった例は外には知られておらず、牛頭宗と荷澤宗の交流を知る上で注目すべき資料である。また、本文中、洛陽の荷澤寺で活躍中の神會を「南陽僧神會」と呼んでいる點も注意すべきである。

e　李華撰「蘭若和尚碑」（七五一年以降）

李華（七一五?〜七七四）が「蘭若和尚」と尊稱された玉泉天台の惠眞（六三七〜七五一）のために撰述した碑銘でその歿後、まもなくの撰述と考えられる（本文は『全唐文』三一九等に所載。碑銘にしばしば出てくる「南泉」は「玉泉」の誤りと見られる）。それは正しく神會の貶逐（七五三年）の直前であり、碑銘中に、

「或問。南北教門。豈無差別。答曰。家家門外。有長安道。」

「又問曰。修行功用。遠近當殊。答曰。滴水下岩。則知朝海。」

等の問答を付しているのは、當時の佛教界の狀況を反映するものと見られる。すなわち、前者は神會によって提起された南北の諍いを超えようとするもの、後者は、南北二宗、竝びに慧日等の淨土敎が速疾な修行法をめぐって諍っていたことへの批判と見うるのである。これは當時の佛教界の空氣をよく傳えるものであるし、また、惠眞は當時の佛教界の重鎭であったから、彼が佛教界における對立を好ましく思っていなかったことが神會の貶逐を容認することになった可能性も考えられる。この點で本碑銘は極めて重要な資料であると言える。

f　李華撰「徑山大師碑銘」（七五二年以降）

李華が牛頭宗の鶴林玄素（六六八～七五二）のために撰述した碑文である。「徑山大師」と稱するのは、玄素の弟子の徑山法欽（七一四～七九二）との混同によるものであるが、その理由は不明である。文中に自ら玄素の弟子の徑山に佛道を學んだことを明言し、法融（五九四～六五七）から玄素に至る牛頭宗の系譜を述べ、更に、法鏡、法欽らの弟子の名前を連ね、また、在家の弟子に齊澣、張均らの高官がいたとして、その名を連ねている。なお、本碑銘は神會の貶逐中に書かれたと見られるが、本文中に「最上乘」という神會に由來する概念が用いられており、神會の影響を考えるうえで大いに注目される。

g　李華撰「故左溪大師碑」（七五四年以降）

後世、「天台宗第五祖」とされる左溪玄朗（六七四～七五四）のために李華が撰述した碑文である（本文は『全唐文』三二〇等に所收）。神會の貶逐中に書かれたもので、禪宗を含む佛教各派についての當時の知識人の認識が窺われるという點で貴重である。天台の系譜に先立って禪の系譜を掲げ、その分派について詳しく述べ、また、神會が提起した「南宗」「北宗」の稱を用いているが、神會の存在を故意に無視しており、貶逐された神會への言及がタブー視されていたことを窺わせる。「西天二十九祖說」にも言及するが、これは『歷代法寶記』に說かれる說と同内容のものを前提として書かれたものと見られるから、神會は貶逐前に既に「西天八祖說」を放棄し、「西天二十九祖」說に移行していたことが知られる。これらのことから、神會に「西天二十九祖說」を說く著作があったと想定されるが、それに該當すると見られるのが、先に言及した『付法藏經』である。なお、本碑銘の有する意義の詳細については、本書第八章第1節「李華撰「故左溪大師碑」に見る知識人の神會認識」を參照されたい。

h　慧空撰「第七祖國師身塔銘」（七六五年）

一九八三年に發見された荷澤神會の塔銘であり（本文は楊曾文『神會和尚禪話錄』等に所載[18]）、寶應二年（七六三）に龍門に敕建された寶應寺に永泰元年（七六五）に神會が改葬された時に弟子の慧空が撰述したもの。慧空については、『宋高僧傳』に「唐陝州迴鑾寺慧空傳」があり、七十八歲で遷化し、大曆八年（七七三）に遷塔したとされていて、年代と住地から見てこの人かと疑われる。[19] 入寂を遷塔の一年前とすれば、證聖元年（九六五）の生まれとなり、他の弟子と較べてかなり年長で、神會との年齡差は十年程度に過ぎない。もし同一人と認め得るのであれば、彼が弟子を代表して「第七祖國師身塔銘」を撰述したのは、そのためということになろう。

達摩―可―璨―道信―弘忍―惠能―神會という系譜を說き、神會を「第七祖國師」、彼らによって傳承されてきた教えを「般若之眞乘」と呼んでおり、神會が宋鼎の要請で洛陽に入り、（慧能の）碑文と像を建てたこと、乾元元年（七五八）五月十三日に荊州の開元寺で七十五歲、法臘五十四で坐化したこと等が記されている。これによって神會の生誕は嗣聖元年（六八四）、受戒は長安三年（七〇三）、あるいは長安四年（七〇四）、二十歲あるいは二十一歳の時と確定した。また、龍門に葬ったことが生前の神會の遺志に従ったものであると述べられていることは注目される。

ⅰ　李華撰「法雲禪師碑」（七六六年以降）

李華が潤州天鄉寺法雲（?～七六六）のために撰述した碑銘であり、その歿後、まもなくの撰述と見られる（本文は『全唐文』三二〇等に所載）。法雲は初めて江南で普寂の教えを攟めたとされる人で「北宗」に属するが、本文中に、

「自菩提達摩降及大照禪師。七葉相乘。謂之七祖。心法傳示。爲最上乘。南方以殺害爲事。北方多豪右犯法。故大通在北。能公在南。至慈救滑。曲無不至。」

という記載があり、李華が慧能を神秀と同等に評價していたことが分かる。既に神會は歿していたが、貶逐中も神會の主張が廣く行われていたことは、上記の「故左溪大師碑」に見る通りである。そのうえ、この撰述に先だって、乾元二年（七五九）には、神會の遺體が荊州から龍門に運ばれ、寶應二年（七六三）には、神會の墓所に敕命で寶應寺が建てられ、永泰元年（七六五）には、神會の塔が建てられて弟子の慧空が塔銘を書いている。こうした神會の弟子らの活躍により、神秀と竝ぶ地位が慧能にも認められるようになっていたのであろう。

j　獨孤及撰「鏡智禪師碑銘」（七七二年）

大曆七年（七七二）の四月二十二日に、張延賞（七二六～七八七）、獨孤及（七二六～七七七）らの盡力により、三祖僧璨に對して、普寂等の例に倣って諡號「鏡智禪師」、塔號「覺寂」が授けられたのを記念して獨孤及が撰述したもので、僧璨の塔の東南隅に建てられた（本文は『全唐文』三九〇等に所載）。本文中に、僧璨を荼毘したのが李常（生歿年未詳）であり、薛道衡（五四〇～六〇九）や房琯（六九七～七六三）が碑文を書いたことに觸れているが、後に『寶林傳』の項で述べるように、これらの多くは神會の三祖顯彰運動と絡むものであるにも拘わらず、本碑銘では、僧璨―道信―弘忍と法が傳えられた後、弘忍（六〇一～六七四）は慧能（六三八～七一三）と神秀（六〇六？～七〇六）に傳えたとし、慧能門下には名の知られるものがないのに、神秀門下の普寂（六五一～七三九）、普寂門下の宏正（生歿年未詳）には多くの弟子がいて各地で教えを説いていると述べている。これは慧能は評價しつつも、神會の存在を故意に抹殺し、その僧璨顯彰活動の功績を宏正に歸せんとするものであり、神會の三祖顯彰運動が大きな功績と見られていたことを逆説的に示している。また、この碑文から八世紀の後半になっても神會が普寂門下からいかに眼の敵とされていたかを窺うことができる。

k　元誼撰「惠覺禪師碑銘」（七七四年以降）

元誼（生歿年未詳）が神會の弟子の惠覺（?～七七四）のために撰述した碑銘で、文化大革命の際に原碑が破壊され、二〇〇九年になってその一部が發見されたものの、現在も全文を知ることはできないという、いわく付きの碑銘である（現存する本文は、介永强『隋唐僧尼碑誌塔銘集錄』等に所載）[20]。惠覺の遷化後、間もない時期の撰述と見られる。新羅出身の惠覺は、入唐の後、十年を經て中國の僧籍を得、邢州開元寺に隸したが、間もなく洛陽に行き、荷澤寺で神會に師事した。恐らく、天寶四載（七四五）に神會が洛陽の荷澤寺に入った後、その名聲がにわかに高まったことに呼應するもので、その頃に弟子となったのであろう。神會の弟子で外國出身の人は他に知られておらず、その點でも注目すべきである。

Ｉ　徐岱撰「慧堅禪師碑銘」（七九二年以降）

神會の弟子の中でも最も顯著な活躍をした慧堅（七一九～七九二）の碑銘であり、徐岱（生歿年未詳）の手に成る（本文は、介永强『隋唐僧尼碑誌塔銘集錄』等に所載）[21]。一九四五年に發見されていたが、その存在が注目されるようになったのは、冉雲華が「《唐故招聖寺大德慧堅禪師碑》考」を書いて、その內容を紹介して以降のことである。

本碑文では、神會を「七祖」と稱し、

「釋迦―迦葉………菩提達摩―惠可………弘忍―慧能―神會―慧堅」

という系譜を說いている。また、慧堅は在家のままで神會に心要を授かったと述べ、その後に洛陽で出家、汾州で受戒し、その後は抱腹山等で修行したという。慧堅は貞元八年（七九二）正月二十六日に七十四歲、法臘四十三で逝去したというから、慧堅の生誕は開元七年（七一九）、受戒は天寶七載（七四八）、あるいは天寶八載（七四九）、三十歲または三十一歲の時のこととなる。天寶四載（七四五）に神會が洛陽に入った後に慧堅が師事したとすると、神會の下で修行したのは四年に滿たないこととなるが、これは神會の貶逐への言及を避けたためで、實際には、受戒後に洛陽に戻り、天寶十二載（七五三）の神會の貶逐まで從い、その後、抱腹山に入ったのであろう。

なお、慧堅は、神會の歿後における復權を考える場合、最も重要な人物であるが、その點については、既に發表した拙稿等を參照されたい[22]。

m　慧岌撰「方便和尚塔銘」（七九五年）

五臺山や洛陽で化を振るった無名（七二二〜七九三）の塔銘で、貞元十一年（七九五）に弟子で長安の資聖寺の住僧であった慧岌（生歿年未詳）が撰述したものである（本文は、介永强『隋唐僧尼碑誌塔銘集錄』等に所收[23]）。無名については、『宋高僧傳』や『傳燈錄』にも記載があり、上記の「第七祖國師身塔銘」や「慧堅禪師碑銘」が發見される前は、神會門下で最も重要な人物と見られていた人である。

本塔銘には、初め華嚴寺の普寂（六五一〜七三九）に師事した後、荷澤寺の神會の弟子となったこと等が記されている。恐らく、普寂の下で師の入寂（七三九）まで學び、その後、天寶四載（七四五）に神會が荷澤寺に入ると、その弟子になったのであろう。普寂に對する神會の批判に共鳴する所があったための轉向と見られ、神會の主張が全く根據のないものではなかったことを推せしめる。本塔銘に據れば、無名は貞元九年（七九三）十二月十二日に七十二歳、僧臘四十三で入寂したから、その生誕は開元十年（七二二）、受戒は天寶九載（七五〇）あるいは天寶十載（七五一）、卽ち、二十九歳あるいは三十歳の時のこととなる。彼の場合も、神會に師事するようになって數年後に受具したのである。

n　劉禹錫撰「乘廣禪師碑」（七九八年以降）

神會の弟子の乘廣（七一七〜七九八）のために劉禹錫（七七二〜八四二）が書いた碑銘である（『全唐文』六一〇等

に所收）。その記載によると、乘廣は容州の人で、姓は張、七歳で儒教を學び、十三歳で佛教に轉向、衡陽に行き天柱山の想法師に學び、また、洛陽に行って荷澤寺の神會の下で見性して自在を得、その後、楊岐山に入ったという。この碑銘には、開元五年（七一七）の七月十五日に生まれ、三十歳で具足戒を受け、貞元十四年（七九八）三月二十六日に法臘五十二で入寂したと述べられているので、これに據れば、乘廣の受戒は天寶五載（七四六）で、神會が荷澤寺に入った翌年ということになる。恐らく、受戒のために洛陽に赴き、そこで神會の存在を知り、弟子となったのであろう。恐らく、彼の場合も、天寶十二載（七五三）の貶逐まで神會に從い、師を失った後に旅に出て楊岐山に居を定めたと考えられる。

o　賈餗撰「大悲禪師碑銘」（八一六年以降）

賈餗（?～八三五）が神會の弟子の靈坦（七〇九～八一六）のために撰述した碑銘である（『全唐文』七三一等に所收。靈坦については『宋高僧傳』『傳燈錄』等にも記載があるので併せて參照する必要がある）。本碑銘には、大迦葉以來、心印を傳承してきて、第二十九祖が菩提達摩であること、達摩から數えて第六祖に當たるのが慧能で、荊州の神秀と南北二宗に分かれたこと、慧能歿後にその法を嗣いだものに神會と懷讓があり、ここで再び二宗に別れたこと、師子比丘が正統性を示すために傳衣を始めたこと、靈坦は神會の弟子であること、代宗から「大悲禪師」の賜號を受けたこと、その他、靈坦の生涯における重要事項が述べられている。九世紀になっても「西天二十九祖說」を採用しているのは、彼が神會から直接授かった說であったからであろう。

神會との邂逅と別れについては、靈坦は武則天の一族で大變な秀才であり、二十歳で太子通事舍人となったが、洛陽の令となった父とともに洛陽に赴いた時、荷澤神會の噂を耳にして教えを聞いて感動して出家し、その下で八、九年學んで付囑を受けたが、その十五日後に神會が弋陽に貶逐されたため、旅に出て浮査寺で大藏經を讀み、更に長安の慧忠禪師にも學んだ等々と記されている。

天寶十二載（七五三）の八、九年前は、天寶四載（七四五）前後（三十六歳前後）となるが、これはあたかも神會が洛陽の荷澤寺に入った年である。恐らく、靈坦が洛陽で生活をしていた時に、神會がやって來て布教を開始し、それが大きな話題となっていたため、その教えを聞くようになったのであろう。

なお、この碑銘には、元和十一年（八一六）九月八日に、靈坦は百八歳で亡くなり、法臘は八十八であったとも述べられているが、これに從うと二十歳か二十一歳の時、卽ち、開元十六年（七二八）か開元十七年（七二九）に受具したことになり、この傳記そのものと合わない。皇帝から禪師號を受けるような偉大な人物であったために、後に二十歳で出家した形に法臘が改められたのではないかと疑われる。同樣の事例として、神秀（六〇六？～七〇六）や曇眞（七〇四～七六三）を擧げることができる。(24)

小結

塔銘や碑銘は、金石文であれば後世の改竄が困難であるし、書物として傳わった場合も佛教教團とは切り離されて傳承された場合が多いから、信賴性が非常に高い。特に神會の「第七祖國師身塔銘」の發見は神會の晩年に關する『宋高僧傳』の記載の誤りを證明するものとなった。また、「慧堅禪師碑銘」は、どうして配流地で歿したはずの神會が「帝師」となり得たのかを明らかにする唯一無二の資料であると言える。

また、弟子たちの塔銘や碑銘も、神會と荷澤宗の活動を知るための重要な情報を教えてくれる。これらにおいて注目すべきことの第一は、弟子たちのほとんど全てが、神會が洛陽に入った後に門下になっているということである。即ち、これは、南陽時代の神會は、一部の信奉者を除いてあまり知られておらず、洛陽に入ると同時に注目を浴びたということを示すものである。第二は、二十歳前後で受戒した弟子がほとんどおらず、神會の弟子になってから三十歳を超えて受具した弟子が多いということである。この理由は不明であるが、あるいは、「北宗」の勢力が強い時代には受戒ができず、不遇を託っていた人々が神會に入門した可能性を考えるべきかも知れない。いずれにせよ、これらの弟子たちは、成人した後に弟子入りしたので、神會の思想と活動をよく理解しており、その意味で、筋金入りの神會の信奉者であったと言える。第三は、多くの弟子が、神會の貶逐後に旅に出ているということである。これは師を失って神會門下が離散したことを示すもので、正しく「北宗」の人々の狙ったところのものであったと言えよう。

第5節　荷澤宗及び他派の著作に見る神會の事跡

a　敦煌本『六祖壇經』（七六五～七七〇年頃）

『六祖壇經』の成立については、従來、様々な異說が行われてきたが、私見に據れば、三階敎の思想や用語の使用、末尾の傳授の系譜等から判斷して、七六五～七七〇年頃に長安で編輯されたものと考えられる。その内容から、荷澤宗の人々による制作であることは疑えないが、恐らくは、長安の佛教界で大きな位置を占めた慧堅のグループによる編輯であろう。

敦煌本『六祖壇經』の記述で神會と關聯する主な點を掲げれば、以下の通りである。

1　その文章そのものに『壇語』等の神會の著作と共通し、それに基づいて書かれたと判斷できる部分が存在する。

2　慧能が弘忍に參ずる契機として、あるいは、弘忍の慧能への傳法の場面で『金剛經』が重んじられているが、これは神會歿後に『楞伽經』を絕對視する淨覺の『楞伽師資記』が流布し始めたことに對して、弟子たちが神會の强調した「般若波羅蜜」を『金剛經』に具現化することで對處しようとしたもので、神會思想の展開と見ることができる。

3　慧能と神會との問答を載せるが、襄陽出身の神會を「南陽の人」であるとする。これは神會が最も注目を集めていた時の呼稱「南陽和尙」を用いたものであり、しかも、その問答の內容も、「知見」の說、「無情無佛性說」等、後の荷澤宗の主張に基づいて再構成したものと解される。

4　慧能が入寂する前の十大弟子への說法で弟子たちに「三十六對法」を說いたとするが、神會の歿後に纏められた『雜徵義』に、これを應用したと見られる問答が認められることにより、兩者がいずれも神會の弟子の中の同じグループの人々によって制作されたものであることを知ることができる。

5　慧能が弟子たちに自分の死を告げる場面で、法海等の弟子が悲泣したのに對して、神會のみが動じず、慧能から褒められたとするが、これは當然のことながら神會を持ち上げるための創作と見做すべきである。

6　また、それに續く場面で、弟子の法海が後繼者を尋ねたのに對して、慧能は、「自分の滅後二十餘年に邪法が蔓延るであろうが、その時に身命を惜しまず、佛敎の是非を定め、宗旨を豎立するものが現われる。それが私の後繼者である」（二十年外懸記）と告げたとし、また、その後繼者を危險にさらさせないために、自らが弘忍から傳えた袈裟を相傳させるのを止めたと說くが、これは明らかに「滑臺の宗論」での神會の活躍を指すもので、神會を慧能の後繼者と位置づけるとともに、「傳衣說」の虚僞を隱蔽するための創作と言える。

敦煌本『六祖壇經』の思想は、神會の思想の繼承・展開と認められるが、神會の生涯に關する敍述については、上記のように史實と認めるべきものは皆無であると言ってよい。

b「大乘頓教頌幷序」（七八〇年前後）

これは現行本の『雜徵義』の末尾に附されている『師資血脈傳』の東土六祖の傳記の後に附された神會を讃える文であって、神會が第七祖であることを明示するために弟子によって作られたものと見ることができる。『師資血脈傳』には祖師たちによる『金剛經』の傳授に關する記載が書き込まれているのに對して、これにはそれが見られないので、かなり後になって『師資血脈傳』に附載されたものであろう。恐らく、その成立は、七八〇年前後に降るのではないかと疑われる。短編の著作ではあるが、文中に神會に關して「昔年九歲。已發弘願」という他には見られない記載があり、貴重である。他には傳記的記載は全く見られないが、恐らく、これは弟子の間で傳承されていたもので、信憑性は高いと言えるであろう。

c『歷代法寶記』（七八〇年前後）

『歷代法寶記』は保唐宗の燈史で、編者は不明であるが、無住（七一四～七七四）の弟子によって編輯されたものであることは明らかで、恐らくは建中元年（七八〇）前後の成立であろう。本文中には『師資血脈傳』『定是非論』

『壇語』『付法藏經』等の神會の著作の影響が窺え、「無念」を強調するなど思想的にも神會の影響は大きい。また、『曹溪大師傳』、最澄や宗密の著作と共通する內容も含まれており、神會歿後に編輯された荷澤宗の著作の影響も受けているようである。ただし、『歷代法寶記』が基づいた『師資血脈傳』は古形を殘すものであったらしく、祖師らが『金剛經』を傳授したとする記載を含んでいない。

特に荷澤神會について、每月、洛陽で壇場を作って說法を行ったとしながら、實際には『定是非論』の內容をそれに充てている。これをそのまま信ずれば、「滑臺の宗論」と同じ問答が洛陽でも繰り返されたことになるが、『歷代法寶記』は、これが「滑臺の宗論」でのものであることに言及しているから、單に神會の說法の內容を代表的な著作によって分かりやすく說明せんとしたに過ぎないであろう。その一方で、「壇場」に言及するのは、『壇語』の存在を知っていたために外ならず、『定是非論』と同じく、これも『歷代法寶記』の編輯に際して素材として用いられたと考えられる。

本文中の記載によると、無住は求法の旅に出た際に「維摩の化身」と呼ばれていた陳楚章（慧安の弟子、生歿年未詳）に出會い、二、三、五年間、在家のまま頓敎の法を學んだ。その後、天寶年間に慧能の三人の弟子、范陽到次山明、東京神會、太原自在が頓敎の法を說いていると聞き、太原自在のもとに行って師事し、天寶八載（七四九）に受具した後、同年、五臺山の清涼寺に赴いて一夏を過ごしたが、その際に到次山明の行狀や神會の言葉について知ることができたので、この二人に師事することは止めたと述べている。

この記載は、後年の無住の述懷に基づくものと考えられ、非常に信憑性が高い。無住が神會の噂を聞きつつも、その言葉を知ったため、直接に師事する必要を感じなかったというのは、上記の神會の著作を入手できたためと考えるべきであるから、この頃、中原では神會が非常に有名になっており、その著作も廣く流布していたことが窺える。この點については、本書第二章第6節「『壇語』の成立について」並びに第八章第2節「神會の活躍・貶逐・復權と保唐宗の成立」を參照されたい。

『歷代法寶記』に特徵的な說として、武則天が入内を拒んだ慧能（六三八～七一三）から傳衣を召し上げ、その後に入内した智詵（六〇九～七〇二）に下賜し、それが淨衆宗の系譜に沿って淨衆寺無相（六八四～七六二）にまで傳えられ、更に無相から無住に傳授されたとする主張がある。もちろん史實ではないが、神會の唱えた傳衣說が他派にも利用されたことを示すという點で注目される。また、『歷代法寶記』は、神會が晚年に唱えた「西天二十九祖說」をそのまま採用しているが、これは神會の周圍で纏められた『付法藏經』の說に基づくものであろう。『付法藏經』も神會の他の著作と同樣、無住が中原で得たものとすれば、その成立も天寶八載以前ということになる。

d『曹溪大師傳』（七八一年）

本文中に「先天二年壬子歲滅度。至唐建中二年。計當七十一年[25]」という記載があることから、建中二年（七八一）の成立と知られるが、成立年が明示されるのは初期禪宗文獻では極めて異例である。その敍述の資料として用いられているのは、ほとんどが荷澤宗の文獻であるが、それらとは、用語や思想に明らかな相違が認められ、荷澤宗以外の慧能系の人々によって編輯された慧能傳と見做すべきである。拙稿「三たび『曹溪大師傳』の成立を論ず」で示した私見に據れば、『曹溪大師傳』の本文中に名前の見える慧能の弟子、玄策（生歿年未詳）を中心とする人脈の中で編輯されたと考えることができる[26]。

『曹溪大師傳』において神會に言及されるのは二箇所である。先ず、儀鳳元年（六七六）の四月八日に具戒した慧能が初めて說法を行った時に、神會が慧能に相見し、問答を交わしたとし、當時、神會が十三歲であったとして

「荷澤寺小沙彌」と呼んでいる。しかし、神會の十三歳は萬歳登封二年（六九六）（あるいは、同年中に改元された萬歳通天元年）でなくてはならない。そもそも、儀鳳元年の出家そのものが弘忍の歿年の次年に慧能の出世を置こうとした虚僞であるから、この年に神會が初めて慧能に師事したというのは信ずることができない（これについては、本書第七章「慧能の實像と神會による「六祖」化」を參照）。しかも、その問答の內容も「無情無佛性」という荷澤宗の立場を反映させたもので敦煌本『六祖壇經』の思想の發展とみることができ、史實ではあり得ない。しかし、このような矛盾を犯しても、敢えて十三歳の時に初相見したとするのは、それが史實に由來するものであることを強く示唆する。もっとも、神秀が荊州から豫北に移ったのは翌神功元年（六九七）であるから、宗密の說くように十四歳の時に曹溪の慧能のもとに移ったとする方が合理的ではある。

神會はもう一箇所、慧能が病を得た後、門弟たちが後繼者を問うた際に、傳衣を止める理由について質問する役回りで登場する。しかし、敦煌本『六祖壇經』が滅後二十餘年の神會の活躍を懸記したのとは異なり、『曹溪大師傳』では、慧能は滅後七十年に出家と在家の二人の「東來菩薩」が活躍することを懸記したとする。これは撰者を暗示する記載であり、しかも、敦煌本『六祖壇經』の神會への懸記を念頭に置き、それを變形させたものと見られるから、到底、史實を傳えるものではあり得ない。

e　宗密撰『裴休拾遺問』（八二九年前後）・異本：『承襲圖』（八三三年前後）

『裴休拾遺問』の成立年について鎌田茂雄は、大和二年（八二八）の文宗による入內供養から大和五年（八三一）の終南山への再入山前後の著作とする。[27] ただし、その根據は何ら示されていない。筆者は、本書第六章第3節「『血脈譜』と『圓覺經大疏鈔』が依據したもの」で示した論據によって、八二九年前後の著作と見るべきであると考えており、少なくとも、この點においては、結果的に鎌田の說を追認する形になっている。

神會の傳記についての記載は、「南宗」の項に見ることができるが、基本的には、『圓覺經大疏鈔』に載せられているような傳記を前提として、その要點のみを記したもののごとくである（なお、神會が神秀に學んだこと等は省かれている）。ただし、慧能が傳衣を神會に授けなかった理由が、入滅に先立って神會と行われた問答の形で詳細に語られている點に相違が見られる。この際の問答では、その他にも、自分が歿して後、

1　大庾嶺を越えて北地に行くこと。

2　二十年を經た後、教えを擴めて衆生を救うこと。

という二點を神會に命じたとされており、慧能歿後の神會の北進、「滑臺の宗論」が全て慧能の意向に従ったものであるとされている。

更に、『裴休拾遺問』では、これとは別に、慧能が入滅に際して門人の行滔や法海らの弟子と行ったとされる問答を掲載している。それによると、慧能は、弟子に「自分が歿して二十年過ぎた頃に北地で法を擴める者が自分の後繼者である」と答えるが（二十年外懸記）、更に、行滔らは、それが具體的に誰を指すのかと尋ね、慧能は「大庾嶺上で網で取れ」と謎かけで答えたと述べる。そして、この慧能の言葉について、「（大庾）嶺は高いので、荷澤神會の姓である「高」を暗示したものである」と註記している。これは「滑臺の宗論」に代表される神會の活躍が人々の腦裏から薄れ、神會の存在感が失われつつあったがために、何とかそれを食い止めようとした作爲と見做すことができる。

全體として、『圓覺經大疏鈔』の記載と矛盾するものではないが、上記のように、部分的に說話的な發展が認められる。この慧能傳は、宗密が以前に裴休に奉った「傳記」からの引用の形で示されているが、このことから判斷すると、この「傳記」は、讀者として裴休を念頭に置いて、分かりやすくするために、一部、宗密自身による創作を加えたものであったと思われる。新たな要素は、一見して後付けであることが知られるから、史實を傳えるという點では、『圓覺經大疏鈔』を超えるものは認められない。

f　宗密撰『圓覺經大疏鈔』（八三一年前後）・『圓覺經略疏鈔』（八三三年前後）

『圓覺經大疏鈔』は、宗密（七八〇～八四一）が自著の『圓覺經大疏』に對して複註を施したもの、『圓覺經略疏鈔』は『圓覺經大疏鈔』を拔粹した上で、一部、新たな文を加えたものである[28]。これらの成立時期は不明であるが、『圓覺經大疏鈔』卷一之下の本文中に、

「至元和十一年正月中。方在終南山智炬寺。出科文科之。以爲綱領。因轉藏經。兼對諸疏。搜採其義。抄略相當。纂爲兩卷。後却入京都。每私檢之。以詳經文。亦未敢修疏綸緖。因爲同志同徒詳量數遍。漸覺通徹。不見疑滯之處。後自覺化緣勞慮。至長慶元年正月。又退在南山草堂寺。絕跡息緣。養神鍊智。至二年春。遂取先所製科文及兩卷纂要。兼集數十部經論數部諸家章疏。課虛扣寂。率愚爲疏。至三年夏終。方遂終畢[29]。」

等の記載があるため、『圓覺經大疏』の成立は長慶三年（八二三）と知られるから、これらの成立は長慶三年以降と見るべきであるが、筆者は第六章第3節で示した理由により、『圓覺經大疏鈔』を大和五年（八三一）前後、『圓

覺經略疏鈔』を大和七年（八三三）前後と見てよいと考えている。

巻一之下では、神會の弟子で『圓覺經』に註釋を書いた人として「先天寺悟實禪師」（生歿年未詳）があり、その弟子の「薦福寺堅志法師」も『圓覺經』の註釋を書いたという他には見られない記載がある。先天寺や薦福寺は長安の寺であるから、これによって神會の弟子で長安において活動した人物として慧堅以外に二名の名前が知られたわけであるが、(30)悟實と慧堅との間に、師弟關係があり、同じ時期に洛陽から長安へと移住した可能性も考えられる。

一方、巻三之下の「慧能第六」「神會第七」の記載内容を經年順に組み替えると、ほぼ、以下の通りになり、諸資料の中で最も詳しい説明がなされている。

1　襄州神會は、姓は「高」（原文は「嵩」や「萬」に誤る）で、三年間神秀に師事したが、神秀が敕命で入内したため、十四歳で嶺南に行き、南宗の慧能の弟子となった。

2　慧能との初相見の際の問答は「無住」と「見」に關わるものであり、慧能は夜になって神會を部屋に呼び、じっくりと話し合った（この初相見の問答も後年の神會の主張を初相見の時に遡らせたもので、後世の創作と見られる）。

3　慧能の會下で神會は、大衆のために自ら進んで勞働に從事した。また、經典を誦し、律を學んだ（これも、後に經典や戒律を高く評價した神會思想の投影で後世の創作と見られる）。

4　一時、北遊して知見を廣め、併せて長安で受戒し、景龍年間（七〇七～七一〇）に曹溪に戻った。慧能はその機が熟したことを知り、密語を與えたが、達摩が語った「六代後の者の命が危險にさらされる」という「六代の懸記」を省みて、傳衣は授けなかった。

5　慧能歿後の二十年間は、漸悟を説く「北宗」に蔽われて、頓悟を説く「南宗」の教えが廣まらなかった。普寂は「七祖」「二京法主。三帝門師」を僞稱し、朝廷を擧げて崇拜していた。「北宗」の徒によって傳衣も奪われそうになり、神會が付囑を受けたことを記した慧能の碑文も二度にわたって削られるような状況であった。[31]

6　神會は「北宗」を批判したため、達摩の「六代の懸記」が説くように、しばしば命に關わるような様々な苦難を味わった。滑臺では、崇遠との南北二宗の眞僞を定める法會を持ったが、『定是非論』は、その際の問答を纏めたものである。

7　また、南陽において王趙公（王琚、六五七〜七四六）と「三車義」について問答を行うなどしたため（これは明らかに『雜徵義』の記載に基づくものである）、次第に貴顯に名が知られるようになり、天寶四載（七四五）に宋鼎によって洛陽に招き入れられ、南宗の頓悟の教えが洛陽に廣まった。神會は慧能の後繼者で洛陽の荷澤寺に住したため、「荷澤和尙」と呼ばれた。

8　とはいえ、「北宗」の門下は大きな勢力を持っていたため、天寶十二載（七五三）、「聚衆」、卽ち、神會が徒黨を組んで事を構えようとしていると讒言し、初め弋陽郡（江西省）、次いで武當郡（湖北省）へと敕命で貶逐された。そして、翌十三載には故郷の襄州（湖北省）へ、更にその歳の七月には荊州（湖北省）の開元寺へと移された。

9　乾元元年（七五八）五月十三日の中夜に荊州開元寺において七十五歳で入寂した。

この「神會第七」において注目されるのは、神會の生歿年について、傳世資料では唯一、慧空撰の「第七祖國師身塔銘」と一致する記載をしているということである。このことは、宗密の傳える神會傳が最も詳しいことと併せて、荷澤宗の基礎的文獻を多く傳承していたことを示すものである。胡適等の一部の學者は、宗密らに對して、「攀龍附鳳」、つまり、社會的な有利さを求めて、もともと淨衆宗に屬した法系を荷澤宗に乘り替えたなどと主張したが、このようなことは、にわか仕込みの策略で成し得ることではなく、そうした説は、到底、依用することはできない(32)。

小結

荷澤宗の文獻は、慧能や神會を神格化する傾向が強く、史實を明らかにする上であまり役立たない場合が多いが、神會の末裔である宗密は、荷澤宗關係の著作を多く保持したらしく、その著作には神會に關する詳しい記載が含まれている。また、保唐宗の祖、無住は、同時代人として神會の影響を受けつつ、思想形成を行ったため、『歷代法寶記』の記載には、同時代的な傳聞等が含まれており、非常に貴重な情報源となっている。また、『曹溪大師傳』は、神會系以外の慧能の弟子たちの動向を傳える貴重な文獻と言えるが、彼らにしても荷澤宗文獻を全面的に用いざるを得なかったことは、慧能門下における神會とその弟子たちの特異性と影響力を示すものとして注目される。

これら一連の資料の神會に關する記載を辿ることによって、立場を異にする人々の神會に對する思いとその變遷を窺い得るという點は、神會の影響を知るうえで極めて重要である。

第6節　禪宗燈史と僧傳に見る神會の事跡

a　智炬編『寶林傳』（八〇一年）

現在傳わる『寶林傳』は完本ではないが、失われた巻十に「神會章」があったことが逸文によって確かめられている。[33] ただし、現在知ることのできる逸文は、聖曆元年（六九八）に神會が初めて慧能に見えたことを傳える一文のみで、これに從うと、神會は十五歳の時に慧能の弟子となったことになる。從って、神會が慧能の弟子となった時期については、十三歳（『曹溪大師傳』）、十四歳（宗密の所傳）、十五歳（『寶林傳』）の三說があることになるが、宗密の所傳の信憑性の高さ、神秀が豫北に移った時期との整合性等から、十四歲說に從うべきである。

一方、「僧璨章」では、僧璨の傳記を掲げた後に房琯撰の僧璨碑を掲げる。その文中には神會が唱えた「傳衣說」や「西天八祖說」に基づく記載があり、天寶五載（七四六）に李常が僧璨の遺骸を荼毘して舍利を得たことについても記されているが、以下に述べるように、これも神會の事跡と關聯するものであるから、この碑文が神會の意向に沿って書かれたものであることが窺い知られる。撰述の時期は明示されていないが、「西天八祖說」は、後に「西天二十九祖說」に變更されるので、天寶五載以降、間もない時期のことであろう。

また、「僧璨章」では、房琯の碑文を掲げた後、神會の三祖顯彰運動の實態を詳しく傳えている。卽ち、天寶五載に河南尹の李常が荷澤寺を訪れて、三祖の墓所の位置を問題にして、「三祖が羅浮山に行って歸らなかったとする傳承は正しくないという人がいるがそれは本當か」と尋ねたところ、神會は、「三祖の墓は舒州の山谷寺の北にある」と答えた。李常は一應納得したものの、十分には信じられないでいたが、その年の七月に舒州の別駕に貶められ、赴任先で僧たちに山谷寺と三祖の墓について尋ねて、それが實在することを知り、その年の十一月十日に僚官等と山谷寺の墓所を訪れて棺を開け、靈骨の存在を確認した。それを荼毘に付したところ、舍利三百粒を得たので、墓所に百粒を收めて起塔供養し、百粒は李常が自宅で供養し、殘る百粒を神會に贈った。神會はその百粒を得て荷澤寺で起塔供養したという。これは、李常を捲き込む形で神會が行った三祖顯彰運動の實態を傳える貴重な資料と言うべきである。

b　靜・均二禪德編『祖堂集』（九五二年）

卷二の「僧璨章」では、神會の三祖顯彰運動への言及は全く見られない。『祖堂集』の編者が『寶林傳』を見ていなかったはずはないから、これは故意に無視したものと考えられる、當時、神會がこの面で果した役割の重要性は既に理解できなくなっていたため、言及の必要性を感じなかったのであろう。

一方、卷三の「神會傳」では、荷澤寺を西京（長安）にあるとし、神會が初めに貶逐された場所を均州（武當郡を指す。七五八年以降に用いられた名稱）とし、後に荊州の開元寺に移された年を至德二年（七五七）、入寂の年を上元元年（七六〇）とするなど、誤りが多い。また、慧能との初相見の問答の內容は、『圓覺經大疏鈔』と共通するものであるし（ただし、當時の年齡は明示しない）、「均州」への貶逐も、その直前に玄宗皇帝に事情を直接說明した結果であると述べるなど、後世の創作を多く含んでいる。ただし、神會が慧能の「心印」を傳え、東都（洛陽）で布敎して「宗旨を定め」た結果、「南能北秀」が初めて明確化したと述べ、その歷史的な功績を認めている。なお、『祖堂集』には、神會の弟子について何も記すところはない。

c 贊寧編『宋高僧傳』（九八八年）

『宋高僧傳』の「神會傳」の記載には獨自のものが多い。他の資料と齟齬する內容、あるいは他に見られない記載のみを揭げれば、以下のごとくである。

1 初め儒敎や老莊を學んだが、佛敎に轉向して襄陽の國昌寺の顥元法師の下で出家したとする。
2 神秀への入門に觸れず、顥元のもとから、直接、慧能のもとに參じたように書かれている。
3 慧能に初相見したときの年齡は明記しないが、その時の問答と稱するものを揭げる。ただ、その內容は、「無所歸」に關するもので、他には全く見られないものである。
4 南陽の龍興寺に敕住した年を開元八年（七二〇）と明記するが、これも他には見られない記述である。
5 玄宗との謁見の結果、貶逐先が「均州」となったという記載があるが、これは『祖堂集』とのみ共通する內容である。
6 天寶十四載（七五五）に安史の亂が起きて兩京が叛亂軍の手に落ち、皇帝が蜀に逃れた時、神會は莫大な金額の香水錢を集め、軍資金として獻納したとする。
7 郭子儀が兩京を回復した後、神會の貢獻が大きかったとして、肅宗は神會を入內供養して、荷澤寺內に禪宇を建立したとする。
8 神會が入寂したのを上元元年（七六〇）とする點は、『祖堂集』と共通するが、その時の年齡を九十三とするのは初見である。

それ以前には全く見られない新しい内容が多いが、いずれも根據は不明である。特に、貶逐後の香水錢に關する記述は、明確に慧空撰の「神會身塔銘」に背く內容で、史實とは認めがたい。史實としての神會の傳記を考える場合には、『宋高僧傳』の記載は基本的に無視してよいが、ただ、南陽の龍興寺に住した時期を開元八年とすることについては、根據は明らかでないものの、一應の目安とすることは許されるであろう。また、『宋高僧傳』の「慧能傳」に、

「至德中神會遣弟子進平送牙癢和一柄。」[34]

という記載があり、貶逐中の至德年間（七五六～七五八）に神會が慧能の靈前に「牙癢和」を奉った際に弟子の進平（六九九～七七九）が使者となったことを傳えている。これは神會の入寂間際のことであるから、決別と報恩のためと解されるので、恐らくは史實を傳えるものであろう。

なお、『宋高僧傳』には神會の弟子に關する記載も多いが、それらによって神會の生涯について新たに知られる情報はほとんどないようである。

d　道原編『傳燈錄』（一〇〇五年）

道原は『寶林傳』を資料として用いているため、「僧璨章」において、神會の三祖顯彰運動を『寶林傳』の內容に沿って述べている。一方、「神會章」では、沙彌となって慧能に入門したのを十四歲と明記し、その際の問答を載せるが、當時の年齡は『圓覺經大疏鈔』と共通する（問答の內容は『祖堂集』とも重なる）。傳記の內容と表現の

點で、『圓覺經大疏鈔』と共通する點が認められるので、道原は『圓覺經大疏鈔』を見ていた可能性もあるが、入寂の年を「上元元年」とするなど、『祖堂集』や『宋高僧傳』と重なる錯誤も認められる。ただ、他の資料とは異なり、神會の貶逐には一切言及しないが、これは神會に不利な内容であるから、故意に言及しなかったのであろう。『傳燈錄』では、慧能に入門した後のものとして、他には見られない問答も載せているし、鄉里から父母の逝去を告げる手紙を受けとった後、弟子たちに摩訶般若を唱えさせようとして、皆が集まったところで入寂したという他に見られない事跡も述べられているが、これらは明らかに後世の創作である。

思うに、『祖堂集』、『宋高僧傳』『傳燈錄』が共通に基づいた何らかの資料があったのであろう。そして、その資料は豐富な内容を含み、『祖堂集』『宋高僧傳』『傳燈錄』は、それぞれその一部を用いたと考えれば辻褄が合う（その資料が『寶林傳』であった可能性は強い）。『祖堂集』が『傳燈錄』と共通の資料に基づきながら、基づいた資料の一部を隨意に省略した例は、大珠慧海（生歿年未詳）撰とされる『頓悟要門』の「諸方門人參問語錄」や、いわゆる「南陽慧忠國師語」によっても確認できる[35]。

なお、『傳燈錄』は、「南宗」の正統性を確立した神會の功績を稱えるという點では、『祖堂集』や『宋高僧傳』と同樣であるが、神會に『顯宗記』という著作があり、これが廣く行われていると述べ、更に、卷三十の「銘記箴歌」にその本文を收めている。ここから判斷すると、當時は、『定是非論』『壇語』等の主要な著作はほとんど失われ、『頓悟無生般若頌』の改編本である『顯宗記』のみが知られていたのであろう。從って、神會の「北宗」批判等は、傳承されていた傳記資料等によって知識として認識されていたに止まるようである。

更に、『傳燈錄』には、「洛京荷澤神會大師語」として、「示衆」とそれに續く僧との問答を掲げ、更にそれに加えて、神會が大藏經を讀んだ結果、六つの疑問を抱いてそれを慧能に質したとして、その六つの疑問と慧能の答えを掲げている。これらはいずれも古い文獻には見えないものであるが、「頓漸」「無念」「最上乘」「定慧雙修」「先定後慧」等の神會や荷澤宗に特有の用語が用いられているから、少なくとも荷澤宗の著作であることは間違いないようである。しかし、「本有今有」や「念念常行」等のように、かなり後世の荷澤宗の思想や用語を含んでいるので、恐らくは八世紀末以降の成立であり、神會の與り知らぬところで作られたものと見るべきである。

また、『傳燈錄』の「行思章」には、荷澤神會が青原行思に參じて問答をしたとする記載があり、その內容も記すが、(36)神會に對する後代の評價を反映させたもので、到底、史實を傳えるものではありえない。「南宗」の正統性を確立した神會の功績を削ぎ、青原行思をその上に置こうとする目的で作られたもので、石頭系の人の所爲であることは明らかである。

『傳燈錄』は荷澤神會の弟子やその系統に屬する人々について多くの人の名前を擧げるが、機緣の語を記すのは、神會の弟子二名に過ぎない。しかも、それらには傳記についての記載は少なく、神會の生涯を明らかにする上で參考になるものは見當たらない。

小結

燈史や僧傳は、比較的成立が遲く、また、洪州宗や石頭宗が禪宗の主流になった後に、自らを正統化するために書かれたものであるから、神會の生涯に關する資料としては據るべきものが少ない。ただし、『寶林傳』に述べられている三祖顯彰運動は、他には詳しい記載がなく、貴重な資料と言える。

第7節　神會の生涯に關するいくつかの問題點

a　神秀・慧能・普寂・義福との關係

荷澤神會（六八四～七五八）は、諸資料に基づくと、天授三年（六九二）、九歳の時に「弘願」を起こし、延載元年（六九四）、十一歳で荊州玉泉寺に赴いて神秀の弟子となり、三年間、そのもとで學んだ後に、神秀が荊州を發ったのを契機として新たな指導者を求め、神功元年（六九七）、十四歳の時に曹溪に赴いて慧能の弟子となったようである。

神會がもともと神秀の弟子で、神秀の北上、あるいは入內に際して慧能のもとへ移ったことは他の資料には述べられてはいないが、宗密がそのことを記しているのであるから、恐らくは事實であって、他の資料は後年の「北宗」批判を配慮して書くのを憚ったのであろう。神秀の入內供養は、久視元年（七〇〇）と考えられるが、宋之問の「爲洛下諸僧請法事迎秀禪師表」に據ると、入內の敕命が下される前に、自發的に故鄕の豫北（河南省）に歸っていたようであるから、神秀が豫北に移ったのを神功元年の神會十四歳の時と見ると辻褄が合う[37]。

神會が神秀の弟子となり、荊州の度門蘭若で修行していた時期には、普寂や義福も神秀に入門していたから[38]、神會は彼らと面識があったはずである。ただ、彼らとは年齡が三十歳前後も隔っていたから、親密な關係は結び得なかったと思われる。後年、同じ神秀門下の普寂を激しく批判しえた理由の一端はここにあったというべきである。

慧能の門下に移った後の神會と慧能の關係については、『圓覺經大疏鈔』卷三之下の「慧能第六」の項に次のように述べられている。

「神會北遊。廣其聞見。於西京受戒。景龍年中却歸曹溪。大師知其純熟。遂默授密語。緣達磨懸記六代後命如懸絲。遂不將法衣出山。」(39)

つまり、何年間か慧能に師事した後、知見を廣めるために北遊し、長安で受戒した後、景龍年間（七〇七～七一〇）に曹溪に戻り、再び何年間か慧能に師事して印可を得たというのである。神會の北遊は、受戒が一つの目的であったと思われるが、神會の二十歳は長安三年（七〇三）であるから、恐らく、その頃まで曹溪に止まっていたであろう。その後、數年間を中原で過ごして曹溪に歸ったわけだが、景龍年間から慧能の入寂の先天二年（七一三）まではそれほど長くないから、恐らく、神會は、慧能の入寂まで從ったのであろう。慧能の歿後、弟子たちの總意によって武平一に碑文の撰述を依頼し、後述のように、開元七年（七一九）にこの碑が曹溪の廣果寺に建てられたことが知られるが、神會がしばしば慧能の碑文の磨改に言及することから見て、彼はその碑文を實見していたに違いないから、南陽の龍興寺に敕住する直前まで曹溪にいたのであろう。

神會の北遊については、神秀との關係を無視できない。このころの神會には神秀を排撃する氣持ちは全くなかったであろう。それどころか、かつての師として尊敬の念を抱いていたに相違なく、神會に再び神秀に相見、あるいは師事したいとする願望があったことは否定できないであろう。しかし、神秀は、それから間もない神龍二年（七〇六）に洛陽の天宮寺で入寂した。神會の願いが果たされたかどうかは不明である。しかし、いずれにせよ、その翌年に景龍と改元されるのであるから、景龍年間における神會の曹溪への歸着が神秀の入滅と密接に關わるものであったことは間違いないであろう。

この後、神會は、『宋高僧傳』に據れば、開元八年（七二〇）に南陽の龍興寺に敕住して布教を始め、次第に普寂や義福の活動やその禪法を耳にするようになって彼らに對する反撥を強め、また、一方で杜朏（生歿年未詳）の『傳法寶紀』や侯莫陳琰（六六〇～七一四）の『要決』、更には普寂の禪法を批判した慈愍三藏慧日（六八〇～七四八）の『淨土慈悲集』などを入手して研究し、理論的武装を固めたうえで遂に「北宗」批判に及ぶのである。

b　神會の思想形成と北宗批判の意味

傳統的には、慧能の思想が禪の傳統に沿ったもので、それを承け繼いだ神會が、そこから逸脱した神秀、普寂の師弟を「北宗」として批判したと考えられてきた。これは、敦煌文書が發見される以前、『宋高僧傳』や『傳燈錄』等の僅かな記載や流布本『六祖壇經』の主張に基づいて當然のごとく主張されていたものであるが、敦煌文書の發見以降も、胡適などの例外はあるものの、敦煌本『六祖壇經』と神會の諸著作の類似性、『大乘無生方便門』等の北宗文獻の思想内容等から是認されてきた。しかし、この主張は常識的に考えて、極めて不自然なものであった。同じく弘忍の門下で學び、その境地を師から印可された神秀と慧能の思想的立場に大きな相違、あるいは對立があったというのはいかにも不可解であるし、この相違を強調したのは荷澤神會以外にはいなかった。更に、『六祖壇經』で慧能が語る「呈偈」による傳法等は、いかにも子供じみていて、史實としては信じがたいものである。偈文のみで法門を委ねる相手を定めるなどといったことが許されるべきでないことは明白である。

ここにおいて神秀の思想と慧能の思想の同異、慧能の思想と神會の思想の同異、神秀の思想と普寂の思想との同異、神會の思想と普寂の思想の同異等が問題になるわけであるが、神會の著作を詳しく分析し、彼が批判對象とした「北宗」の著作の内容と對照すると、およそ、以下のような諸點を指摘することができるのである。

1　神會の『師資血脈傳』は、杜朏の『傳法寶紀』を基礎にして『續高僧傳』『後集續高僧傳』などで記載を補うとともに、自らの主張を書き加えることで成立した。また、『達摩多羅禪經』を用いて「東山法門」を正統化したり、祖師たちの「悟り」を「開佛知見」と表現したりすること、「一代は一人に限られる」という思想等も、神會が『傳法寶紀』から取り込んだものである。つまり、西天・東土の系譜を説くことで自らを正統化するという發想、それに關聯する種々の思想は、慧能のもとで得たものではなく、北地に進出して後に「北宗」から學んだものであったと考えることができる（この詳細については、本書第三章「『師資血脈傳』に見る『傳法寶紀』の影響」を參照）。

2　神會の禪體驗等に關する基本思想には、『傳法寶紀』や『要決』と共通するものが多く認められ、「定慧等」の主張なども、『大乘無生方便門』などに見える、「定慧」を分離するものとしての「二乘」批判を「北宗」批判に讀み代えたものに過ぎず、決して新しい主張とは言えない。一方で、神會は自らを正統化するために、「傳衣說」と傳衣の盜難、「北宗」による慧能の碑文の磨改、慧能の遺體への加害等、「虛誕」とも稱すべきものを多く唱えたが、彼の主張の新しさの多くはそうした點のみに認められる（この詳細については、本書第四章「「北宗」との對比に見る神會說の獨創性とその由來」を參照）。

3　『定是非論』などの神會の著作には、普寂らが說法の相手を一部に限定していることに對する激しい批判や、慧能が「帝師」になろうとしなかったことの意義の强調等を見ることができる。皇帝權力のもとで行われていた「北宗」の人々の布敎に對して東山法門との相違を痛感していたことが窺える（この詳細についても本書第四章「「北宗」との對比に見る神會說の獨創性とその由來」を參照）。

4　普寂の開法の內容を傳える『大乘無生方便門』には、確かに禪定と智慧を分離し、先ず禪定に入って、その後に智慧を働かせるべきだとするがごとき表現が認められ[40]、神會が「北宗」の教えを批判するに際して「定慧等」を強調したことには、それなりの理由があったことが窺える（ただし、上に言及したように、『大乘無生方便門』が「二乘」を禪定と智慧を分離するものと批判しているのであるから、普寂らが禪定と智慧を分離しているかのように敍述しているのは、この時代に初めて東山法門の享受者となった在家の人々や他宗の人々を教導する必要に應じてのことで、基本的思想に相違があったわけではないと考えるべきである）。

5 『定是非論』において、世間で「兩京法主。三帝國師」として貴ばれている普寂を批判することについて、「名利を求めようとするものではないのか」と尋ねられた神會が、「身命すら惜しまないのであるから、どうして名利など求めることがあろうか」と答える場面がある。神會の「北宗」批判が命懸けの決意に基づくものであったことを自ら表明したものと言える。

6 神會は、『師資血脈傳』や『定是非論』などにおいて、韋據（生歿年未詳、架空の人物である可能性もある）が撰述した元來の慧能の碑文が武平一（生歿年未詳）によって改竄され、慧能が「第六代」であることを示す「傳衣」等に關する記載が失われ、神秀を「第六代」とする記載が新たに書き込まれたと主張するが、これは慧能の歿後、弟子等の依賴によって建てられた武平一撰の碑文に神秀を「第六代」とする記載があったため、このような「虛誕」を説くことによって取り繕おうとしたものと解される（武平一が撰述した「慧能碑」がかつて實在したことについては、『寶刻叢編』（一二三二年）の巻十九の「韶州」の項に「唐東果寺能大師碑　唐武平一撰。正書無姓名。開元七年立　諸道石刻錄[41]」とあることによって確認できる）。つまり、慧能の弟子の多くは、弘忍門下の代表が神秀であることを認めていたのである。

このようなことから見て、神會の主張、特に「南北二宗」の思想的相違や慧能を正統化しようとする言説は、決して慧能から承け繼いだものではなく、師の歿後に北地で活動する中で、自ら獨自に形成したものと見做すべきである。つまり、神會の思想は、

1　神秀や慧能から承け繼いだ、東山法門の人々總てに共通する禪體驗等に關する思想
2　慧能の歿後、北地に進出した後に「北宗文獻」から學んだ知識や思想
3　普寂らの神秀の弟子たちの布教方法や態度、說法內容を實見・傳聞して抱いた反感
4　普寂らの在り方を否定して本來に戻すには自分が命がけで活動せねばならぬという使命感
5　自分の思想を慧能に歸し、慧能を弘忍の唯一の正統の弟子と位置づければ、その目的を果たしうるというアイデア
6　慧能を正統化するには、「傳衣」や「碑文の磨改」等の「虛誕」も敢えて辭せずという開き直り

等の様々な要素が複雑に絡み合ったものであると理解すべきなのである。

以上に述べてきたように、神會は「北宗」から多くのものを學びながら、それを激しく批判したのであったが、その理由の一つとして、「北宗」の人々の在り方に神秀や慧能にはなかったものを認めたという點を擧げたが、それは基本的には、洛陽・長安といった帝都で布教するためには蒙らざるをえなかった變化に由來するものと言えよう。しかし、それとは別に、もう一つ神會の思想に非常に大きな影響を與えたと考えられるものがある。それが慧日による禪宗批判である。

神會の著作がこれについて言及することはないが、『定是非論』等に『淨土慈悲集』とパラレルな記述が認められる箇所があるうえに、神會が「無爲」「有爲」に替えて「無作」「有作」という言葉を用いたのも、慧日が「北宗」の「禪のみが無爲の修行である」という主張に對して「無爲」という言葉の誤用であると批判した影響と見ることができる。また、これに關聯して、神會は、「定」は「無作」でないと價値がないが、「戒」や「慧」は「有作」であっても價値がある等と主張することによって、戒律の遵守、經典の學習等も必須の修行であると說いたが、これも「禪僧は戒律を守らず、經典を學ばない」と慧日が批判したことに對處せんとしたものと見做すことができるのである。

慧日は、「慈愍三藏」の號を皇帝から賜った當時を代表する高僧であり、神會が「北宗」批判を展開した時點で、なお（恐らく長安同德興唐寺において）存命中であった。その批判は、直接には「北宗」に對するものであったものの、東山法門全體の存亡に關わる極めて重大な問題を提起するものであった。普寂は慧日の批判に觸れることを避けたうえで、これを踏まえて、戒律重視、經文重視へと方向を轉換したが、神會も同樣に立場の方向轉換を行わざるを得なかったのである。それは皇帝權力の中樞である兩京で活動するためには不可缺のものであった。

ただ、後發の神會が、慧日の批判の直接の對象であった「北宗」と違っていたのは、自分を慧日の批判對象から除外する道があったということである。つまり、慧日の禪宗批判に便乘して「北宗」を東山法門の傳統からの逸脫であると批判することで、東山法門全體、あるいはその正統を承け繼ぐ「南宗」は、「北宗」とは異なる立場であるがゆえに、その批判の對象とはならないと主張できたのである。つまり、神會の「北宗」批判は、「北宗」をスケープゴート、あるいは人身御供とすることで、慧日の批判から東山法門そのものを守ることを目的とするものであったと見做し得るのである（この問題の詳細については、本書第四章第5節「神會の修正主義的主張と「北宗」批判のれる。

由來」を參照)。これこそは、神會が「命懸け」で「北宗」を批判しなければならなかった眞の理由であろうと思われる。

c 貶逐後の行動

神會の生涯の中で、從來から問題とされてきたものに、天寶十二載(七五三)に貶逐された後の晩年の動向がある。というのは、この時期の神會について、『宋高僧傳』に次のように記されているからである。

「十四年范陽安祿山擧兵內向。兩京版蕩駕幸巴蜀。副元帥郭子儀率兵平殄。然於飛輓索然。用右僕射裴冕權計。大府各置戒壇度僧。僧稅緡謂之香水錢。聚是以助軍須。初洛都先陷。會越在草莽。時盧奕爲賊所戮。群議乃請會主其壇度。于時寺宇宮觀鞠爲灰燼。乃權創一院悉資苦蓋。而中築方壇。所獲財帛頓支軍費。代宗郭子儀收復兩京。會之濟用頗有力焉。肅宗皇帝詔入內供養。敕將作大匠倂功齊力。爲造禪宇于荷澤寺中是也。會之敷演顯發能祖之宗風。使秀之門寂寞矣。(42)」

これによれば、神會は安史の亂の際、政府軍の軍費を調達するために賣牒に荷擔し、莫大な軍資金を集め、その功績が認められて再び洛陽に招かれ、遂には「帝師」となったということになる。こうしたことは他の資料には全く記されていないが、宗密の『圓覺經大疏鈔』卷三之下には、

「(乾元)二年。遷厝於東京。龍門置塔。寶應二年。敕於塔所置寶應寺。大曆五年。敕賜祖堂額。號眞宗般若傳

法之堂。七年敕賜塔額號般若大師之塔。貞元十二年。敕皇太子集諸禪師。楷定禪門宗旨。遂立神會禪師爲第七祖。內神龍寺敕置碑記見在。又御製七祖讃文見行於世。[43]」

と述べられており（『傳燈錄』にもほぼ同様の記載がある）[44]、貶逐に處せられたはずの神會が、後に「第七祖」と仰がれるようになったことが知られるが、貶逐から第七祖へという處遇の變化に納得できる説明を提供するものであったため、胡適を初めとする多くの學者に支持されてきた[45]。しかし、その後、神會の塔銘、慧空撰、法璘書の「第七祖國師身塔銘」が發見されるに至って[46]、この説には、次のような大きな問題があることが分かってきた。

1　塔銘によれば、神會は荊州の開元寺で入寂し、遺體が洛陽に運ばれたとされており、最晩年に洛陽に復歸し、肅宗に入內供養されたとする『宋高僧傳』の記載と合わない。

2　『宋高僧傳』では、神會の入寂を上元元年（七六〇）五月十三日とするが、塔銘によれば、乾元元年（七五八）五月十三日が正しい。これは郭子儀が洛陽を叛亂軍から奪回したわずか半年後であり、『宋高僧傳』に記されるような神會に對する尊崇が行われたとは考えにくい。

こうした事實をふまえても、なお、楊曾文やジョン・R・マクレー（John R. McRae）のように、『宋高僧傳』の記述を否定する必要はないという意見もあるが[47]、上の1の矛盾について明確な説明が與えられておらず、同意することは難しい。

しかし、賣牒によって帝師になったというのが事實でないとしたら、どうして入寂後に「第七祖」と公認され得たのであろうか。そして、どうして『宋高僧傳』のような説が行われるようになったのであろうか。これは大きな問題であったが、近年、神會の弟子、慧堅（七一九～七九二）の塔銘、徐岱撰、孫藏器書の「慧堅禪師碑銘」が紹介されたことによって、(48)この疑問は氷解した。卽ち、これと先に示した神會の「第七祖國師身塔銘」とによって、神會滅後に、弟子たちによって師の顯彰活動が積極的に展開されたことが判明した。つまり、貞元十二年（七九六）に神會が「七祖」と公認されたとする『圓覺經大疏鈔』の記述は、慧空や慧堅の顯彰活動の結果と考えることができるのである。特に慧堅は、當時、極めて有名であったはずであるが、『宋高僧傳』や『傳燈錄』には、全くその痕跡を止めておらず、僅かに『裴休拾遺問』の異本、『承襲圖』に「西京堅」と名が揭げられるのみであった。(49)その存在は、後世、ほとんど完全に忘れ去られてしまったのである。思うに、これが『宋高僧傳』のような説を生んだ理由に他ならないであろう。慧空や慧堅の顯彰活動を知らなければ、「貶逐」と「第七祖」公認は矛盾としか見えない。そこで、後世になって、この矛盾を解消するために、安史の亂に際して神會が賣牒に關わって功績を擧げたという俗說が行われるようになり、これが『宋高僧傳』に取り込まれたのである。そして、近代に至って、師のジョン・デューイ（John Dewey、約翰・杜威、一八五九～一九五二）を模範として因果律を重視した胡適は、正しくこの整合性の故に、『宋高僧傳』の說を採用したのである。

d　國家權力に對する態度

東山法門の代表として既に完全に權威を確立していた普寂や義福に對して嚴しい批判を行い、師の慧能こそが弘忍の正統な後繼者であると主張したのが神會である。「傳衣說」等の彼の主張には無理があるが、彼が最も言いたかったのは、要するに、普寂や義福らの主張が東山法門の傳統を否定するものであったという點にある。神會は、

彼らの説を「禪定」と「智慧」を分離するものであるとして「漸悟」だと決めつけるが、それは、

1　普寂らが兩京の大寺に住むことによって、國家佛敎の原則に合わせる必要が生じ、これまでのような作務等を含む共同體的修行生活を送ることができなくなった。

2　一般の道俗への敎導において、東山法門の特性を知らしめるために、先ずは禪定體驗を得させることを優先させる必要があった。

といった彼らが新たに置かれた状況によって生起した問題であったと言える。つまり、神會の批判は、「山林佛敎＝アウト・ロー佛敎」として成立した東山法門の「都市佛敎＝國家佛敎」への轉換という、東山法門の質的な變化に絡むものであったと言えるのである(50)。

では、その神會は皇帝權力に對していかなる態度を取ったのであろうか。神會はその大膽な發言と目立った活動によって自ら讒言を招き、貶逐されて客死するという憂き目に遭った。それは皇帝權力による神會の排除を意味したが、その後、弟子たちの努力によって、神會の遺體は龍門に運ばれて葬られ、更にその墓所に敕命で寶應寺が設置され（この寺に當時の年號が冠せられていることは注意すべきである）、神會には「般若大師」の諡號を賜った。神會は、こうして歿後になって初めて、神秀や義福・普寂と同樣、「帝師」となったのである。從って、皇帝權力に近づくことで、慧能を「六祖」、神會を「七祖」と認めさせたのは、神會自身ではなく、弟子たちであったことになる。

では、これは、初期の著作、『定是非論』において「六代の大師の中に帝師となったものはいない」と主張した

神會の意向に背くものだったのであろうか。恐らくは、そうではあるまい。というのは、「第七祖國師身塔銘」に、洛陽に歸ること、墓所を寺として僧を度すことを神會の遺志に沿うものだとして、

「有廟堂李公嗣虢王。再迎尊顏於龍門。別有梃生功臣高輔成趙令珍。奏寺度僧。果乎先願。[51]」

と述べているからである。

神會は、若年の頃から中原に強い關心を抱いていた。二十代の初めに知見を擴めるために北遊し、その際に長安で受戒を果たした。また、彼が師の歿後に名を隸したのも南陽（河南省南陽市）の龍興寺であった。後年、貴顯との交流に非常に積極的であったことから見ても、彼に中原進出への強い願望があったことは否定しがたい。また、中原に進出した後、荷澤寺に慧能の眞堂を建てて西天・東土の祖師の繪を描かせ、房琯に「六葉圖」を撰述させたり、王維や宋鼎に慧能の碑文を撰述させたりしているが、これは普寂が嵩山に神秀の塔を築き、「七祖堂」を建てたのとパラレルな關係にあり、神會に普寂に對する強い對抗意識があったことが窺われる。この意識は、『定是非論』の「北宗」批判からも窺われるものであって、彼に普寂らに替わって東山法門の代表になりたいという強い欲求があったことを證するものである。

從って、既に神會に貴顯に接近することで自身の主張や立場を社會に認めさせようとする思想があったため、彼の弟子たちはそれを承け繼いで、師の果たせなかった目的を遂げたと見るべきなのである。神會が中原に進出したとき、既に普寂や義福は完全に權威を確立していた。それ故、その現狀を打破するためには、彼ら以上に皇帝權力に近づく必要があったのである。

神會は普寂や義福を「北宗」と呼んで批判した。その批判には確かにそれなりの理由があった。東山法門を慧日らの批判から守らねばならなかったし、そのためには、「南宗」が「北宗」とは違う正しい佛教であるとする認識を擴めねばならなかった。そして、それには、現に勢力を得ている「北宗」を批判せねばならなかったのである。しかし、實際には、彼と弟子たちは、「北宗」に替わることを目指すことで、いっそう皇帝權力に依存する傾向を强め、ますます東山法門の傳統から逸脫していったのである。

むすび——神會年譜

以上、關聯する種種の資料に基づいて、神會の著作や生涯に關する私見を述べてきた。最後に、その結果を神會の年譜の形で示して、本章の「まとめ」としたい。なお、「北宗」の人々の動向等についても、拙稿「東山法門と國家權力」(52)等に基づいて必要最少限の補足を行った。

皇帝	中國暦（西暦）	神會の年齢	事　項
中宗	嗣聖元年（六八四）	一歳	襄州（襄陽）に生まれる。姓は高氏。
睿宗	垂拱二年（六八六）	三歳	法如が嵩山少林寺で開法を行なう（法如四十九歲）。
武則天	永昌元年（六八九）	六歳	法如が少林寺で入寂する（法如五十二歲）。
	天授三年（六九二）	九歳	弘願を起こす。
	延載元年（六九四）前後	十一歳前後	荊州玉泉寺の神秀の弟子となる。

武則天	神功元年（六九七）	十四歳	神秀が豫北に移るに際して曹溪の慧能の弟子となる。 後に支持者となる房琯が生まれる。
	聖暦元年（六九八）前後	十五歳前後	後に弟子となる進平（晉平）が生まれる。
	聖暦二年（六九九）	十六歳	後に神會の依頼で慧能の碑文を書く王維が生まれる（七〇一年生誕説もある）。
	久視元年（七〇〇）	十七歳	神秀が入内して供養される（神秀九十五歳？）。
	長安三年（七〇三）	二十歳	この頃、知見を廣めるために北遊し、長安で具足戒を受ける。
	神龍元年（七〇五）	二十二歳	慧能に敕召あるも應じず（慧能六十八歳）。
	神龍二年（七〇六）	二十三歳	神秀が洛陽の天宮寺で入寂する（百一歳？）。
	神龍三年（七〇七）	二十四歳	慧能に再度の敕召あるも應じず（慧能七十歳）。
中宗	景龍二年（七〇八）	二十五歳	慧安が嵩山會善寺で入寂する（世壽未詳） 玄賾が敕命を奉じて長安に入る（年齢未詳）。
	景龍三年（七〇九）前後	二十六歳前後	曹溪に歸り、慧能に侍す。
睿宗	先天元年（七一二）	二十九歳	侯莫陳琰が『要決』を撰述する（侯莫陳琰五十三歳）。
	先天二年（七一三）	三十歳	師の慧能が入寂する（慧能七十六歳）。
玄宗	開元二年（七一四）	三十一歳	侯莫陳琰が入寂する（侯莫陳琰五十五歳）
	開元五年（七一七）	三十四歳	後に弟子となる乘廣が生まれる。
	開元七年（七一九）	三十六歳	武平一撰の「能大師碑」が曹溪の廣果寺に建立される。 慧日が中央アジアを經てインドから歸國し、玄宗皇帝から「慈愍三藏」の稱號を下賜される（慧日四十歳）。

		後に弟子となる慧堅が生まれる。
開元八年（七二〇）前後	三十七歳前後	北上して南陽の龍興寺の住僧となる。
不明	不明	この頃、杜朏が『傳法寶紀』を撰述する。
開元十年（七二二）	三十九歳	後に弟子となる無名が生まれる（無名一歳）。また、この頃、弟子の智如も生まれる。
開元十三年（七二五）	四十二歳	普寂、敕命で洛陽の敬愛寺に住し（普寂七十五歳）、義福、敕命で洛陽の福先寺に住す（義福六十八歳）。
不明	不明	この頃、慧日が『淨土慈悲集』を著して禪宗（神秀の門下）を批判する。
開元十五年（七二七）	四十四歳	普寂、敕命で洛陽の興唐寺に住す（普寂七十七歳）。
不明	不明	この頃、杜朏の『傳法寶紀』、侯莫陳琰の『要決』、慧日の『淨土慈悲集』等を入手する。
開元十八年（七三〇）	四十七歳	この年以降、北宗の禪師と論諍を繰り擴げる。
不明	不明	この頃、「傳衣説」、「西天八祖説」等を考案する。
開元二十年（七三二）	四十九歳	崇遠と「滑臺の宗論」を行い、次第に名前が知られるようになる。神會の主張には、杜朏の『傳法寶紀』、侯莫陳琰の『要決』、慧日の『淨土慈悲集』の影響が窺える。
不明	不明	この頃、『傳法寶紀』をベースとしつつ、六祖を慧能に改めた六代の祖師の傳記である『師資血脈傳』を著す。
開元二十一年（七三三）	五十歳	義福、敕命で洛陽の南龍興寺に住す（義福七十六歳）。
開元二十四年（七三六）	五十三歳	義福、洛陽の南龍興寺で入寂する（義福七十九歳）。

		普寂の弟子の道璿が日本に渡る（道璿三十五歳）。
開元二十七年（七三九）	五十六歳	普寂、洛陽の龍興寺で入寂する（普寂八十九歳）。その後、弟子の宏正が後継者と目されるようになる。
天寶四載（七四五）	六十二歳	兵部侍郎の宋鼎に招かれ、洛陽の荷澤寺に入る。
		官人であった靈坦が弟子となり、出家する（靈坦三十七歳）。
		この頃、慧堅や無名が相次いで弟子となる（二人は二十代半ばから二十代後半）。
		この頃、新羅出身の惠覺が邢州（鉅鹿）から參じて弟子となる。
		この頃、王維に依頼して慧能の碑文を撰述してもらう。慧能の「十六年隱遁説」や「印宗による出家」に言及する。
		この頃、宋鼎に依頼して慧能の碑文を撰述してもらい、荷澤寺の慧能の眞堂に建てる。
不明	不明	この頃、獨孤沛らに「滑臺の宗論」の資料等によって『定是非論』を編纂させ、その末尾に、當時流布していた『師資血脈傳』を附載させる。『定是非論』では「傳衣説」「西天八祖説」等に言及する。
天寶五載（七四六）	六十三歳	河南尹の李常と遇い、三祖の墓が舒州の山谷寺にあることを告げるも、李常は信じず。同年、李常、舒州の別駕に貶されて山谷寺に赴き、三祖の墓を拜す。僧璨の遺體を荼毘に付し、舍利三百粒を得、墓所に百粒を収めて起塔供養する。得た舍利のうちの百粒は、李常が自宅で供養し、殘る百粒を神會に贈る。神會はその百粒を得て荷澤寺で起塔供養する。
		この頃、房琯に依頼して三祖僧璨の碑文を撰述してもらう（「西天八祖説」に言及）。

		乘廣が受戒のために衡陽から洛陽に來たり（乘廣三十歲）、その後、神會の弟子となる。
不明	不明	この頃、荷澤寺の慧能の眞堂に西天・東土の祖師の繪を描かせ、房琯に「六葉圖」を撰述させる。 この頃、洛陽での布教活動を踏まえて、『壇語』や『頓悟無生般若頌』等を撰述し、流布させる。『壇語』には慧日の禪宗批判の影響が窺える。 この頃、「西天二十九祖說」を唱え、『付法藏經』を編輯させる。
天寶七載（七四八）	六十五歲	邢州（鉅鹿）の開元寺に宋鼎撰、史惟則書の慧能の碑文を建立する。 慧日が長安の同德興唐寺で入寂する（慧日六十九歲）。
天寶八載（七四九）	六十六歲	この頃、弟子の慧堅が汾州で受戒する（慧堅三十一歲、あるいは三十二歲）。 この頃、『師資血脈傳』『定是非論』『壇語』『付法藏經』等の神會の著作が中原で廣く流布しており、無住（三十六歲）もそれを五臺山で入手する。 「北宗」の曇眞（廣德の弟子）が得度・出家し、洛陽の衞國寺に名を隸す（曇眞四十六歲）。「廣德」が宏正の師號であれば、これ以前に宏正は歿したと考えられる。後、曇眞は洛陽の敬愛寺で布教。
天寶九載（七五〇）	六十七歲	この頃、弟子の無名が受戒する（無名二十九歲、あるいは三十歲）。
天寶十載（七五一）	六十八歲	この頃、李華が玉泉天台の惠眞のために「蘭若和尚碑」を撰述し、南宗・北宗の對立を克服すべきであるという惠眞の言說を記載する。他宗の人々の南北對立への見方を代表するものと考えられる。
天寶十二載（七五三）	七十歲	盧奕の讒言により、弋陽郡に貶逐され、次いで武當郡に移される。これによっ

		て荷澤寺で指導を受けていた弟子たちは離散する。
天寶十三載（七五四）	七十一歳	許されて故郷の襄州に移され、更に荊州の開元寺に移される。
		この頃、李華が天台宗の玄朗のために「故左溪大師碑」を撰述し、「西天二十九祖説」に言及するが、故意に神會への言及を避ける。
天寶十四載（七五五）	七十二歳	安史の亂が起こり、叛亂軍、洛陽を攻略する。
天寶十五載（七五六）	七十三歳	叛亂軍、長安を攻略する。
至德元載（七五六）	七十三歳	肅宗、靈武で卽位する。
至德二載（七五七）	七十四歳	郭子儀ら、九月に長安を、十月に洛陽を回復する。
至德年間（七五六～七五八）	七十三～七十五歳	弟子の進平（五十代末～六十代初）を曹溪に派遣して慧能の靈前に「牙癢和」を献納する。
乾元元年（七五八）	七十五歳	五月十三日に荊州の開元寺で入寂する。

註

（1）伊吹敦「胡適の禪研究の史的意義とその限界」（『駒澤大學佛教學部論集』四九、二〇一八年）三六七頁を參照。

（2）錢穆「神會與壇經」（『東方雜誌』四一巻一四號、一九四五年）、張曼濤主編『六祖壇經研究論集』（現代佛教學術叢刊（一）、大乘文化（臺北）、一九八〇年）九七～九八頁。

（3）伊吹敦「『六祖壇經』の成立に關する新見解――敦煌本『壇經』に見る三階敎の影響とその意味」（『國際禪研究』七、二〇二一年）。

（4）小川隆『神會――敦煌文獻と初期の禪宗史』（臨川書店、二〇〇七年）六三頁。

（5）John R. McRae, edited by James Robson and Robert H. Sharf, with Fedde de Vries, *Zen Evangelist: Shenhui, Sudden Enlightenment, and the Southern School of Chan Buddhism*, University of Hawai'i Press, 2023, pp.16–34.

（6）Ibid, p.2, p.252.

（7）Ibid, pp.35–36.

（8）前掲『神會――敦煌文獻と初期の禪宗史』一四九頁。

（9）MacRae, above, pp.291–297.

（10）Ibid, p.14, pp.275–291.

（11）更に、大珠慧海（生歿年未詳）の著作とされてきた『頓悟入道要門論』も『雜徴義』の展開と見做すべきであるが、これについては、近々、私見を公表する豫定である。

（12）圓仁『入唐新求聖教目錄』：大正藏五五、一〇八四a。

（13）圓珍『智證大師請來目錄』：大正藏五五、一一〇六c。この外にも同じく圓珍の『日本比丘圓珍入唐求法目錄』（大正藏五五、一一〇一a）、『福州溫州台州求得經律論疏記外書等目錄』（大正藏五五、一〇九四a）にも記載がある。

（14）『定是非論』の序文に「弟子於會和上法席下見[和上]與崇遠法師論諸義便修。從開元十八・十九・二十年。其論本竝不定。爲修未成。今取二十載一本爲定。後有師資血脈傳一卷。亦在世流行」とある（楊曾文『神會和尙禪話錄』中華書局、一九九六年、一七頁）。これをどのように解すべきかは大きな問題であるが、一應、このように解しておく。

（15）陳思『寶刻叢編』：『石刻史料新編　第一輯』二四、一八一一八三頁。

（16）吳其昱「荷澤神會傳研究」（『中央研究院歷史語言研究所集刊』五九、一九八八年）九〇七～九〇八頁。

（17）なお、『寶刻叢編』の同所には、これと併せて、

「唐曹溪能大師碑

唐蔡有鄰書 諸道石刻錄」も掲げられており、他にも慧能の碑文の建立があったことが知られる。ただし、その時期は不明である。

(18) 慧空「第七祖國師身塔銘」：前掲『神會和尚禪話錄』一三七頁。外にも、滋賀高義編『唐代釋教文選譯注』（大谷大學眞宗總合研究所、一九九八年）一九七頁、唐代語錄研究班『神會の語錄 壇語』（禪文化研究所、二〇〇六年）二五九～二七四頁にも錄文がある。

(19) 贊寧『宋高僧傳』「唐陝州迴鑾寺慧空傳」：大正藏五〇、七六五b。ただし、『宋高僧傳』では、この慧空を普寂の弟子としており、疑問が殘る。

(20) 介永强『隋唐僧尼碑誌塔銘集錄』（上海古籍出版社、二〇二二年）二四二～二四三頁、樓正豪「新たに發見された新羅入唐求法僧・惠覺禪師の碑銘」（『國際禪研究』一、二〇一八年）も參照。

(21) 冉雲華「《唐故招聖寺大德慧堅禪師碑》考」（『中華佛學學報』七、一九九四年）。碑文全體は、介永强『隋唐僧尼碑誌塔銘集錄』（上海古籍出版社、二〇二二年）二八五～二八七頁。

(22) 伊吹敦「「東山法門」と國家權力」（『東洋學研究』一九、二〇一二年）四二三～四一六頁等を參照。

(23) 介永强『隋唐僧尼碑誌塔銘集錄』（上海古籍出版社、二〇二二年）二九二～二九三頁、また、楊曾文「《唐同德寺無名和尚塔銘并序》的發現及其學術價值」（『佛學研究』第九期、二〇〇〇年）も參照。

(24) これについては、伊吹敦「神秀の受戒をめぐって」（『禪文化研究所紀要』三一、二〇一一年）を參照。

(25) 編者未詳『曹溪大師傳』：駒澤大學禪宗史研究會『慧能研究――慧能の傳記と資料に關する基礎的研究』（大修館書店、一九七八年）五二頁。

(26) 伊吹敦「三たび『曹溪大師傳』の成立を論ず」（『東洋思想文化』一一、二〇二四年）を參照。

(27) 鎌田茂雄『宗密教學の思想史的研究』（東京大學東洋文化研究所、一九五七年）六八頁。

(28) 前掲『宗密教學の思想史的研究』九一～九二頁を參照。

(29) 宗密『圓覺經大疏鈔』卷一之下：續藏一-一四-三、二二三a～b。また、同じく『圓覺經大疏鈔』卷一之下の少し後に、次のような類似した記載がある。

「根本始自元和十一年春。於南山智炬寺下筆科判。及捜檢四家疏義。集爲兩卷。私記檢之。以評經文。被於學禪之輩。中閒至長慶二年。於草堂寺再修爲疏。幷開數十段章門。至三年秋冬。方得終畢。」（續藏一―一四―三、二二六b）

(30)　森原康暉「『圓覺經』の初期の註釋者について」（『印度學佛教學研究』七二―二、二〇二四年）を參照。

(31)　神會自身は、碑文には慧能が弘忍の傳衣を受けた正統の後繼者であると記されていたが、後に武平一によって削られたと主張していた。しかし、ここでは、この慧能と弘忍の關係が、神會と慧能の關係に置換されている。洪州宗や石頭宗も自らが慧能の法系であると主張し、六祖が慧能であることが既に確定していたため、慧能の後繼者が誰であるかに爭點が移っていたことを示すものとして、この記載は注目すべきである。

(32)　この問題については、伊吹敦「荷澤宗としての神照・宗密の正統性――胡適の主張の問題點と南印傳の再構成」（『印度學佛教學研究』七一―一、二〇二二年）を參照。

(33)　椎名宏雄「『寶林傳』逸文の研究」（『駒澤大學佛教學部論集』一一、一九八〇年）二四九頁。

(34)　贊寧『宋高僧傳』「慧能傳」：大正藏五〇、七五五b。

(35)　「南陽慧忠國師語」については、伊吹敦「『景德傳燈錄』所收「南陽慧忠國師語」の成立と意義」（『東アジア佛教學術論集』一一、二〇二三年）を參照。なお、『頓悟要門』の「諸方門人參問語錄」については、近く別に發表を行う豫定である。

(36)　道原『傳燈錄』「行思章」：大正藏五一、二四〇b～c。

(37)　伊吹敦「東山法門の人々の傳記について（中）」（『東洋學論叢』三五、二〇一〇年）一九～二四頁を參照。

(38)　普寂や義福が荊州の神秀門下になったのは、法如（六三八～六八九）が亡くなってまもなくのことであり、普寂が神秀の下を離れて嵩山に入ったのは、萬歲通天元年（六九六）前後のことである。一方、義福は神秀が亡くなるまで行動を共にしたようである。これについては、伊吹敦「東山法門の人々の傳記について（上）」（『東洋學論叢』

三四、二〇〇九年）三四～三五頁、前掲「東山法門の人々の傳記について（中）」二二頁、三三頁を參照。
(39) 宗密『圓覺經大疏鈔』巻三之下「慧能第六」：續藏一－一四－三、二七七b。
(40) 例えば、『大乘無生方便門』に「此不動從定發慧方便。是開慧門」等の文章が見える（鈴木大拙『禪思想史研究第三』一七二頁等）。
(41) 陳思『寶刻叢編』：『石刻史料新編　第一輯』二四、一八三六五頁。なお、標題に見られる「東果寺」は「廣果寺」の誤りと見られる。
(42) 贊寧『宋高僧傳』「神會傳」：大正藏五〇、七五六c～七五七a。
(43) 宗密『圓覺經大疏鈔』巻三之下「神會第七」：續藏一－一四－三、二七七b～c。
(44) 道原『傳燈錄』「神會章」：大正藏五一、二四五b。ただし、當然のことながら、「貞元十二年」以下の記載は省かれている。
(45) 胡適「荷澤大師神會傳」：『神會和尙遺集――胡適校敦煌唐寫本』亞東圖書館（上海）、一九三〇年）六一～七二頁を參照。
(46) 溫玉成「記新出土的荷澤大師神會塔銘」（『世界宗教研究』二、一九八四年）。
(47) 楊曾文は、神會が晩年、賣牒に關わった事を否定しない。ただ、當時の狀況を考えると、從來考えられていたように洛陽でこれを行うことは不可能であるから、恐らく、そのほかの地方で行ったのだろうという。更に、神會が晩年、肅宗に帝師として招かれたという說も史實とし、その場所を洛陽ではなくて長安であろうとする。そして、そうであったとしても、洛陽の荷澤寺に彼のために敕命で禪堂を建ててやったとする『宋高僧傳』の記述も必ずしも否定する必要はないという（楊曾文「唐代禪宗史上幾箇問題的考證」、『國學研究』六、一九九九年、四七五～四七八頁）。
　確かに、神會がいた荊州は戰亂に巻き込まれずに濟んだし、東山法門の地盤でもあるから、そこで賣牒を行い、多大の收入を得て、それを郭子儀らに送ったという可能性は皆無ではない。そして、これは必ずしも宗教家にふさわしい行爲ではないため、彼の兒孫たちはこの事實に觸れることを避けたということも考えられなくはない。しかし、その場合、どうして遙か後世の贊寧がそのことを知り得たのかという別の問題が生じる。そもそも、賣牒によって多くの金を集め得たのは、それが税金逃れになったからであって、それに攜わった人物の力量に左右されるような性格のものではない。神會のような老大家が關與しなければならない理由はもともとないのである。更に言えば、當時、神會は既に七十歳を超えており、年齢的に、十分な活動ができたかも疑わしい。

なお、マクレーは、先に述べたように、神會を「禪の宣教師」と性格づけることによって、彼に特徴的な「頓悟」等の思想の由來や優れた弟子が知られていなかったという事實を説明しようとする。そのため、神會が洛陽で行っていた授戒も出家のためのものだと主張するのであるが、この主張の基盤が、晩年、安史の亂の際に授戒を行うことで香水錢を集め、その功績が認められて「帝師」として遇されたとする『宋高僧傳』の記載にあることは明らかである。これこそが、史實とは認めがたい『宋高僧傳』の記載をマクレーが無理に信じようとした理由に外ならない。

『宋高僧傳』の説は、以前であれば史實と見做しうる餘地はあったが、慧空の「第七祖國師身塔銘」の發見によって、その虛構性が明らかになった以上、採用すべきではない。まして、客觀的に認めがたい説を、自身の主張の根據としたいがために、敢えて採用するというのは決して許されることではない。

（48）前掲「《唐故招聖寺大德慧堅禪師碑》考」を參照。

（49）宗密『承襲圖』：鎌田茂雄『禪源諸詮集都序』（筑摩書房、一九七九年）二九〇頁。

（50）この問題については、下記の二つの拙稿を參照されたい。

IBUKI Atsushi, translated by Eric M. Greene, Vinaya and the Chan School: Hīnayāna precepts and bodhisattva precepts, Buddhism in the city and Buddhism in the mountains, religion and the state, *Studies in Chinese Religions*, Volume1, 2015, Issue 2.

伊吹敦「都市佛教と山林佛教の交錯としての初期禪宗史――小乘戒と菩薩戒、經典學習と禪觀修行、國家と宗

教」（『東アジア佛教學術論集』一二、二〇二四年）

(51) 慧空「第七祖國師身塔銘」：前掲『神會和尚禪話錄』一三七頁。

(52) 前掲「「東山法門」と國家權力」四三四〜四二三頁を參照。

第二章　神會の主要著作の成立時期と相互關係

先行研究と問題の所在

石井本『南陽和尚問答雜徵義』（以下、『雜徵義』と略稱）の末尾近くの部分[1]に、達摩から慧能に至る六代の祖師の傳記が附されている。これらが一連のもので、一括して扱うべきものであることは一見して明らかであるが、そこには特に名稱は附されていない。これを『菩提達摩南宗定是非論』（以下、『定是非論』と略稱）冒頭の、編者獨孤沛（生歿年未詳）の附記と見られる文章、

「弟子於會和上法席下見［和上］與崇遠法師論諸義。便修。從開元十八・十九・二十年。其論本竝不定。爲修未成。言論不同。今取二十載一本爲定。後有師資血脈傳一卷。亦在世流行。[2]」

に見える『師資血脈傳』に外ならないと斷じたのは、荷澤神會（六八四〜七五八）の研究において不滅の業績を打ち立てた胡適（一八九一〜一九六二）であった[3]。この見解は、柳田聖山（一九二二〜二〇〇六）、印順（一九〇六〜二〇〇五）等の諸氏によっても追認され[4]、今日では既に定説になっている。

ただ、この『師資血脈傳』については多くの問題が残されている。先ず第一に明らかにすべきは、いったい誰が、いつ、何の目的で撰述したものなのかという點である。それに關聯して問題になるのが「大乘頓教頌幷序」の素性である。石井本『雜徵義』では、六代の祖師の傳記のすぐ後に撰者未詳の「大乘頓教頌幷序」なる神會を讃える文章が置かれている。これが六代を次ぐものとしての神會の地位を明示しようとしたものであることは間違いないが、これも『師資血脈傳』の一部と考えてよいのか、それとも、後になって加えられたものと見做すべきなのかは、『師資血脈傳』の成立を明らかにするうえで極めて重要である。

第二の問題は、『師資血脈傳』の傳承と變化についてである。『定是非論』編輯の時點で「師資血脈傳」と名づけられて別行していた文獻が、その後、その固有の名稱を失い、石井本『雜徵義』に取り込まれるに至った經緯や、更には、石井本『雜徵義』の冒頭部において、どうしてわざわざ別行している『師資血脈傳』に言及しなくてはならなかったのかといった問題が明らかにされねばならない。

最後に第三の問題として、現行本の『師資血脈傳』には、明らかに後代の意圖的な插入・改變と見做せる部分が存在するという點である。それは六代の傳記全てに共通する『金剛經』宣揚に關する部分と各傳記の冒頭に見える「承〇〇大師後」という句、「慧能傳」における神會の活躍を豫言する懸記等であって、『定是非論』の獨孤沛の序文、竝びに『師資血脈傳』に基づいたと見做し得る『歷代法寶記』の文章との對比によって、そのように判斷できるのである。だとすると、この插入・改變と『師資血脈傳』が石井本『雜徵義』に取り込まれたこととの前後關係や關聯、更には『定是非論』において『金剛經』を初めとする般若經からの引文が大量に插入されていることとの關係が問われねばならないのである。

このように、この『師資血脈傳』は、それ自體、種々の問題を含み、しかもそれが『定是非論』や『雜徵義』の傳承とも密接に關わっているのである。そこで、本章では、この『師資血脈傳』の成立と傳承を明らかにするとともに、それを糸口として、他の文獻の成立と傳承を解明して行くことにしたい。

以上の外にも神會の主要な著作として『南陽和上頓教解脱禪門直了性壇語』（以下、『壇語』と略稱）と『付法藏經』があるが、これらは、上記の著作とは別に流布したらしく、これらとの相互關係からその成立を論ずることができない。ただ、『壇語』については、『歴代法寶記』に同時代的な言及が見られるので、それを糸口としてその成立時期や成立事情を明らかにすることができる。一方、『付法藏經』については、著作自體が散逸しており、荷澤宗の他の著作等によって、その存在、ならびに內容が想定されるのみであるから、その詳細は本書第六章「『付法藏經』の編輯とその後の變化」で論ずることとし、ここではこれ以上の論及は避けることとしたい。

第1節　『師資血脈傳』の成立と初期の傳承

『師資血脈傳』の成立と傳承を明らかにする場合、先ず取り上げるべきは、「序論」で引いた石井本『雜徵義』の冒頭の文章である。一般には、この意味を、

「弟子たち（あるいは獨孤沛自身）が神會和尙の法席の下で和尙と崇遠法師の討論を見ては、その內容の編輯を開元十八年、十九年、二十年と繰り返してきた。だが、いずれのテキストも定本とはなっておらず、編輯は完結していない。そこで二十年の本を選んで底本とした。その後、『師資血脈傳』一巻も同樣に世間で流布している。

と解してきたようである。もし、この理解に據ると、この文章から次のような二點が知られることになろう。

1　獨孤沛が『定是非論』を編輯した頃には、その原資料となった數種の異本とともに、『師資血脈傳』が流布していた。

2　當時、神會の弟子たちの間で、『師資血脈傳』が神會と崇遠の宗論以降の著作であるという認識が存在していた。

しかし、この理解では、末尾の「後有師資血脈傳一卷。亦在世流行」という文はいかにも不自然である。なぜ、ここ『定是非論』の冒頭に、それと直接には關係のない『師資血脈傳』についてわざわざ言及しなくてはならないのか。更に、「後に有り」とは、何を基準に「後」と言い、また、「亦た」とは、何と同樣にという意味なのか。それが、獨孤沛が編輯した、この『定是非論』ではあり得ない以上、『定是非論』の原資料が流布した後に、それと同樣にということなのか。しかし、そのような編輯途上の種々の草稿本が廣く流布するなどといったことがあり得るのか。いかにも不可解である。

この原因は、この文章の「後」を時間的に解釋したことによるものであり[5]、これを空間的に理解すれば、これらの疑問の全ては氷解する。卽ち、『定是非論』の後に附錄として『師資血脈傳』が附されているという意味に解するのである。だとすれば、末尾の文の意味は、「附錄として末尾に附した『師資血脈傳』一巻は、世の中で既に流布しているものである」という注意書きと見倣すことができるのである。

この見方が正しいことは、獨孤沛によって書かれたと見られる『定是非論』の後序（あるいは跋文）からも確認できる。即ち、そこには、次のように、自身が編輯した著作の構成についての言及と見られるものが繰り返し現われるのである。

「其論先陳激揚問答之事。使學者辨於眞宗。疑者識爲。後敍師資傳授之言。斷除疑惑。[6]」

「是非邪正。具載明文。竝敍本宗。傳之後代。[7]」

「敬尋斯論妙理玄通　先陳問答後敍正宗[8]」

これらにおいて、「激揚問答之事」と「是非邪正」と「問答」、「師資傳授之言」と「本宗」と「正宗」とが同じものを指していることは明らかであろう。つまり、これらの記述は、獨孤沛が、自らが編輯した著作が、次の二つの部分から成っていると考えていたことを示すものと言えるのである。

Ⅰ「先陳激揚問答之事」＝「是非邪正」＝「先陳問答」

Ⅱ「後敍師資傳授之言」＝「本宗」＝「後敍正宗」

これらⅠとⅡを『定是非論』の内部のある部分を指すと考えることはいかにも無理である。『定是非論』全體が神會と崇遠の問答體で書かれているため、「激揚問答之事」と區別される「師資傳授之言」を『定是非論』中に求めることは困難だからである。従って、『定是非論』そのものがⅠでなくてはならない。では、Ⅱとは何か。それが卽ち獨孤沛自身によって附錄として採用された『師資血脈傳』であることは明らかであろう。特に、ここにも二度に亙って「後敍」と「後」の字が用いられており、冒頭の附記の「後有師資血脈傳一卷」の「後」と呼應していることは注意すべきである。

このように見てくると、『定是非論』冒頭の獨孤沛の附記は、次の二つの事柄を意味するものであることが分かる。

1　獨孤沛が『定是非論』を編輯した頃には、その原資料となった數種の異本が存在し、また、『師資血脈傳』が世間で流布していた。

2　獨孤沛は數種の異本の內、開元二十年本を底本として『定是非論』を編輯すると共に、その末尾に、當時流布していた『師資血脈傳』を附錄として附加した。

これによって、『師資血脈傳』の成立と流布が獨孤沛による『定是非論』の編輯に先だつものであることが分かるが、では、獨孤沛による『定是非論』の編輯時期は、いったい、いつ頃なのであろうか。開元二十年本を底本としたという以上、その編輯は開元二十年（七三二）以降であることは明らかであるが、その下限は明らかではない。しかし、たびたび引く『定是非論』冒頭の附記に、「今取二十載一本爲定」と、通常、「年」と書くべきところを「載」と記していることは注目すべきである。一般に「年」に代えて「載」が用いられたのは、天寶三年（七四四）から乾元元年（七五八）の閒であるとされるから、『定是非論』の編輯は、恐らく、その閒のことであったと見てよいであろう。乾元元年は、正しく神會の遷化の年に當たるから、獨孤沛による『定是非論』の編輯が神會の存命中のことであったことが分かる。そして、『師資血脈傳』の成立と流布がそれに遡るのであれば、その作者は、當然のことながら、荷澤神會自身と見ねばならないはずである。

更に注目すべきは、『定是非論』末尾の獨孤沛による後序（あるいは跋文）と見るべき部分に、

「言菩提達摩南宗定是非論者。敍六代大德師師相授。法印相傳。代代相承。本宗無替。自達摩大師之後。一代只許一人。中間倘有二三。卽是謬行佛法。況今天下敎禪者無數。學禪者全稀。竝無稟承。憑何立敎。徒以鷄鳳相誑。蒲脯成欺。飾魚目以充珠。將夜光而爲寶。我和上屬正法陵遲之日。邪法繚亂之時。當欲行後醫之本方。棄先醫之乳藥。重揚眞敎。息世云々。」(9)

と、南宗の正しい教えが行われず、北宗が榮えたことを「正法陵遲之日」「邪法繚亂之時」と呼び、その中で神會がただ一人、正しい教えを說いたことを讃えており、更に後序（あるいは跋文）を締め括る偈文の最後に、

「論之興也開元二十　比日陵遲今年法立　本元清淨非關積習　彼岸坐登禪門頓入　德超河洛芳流京邑　朗月孤懸衆星無及」(10)

と、開元二十年に「滑臺の宗論」が行われたものの、その後も神會の正しい教えは必ずしも受け入れられなかったが、今年になって確立を見、神會の德が兩京で廣く仰がれているということである。「滑臺の宗

論」以降において、神會が社會に認められたことを示す最も顯著な事跡は、天寶四載（七四五）に兵部侍郎の宋鼎の庇護を得て洛陽の荷澤寺に敕住したことであるから、この「今年法立」とは、必ずやこのことを指すであろう。とすれば、獨孤沛による『定是非論』の編輯は、神會の洛陽進出を契機に行われたものと見做すべきである。

では、神會による『師資血脈傳』の撰述時期はいつ頃のことであったであろうか。上記の推定に據れば、當然、それは神會が洛陽に入った天寶四載以前となるが、實際には、それよりもかなり早かったようである。というのは、『定是非論』中の神會の言葉に、

「普寂禪師爲秀和上竪碑銘。立秀和上爲第六代。今修法寶紀又立如禪師爲第六代。未審此二大德各立爲第六代。誰是誰非。請普寂禪師仔細自思量看。」(11)

と『傳法寶紀』への批判が見られるからである。本書第三章「『師資血脈傳』に見る『傳法寶紀』の影響」において論じるように、『師資血脈傳』のベースとなったのは外ならぬこの『傳法寶紀』なのであって、開元二十年（七三二）の「滑臺の宗論」の頃に神會が既にこれを見ていたのであれば、それと相前後して、『傳法寶紀』に基づいて『師資血脈傳』を編輯したことが考えられるのである。つまり、荷澤神會は、この頃、滑臺等において崇遠らの「北宗」の徒と論諍を繰り返したのと竝行して、『師資血脈傳』を編輯して世間に流布させ、自身の主張の浸透を圖ったと見られるのである。

『師資血脈傳』が神會自身の著作であってみれば、少なくとも成立の當初は、「大乘頓敎頌幷序」が附屬していた筈はない。「大乘頓敎頌幷序」は荷澤神會を賞讃する讃文であるのだから、神會歿後のある時期に弟子が制作して

『師資血脈傳』とセットにしたと見るべきである。

第2節　現行本『師資血脈傳』の改換箇所と原形の推定

次に現行本『師資血脈傳』には、意圖的な附加や改變、あるいは不注意に由來する錯誤と見られる後代の改換が認められるので、ここでそれを指摘するとともに、その原形の復元を試みよう。

a　六代の傳記の『金剛經』宣揚に關する部分

荷澤神會の主著である『定是非論』に後代の附加部分が存在することは、古く印順や竹內弘道が指摘した通りである。(12) 後代の附加部分の範圍については檢討の餘地があるが、(13) 般若經、特に『金剛經』を絶對視する「『金剛經』崇拜」といってもよいような內容の箇所は、『定是非論』の他の部分や他の著作に見える神會の思想から明らかに逸脱しているので、後代の附加と見ざるを得ないのである。

興味深いのは、これが今問題になっている『師資血脈傳』にも見えるということであって、『師資血脈傳』では、歷代の祖師たちが皆な『金剛經』を用いて付法を行ったとされているのである。これが荷澤神會の思想を超えるものであることは明らかであるし、また、『歷代法寶記』の各祖師の傳記や『定是非論』の獨孤沛の序文に引かれる達摩傳は、古い形態の『師資血脈傳』に基づいたと見られるにも拘わらず、これらには該當する記述が見られないので、これら『金剛經』宣揚に關する部分が後代の改變であることはほぼ間違いないのである。

このことを初めて指摘したのは竹內弘道であろうが、(14) ただ、竹內はこの事實を指摘するだけで、『師資血脈傳』

のどの部分が後代の附加であるかを具體的に明示してはいないし、その部分の原形がいかなるものであったかについても觸れてはいない。

『師資血脈傳』の祖師の傳記は、「慧能傳」を除いて、特定の一人の弟子への付法を說き、また、その際に袈裟を授けたと說く。それらを列擧すれば、以下のごとくである。

「達摩傳」：「達摩大師乃依金剛經說如來知見。授與慧可。授語以爲法契。便傳袈裟以爲法信。如佛授娑竭龍王女記。大師云。金剛經一卷。直了成佛。汝等後人依般若觀門修學。不爲一法便是涅槃。不動身心成無上道。(15)」

「慧可傳」：「于時璨禪師奉事首末經六年。師依金剛經說如來知見。言下便悟。受持讀誦此經。卽爲如來知見。密授默語以爲法契。便傳袈裟以爲法信。卽如文殊師利授善財記。(16)」

「僧璨傳」：「于時信禪師年十三奉事經九年。師依金剛經說如來知見。言下便證實無有衆生得滅度者。授默語以爲法契。便傳袈裟以爲法信。如明月寶珠出於大海。(17)」

「道信傳」：「于時忍禪師年七歲奉事經餘三十年。依金剛經說如來知見。言下便證最上乘法。悟寂滅。忍默受語以爲法契。便傳袈裟以爲法信。如雪山童子得全如意珠。(18)」

「弘忍傳」：「于時能禪師奉事經八箇月。師依金剛經說如來知見。言下便證若此心有住。則爲非住。密授默語以爲法契。便傳袈裟以爲法信。猶如釋迦牟尼授彌勒記。(19)」

また、「慧可傳」では、上記に加えて、傳記の冒頭で、

「慧可傳」：「第二代北齊可禪師。承達摩大師後。俗姓周。武牢人也。時年四十奉事達摩。經于九年。聞說金剛般若波羅蜜經。言下證如來實無有法卽佛。菩提離一切法是名諸佛。得授記已。値周武帝滅佛法。遂隱居舒州峴山。達摩滅後經四十年外。重開法門。接引羣品。(20)」

と述べられており、達摩から慧可への付法が「達摩傳」と「慧可傳」において重複して書かれており、ここでも、その際に『金剛經』が用いられたとされている。

一方、弟子への付法の記事を缺く「慧能傳」でも、嶺南に戻った後、道俗を『金剛經』で導いたとして、次のように述べられている。

「慧能傳」：「能禪師過嶺至韶州居漕溪。來往四十年。依金剛經重開如來知見。四方道俗雲奔雨至。猶如月輪處於虛空。頓照一切色像。亦如秋十五夜月。一切衆生莫不瞻覩。(21)」

これらの各文章のうち、『金剛經』に直接言及する部分が後世の插入であることは明らかであるにしても、その

前後のどの範圍がそう言えるのかは問題である。そこで先ず、「達摩傳」を取り上げて検討してみたい。

上掲の各文章によって、「達摩傳」から「弘忍傳」に至る五つの傳記の付法の部分が基本的には全く同じ形式で書かれていることが知られるが（波線部、二重傍線部、破線部がそれぞれ相互に對應する）、「達摩傳」だけは、その後に達摩の言葉が續き、そこにも「金剛經一卷。直了成佛」と『金剛經』への言及がある。この二句はなくとも意味がよく通じ、しかも、その後の文では、「依般若觀門修學」とあり、「般若」を重んじつつ、いまだ『金剛經』には特化していない。これは神會の思想と正しく符合し、その後に出てくる用語も、神會の著作に散見するものである。このように見てくると、「達摩傳」の後半は、「金剛經一卷。直了成佛」の二句のみが後代の插入であると見做すべきことが分かる。

問題は他の傳記と形式を一にする「達摩傳」の前半部分である。この部分では一般に、波線部において「『金剛經』によって如來の知見を說き、言下に弟子に何らかの悟りを得させた」ことが記され、次いで二重傍線部において、「言葉を授けて法契とし、袈裟を傳えて法信とした」ことが記され、最後に破線部において、その付法の尊さを比喩で示している。

なお、「達摩傳」のみは波線部において、言下に悟った內容を記していないが、恐らくそれは、この一節の末尾に達摩の言葉として思想的な言說を載せていることによって代替させるとともに、「慧可傳」の冒頭にそれを載せていることに據るのであろう。また、「慧能傳」の文のみは二重傍線部を缺くが、これは慧能が傳法の弟子を明示せず、また、袈裟も傳えなかったという設定になっていることによるものであり、「法信」と「法契」の傳授に代えて、四方の道俗が競って教えを受けたという內容に差し替えられている。しかし、その他の點では、基本的形式は踏まえられていると言ってよい。

形式が一致するこれら一連の部分において、『金剛經』に關する部分が後代の附加であることは確かであるにしても、その範圍はどこからどこまでと見るべきであろうか。一つの可能性として、「依金剛經」の一句のみを後代の附加と見做すことも可能なようであるが、それが成り立たないことは、「慧可傳」の波線部において、僧璨が慧可に如來の知見を示された後、言下に「この金剛經を誦持讀誦することが如來の知見である」と悟ったとしているところから明らかである。つまり、これら一連の文章において、「言下便證～～」の部分も『金剛經』に關する記述を附加した際に一連のものとして書き加えられたと見得るのである。

しかし、その後の二重傍線部における「法信」と「法契」の傳授は、これらの傳記の最も重要な部分であるし、また、これは荷澤神會の創唱であって、『定是非論』にも、

「經今六代。內傳法契。以印證心。外傳袈裟。以定宗旨。從上相傳。一一皆與達摩袈裟爲信。[22]」

と類似した文章が見られるから、原形になかったとは考えにくい。また、破線部の比喩も各祖師の付法に權威を持たせ、また、文章に變化を與えようとしたものであって、元來のものであろう。『歷代法寶記』の「惠可傳」に、達摩に慧可が語った言葉として、

「唐國衆生有大乘性。詐言得道得果。遂傳袈裟以爲法信。譬如轉輪王子灌其頂者。得師七眞寶。紹隆王位。得其衣者。表法正相承。[23]」

と類似した表現の文章を見ることができるが、これは古形の『師資血脈傳』にあった形式を『歴代法寶記』の作者が襲ったものと推測することができる。ただし、『歴代法寶記』では、師資の傳法に關する記述は、いずれも極めて簡素で、例えば、達摩の慧可への傳法は、「達摩多羅傳」において、

「遂傳一領袈裟以爲法信。(24)」

と述べられるのみである。恐らく、この比喩を最初に述べることで代表させ、以降の傳法に關しては全て省略したのであろう。

以上の考察に基づけば、波線部を除けば原形に復せるようにも思われるが、實際はそうではなかったようである。そのことは次のことから窺いうる。卽ち、獨孤沛が撰述した『定是非論』の「序文」に、

「[達摩]行至魏朝。便遇慧可。[慧可]時年四十。俗姓姬。武牢人也。遂與菩提達摩相隨至嵩山少林寺。達摩說不思[議]法。慧可在堂前立。其夜雪下至慧可腰。慧可立不移處。達摩語慧可曰。汝爲何此閒立。慧可涕淚悲泣曰。和尙從西方遠來至此。意[欲]說法度人。慧可今不憚損軀。志求勝法。唯願和上大慈大悲。達摩語慧可曰。我見求法之人咸不如此。慧可遂取刀自斷左臂。置達摩前。達摩見之[曰]。汝可。在先字神光。因此立名。遂稱慧可。[慧可]深信堅固。棄命損身。志求勝法。喩若雪山童子捨身命以求半偈。達摩遂開佛知見以爲密契。便傳一領袈裟以爲法信。授與慧可。慧可傳僧璨。璨傳道信。道信傳弘忍。弘忍傳慧能。六代相承連綿不絕。(25)」

という達摩や慧可の傳記への言及が見られ、その內容が『師資血脈傳』「達摩傳」の、

「便遇慧可。慧可卽隨達摩至嵩山少林寺。奉事左右。於達摩堂前立。其夜雪下。至慧可腰。慧可立不移處。大師見之。言曰。汝爲何事在雪中立。慧可白大師曰。」和上西方遠來至此。意欲說法濟度於人。慧可不憚損軀。志求勝法。伏願和上。大慈大悲。開佛知見。救衆生之苦。拔衆生之難。卽是所望也。達摩大師言曰。我見求法之人。咸不如此。慧可自取刀。自斷左膊。置達摩前。達摩可慧可爲求勝法。棄命損軀。喩若雪山捨身以求半偈。便言。汝可。在前先字神光。因此立名。遂稱慧可。達摩大師乃依金剛般若經說如來知見。授與慧可。授語以爲法契。便傳袈裟以爲法信。如佛授娑喝龍王如記。」(26)

という記述と酷似するため、獨孤沛自身が『定是非論』の附錄とした『師資血脈傳』の當該部分を參照しつつ書いたものと考えられているが(27)、上記引用の傍線部から判斷すれば、波線部には、元來、「開佛知見」という言葉があったはずであって、現行本はそれを「開如來知見」に改めたと考えられるのである(28)。また、これによれば、二重傍線部に見られた「法契」がもと「密契」であった可能性も考えられるが、上に引いた『定是非論』の本文では「法契」であるから、必ずしもそのように斷定することはできない。更に、「達摩傳」に限って言えば、この「序文」によって、波線部の「授與慧可」が『師資血脈傳』の原形に既に存したことが確認できるとともに、二重傍線部の「袈裟」の前に、「一領」の二字が存在した可能性が強いことが知られる。

いま、これらに基づいて上記の各文章を原形に復すのであれば、以下のようになるであろう（波線部、傍線部については後で言及する）。

「達摩傳」：「達摩大師乃開佛知見以爲法契。便傳一領袈裟以爲法信。授與慧可。如佛授沙喝龍王女記。大師云。汝等後人依般若觀門修學。不爲一法便是涅槃。不動身心成無上道。」

「慧可傳」：「第二代北齊可禪師。承達摩大師後。俗姓周。武牢人也。時年四十奉事達摩。經于九年。得授記已。値周武帝滅佛法。遂隱居舒州峴山。達摩滅後經四十年外。重開法門。接引羣品。」

「僧璨傳」：「于時璨禪師奉事。首末經六年。師開佛知見以爲法契。便傳袈裟以爲法信。卽如文殊師利授善財記。」

「道信傳」：「于時信禪師年十三奉事經九年。師開佛知見以爲法契。便傳袈裟以爲法信。如明月寶珠出於大海。」

「弘忍傳」：「于時忍禪師年七歲奉事經餘三十年。依開佛知見以爲法契。便傳袈裟以爲法信。如雪山童子得全如意珠。」

「慧能傳」：「于時能禪師奉事經八箇月。師開佛知見以爲法契。便傳袈裟以爲法信。猶如釋迦牟尼授彌勒記。」

「慧能傳」：「能禪師過嶺至韶州居漕溪。來往四十年。師開佛知見。四方道俗雲奔雨至。猶如月輪處於虚空。頓照一切色像。亦如秋十五夜月。一切衆生莫不瞻覩。」

b　「慧可傳」から「慧能傳」に至る五傳冒頭の「承〇〇大師後」の句

現行本『師資血脈傳』の「慧可傳」から「慧能傳」に至る五傳の冒頭には、各祖師の名前を擧げた後、その師の名前を擧げて「承〇〇大師後」と述べる件がある。それらを全て擧げれば、以下の通りである。

「第二代北齊可禪師。承達摩大師後。俗姓周。武牢人也。」

「第三代隨朝璨禪師。承可大師後。不得姓名。亦不知何許人也。」

「第四代唐朝信禪師。承璨大師後。俗姓司馬。河內人也。」

「第五代唐朝忍禪師。承信大師後。俗姓周。黄梅人也。」

「第六代唐朝能禪師。承忍大師後。俗姓盧。先祖范陽人也(29)。」


つまり、五つの傳記の冒頭は、全て同じ形式で書かれており、この一句が存在するのである。ところが、古形の『師資血脈傳』に基づいたと見られる『歴代法寶記』は、どの傳記についても、この一句を缺いている。それらを揭げれば、以下の通りである。


「北齊朝第二祖惠可禪師。俗姓姬。武牢人也。」

「隋朝第三祖璨禪師。不知何處人。」

「唐朝第四祖信禪師。俗姓司馬。河內人。」

「唐朝第五祖弘忍禪師。俗姓周。黃梅人也。」

「唐朝第六祖韶州曹溪能禪師。俗姓盧。范陽人也(30)。」


『歴代法寶記』のどの傳記にも、この一句がないことから判斷すれば、この句が後世に意圖的に書き込まれたことを示すものと見做すべきであろう。そして、その理由は、師弟關係の鞏固さを示すところにあったと見られるが、それだけではなく、後に論ずるように、これらの插入は、上記の『金剛經』に關する改變と密接に關聯し、しかも、これらが插入された時期を示唆するという點で極めて重要な意味を持っている。

c 「慧能傳」中の荷澤神會に對する懸記

現行本『師資血脈傳』の「慧能傳」には、神會の活動を豫言したものとされる慧能の懸記が次のように記されている。

「弟子僧①法海問曰。和上。以後有相承者否。有此衣。何故不傳。和上謂曰。汝今莫問。以後難起極盛。我緣此袈裟幾失身命。汝欲得知時。我滅度後④四十年外。豎立宗者卽是。[31]」

一方、この古形のものに基づいたと考えられる『歴代法寶記』では、これが次のようになっている。

「曹溪僧①玄楷智海等問。和上已後。誰人得法承後。傳信袈裟。和上答。汝莫問。已後難起極盛。我緣此袈裟。幾度合失身命。②在信大師處三度被偸。在忍大師處三度被偸。乃至吾處六度被偸。竟無人偸。③我此袈裟。女子將去也。更莫問我。汝若欲知得我法者。我滅度後④二十年外。豎立我宗旨。卽是得法人。[32]」

ここで注目されるのは、次の諸點である。

1　①の部分において、慧能の懸記を引き出す役割を擔う人物が現行本『師資血脈傳』では「法海」一人となっているが、『歴代法寶記』では、「玄楷」と「智海」の二人になっている。

2 『歴代法寶記』では、現行本『師資血脈傳』には見られない②と③の文が加えられている。

3 ④の部分において、『師資血脈傳』では、慧能の懸記において、四十餘年後における後繼者の活躍を豫言しているのに對して、『歴代法寶記』は、二十餘年後における後繼者の活躍を豫言している。

このうち、②の插入は、傳衣の重要性と傳衣を傳えることの危險性を强調するためのもので、明らかに後世になって行われた附加であるし、③の插入は、慧能に傳えられた傳衣が武則天によって召し上げられ、それが入內した智詵（六〇九～七〇二）に下賜され、以後、淨衆宗の系統で保持され、淨衆寺無相（六八四～七六二）に至って無住（七一四～七七四）に授けられたとする保唐宗獨自の主張に基づくものであるから、これも後世の附加であることは明らかである。傳衣の重要性の强調は、現に無住のところに傳衣があるのであれば、そのまま無住の正統性に繫がるのであるから、②も③と同樣、保唐宗による加上と見ることができる。

問題は①と④の部分の相違である。何故なら、これは荷澤宗內における改變と見ることができるからである。先ず、①で現行本『師資血脈傳』が質問者を「法海」とするのは、『南宗頓敎最上大乘摩訶般若波羅蜜經六祖慧能大師於韶州大梵寺施法壇經』（以下、敦煌本『六祖壇經』と略稱）の編者が「法海」とされていることとの關聯で捉えるべきであろう。すなわち、『六祖壇經』を編輯し、弟子への傳授を始めた人物は、當然、一人、しかも慧能の筆頭弟子でなくてはならない。それを「法海」とするのであれば、慧能の懸記を導き出す人物も、その「法海」でなくてはならなかったのである。つまり、元來は『歴代法寶記』のように、質問者は、玄楷と智海の二人であったのに、後に『六祖壇經』に合わせて變更されたと考えられるのである。

一方、④の懸記の時期の相違について、柳田聖山は、

「『神會錄』は「四十年外」とする。四十年外は、有名な神會の香水銭獻納と入內供養の事件を指す（至德元年、七五六ころ）。本書の「二十年外」は、開元二十年（七三二）の滑臺大雲寺の無遮大會における北宗排擊と南宗正統の說法事件をさす。本書が「二十年外」に固執するのは、後に第十六段にこの事件のことを利用するためで、香水銭と入內供養は、高く評價していないらしい[33]。」

と述べ、現行本『師資血脈傳』の「四十年外」が原形で、「二十年外」を『歷代法寶記』の書き換えであるとし、前者を「神會の香水銭獻納と入內供養の事件」と見ている[34]。しかし、本書第一章第7節「神會の生涯に關するいくつかの問題點」で論じたように、『宋高僧傳』が說く「神會の香水銭獻納と入內供養の事件」は實際には存在しなかったのであるし、これまで論じてきたことから知られるように、『歷代法寶記』の記述の方が『師資血脈傳』の古い形態を留めている場合がしばしば認められるのであるから、この場合も「二十年外」を原形と見做すのが當然であり、恐らくは、質問者の變更と同時期に、この改變も行われたのであろう。

d　寫誤等によると見られる後世の變化について

以上、現行本『師資血脈傳』に見られる後世の意圖的改變箇所三種について指摘し、その原形について檢討を行ったが、現行本には、これらの外にも意圖的ならざる後代の改換がいくつか存在するので、ここで、それに觸れておくことにしたい。

先に引いたように、現行の『師資血脈傳』の「慧可傳」では、慧可の俗姓を「周」とし、また、慧可が達摩に従った期間を四十歳からの九年間としている。ところが、古形の『師資血脈傳』に基づいたと考えられる『歴代法寶記』の「惠可傳」では、

「北齊朝第二祖慧可禪師。俗姓姬。武牢人也。時年四十奉事大師六年。」[35]

と述べ、慧可の俗姓を「姬」とし、また、師事の期間を六年とする。先に引いたように、同じく古形の『師資血脈傳』に基づいたと推測される『定是非論』の「序文」でも、俗姓は「姬」であり、最も古い慧可の傳記である『續高僧傳』の「僧可傳」も同様で、しかも、その修學を四十歳からの六年間としており、[36]『歴代法寶記』と一致する。更に、『師資血脈傳』が『續高僧傳』と共に資料として重視した『傳法寶紀』の「惠可傳」でも俗姓を「姬氏」とし、[37]その「達摩傳」でも、その修學期間を「六年」としている。[38]これらのことから見ると、「姬」と「六年」が正しく、「周」と「九年」が誤りであることは明らかである。「姬」を「周」に誤った理由は不明であるが、「九」を「六」としたのは漢字の字形が近いことによる寫誤と見做すべきである。

また、『師資血脈傳』では、「慧可傳」において、慧可が北周の武帝の破佛の際に「舒州峴山」に隱れたとし、ここで僧璨への付法を行った後、「峴山」から鄴都に出て布教を行って殺されたと述べ、[39]更に、「僧璨傳」においては、僧璨は舒州の司空山に隱れて、ここで道信に傳法を行った後に羅浮山へと去り、三年後に「峴山」に還って入寂したとする。[40]

『歴代法寶記』の「惠可傳」「僧璨傳」は、古形の『師資血脈傳』のみでなく、『楞伽師資記』も參照しているら

しく、必ずしも記述は一致しないが、「惠可傳」では、慧可が最初に隱れたのを「皖山洛相二州」とし、その後、菩提流支や慧光の一派に命を狙われたので、僧璨に付囑を行って司空山に隱れ、その後、町に出て殺されたとする(41)。また、「僧璨傳」では、僧璨が舒州の司空山に隱れた後、北周の武帝の破佛に遭って皖公山に十餘年隱れたと言い、その後、羅浮山に去り、三年後に遷化したとするが、その場所は明示せず、その廟が「皖山寺側」にあるとだけ述べている(42)。更に、『師資血脈傳』の主要な資料となった『傳法寶紀』では、「僧璨傳」において、僧璨が破佛の際に隱れた場所を明示せず、開皇の初めになって、同學の定禪師と皖公山に隱れたとし、「在舒州。一名思空山」という註をわざわざ加えている(43)。

「司空山」あるいは「思空山」と、「皖公山」あるいは「皖山」との關係は必ずしも明確ではないが、いずれにせよ、『師資血脈傳』の「舒州峴山」が「舒州皖山」の誤りであることは、ほぼ間違いない。これも字形が似ていることによる寫誤と見做すべきである。

最後に、『師資血脈傳』の「弘忍傳」において、その遷化を、

「忍大師開法經三十年。接引道俗。四方歸仰。奔湊如雲。至上元年。大師春秋七十有四。其年二月十一日。奄然坐化。是日山崩地動。雲霧蔽於日月(44)。」

と述べるが、「上元年」は、この年號が二年までしかないので、「上元元年」、あるいは「上元二年」の誤りと見るよりほかないが、『歴代法寶記』では、

「後四十餘年。接引道俗。四方龍象。歸依奔湊（中略）後至上元二年二月十一日。奄然坐化。忍大師時年七十四。」[45]

となっており、「上元二年」が本來の形であると知られる。この場合も、單なる寫誤による脱字と見做すべきである（なお、道信の死（六五一年）から弘忍の死（六七五年）までは、二十五年であるから、『歴代法寶記』の「後四十餘年」という記載は從いがたく、「後二十餘年」の寫誤か、あるいは現行本『師資血脈傳』の「三十年」の方が概數を擧げたもので、原形を保っているかのいずれかであろう）。

第3節　『師資血脈傳』改變の時期と理由

上に見たように、現行の『師資血脈傳』に見られる意圖的改變としては、

1　六代の傳記の『金剛經』宣揚に關する部分の附加
2　「慧可傳」から「慧能傳」に至る五傳冒頭の「承○○大師後」の句の插入
3　「慧能傳」中の荷澤神會への懸記の改變

という三つがあるわけであるが、1と2は、實は密接に關わる事項であると考えられるので、以下、その改編の時期と理由について二つに分けて論ずることにしたい。

a 『金剛經』宣揚、ならびに「承〇〇大師後」の附加

現在、石井本『神會語録』の末尾に附されている『師資血脈傳』が、もともとは別行しており、獨孤沛が『定是非論』を編輯する際に附録としたと考えられることは先述のごとくであるが、『金剛經』を絶對視する特異な思想が、現行本の『定是非論』と『師資血脈傳』の雙方に認められるということは、この事實を證するものと見做し得る。なぜなら、『金剛經』宣揚に關する書き込みが、ある時期に、『師資血脈傳』を附録として含む、獨孤沛編輯の『定是非論』全體を對象として行われたと考えることによって自然に理解できるからである。

では、その時期はいつ頃と見るべきであろうか。獨孤沛が『定是非論』を編集した時點では、『金剛經』に關する部分がなかったことは、先に見たように、「序文」に「達摩傳」とパラレルな記述が見られるにも拘わらず、そこに『金剛經』への言及がないということから明らかである。しかも、その思想が明らかに荷澤神會の般若思想を超えるものであってみれば、その書き變えは神會の歿後と見なくてはならないであろう。

この『金剛經』に關する改變について考えるに際して注意すべきは、「大乘頓敎頌幷序」の存否である。石井本『雜徵義』に附されている現行本『師資血脈傳』では、その後に神會の德を讃える「大乘頓敎頌幷序」が續いており、あたかも兩者がセットになっているかのごとくに見えるのであるが、「大乘頓敎頌幷序」も神會歿後のものでありながら、これには『金剛經』に關する記載が一切見られない。從って、この改變が行われた際には、いまだ一連のものとはなっていなかったはずである。ここから見て、「大乘頓敎頌幷序」の附加は、『金剛經』に關する改編より更に遲れると見るべきである。

「般若」の重視という點では神會の立場を繼承しつつも、神會にはなかった『金剛經』の特權化を弟子たちが敢えてしなければならなかったことにはそれなりの理由がなければならないはずである。ここで注目すべきは、鈴木

大拙が「禪宗の初祖としての達摩の禪法——附、楞伽系と般若系との對抗」で主張した、初期の禪宗の展開を、『楞伽經』を所依とする北宗から『金剛經』を所依とする南宗への移行とする見解である。鈴木のこの說は、甚だしく粗雜に過ぎる議論で、今ではもはや誰もそれを承認するものはいないが、我々が取り扱っているこの問題に關して言えば、非常に示唆に富む內容を含んでいる。卽ち、鈴木は、北宗において『楞伽經』が「宗典」とされていたことを示す最も代表的な資料として淨覺の『楞伽師資記』と、それに引用されている玄賾の『楞伽人法志』を擧げたうえで、それに對して、南宗の『金剛經』が次第に擡頭してきたとして、『六祖壇經』竝びに『神會錄』（『雜徵義』を指す）に附された『師資血脈傳』をその證據として提示しているのである。そして、鈴木は『師資血脈傳』で『金剛經』に言及する文章を全て掲げた上で、次のような言葉を述べている。

「此の如く代々『金剛經』を以傳心法要となすところに、神會の計劃的なところがあると云ふことができる。彼は意識的に『楞伽』系に對抗したものと見てよい。[46]」

これまで論じてきたことから明らかなように、鈴木が『金剛經』の强調を神會自身の所爲とするのは誤りであるが、『楞伽師資記』に述べられた『楞伽經』の絶對視と『師資血脈傳』等の『金剛經』の絶對視とを對照させる見解は十分に魅力あるものである。そして、實際、それを裏づけると見られるのが、先に擧げた意圖的な改變の2、卽ち、「承〇〇大師後」の句の插入なのである。というのは、『楞伽師資記』の各祖師の傳記の對應する部分には、この句と類似した一句、「承〇〇禪師後」、あるいはそれに類する句が必ず附されているからである。以下に、それらを列擧しよう。なお、『楞伽師資記』では、菩提達摩を『楞伽經』の翻譯者の求那跋陀羅の弟子とする獨自の祖統を立てるため、菩提達摩の傳記にも、この一句が附されている。

「第二魏朝三藏法師菩提達摩。承求那跋陀羅三藏後。」

「第三齊朝鄴中沙門惠可。承達摩禪師後。其可禪師。俗姓姫。武牢人。」

「第四隋朝舒州司空山粲禪師。承可禪師後。其粲禪師罔知姓位。不測所生。」

「第五唐朝蘄州雙峰山道信禪師。承粲禪師後。」

「第六唐朝蘄州雙峰山幽居寺大師諱弘忍。承信禪師後。」

「第七唐朝荊州玉泉寺大師諱秀。安州壽山寺大師諱賾。洛州嵩山會善寺大師諱安。此三大師是則天大聖皇后・應天神龍皇帝・太上皇。前後爲三主國師也。竝忍大師授記云。後傳吾道者。只可十耳。倶承忍禪師後。」

「第八唐朝洛州嵩高山普寂禪師。嵩山敬賢禪師。長安蘭山義福禪師。藍田玉山慧福禪師。竝同一師學。法侶雁行。倶承大通和上後。」(47)

つまり、『師資血脈傳』に『金剛經』の宣揚や「承〇〇大師後」などの句を挿入した人物は、明らかに『楞伽師資記』を見ており、しかも、それに對抗する意圖を持っていたのである。

ここで問題になるのは、『楞伽師資記』の撰述は、八世紀初頭と見られるのに、どうして神會歿後に初めてこれが問題になったのかという點である。これについては既に別稿で論及したことがあるが(48)、要するに淨覺（生歿年未詳）は、『楞伽師資記』を八世紀初頭にほぼ書き終えておきながら、その内容が當時の禪宗の人々の常識から餘りに逸脱していたために生前にはその公表を憚り、八世紀半ばと見られる彼の遷化以降に『楞伽師資記』の流布が始まったと考えられるのである。従って、恐らくは、神會はその存在を知らなかったのであって、その寂後、弟子たちの時代になって、ようやく新たに出現した『楞伽師資記』の内容が問題視されるようになったのである。そして、それに對抗するためには、單に師のように「般若波羅蜜」の意義を強調するだけでは十分ではないと考え、『楞伽經』に對抗しうる經典として『金剛經』が持ち出されることになったのである。

b　荷澤神會に對する懸記の改變

次に先に掲げた3について考えてみると、慧能の懸記において神會の活躍の時期が慧能の歿後「二十年外」から「四十年外」に改められたということは、その改變の時期を暗示するものと言えるが、問題は、その「四十年外」が何を指すのかが明確になっていないということである。先に見たように、柳田は、これを「神會の香水銭獻納と入内供養の事件」を指すと見た。その當時、これは非常に說得力に富む說であったが、その後、神會の塔銘、「大唐東都荷澤寺歿故第七祖國師大德於龍門寶應寺龍首腹建身塔銘幷序」（七六五年、以下「第七祖國師身塔銘」と略稱）の發見によって、荷澤神會は貶逐された先の荊州開元寺で歿し、それまで『宋高僧傳』によって史實と信じられていた「神會の香水銭獻納と入内供養の事件」が事實ではなかったことが明らかになったため、現在では、これは成り立たないものになっている。

では、いったい何を指すのであろうか。慧能の歿年は先天二年（七一三）であるから、その四十年後は天寶十二載（七五三）となるが、これは盧奕の讒言により、弋陽郡に貶逐された正にその年に當たる。ただ、「四十年外」というのであるから、それ以降、十年以内の事柄が念頭に置かれていたと考えてよいであろう。

そこで、天寶十二載以降の荷澤神會に關する事跡を列擧すると以下のようになる。(49)

天寶十二載（七五三）　神會、盧奕の讒言により弋陽郡、次いで武當郡に移される（七十歳）。

天寶十三載（七五四）　神會、許されて襄州、次いで荊州の開元寺に移される（七十一歳）。

乾元元年（七五八）　神會、開元寺で入寂する（七十五歳）。

　　　　　　　　　　東都留守の李巨が上表して、神會の弟子慧堅を洛陽の聖善寺に迎える。

乾元二年（七五九）　李巨が中心となって神會の遺體を荊州から龍門に迎える。

（無年號）元年（七六二）　神會の依頼で書かれた房琯撰「唐山谷寺璨大師碑」が建立される。

寶應二年（七六三）　高輔成と張令珍の上表により、敕命で神會の墓所に寶應寺を建て僧を度す。

永泰元年（七六五）　龍門の龍首腹に神會の塔を建て、弟子の慧空が「第七祖國師身塔銘」を撰述する。

大曆五年（七七〇）　寶應寺に「眞宗般若傳法之堂」の敕額を賜る。

大曆七年（七七二）　神會の塔に「般若大師之塔」の敕額を賜る。


「四十年外」の懸記は、貶逐の後、神會の名譽が回復され、その地位が國家から公認されたことを指すと見るべきであるが、それに相當しうるのは、寶應二年（七六三）以降の事跡となろう。ただし、大曆以降であれば、既に慧能歿後五十年以上の時間を經ており、懸記にそぐわなくなる。從って、恐らくは、乾元二年（七五九）に神會の遺體を龍門に迎え、その後、寶應二年（七六三）に敕命でそこに寶應寺を建てるに至った一連の經緯を指すと見做すべきであろう。であれば、この懸記の改變は、寶應二年から間もない時期に行われたと見做すべきである。

先に述べた『金剛經』に關する改變と、この慧能の懸記の改變とを結びつけねばならない理由はない。從って、この懸記の改變がこの時期だとしても、『金剛經』に關する改變の時期を特定する材料とは成し得ないのであるが、その改變も神會歿後であってみれば、神會の社會的な復權と何らかの關係をもつものであることは十分にあり得る。弟子たちにしてみれば、師の神會の社會的地位の回復に合わせて、禪宗を『楞伽經』の傳統と見做す『楞伽師資記』の主張に對して、「般若波羅蜜」を絶對視した師の思想をも復活させようと考えたというのは十分に考え得ることである。

ただ、先述のように、慧能の懸記を導き出す役割を擔う弟子が「法海」一人に改められ、それが『六祖壇經』の編輯と絡む問題であるなら、敦煌本『六祖壇經』の成立は、七六五～七七〇年頃と見られるから[50]、懸記の改變は、もう少し時代が降る可能性も考えられ、『金剛經』に關する改變と無理に關聯づける必要はないかも知れない。

第4節　『雜徵義』と『定是非論』『師資血脈傳』との關係

以上、論じ來たったことによって、以下の諸點が明らかになった。

1　荷澤神會は、開元二十年（七三二）前後に、滑臺などで「南宗」の思想と正統性を主張する法會を開くなど、大いに活躍した。その際に自らの正統性を證明するものとして『師資血脈傳』を撰述し、その流布に努めた。

2　その活動はやがて實を結び、天寶四載（七四五）、荷澤神會が宋鼎の庇護のもと、洛陽の荷澤寺に敕住し、都でも大々的に布敎活動を展開するようになった。それを契機に、「滑臺の宗論」等の素材をもとに、弟子の獨孤沛が『定是非論』を編輯し、その末尾に、以前から別行していた神會の著作、『師資血脈傳』を持ち來たって附錄とした。（これを假に「獨孤沛本」と呼ぶことにする。）
3　天寶十二載（七五三）、盧奕の讒言により、突如、神會は貶逐され、乾元元年（七五八）、貶逐先で遷化したが、僧俗の弟子たちによる顯彰活動の結果、翌乾元二年（七五九）には遺體が龍門に迎えられ、寶應二年（七六三）に敕命で神會の墓所に寶應寺が建てられるなど、神會の復權がほぼ軌道に乘ると、このことを明示し、權威化するために、獨孤沛本『定是非論』の附錄になっていた『師資血脈傳』の「慧能傳」の懸記の時期が「滑臺の宗論」を示す「二十年外」から、神會の復權を示す「四十年外」に改められた。
4　また、これとは別に、永泰から大曆の初め（七六五～七七〇）頃、同じグループによって、慧能が「六祖」であることを明示するために、「南方で傳授されてきた祕本」という體裁で敦煌本『六祖壇經』が制作されると、その編者にして『六祖壇經』傳授の發端となる人物として「法海」が創作され、『師資血脈傳』でも、彼が慧能の懸記を導き出す役割を負わされることになった。
5　また、神會の貶逐・復權とほぼ時を同じくして、「東山法門」を『楞伽經』の傳統と見る淨覺の『楞伽師資記』が流布し始めたことに刺激を受けて、神會の般若思想を繼承しつつ、『楞伽師資記』が說く『楞伽經』の傳統に對抗するために、最も代表的な般若經典である『金剛經』が取り上げられるようになり、『師資血脈傳』を附錄として含む獨孤沛本『定是非論』の全體に對して『金剛經』宣揚に關する記述が大幅に書き加えられた。（これを假に「改換獨孤沛本」と呼ぶ。）

ここで問題となるのは、現行本の『師資血脈傳』は、『定是非論』の末尾にはなく、石井本『雜徵義』の末尾に附され、更にその後に「大乘頓敎頌幷序」が附されているということである。つまり、ある時期に、『定是非論』

と『師資血脈傳』が切り離され、『定是非論』は單獨で流布するようになり、一方、『師資血脈傳』は、ある時期に『雜徵義』の末尾に加えられ、また、ある時期に「大乘頓敎頌幷序」がその後に添えられて傳承されるようになり、石井本『雜徵義』が成立したと考えられるのである。

では、『雜徵義』に『師資血脈傳』や「大乘頓敎頌幷序」が附加されたのはいつのことであったのであろうか。先ず、前者について注目すべきは、石井本に取り込まれた『師資血脈傳』が「改換獨孤沛本」であったということである。そのことは次の事實によって明らかである。卽ち、石井本『雜徵義』の第十四節は次のようなものである。

「①和上告諸知識。若欲得了達甚深法界者。直入一行三昧。若入此三昧者。先須誦持金剛般若波羅蜜經。修學般若波羅蜜。②故金剛般若波羅蜜經云。若有善男子善女人發菩提心者。於此經中。乃至四句偈等。受持讀誦。爲人演說。其福勝彼。云何爲人演說。不取於相。不取於相者。所謂如如。云何所謂如如。無念。云何無念。所謂不念有無。不念善惡。不念有邊際無邊際。不念有限量［無限量］。不念菩提。不以菩提爲念。不念涅槃。不以涅槃爲念。是爲無念。是［無念］者。卽是般若波羅蜜。般若波羅蜜者。卽是一行三昧。諸知識。若在學地者。心若有念。卽便覺照。若也起心卽滅。覺照自亡。卽是無念。是無念者。無一切境界。如有一切境界。卽與無念不相應故。諸知識。如實見者。了達甚深法界。卽是一行三昧。是故小品般若波羅蜜經云。善男子。是爲般若波羅蜜。所謂於諸法中無所念。我等住於無念法中。得如是金色身三十二相大光明。不可思議智慧諸佛無上三昧無上智慧盡諸功德。諸佛說之猶不能盡。何況聲聞辟支佛。能見無念者。六根無染。見無念者。得向佛智。見無念者。名爲實相。見無念者。中道第一義諦。見無念者。恆沙功德一時等備。見無念者。能生一切法。見無念者。卽攝一切法。」[51]

この文章は、實は『定是非論』の二つの文章を接合したものであって、傍線部①は、楊曾文校本で言えば、三五頁三〜四行、傍線部②は、同じく、三九頁一〜一六行に當たるのであるが、これらはいずれも『金剛經』を宣揚するために後に插入されたと見られる部分に相當するのである。また、第四十八節の前半は、

「③遠法師曰。禪師修何法。行何行。和上答言。修般若波羅蜜法。行般若波羅蜜行。遠法師曰。何故不修餘法。不行餘行。和上答曰。修行般若波羅蜜者。能攝一切法。行般若波羅蜜行。卽是一切行之根本。是故金剛般若波羅蜜。最尊最勝最第一。不生無滅無去來。一切諸佛從中出。④勝天王般若經云。云何菩薩摩訶薩。學般若波羅蜜。通達甚深法界。佛告勝天王言。大王。卽是如實。世尊。云何如實。大王。卽不變異。世尊。云何不變異。大王。所謂如如。世尊。云何如如。大王。此可智知。非言能說。何以故。過諸文字。無此無彼。離相無相。遠離思量。過覺觀境。是爲了達甚深法界。⑤發心畢竟二不別。如是二心先心難。自未得度先度他。是故我禮初發心菩薩。」(52)

というものであるが（因みに第四十八節の後半は、『金剛三昧經』からのランダムな引用、四條から成っている）、これは『定是非論』の三つの文の接合であって、傍線部③は、楊曾文校本では、三四頁一〇行〜三五頁二行、同じく、傍線部④は、三五頁八〜一一行、傍線部⑤は、四二頁一〜四行に當たるのである。このうち、傍線部③は、獨孤沛編の『定是非論』の原形に既にあった文章と見て差し支えなく、また、傍線部⑤は、獨孤沛の後序（あるいは跋文）と見做すべき部分の偈文の一部であるが、傍線部④は、『定是非論』では傍線部①の直前に當たる部分で、やはり、後世の插入と見做すべき部分からの引用なのである。

これによって石井本『雜徵義』の成立そのものが、改換獨孤沛本の『定是非論』が成立した後のことであり、從って、『師資血脈傳』の取り込みも同樣であることが判明したわけであるが、では、「大乘頓敎頌幷序」は、いつ、この『師資血脈傳』とセットにされたのであろうか。

獨孤沛本『定是非論』や改換獨孤沛本『定是非論』の時點では、「大乘頓敎頌幷序」が『師資血脈傳』に添えられていなかったであろうことは既に述べた通りである。從って、これが石井本『雜徵義』の『師資血脈傳』に添えられたのは、それ以降のことと考えねばならないが、その時期や經緯を明確に示す資料は存在しない。ただ、スタイン本『雜徵義』（六五五七號）冒頭の、編者劉澄（生歿年未詳）の序文に見える「六代爲先師。居七數爲今敎」という一節は、この書の末尾に六代の祖師の傳記である『師資血脈傳』と、第七代の祖師である神會を讚える「大乘頓敎頌幷序」が存在したことを暗示するもののごとくであり、劉澄が『雜徵義』の序文を書いた時點では、既にこれらが『雜徵義』の一部として存在していたと見てよいように思われる。恐らくは、劉澄が『雜徵義』を編輯する際に、『師資血脈傳』を取り込むに當たって、既に流布していた神會の讚文、「大乘頓敎頌幷序」を加えてセットとした、あるいは、この機會に、『師資血脈傳』と一連のものとするために、自ら新たにこれを撰述してここに加えたと考えるべきであろう。

ここで問題になるのが、「神會語錄」「神會錄」とも呼ばれる『雜徵義』の諸本の關係である。近年、新たな寫本の存在も指摘されているが[53]、異本として重要な意味を持つのは、依然として、從來から知られていた、

1　胡適本『雜徵義』（ペリオ三〇四七號、首尾闕、胡適は「神會語錄」と擬題）
2　石井本『雜徵義』（石井光雄舊藏本、首闕、鈴木大拙は「神會錄」と擬題）

3　劉澄集『南陽和尙問答雜徵義』（スタイン六五五七號、首部のみ）

の三本である。筆者は、現時點では、これら諸本の關係を基本的には次のように理解している。

a　石井本とスタイン六五五七號は同一本であり、劉澄が編輯した『南陽和尙問答雜徵義』の原形をほぼそのまま傳えるものと認めうる。その成立は、石井本末尾の校勘記、

「唐貞元八年歳在未。沙門寶珍共判官趙秀琳。於北庭奉張大夫處分。令勘訖。其年冬十月廿二日記。」[54]

によって、貞元八年（七九二）には既に廣く中國全土に流布していたことが推せられるから、それよりかなり前と見てよい[55]。

b　胡適本は、石井本に基づく改編本であり、しかも、その改編の際に改換獨孤沛本の『定是非論』を參照している。その成立時期は不明であるが、かなり遲いと考えるべきである。

c　圓珍の將來目錄である『智證大師請來目錄』（八五九年成立）に『雜徵義』の異本とみられる「南宗荷澤禪師問答雜徵」が掲げられているが[56]、これは、後世、神會が「荷澤禪師」として廣く知られたことによる改稱と見られ、改稱とともに內容にも手が加えられたとすれば、胡適本に近いものであった可能性が十分に考えられる。

この理解が正しいのであれば、『雜徵義』の原形に最も近いと見得る石井本ですら、その成立は、改換獨孤沛本『定是非論』が成立した後、即ち、荷澤神會の歿後、それも弟子らによって神會の社會的な復權が果たされた後の

ことと考えられるのである。そして、『定是非論』から『師資血脈傳』が除かれ、一方で、『雜徵義』にこれが加えられたとすれば、この二つの編輯作業は同時に竝行する形で行われたと考えるべきであり、『定是非論』から『師資血脈傳』を削除したのも、劉澄、あるいはその周邊の人々によって行われたと考えられるのである。恐らく、荷澤神會が復權を遂げた後、僧俗の弟子の閒でその著作を整備し、後世に傳えようとする運動が起こり、こうしたことが行われたのであろう。

從來、『雜徵義』の成立は、「南陽和尙」という言葉が冠せられているため、神會が洛陽に入る前の南陽時代の言葉を集めたもので比較的初期の著作と見做されてきたが、これは、洛陽荷澤寺時代に「南陽和尙」と呼ばれた神會の活躍を世間に印象づけるための命名に過ぎず、以上の經緯から知られるように、『雜徵義』の成立は、神會の歿後、かなりの時間が經ってからのことと見られるのであり、次節で述べるように、そのことは『定是非論』からの直接的な引用とは言えない問答や、それらの問答から窺える思想などからも確認することができる。

第5節　『雜徵義』の成立と史的意義

前節において、『雜徵義』が神會歿後に弟子たちによって編輯されたものであることを明らかにしたが、本節では、そのことを收錄された上記以外の問答を取り上げることで確認するとともに、『雜徵義』の問答の性格の解明、更には、それが編輯された時期の特定を試みたい。

a　官僚との問答とその性格

先ず、房琯（六九七～七六三）と神會の問答とされるものを取り上げよう。それは次のようなものである。

「給事中房綰問煩惱卽菩提義。答曰。今借虛空爲喩。如虛空本來無動靜。不以明來卽明。暗來卽暗。此暗空不異明［空］。明空不異暗空。明暗自有去來。虛空元無動靜。煩惱卽菩提。其義亦然。迷悟雖卽有殊。菩提心元來不動。又問。有何煩惱更用悟。答。經云佛爲中下根人說迷悟法。上根之人。不卽如此。經云。菩提無去來今。故無有得者。望此義者。卽與給事見不別。如此見者。非中下之人所測也[57]。」

この問答では、房琯（ここでは、「房綰」に誤まっている）が「煩惱卽菩提」という思想的問題について尋ねたことになっている。しかし、この問答の前半は『南陽和上頓敎解脫禪門直了性壇語』（以下、『壇語』）に見える神會の次の說法を問答形式に改めたものに過ぎない（傍線部が對應する）。

『壇語』「爲知識聊簡煩惱卽菩提義。擧虛空爲喩。如虛空本無動靜。明來是明家空。暗來暗家空。暗空不異明。明空不異暗。虛空明暗自來去。虛空本來無動靜。煩惱與菩提。其義亦然。迷悟別有殊。菩提性元不異[58]。」

問答の後半はオリジナルのようであるが、神會は『壇語』に、

「得上根上智人見說般若波羅蜜。便能領受。如說修行。如中根人。雖未得。若勤諮問。亦得入。下根人但至信

不退。當來亦能入大乘十信位中。(59)」

と述べるなど、しばしば上根、中根、下根について語っているので、それを應用して制作したものと見て問題ないであろう。房琯は神會の外護者としてよく知られていたから、二人の關係を強調するために、このような問答が僞撰されたのである。

このほか、『雜徵義』の官僚との問答の中には、次に掲げる元思直や王幼琳との問答のように同工異曲のものが見出せる。

「常州司戶元思直問曰。何者是空。云何爲不空。答曰。眞如體不可得。名之空。以能見不可得體。湛然常寂。而有恆沙之用。故言不空。(60)」

「潤州司馬王幼琳問。云何是無法可說。是名說法。答曰。般若波羅蜜體不可得。是無法可說。般若波羅蜜體自有智。照見不可得體。湛然常寂。而有恆沙之用。是名說法。(61)」

これらは、「空」と「不空」、「無法可說」と「說法」というように取り上げられるテーマは異なるが、「眞如」あるいは「般若波羅蜜」の「體」が「不可得」であるのが「空」あるいは「無法可說」であり、「眞如」あるいは「般若波羅蜜」の「不可得」の「體」が「湛然常寂」で「恆沙之用」を「有」しているのを「見」るのが「不空」あるいは「說法」であるとし、「空」と「不空」、あるいは「無法可說」と「說法」の一致を說くという點で全く同じ構造を取っている。これらの問答は、非常に形式的で生氣が感じられないが、それは『定是非論』で崇遠と神會の問答として掲げられる次の問答を下敷きにして作ったものだからに外ならない（傍線部が一致する）。

「遠法師問。何者是禪師定慧等學。和上答。言其定者。體不可得。言其慧者。能見不可得體。湛然常寂。有恆沙之用。故言定慧等學。[62]」

これら二つの問答では思想內容はありきたりで、それを示すことよりも二人の官僚の名前を擧げることの方が重要であったように見受けられる。二人とも重要な人物であったようには見えないから、恐らく、神會と何らかの關係があった人物を顯彰することがこれらの問答の大きな目的であったであろう。

次に掲げる王維との問答は非常に有名なものであるが、ここでも上の問答の下敷きとなった『定是非論』の一節が用いられている（傍線部③を參照）。

「門人劉相倩於南陽郡見侍御史王維。在臨湍驛中屈神會和上及同寺僧惠澄禪師語經數日。于時王侍御問和上言。若爲修道解脫。答曰。①衆生本自心淨。若更欲起心有修。卽是妄心。不可得解脫。王侍御驚愕云。大奇。曾聞大德皆未有作如此說。乃爲寇太守張別駕袁司馬等曰。此南陽郡有好大德。有佛法甚不可思議。寇太守云。此二大德見解不同。王侍御問和上。何故得不同。答曰。②今言不同者。爲澄禪師要先修定以後。定後發慧。卽知不然。今正共侍御語時。卽定慧俱等。涅槃經云。定多慧少。增長無明。慧多定少。增長邪見。若定慧等者。名爲見佛性。故言不同。③王侍御問。作沒時是定慧等。和上答。言定者。體不可得。所言慧者。能見不可得體。湛然常寂。有恆沙巧用。卽是定慧等學。④衆起立廳前。澄禪師諮王侍御云。惠澄與澄闍梨則證不同。王侍御笑謂和上言。何故不同。答。言不同者。爲澄禪師先修定。得定已後發慧。會卽不然。正共侍御語時。卽定慧俱等。是以不同。侍御言。闍梨只沒道不同。答。一纖毫不得容。又問。何故不得容。答。今實不可同。若許道同。卽是容語。⑹⑶」

しかし、この問答で用いられている神會の著作はこれだけではなく、『壇語』の文章からの應用も認めることができる。すなわち、傍線部①の部分は、

「知識。諦聽。爲説妄心。何者妄心。……何者是細妄。心聞説菩提。起心取菩提。聞説涅槃。起心取涅槃。聞説空。起心取空。聞説淨。起心取淨。聞説定。起心取定。此皆是妄心。亦是法縛。亦是法見。若作此用心。不得解脱。非本自寂淨心。⑹⑷」

という『壇語』の文の要約であり、また、傍線部②は、その少し後の、

「無住是寂靜。寂靜體卽名爲定。從體上有自然智。能知本寂靜體。名爲慧。此是定慧等。經云。寂上起照。此義如是。無住心不離知。知不離無住。知心無住。更無餘知。涅槃經云。定多慧少。增長無明。慧多定少。增長邪見。定慧等者。明見佛性。……本體空寂。從空寂體上起知。善分別世間靑黃赤白。是慧。不隨分別起。是定。祇如凝心入定墮無記空。出定已後。起心分別一切世間有爲。喚此爲慧。經中名爲妄心。此則慧時則無定。定時

則無慧。如是解者。皆不離煩惱。住心看淨。起心外照。攝心內證。非解脫心。亦是法縛心。不中用。[65]」

という文の要約であると認められるのである。これらは『壇語』でも比較的近い部分に連續して出ており、『雜徵義』が『壇語』を下敷きにしたことはほぼ間違いない。つまり、この神會思想を代表するものと見做されてきた有名な問答も、神會の著作に基づいて後で創作されたものなのである。

この王維との問答には、構造上、非常に大きな問題がある。それは、傍線部②と傍線部④に內容上の重複が認められるということである。しかも、傍線部④の冒頭の「衆起立廳前」という記載も不自然である。これらは、恐らく、王維と神會の問答を創作するに當たって草案がいくつか作られたが、それを一つに纏める際にうまく行かず、不備を殘してしまったのであろう。

なお、『雜徵義』の王維との問答では、「北宗」の澄禪師の禪法が「先修定以後。定後發慧」と說明されているが、これと非常に近い表現を敦煌本『六祖壇經』の中に、

「善知識。我此法門。以定慧爲本。第一勿迷言定慧別。定慧體不一不二。卽定是慧體。卽慧是定用。卽慧之時常在慧。卽定之時慧在定。善知識。此義卽是定慧等。學道之人作意。莫言先定發慧。先慧發定。定慧各別。作此見者。法有二相。[66]」

と見ることができるが、これは『雜徵義』の成立時期を考える場合に參考となる事項であるので、ここに一言しておく。

以上、『雜徵義』中の神會と官僚との問答をいくつか取り上げ、それらが神會の著作に基づいて後で再構成されたものであることを明らかにしたが、僧侶との問答についても同様のことが言えるので、次にこれについて論じよう。

b　僧侶との問答と制作時期

先ず、神會と哲法師との問答とされるものは、次のようなものである。

「哲法師問。云何是定慧等義。答曰。念不起。空無所有。卽名正定。以能見念不起。空無所有。卽名正慧。若得如是。卽定之時。名爲慧體。卽慧之時。卽是定用。卽定之時不異慧。卽慧之時不異定。卽定之時卽是慧。卽慧之時卽是定。卽定之時無有定。卽慧之時無有慧。何以故。性自如故。是名定慧等學。」(67)

神會の重要な主張である「定慧等」についてのものであるが、これも『壇語』の次の說法を問答形式に改めたものに過ぎない（傍線部を參照）。

「經中。不捨道法而現凡夫事。種種運爲世間。不於事上生念。是定慧雙修。不相去離。定不異慧。慧不異定。如世間燈光不相去離。卽燈之時光家體。卽光之時燈家用。卽光之時不異燈。卽燈之時不異光。卽光之時不離燈。卽燈之時不離光。卽光之時卽是燈。卽燈之時卽是光。定慧亦然。卽定之時是慧體。卽慧之時是定用。卽慧之時不異定。卽定之時不異慧。卽慧之時卽是定。卽定之時卽是慧。卽慧之時無有慧。卽定之時無有定。此卽定慧雙修。不相去離(68)。」

この「燈光」の喩えによって「定慧等」を說明する『壇語』の教說は、後々まで荷澤宗內で非常に重んじられていた。そのことは敦煌本『六祖壇經』に、

「善知識。定慧猶如何等。如燈光。有燈卽有光。無燈卽無光。燈是光之體。光是燈之用。名卽有二。體無兩般。此定慧法。亦復如是(69)。」

のように、このモチーフが現われることからも窺うことができるが、これも『雜徵義』の問答が創作された時期を考えるうえで參考となるから注意を促しておく。

最後に取り上げるのは、廬山法師、齋寺主、眞法師との問答とされるものである。これら三つの問答が注目されるのは、いずれも『壇語』の同じ文章に基づいて作られ、同種の構造を含みながら、內容の面で發展が認められるという點である。先ず、廬山法師との問答を揭げれば次のごとくである。

「廬山法師問。何者是中道義。答曰。邊義卽是。問。今問中道義。何故答邊義是。答曰。今言中道者。要因邊義立。若其不立邊。中道亦不立(70)。」

この問答は明らかに『壇語』の次の教說に基づくものであり、後世の創作である（傍線部が一致する）。

「中道義因邊而立。猶如三指竝同。要因兩邊。始立中指。若無兩邊。中指亦無。經云。虛空無中邊。諸佛身亦然。諸佛解脱法身。亦如虛空無中邊。知識。常須作如是解。(71)」

上の廬山法師との問答や『壇語』では、「中」と「邊」の關係が論じられるが、次の齋寺主との問答では、これが「大」と「小」の關係にすり替えられている。ただし、基本的な構造は全く同じで、やはり上記の『壇語』の文章に基づくものと判斷できる。

「齋寺主問曰。云何是大乘。答。小乘是。又問曰。今問大乘。因何言小乘是。答。因有小故。而始立大。若其無小。大從何生。今言大者。乃是小家之大。今言大乘者。空無所有。卽不可言大小。猶如虛空。虛空無限量。不可言無限量。虛空無邊。不可言無邊。大乘亦爾。是故經云。虛空無中邊。諸佛身亦然。今問大乘者。所以小乘是也。道理極分明。何須有怪。(72)」

この問答では、「大」が「小家之大」であるとする主張と、喩えとして「虛空」が引かれているという點に廬山法師との問答との相違が認められる（波線部參照。なお、この問答で「虛空」の比喩が用いられるのは、これらの問答が基づいた上記の『壇語』の文章に由來する）。

最後に眞法師との問答とされる次のものを見ると、その冒頭において今度は「常」と「無常」とが問題にされ、上記二例と同じ構造の文章が續いている。

「眞法師問。云何是常義。答。無常是常義。又問。今問常義。何故答無常是常義。答。因有無常。而始說常。若無無常。亦無常義。以是義故。得稱爲常。何以故。譬如長因短生。短因長立。若其無長。短亦不立。事［相因］故。義亦何殊。又法性體不可得。是常義。又虛空亦是常義。問。何故虛空是常義。答。虛空以無大小。亦無中邊。是故稱爲常義。謂法性體不可得。是［不］有。能見不可得體。湛然常寂。［是不無］。是爲常義。若准有無而論。則如是。若約法性體中。［於無］亦不無。於有［亦不有］。恆沙功德。本自具足。此是常義。又不大不小。是常義。謂虛空無大。不可言其大。虛空無小。不可言其小。今言大者。小家之大。今言其小者。乃是大家之小。此者於未了人。則以常無常而論。若約法性理。亦無常亦無無常。以無無常故。得稱爲常。[73]」

従って、この問答のベースとなったものも上記の『壇語』の文であることが知られるが、この問答では、その後に「長」と「短」とについても同様に論じ、更に「虛空」の喩えを引いて、虛空には「大小」も「中邊」もないと論じ、また、齋寺主との問答で主張された「大」が「小家之大」であるという主張に加えて、「小」は「大家之小」であるという主張も述べられている（波線部參照。なお、二重傍線部に見るように、この問答にも前項で問題にした『定是非論』の文の插入が認められることも注意すべきである）。これらの點からすれば、この問答は齋寺主との問答を基礎に更に發展させたものと認めることができる。つまり、『壇語』の敎說に基づいて盧山法師との問答が制作され、それを發展させる形で齋寺主との問答が作られ、更にそれを發展させることで眞法師との問答となったのである。このようなことが起こりうるのは、これらが後世に作られた問答だからに外ならない。

では、これらの問答を含む『雜徵義』が制作されたのは、いつ頃のことなのであろうか。この問題を考える上で注目されるのは、これら一連の問答が、ある概念について質問されたときに、その對立概念で答えているという點である。というのは、このような質問への回答の方法が、敦煌本『六祖壇經』で次のように推奬されているからである。

「大師遂喚門人法海志誠法達智常智達志徹志道法珍法如神會。大師言。汝等十弟子近前。汝等不同餘人。吾滅度後。汝［等］各爲一方師。吾敎汝［等］說法。不失本宗。擧三科法門。勤用三十六對。出沒卽離兩邊。說一切法。莫離於性相。①若有人問法。出語盡雙。皆取對法。來去相因。究竟二法盡除。更無去處。……對。外境無情對有五。天與地對。日與月對。暗與明對。陰與陽對。水與火對。語言法相對有十二。有爲無爲對。有色無色對。有相無相對。有漏無漏對。色與空對。動與靜對。淸與濁對。凡與聖對。僧與俗對。老與少對。②長與短對。高與下對。自性居起用對有十九對。邪與正對。癡與慧對。愚與智對。亂與定對。戒與非對。直與曲對。實與虛對。嶮與平對。煩惱與菩提對。慈與害對。喜與嗔對。捨與慳對。進與退對。生與滅對。③常與無常對。法身與色身對。化身與報身對。體與用對。性與相對。有情與無親對。語言法相對有十二對。外境無情有五對。自性居起用有十九對。都合成三十六對(74)。」

この文章の傍線部①、「若有人問法。出語盡雙。皆取對法。來去相因。究竟二法盡除。更無去處」とは、ある概念について尋ねられたら、對立概念で答えれば、その相對を超えた「悟り」を提示することができるという意味であろう。しかもここで對立概念の代表として揭げられている「三十六對法」の中には、『雜徵義』の三つの問答で取り上げられている「常無常」や「長短」等も含まれている（傍線部②③參照）。ここには「中邊」や「大小」は含まれていないが、少なくとも「大小」については、敦煌本『六祖壇經』の發展型である『法寶記壇經』を惠昕が再編した『韶州曹溪山六祖壇經』（七八七年、以下、「惠昕本『六祖壇經』」と略稱）では、この「三十六對法」についての說明が次のように改編され、その中に「大小」も含めている（傍線部を參照。なお、〈 〉內は原文では割註となっている部分、［ ］は、後の補寫と見られる部分である）。

「外境無情五對〈天地對。陰陽對。日月對。明暗對。水火對〉。法相語言十二對〈語法對。有爲［無爲］對。有色［無色］對。有漏無漏對。色空對。動靜對。淸濁對。有相無相對。凡聖對。僧俗對。老若對。大小對〉。自性起用十九對〈長短對。邪正對。亂定對。戒非對。直曲對。癡惠對。愚智對。慈毒對。實虛對。險平對。煩惱菩提對。悲苦對。嗔喜對。捨慳對。進退對。生滅對。常無常對。法身色身對。化身報身對。都三十六對(75)〉。」

このことは、『雜徵義』の內容が、敦煌本『六祖壇經』よりも、その發展型である『法寶記壇經』に近いことを示すもので注目される。

上の「三十六對法」の說明は、敦煌本『六祖壇經』より惠昕本『六祖壇經』の方が遙かに簡略になっているが、これは恐らく惠昕による整理によるものであろう。その理由は以下の通りである。すなわち、敦煌本『六祖壇經』では、上記のように「三十六對法」を揭げた後に、次のような說明を加えている。

「此三十六對法。解用通一切經。出入卽離兩邊。如何自性起用三十六對。共人言語。出外於相離相。入內於空離空。著空則惟長無明。著相卽惟長邪見。謗法直言不用文字。既云不用文字。人不合言語。言語卽是文字。自性上說空。正語言本性不空。迷人自惑。語言除故。暗不自暗。以明故暗。明不自明。以暗故明。以暗變暗。以暗現明。來去相因。三十六對。亦復如是。(76)」

ところが、この部分が惠昕本では、次のようになっており、説明が大幅に增廣されており、これは、「三十六對法」そのものが簡略化されたのと明らかに方向性を異にしており、そこに矛盾が認められる（傍線部が對應する部分。なお、（　）は石井修道による補足である）。

「師言。此是三十六對法。若解用卽通貫一切經。出入卽離兩邊。自性動用。共人言語。外於相離相。内於空離空。若執全空。唯長無明。又却謗經言。不用文字。師曰。説法之人。口云不用文字。世人道者。盡不合言。正語之時。卽是文字。文字上説空。本性不空。卽是文字。文字無邪正。卽自大道。不立文字。只這不立兩字。卽是文字。見人所説。便卽謗他。言著文字。汝等須知。自迷猶可。又謗佛經。不要謗經。罪障無數。著相於外。而求眞戒。廣立道場。説有無之過患。如是之人。累劫不可見性。不勸依法（修）行。莫百物不思。於道自生質礙。若聽説不修。令人返生邪念。但能依法修行。常行無相法施。師言。汝等（若）悟。依此説。依此用。依此行。依此作。卽不失本宗。若有人問汝義。問有將無答。問無將有答。問凡以聖對。問聖以凡對。問一邊將二邊對。二法相因。生中道義。敎汝一問。餘問一依此。作三十六對法。卽不失理也。吾今敎汝一答。人問何名爲暗。答云。明是因暗。卽緣暗有明。明沒卽暗。但無明暗。以明顯暗。以暗現明。來去相因。成中道義。餘問未悉皆如此。(77)」

惠昕本『壇經』の編者、惠昕は、その序文で、

「古本文繁。披覽之徒。初忻後厭。」[78]

と述べ、底本とした『法寶記壇經』の繁雜な文章を整理したことを仄めかしているから、敦煌本より簡潔な部分については基本的に惠昕による改變と見てよいのである。思うに、もともと『法寶記壇經』では、この「三十六對法」に關する記述が全體として極めて詳細であったが、惠昕には、この意義が十分には理解できなかったために大幅な整理を行ったのであろう。

このことは、敦煌本『六祖壇經』（七六五～七七〇年頃）から惠昕本の原本であった『法寶記壇經』への成長の時期、恐らく七七〇～七七五年頃に[79]、對立概念によって答えることで相對を超えるという、この方法論が荷澤宗內で非常に重視されていたことを示すものであり、『雜徵義』の三つの問答は、この方法論の實例として作られたものであると見ることができる。そして、先に見たように、三つの問答の閒で發展が認められ、その閒にある程度の時閒の經過が想定できること、「大小」という概念が『法寶記壇經』になって含まれるようになり、それと呼應する問答が『雜徵義』に認められること等から判斷して、『雜徵義』の成立時期は、敦煌本『六祖壇經』よりむしろ『法寶記壇經』に近いと見るべきであって、恐らくは七七〇～七七五年頃と見て大過ないであろう。つまり、これらの問答が作られたのは、神會歿後、十數年を經た後のことであったと考えられるのである。

c 『雜徵義』の史的意義

從來、神會と僧俗との交流を記錄した原資料があって、それを編輯したのが『雜徵義』だと見られてきた。しかし、上に見てきたように、『雜徵義』に掲げられている問答には、神會の著作に基づきつつ、それを再構成したものが多く含まれているのである。もちろん、そうした事實が確認できないものも多いが、『雜徵義』の成立時期から考えれば、それらについても後世の創作と考えるべきである。そのことは、拙稿「再び『金剛經解義』の成立を論ず」で論じたように、『雜徵義』の問答中に使用されている用語等によっても證明することができる。[80]

そもそも荷澤宗は、中原では後發勢力であったためか、宗祖の神會を初めとして虛誕を說くことが極めて多い。例えば、拙稿「荷澤宗による「東土六祖」の碑文の創成」で論じたように、東土の六代の祖師のそれぞれに碑文があったとし、その本文を僞撰するとともに、それらの作者を著名な人物に假託したのも荷澤宗であった。[81]この場合、各祖師たちが生存中に注目されており、社會的に大きな影響力を持ったということを强調したかったためと見られるが、『雜徵義』において神會の問答が創作され、その相手として實在の人物を配したのも同じ意圖から出たものと考えられる。

從って、『雜徵義』が發見された後、問答に登場する官僚の官職から、その問答が行われた時期を特定しようとする研究がしばしば行われてきたが、この種の研究の成果は極めて限定的であると言わねばならない。例えば、陳鐵民は、『王維新論』の「王維年譜」において、上に引いた『雜徵義』の問答が王維の官職を「侍御史」とし、問答の場所を「南陽郡」の「臨湍驛」としていることに基づいて、この問答を天寶四載（七四五）のこととしたが、[82]これに對して王輝斌は、種種の理由を擧げて反論を行った。[83]しかし、二人とも、この問答そのものが後代の創作であることに思い至っていない。「侍御史」という官名、「南陽郡」「臨湍驛」という地名は、神會と王維の交流と何らかの關係を持つものであった可能性は十分にあるが、だからと言って、神會がその官名の王維にその場所で邂逅したかどうかは定かではない。更に言えば、その官名や地名がさしたる理由もなく用いられた可能性すら否定できないのである。

また、例えば、『雜徵義』には、次のような張說との問答を記載している。

「張燕公問。禪師日常說無念法。勸人修學。未審無念法有無。答曰。無念法不言有。不言無。問。何故無念不言有無。答。若言其有者。卽不同世有。若言其無者。不同世無。是以無念不言有無。問。呼作是沒物。答。不呼作物。問。異沒時作物生。答。亦不作一物。是以無念不可說。今言說者。爲對問故。若不對問。終無言說。譬如明鏡。若不對像。鏡中終不現像。爾今言現像者。爲對物故。所以現像。問曰。若不對像。照不照。答曰。今言照者。不言對與不對。俱常照。問。既無形像。復無言說。一切有無皆不可立。今言照者。復是何照。答曰。今言照者。以鏡明故。有自性照。若以衆生心淨。自然有大智慧光。照無餘世界。問。既若如此。作沒生時得。答。但見無。問。旣無。見是物。答。雖見。不喚作是物。問。旣不喚作是物。何名爲見。答曰。見無物。卽是眞見常見。」(84)

しかし、これが事實を傳えるものかどうかは疑わしい。張說は當時の有名人であったし、神秀の碑文を書いた人としても知られていたから、神會が張說と問答を行ったとする設定には荷澤宗の弟子たちの何らかの意圖が含まれていたと考えるのが自然である。張說が持ち出された理由として容易に思い附くのは、「北宗」の大檀越として有名であった張說が、後に神會の教えを受けて「南宗」に轉向したという虛僞のイメージを社會に植え付けるためにこの問答が創作されたのではないかということである。

一方、それほど有名でない人物の場合は、神會と實際に關係を持っていた可能性が強くなるが、實際に神會と接觸をもった當時の官名ではなく、出世した後の官名で呼んでいる可能性も否定できないのであり、官職や肩書きによって神會との交流の時期を特定しようとするのは困難である。

このように『雜徵義』の官僚との問答は、基本的には全て後代の創作であり、神會との交流すら史實と認めうるかに疑問が殘るのであるから、例えば、山崎宏のように、『雜徵義』に基づいて官僚と神會との交友關係を認定し、それを「北宗」の人々の交友關係と比較して、その特徵や傾向を論じたり(85)、通然のように、神會の布教期間を「南陽龍興寺時代」と「洛陽荷澤寺時代」に二分し、『雜徵義』の內容を「南陽和尚問答雜徵義」という書名から前者に關係するものとし、この時代には特に在家との交流が盛んであったと論ずるのは(86)、方法論的に大きな問題を孕むものである。

では、これら『雜徵義』に掲げられた官僚との問答は何等の意味も持たないのであろうか。否、そうではない。私見によれば、それは正しく、後世、社會で期待されるようになる「禪僧と知識人居士との親密な交流」の雛形を提供したのである。

そもそも、問答形式で教義を述べることは、佛教では古くから行われてきたことであって、初期禪宗でも『觀心論』や『導凡趣聖悟解脫宗修心要論』（以下、『修心要論』と略稱）で採用されている。これらは匿名の問者と答者の問答という形で書かれているが、これを發展させたのが、侯莫陳琰の『要決』である。すなわち、『要決』では、自分の法名の智達禪師（師）と俗名の侯莫陳琰（弟子）との問答という斬新な方法で禪思想の解說が行われている。そして、『雜徵義』は、これを更に發展させ、神會と實在の人物との問答という形で自派の思想を述べようとしたものと見做すことができる。『觀心論』『修心要論』『要決』は、いずれも一人の著作であり、問答の相手として登場する人物は著者自身の分身である。『雜徵義』の場合も、作者は、神會と實在の人物との對話の形で自派の主張を述べようとしたのであるが、これは神會の『定是非論』とも共通する性格であって、弟子たちはそれを應用したのであろう。

特に、問答の相手を官僚とした場合、佛教界を超えて神會の社會的なプレゼンスを強調することになるという點で弟子たちにとって望ましいことであったし、それは必然的に登場する官僚の禪への關心の深さを強調することになるという點で、その官僚や一族の人々にとっても望ましいことであった。これが『雜徵義』において「禪僧と知識人との親密な關係」が描かれた理由であろう。

『雜徵義』は地上では傳わらず、敦煌文書で初めて知られたものであるが、八世紀末から九世紀にかけての時期にはかなりの流布を見たようである。『雜徵義』の敦煌本としては、從來から知られていた石井光雄舊藏本、S六五五七號、P三〇四七號のほかに、近年、旅順博物館本、龍谷大學藏本、ロシア藏本、ドイツ藏本等の存在が知られるようになり(87)、中央アジアでも廣く流布していたことが確認された。また、『雜徵義』は、圓仁（七九四～八六四）の『入唐新求聖教目錄』に「南陽和尙問答雜徵義一卷劉澄集」と揭げられているし(88)、圓珍（八一四～八九一）の『智證大師請來目錄』に「南宗荷澤禪師問答雜徵一卷」というのは(89)、その成長した形の異本であろうから、少なくとも二度にわたって日本に傳えられているのである。

更に、馬祖道一（七〇九～七八八）の弟子、大珠慧海（生歿年未詳）の著作とされる『頓悟要門』が『雜徵義』をベースにしていることは從來からしばしば指摘されており(90)、その影響が後世に及んだことは否定できない。後の「禪問答」も傳承の過程で內容が洗練されて行ったことが知られており、後世の創作を含むという點では、『雜徵義』と本質的に異なるものではないとも言えるのである。

要するに、『雜徵義』という前例があったことが、後代における「禪問答」や「禪語錄」の成立、更には、「禪僧と知識人居士との親密な交流」が問答形式で表現されるようになることに對して大きな影響を與えたと考えられるのである。

第6節　『壇語』の成立について

以上の各節において、荷澤神會の主要な著作とされてきた『師資血脈傳』『定是非論』『雜徴義』の成立と傳承について論じたので、本節では、殘された『壇語』について、その成立を論じる。やや不可解であるが、『壇語』は他の著作とは無關係に傳承されたらしく、それらとの相互關係から、その成立等を明らかにすることができない。そこで他の方法を模索する必要があるわけであるが、その前に、從來、『壇語』がどのように見られてきたかについて一瞥しておこう。

a　從來の諸說とその問題點

『壇語』の成立時期についての見解の一つの潮流は、これを神會が南陽の龍興寺の住していたときの著作と見ようとするものである。その先驅は荷澤神會の研究のパイオニアであった胡適（一八九一～一九六二）で、その說は鈴木哲雄によって繼承された。その根據とされたのは、「南陽和尚頓敎解脫禪門直了性壇語」という具名に見るように、『壇語』が神會を「南陽和尚」と呼んでいるという點である。(91) この說には、神會が南陽に住していた時、本當に「南陽和尚」と呼ばれていたか、あるいは、神會が「南陽和尚」と呼ばれたのが南陽に住していた時に限られるのかといった大きな問題があるにも拘わらず、「胡適」の名聲の故か、その後も大きな影響力を持ち續けた。例えば、鈴木哲雄は、「荷澤神會論」の中で、一方で「荷澤と冠せられて一般に呼稱せられるのは、寂後のことである」と言いながら、一方で「『壇語』は胡適博士が指摘するごとく、「南陽和上」と呼ばれていることから、南陽在住時の撰述であろうことを暗示する」と述べている。[92]しかし、もしそうなら、荷澤寺時代は何と呼ばれたというのか。ここには甚だしい論理的な破綻が認められるが、驚くべきことに、これと全く同じ粗雑な議論が篠原壽雄の「荷澤神會のことば」でも繰り返されているのである。[93]

鈴木哲雄は、前掲の論文において、これとは別に、

A　『壇語』が「理路整然としており、論調も穏やかで、まだあからさまな北宗の排撃はなされていない」こと。

B　『壇語』では、「『定是非論』のごとき「金剛般若經」の宣布は行われず、引用される經典は涅槃經・維摩經が主である」こと。

C　「「發心畢竟不二不別」等の七言八句の詩偈は壇語にも定是非論にも引かれるが、定是非論では獨孤沛の跋に當るところの文中にあり」、「必ずや獨孤沛が壇語の神會の詩を引用したとみるのでなければならないこと。

等の理由を擧げて、『壇語』は『定是非論』以前の著作で南陽時代のものでなければならないと主張している。[94]

この説に對しては竹内弘道の厳しい批判がある。すなわち、竹内は「荷澤神會考――基本資料の成立について」という論文において、Aについては「此は恐らく一般在家のための受戒會の儀式のようである」という柳田聖山の說[95]を引きつつ「說法の場所と、その對象である聽衆及び目的の違い」による相違であるとし、Bの「「金剛般若經」の宣布」とCの「「發心畢竟不二不別」等の七言八句の詩偈」は『定是非論』の後世の附加部分だからとして、そ

のいずれもが『定是非論』との前後關係を示すものではないとする。[96]ただ、竹内は、このように鈴木の見解を批判したものの、結局のところ、

「『原本定是非論』は、北宗排撃に力點が置かれているものの、思想内容は『壇語』にくらべ貧弱、散漫であるという感は免れず、むしろ『壇語』の方が後に成立したと考えることも可能な譯であり、兩者の前後關係は判然としない。[97]」

という曖昧な結論を述べるに止まっている。

確かにBについての竹内の批判は全くその通りであって、『金剛經』の宣揚に關する記述の插入は、神會の歿後に神會の與り知らぬところで行われたものである。しかし、Cは神會の生前の事項であり、二つの著作に同一の詩偈が現われることに意味がないはずがない。また、Aについても、後に述べるように、國家權力というより大きな問題がその背後にあると考えるべきなのである。

『壇語』は、少なくとも初期においては、他の三つの主要な著作とは別個に傳承されたらしく、この面から、その成立を明らかにすることはできない。[98]また、本文自體に成立時期を暗示するような記述も認められない。そこで『壇語』の成立は、

1　『壇語』自體の特徴
2　『壇語』と神會の他の著作との比較

3 『壇語』に論及する他文獻との照合

等によって推定するほかないわけである。客觀的認識のためには、3こそが決定的に重要であるが、上に見たように、從來の日本の研究は1と2が主で、3についてはほとんど行われてこなかったと言える。

ところが、この3に注目して全く異なる說を立てたのが印順（一九〇六～二〇〇五）である。彼は『中國禪宗史――從印度禪到中華禪』（一九七一年）において、『歷代法寶記』を參照しつつ、『壇語』を洛陽での開法の記錄であるとし、「南陽和上」という標題だけから南陽の龍興寺時代の著作であると判定した胡適の說を否定している(99)。この主張は、從來、ほとんど注目されていないが、私見に據れば、全く穩當なものである。ただ、敍述が簡略で、無住（七一四～七七四）の認識と史實との區別が曖昧であり、更に詳細な分析が必要であろうと思われる。そこで、この問題を取り扱うに當たって、筆者も印順に倣って『歷代法寶記』の敍述から始めることとしたい。

b 『歷代法寶記』等から見た『壇語』の成立時期

よく知られているように、『歷代法寶記』には、荷澤神會への言及がしばしば認められるが、その中には、その事跡、あるいは著作への言及と見られるものがある。これらは、その性格上、若年の時の無住自身の體驗に基づく敍述と見られ、非常に信憑性が高い。當面の問題に關係するものとしては、次の二つの文章が重要と考えられる（傍線部の事跡については、後に言及する）。

Ⅰ「東京荷澤寺神會和上。每月①作壇場。爲人說法。②破淸淨禪。③立如來禪。④立知見。⑤立言說爲戒定惠。

不破言說云。正說之時卽是戒。正說之時卽是定。正說之時卽是惠。⑥說無念法。⑦立見性。開元中滑臺寺。爲天下學道者定宗旨。會和上云。更有一人說。會終不敢說。爲會和上不得信袈裟。天寶八載中。洛州荷澤寺亦定宗旨。被崇遠法師問。禪師於三賢十聖修行。證何地位。會答曰。涅槃經云。南無純陀。南無純陀。身同凡夫。心同佛心。（以下、『定是非論』の問答を一部改變しつつ引用。これは開元二十年頃の滑臺での問答で、明らかにその流用である）[100]」

Ⅱ「天寶年閒。忽聞范陽到次山有明和上。東京有神會和上。太原府有自在和上。竝是第六祖祖師弟子。說頓敎法。和上當日之時。亦未出家。遂往太原。禮拜自在和上。自在和上說。淨中無淨相。卽是眞淨佛性。和上聞法已。心意快然。欲辭前途。老和上共諸師大德苦留不放。此眞法棟梁。便與剃髮披衣。天寶八載。具戒已。便辭老和上。向五臺山清涼寺。經一夏。聞說到次山明和上蹤由。神會和上語意。卽知意境。亦不往禮。天寶九載。夏滿出山。至西京。安國寺崇聖寺往來[101]。」

この二つの文章から、次のような推論が導き出せる。

1　波線部に見るように、Ⅱの文章では、無住は、天寶八載（七四九）に到次山明和上の「蹤由」と神會の「語意」について聞いたが、わざわざ弟子入りすることは考えなかったと言い、Ⅰの文章でも、同じ年に洛陽の荷澤寺で神會が崇遠と問答して宗旨を定めたと說く。このことは、この年に、無住が「滑臺の宗論」や神會の思想を深く理解し得る何らかの機會を得たことを暗示する。

2　『歷代法寶記』のⅠの文章に『定是非論』からの引用が見え、しかも、その內容を天寶八載の洛陽荷澤寺での活動と結びつけているのであるから、この頃に『定是非論』を含む神會の著作を入手したものと考えられる。そして、Ｉの文章の冒頭において、洛陽の荷澤寺での神會の活動の概要を述べているのは、この際に得た神會の著作に基づいて書いたものと推測できる。

この推論に基づけば、上のＩの文の冒頭部の傍線部①～⑦までに合致する記述を『定是非論』の中に全て求め得れば、天寶八載に得た神會の著作は『定是非論』だけであったと見て差し支えないことになるであろうが[102]、實際には、以下のように③と④しか見出せないようである（この場合、一例でもあれば要件を充たすので、複數例ある場合も一例のみ掲げた。なお、これらは序の部分にあり、序者の獨孤沛が『師資血脈傳』に基づいて書いたものであるから、當然のことながら、『師資血脈傳』にも認めることができる）。

③「立如來禪」

「梁朝婆羅門僧字菩提達摩是南天竺國國王第三子。少小出家。智慧甚深。於諸三昧。獲如來禪[103]。」

④「立知見」

「達摩遂開佛知見。以爲密契。便傳一領袈裟。以爲法信。授與慧可[104]。」

なお、⑥「說無念法」については、『定是非論』に、

「見無念者。六根無染。見無念者。得向佛知見。見無念者。名爲實相。見無念者。中道第一義諦。見無念者。恆沙功德一時等備。見無念者。能生一切法。見無念者。能攝一切法。[105]」

等と見えるが、既に竹內が指摘するように[106]、これらは後世（神會歿後と見做すべきである）の插入であるから對象にはなりえない。また、⑦「立見性」に類似する「見佛性」という言葉は、『定是非論』にも見ることができるもの[107]の、「見性」とする例は見當たらない。「見性」と『涅槃經』に基づく「見佛性」とは、當然、區別すべきであろう。
以上の點から見ると、天寶八載前後に無住が得た神會の著作が『定是非論』だけであったとすると、このⅠのような神會についての說明は成し得なかったはずである。ところが、『壇語』を見ると、次のように、①④⑥⑦に相當するものが見出せる（傍線部については後に觸れる[108]）。

①「作壇場」
「以來登此壇場學修般若波羅蜜時。願知識各各心口發無上菩提心。不離坐下。悟中道第一義諦。[109]」

④「立知見」＋⑥「說無念法」＋⑦「立見性」
「但自知本體寂淨。空無所有。亦無住著。等同虛空。無處不遍。卽是諸佛眞如身。眞如是無念之體。以是義故。故立無念爲宗。若見無念者。雖具見聞覺知。而常空寂。卽戒定慧學。一時齊等。萬行俱備。卽同如來知見。廣大深遠。云何深遠。以不見性。故言深遠。若了見性。卽無深遠。各各至心。令知識得頓悟解脫。[110]」

それでも、②の「清淨禪を批判した」という記述と⑤の「言說をそのまま三學として肯定した」という說は見出せない。實は、これらは神會のいかなる著作にも見えないものであって、恐らくは無住による翻案であろう。

②について言えば、本書第五章第1節「神會による「如來禪」と西天の祖統の提唱」で論ずるように、ここに「破清淨禪。立如來禪」というのは、明らかに『楞伽經』の「如來清淨禪」という言葉に基づくものであるが、神會自身はこの經文を知らなかったようである。從って、神會がこのような表現を用いたはずはなく、『定是非論』にも『壇語』にも出現する「凝心入定。住心看淨。起心外照。攝心內證」[111]という成語による「北宗」批判を無住がこのように表現したものと解すべきであろう。

一方、⑤については全く相當するものが見出せないが、柳田聖山は、『雜徵義』に見える有名な王維（六九九～七五九／七〇一～七六一）との對話、

「王侍御問和上。何故得不同。答曰。今言不同者。爲澄禪師要先修定以後。定後發慧。卽知不然。今正共侍御語時。卽定慧等。涅槃經云。定多慧少。增長無明。慧多定少。增長邪見。若定慧等者。名爲見佛性。故言不同。[112]」

を參照するよう註記している。[113] 確かに、ここで神會は對話の最中も「定慧」が備わっていると主張するが、「戒」を含めた「三學」への言及はなく、これを念頭に置いたものとは言い難い。そもそも、この王維との對話は、本章の第5節「『雜徵義』の成立と史的意義」で論じたように、神會歿後に創作されたものであって、この時期には存在しなかった。

しかし、次の點は强調してよいであろう。すなわち、『壇語』では、

「經云。當如法說。口說菩提。心無住處。口說菩薩。心唯寂滅。口說解脫。心無繫縛。向來指知識無住心。知不知。答。知。[114]」

という言語活動を肯定する說が說かれ、それが「無住」という概念と結びつけられているのであるが、一方で、「無住」を「定慧等」に結びつける次のような記述も見られるということである。

「無住是寂靜。寂靜體卽名爲定。從體上有自然智。能知本寂靜體。名爲慧。此是定慧等。[115]」

もっとも、このような「定慧等」だけであれば『定是非論』にも說かれているが[116]、『定是非論』には「戒定慧」の「三學」を一元化して論じる記述は全くないのに對して、『壇語』では、先に④⑥⑦に相當する內容として引いた『壇語』の文章に「卽戒定慧學。一時齊等」（傍線部を參照）と見える以外にも、次のようにこれが見えるという點は注目すべきである。

「現在知識等。今者已能來此道場。各各發無上菩提心。求無上菩提法。若求無上菩提。須信佛語。依佛教。佛說道沒語。經云。諸惡莫作。諸善奉行。自淨其意。是諸佛敎。過去一切諸佛皆作如是說。諸惡莫作是戒。諸善奉行是慧。自淨其意是定。知識。要須三學。始名佛敎。何者是三學等。戒定慧是。妄心不起名爲戒。無妄心名

爲定。知心無妄名爲慧。是名三學等。」[117]

これは『壇語』が大乘戒の傳授に際しての說法であることに關わる問題であるとも言えるが、本書第四章「「北宗」との對比に見る神會說の獨創性とその由來」での考察を交えるなら、洛陽で布教を行うようになったことで、慈愍三藏慧日の禪宗批判への對處、更には國家權力への配慮を行わなければならなくなったということが背景にあったと考えるべきであろう。

このように考えてくると、無住がこの『壇語』の幾つかの說を結びつけて⑤のように理解したということは十分にありうることであろう。從って、先の『歷代法寶記』のⅠの文章が書かれたとき、その根據として念頭にあった著作は、『定是非論』と『壇語』の二つであったと考えてよいと考える。

以上の推論に基づけば、『壇語』の成立は、天寶八載（七四九）以前となるが、『歷代法寶記』の敍述からすれば、無住は、『壇語』を天寶四載（七四五）に神會が洛陽の荷澤寺に入った後の著作と見ていたと考えるべきである。

c　殘された問題、特に「南陽和尚」という呼稱について

上述のように、『壇語』の成立時期が天寶四載から天寶八載の閒であるなら、それは正しく洛陽の荷澤寺に入って數年内のことであったということになるが、これによって、先に言及した二つの問題、すなわち、

A『壇語』が「理路整然としており、論調も穩やかで、まだあからさまな北宗の排擊はなされていない」こと。

C「「發心畢竟不二不別」等の七言八句の詩偈は壇語にも定是非論にも引かれるが、定是非論では獨孤沛の跋

に當るところの文中にあり」、「必ずや獨孤沛が壇語の神會の詩を引用したとみるのでなければならない」こと。

の解決の絲口を得ることができるようになる。

すなわち、Aの理由は、洛陽が彼の言う「北宗」の本據地であり、その支持者も多かったから、滑臺などとは違って、あからさまに彼らを批判することは憚られたし、國家から權威を認められていた神秀や普寂を批判することが國家に對する批判と見做されかねなかったから、敢えてその批判のトーンを落としたと考えられるのである。

一方、Cについては、『壇語』の成立時期が獨孤沛本『定是非論』の編輯に續く時期と考えられることから、當時、神會が自らの思想を表現するものとして、この詩偈を作って流布させていたのを、『壇語』がそれを本文中に組み込むとともに、獨孤沛もそれとは別個にそれを『定是非論』の後序（あるいは跋文）に取り込んだと考え得ることになるのである。

殘された問題は、荷澤寺入寺後の神會を、なぜ「南陽和尙」と呼ぶのかという問題である。既に鈴木哲雄や篠原壽雄が述べているように、彼を「荷澤」を冠して呼ぶ文獻は、全て彼の歿後のもので、生前に彼を「荷澤和尙」「荷澤禪師」等と呼んだ例は皆無である。

しかし、それは考えてみれば當然である。彼の生前、荷澤寺には他にも「和尙」と呼ぶべき僧が多數いたはずであるから、洛陽で「荷澤和尙」といっても、神會に特定することにはならない。そこで、「南陽から來た和尙」、あるいは「南陽の龍興寺に僧籍を置く和尙」という意味で神會を「南陽和尙」と呼んだのであろう。だとすれば、神會が「南陽和尙」と呼ばれたのは、南陽時代ではなく、むしろ、洛陽の荷澤寺に入ってからのことであったと見做すべきなのである。そして、現に『定是非論』において神會は「南陽和尚」ではなく、その出身地から、「襄陽神會和上」と呼ばれているし、神會が荷澤寺で活躍している最中の天寶七載（七八四）に弟子の崔蓮（七一四〜七四八）のために書かれた墓誌銘、撰者未詳「常上人墓誌銘幷序」でも、「南陽僧神會」と呼ばれているのである。[118]もっとも、『定是非論』の場合、宗論は滑臺で行われたのであるから、神會を「南陽和尚」と呼んでも差し支えないように思われるが、それを用いないのは、そうした呼び方が、當時、神會に對して全く行われていなかったからに他ならないであろう。

つまり、神會は、南陽の龍興寺にいた時には、他の南陽の和尚たちから區別するために「襄陽和尚」と呼ばれ、洛陽の荷澤寺に移った後は、同じく他の荷澤寺の和尚たちから區別するために「南陽和尚」と呼ばれたのである。從って、胡適以來、強い影響力を持ってきた「南陽和尚」と呼ばれているから南陽時代のものであるという主張は見當外れと言わねばならないのである。

しかし、神會が貶逐先で歿した後、弟子たちの盡力によって中央で「帝師」として復權を遂げると、荷澤寺に住していた偉大な禪師であるとして「荷澤」を冠して呼ばれるようになった。現に貶逐先の荊州から遺體を運んで龍門に改葬した際に書かれた神會の塔銘は、「大唐東都荷澤寺歿故第七祖國師大德於龍門寶應寺龍首腹建身塔銘幷序」（以下、「第七祖國師身塔銘」と略稱）と題されており、[119]石井本『雜徵義』で『師資血脈傳』の後に附載される「大乘頓教頌幷序」においても「荷澤和上」という呼稱が用いられている。[120]

では、神會の復權後の成立と見られる『雜徵義』が、どうして神會を「南陽和尚」と呼ぶのかということが問題となるが、この著作は、神會を顯彰するために、洛陽の荷澤寺で最も華々しく活動していた時期に、當代を代表する知識人たちと交わした對論を中心に編輯したものという體裁を採っているから、敢えて「南陽和尚」と呼んだのであって、特殊な例であったと見るべきである。

ただ、後世、神會に對する「荷澤和尚」「荷澤禪師」という呼稱が一般化すると、『雜徵義』に冠されている「南陽和尚」が誰を指すかが明確でなくなったため、圓珍の『智證大師請來目錄』（八五九年）に見るように、書名を「南宗荷澤禪師問答雜徵」に改めた異本も出現したようである。[121]

以上、『歷代法寶記』の記述との照合によって『壇語』の成立時期を論じ、それが天寶四載（七四五）から天寶八載（七四九）に至る閒のことであろうという結論を得た。そして、この結論は、『壇語』が用いる「南陽和尚」という呼稱や、「北宗」批判が必ずしも先鋭化していないという思想的特色、あるいは、『定是非論』の後序（あるいは跋文）と同一の詩偈が用いられている等の、從來から指摘されてきた諸問題とも非常に整合的であることを指摘した。これによって、神會の著作の成立時期という問題はおおよそ解決したと言えるであろう。

むすび

本章では、先ず、神會の主要な著作とされてきた『師資血脈傳』『定是非論』『雜徵義』の成立時期、傳承、改變等の問題について考察を行った。卽ち、『師資血脈傳』、『定是非論』、『雜徵義』という三つの著作は、文獻の傳承上、相互に關聯を持ち、また、『師資血脈傳』と『定是非論』の二著作は、『傳法寶紀』と關聯を持っているという點を絲口にして、その要の位置を占める『師資血脈傳』の成立を明らかにすることから始めて、『定是非論』や『雜徵義』の成立問題等を明らかにしていった。その結果、その成立について、

1『師資血脈傳』は、「滑臺の宗論」（七三二年）前後の成立で、神會が南陽の龍興寺に住していた時期に自ら撰述したものである。
2『定是非論』は、神會が洛陽の荷澤寺に入った直後（七四五年）頃の成立で、弟子の獨孤沛が「滑臺の宗論」の際の記録等を素材として編輯したものである。
3『雜徵義』に掲げられる問答は、基本的には弟子たちの創作であって、事實ではない。從って、『雜徵義』は神會の著作として扱われるべきではない。

という結論を得ることができたが、その過程で、神會の荷澤寺入寺と獨孤沛本『定是非論』の編輯との關係、神會歿後における復權と『雜徵義』の編輯との關係、『楞伽師資記』の出現と『師資血脈傳』や『定是非論』の改變・附加との關係、『師資血脈傳』の『定是非論』の附錄から石井本『雜徵義』の附錄への移動等、様々なことを明らかにすることができた。

一方、もう一つの主要著作である『壇語』については、上記の三著作とは別個に傳承されたらしく、これらとの關係から、その成立を明らかにすることはできないが、『歷代法寶記』の記述等を參考にするなら、

4『壇語』は、洛陽の荷澤寺に入った後に、洛陽において行った開法の内容を纏めたものである。

と考えるべきであり、南陽の龍興寺に住していた時期の著作であると見做してきた從來の見解は訂正されるべきである。また、『壇語』が明確な形での北宗批判を控えていること、『定是非論』で主張される「定慧等」のみでなく、

『師資血脈傳』『定是非論』『雜徵義』『壇語』相互關係圖

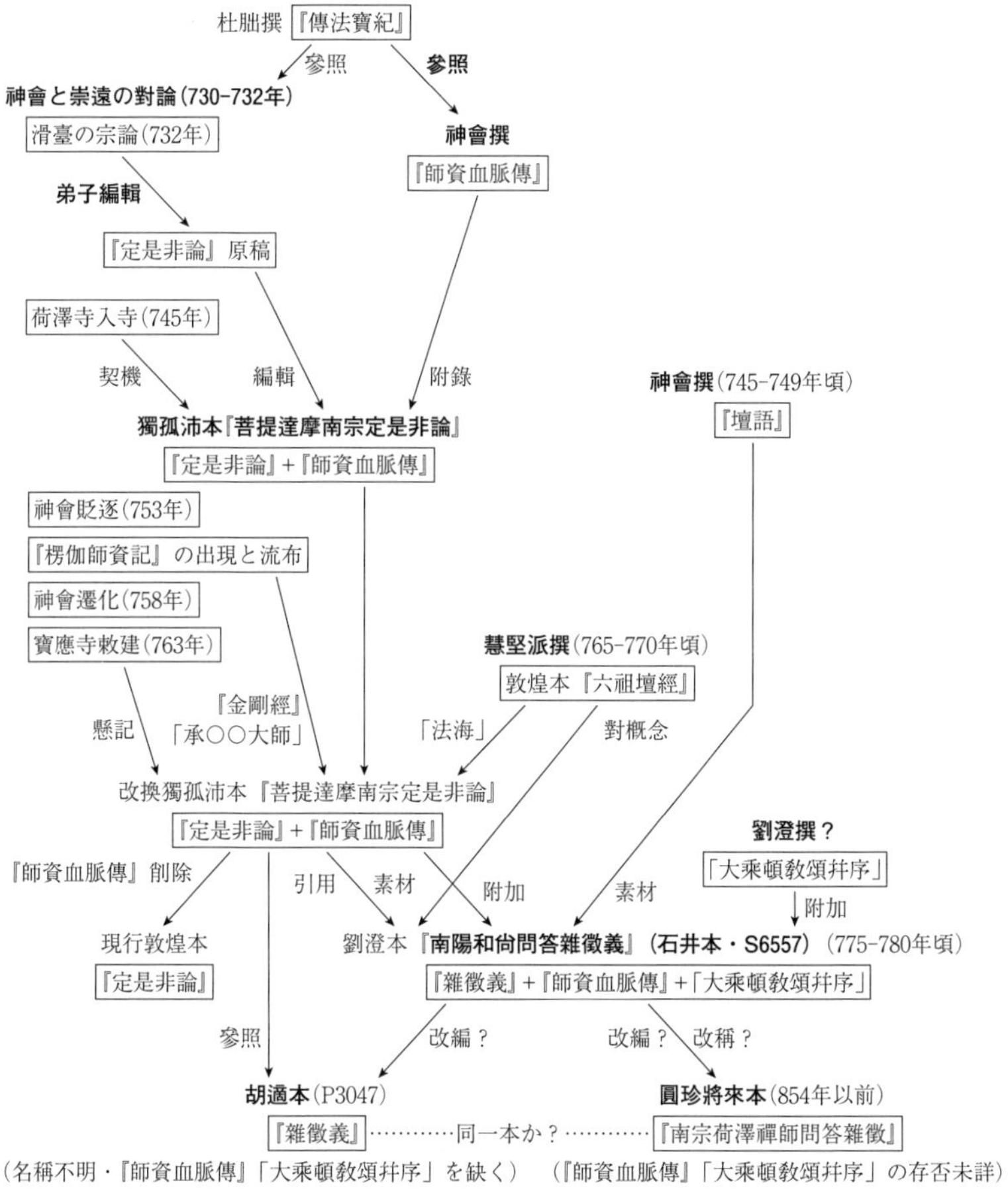

「戒」を含む「三學等」を説いていることについては、國家權力の中樞である帝都洛陽での布教という問題が絡んでいること等にも注意が必要である。

最後に「結論」として、以上で明らかになった諸著作・諸本閒の關係を圖表に纏めるのであれば、前頁の「『師資血脈傳』『定是非論』『雜徵義』『壇語』相互關係圖」のようになるであろう。

註

（1）劉澄集『雜徵義』：楊曾文『神會和尚禪話錄』（中華書局、一九九六年）一〇三～一一一頁。以下、原則として、神會關係の著作の引用は全てこれに基づく。

（2）神會撰・獨孤沛編『定是非論』：前掲『神會和尚禪話錄』一七頁。ただし、ここで「二十載一本」とするのは、胡適の校訂に從ったもので、原寫本では「二十一載本」である。

（3）胡適「神會和尚語錄的第三箇敦煌寫本『南陽和尚問答雜徵義——劉澄集』：『神會和尚遺集——附胡先生晩年的研究』（胡適記念館（臺北）、一九八二年）四一八頁。

（4）柳田聖山『初期禪宗史書の研究』（法藏館、一九六七年）一八五～一八七頁、印順著・伊吹敦譯『中國禪宗史——禪思想の誕生』（山喜房佛書林、一九九七年）三八〇頁。なお、後者の原書は、印順『中國禪宗史——從印度禪到中華禪』（正聞出版社（臺北）、一九七一年）である。

（5）例えば、印順は、獨孤沛序の「後有師資血脈傳。亦在世流行」の「後」という言葉の存在を根據に、この部分は後代の附加であると論じている（前掲『中國禪宗史——禪思想の誕生』三七二頁）。鈴木哲雄も同樣に、大雲寺の無遮大會以後に『師資血脈傳』が書かれて流行したと解し、その成立を、『定是非論』の草稿が書かれた「滑臺の宗論」（開元二十年）以降、『定是非論』の成立（鈴木は天寶三載から天寶八載の閒と見ている）までの閒とする（鈴木哲雄「荷澤神會論」、『佛教史學』一四-四、一九六九年、三八頁）。

（6）神會撰・獨孤沛編『定是非論』「後序」：前揭『神會和尙禪話錄』四二〜四三頁。
（7）同上：前揭『神會和尙禪話錄』四三頁。
（8）同上：前揭『神會和尙禪話錄』四五頁。
（9）同上：前揭『神會和尙禪話錄』四二頁。
（10）同上：前揭『神會和尙禪話錄』四五頁。
（11）神會撰・獨孤沛編『定是非論』：前揭『神會和尙禪話錄』三二頁。
（12）前揭『中國禪宗史――禪思想の誕生』三七四〜三七六頁、竹內弘道「『南宗定是非論』の成立について」（『印度學佛教學研究』二九-二、一九八一年）、同「荷澤神會考――『金剛經』の依用をめぐって」（『宗學研究』二四、一九八二年）等を參照。これらの研究においては、この插入部分を、當該箇所中の言葉を用いて、「頓悟最上乘論」という假名で呼んでいる。このような名前の文獻が別行しており、それを取り込んだと判斷したためであるが、そのような文獻が存在していた證據はなく、また、文脈から見ても、この部分を插入した人物が『定是非論』全體を「頓悟最上乘論」の名前で呼んだと見て何ら差し支えない。從って、更なる根據が見出されない限り、この呼稱は用いるべきではない。
（13）印順は、その部分を前揭の楊曾文校本（『神會和尙禪話錄』）で言えば、三五頁三行目から四〇頁一三行目までとする。これは妥當な線であるが、この直前の「金剛般若波羅蜜。最尊最勝最第一。無生無滅無去來。一切諸佛從中出」という偈文（三四頁一五行目から三五頁二行目まで）も後世の插入である可能性は否定できない。ただし、これが敦煌本『六祖壇經』の「摩訶般若波羅蜜。最尊最上第一。無住無去無來。三世諸佛從中出」という句（楊曾文『敦煌新本 六祖壇經』上海古籍出版社、一九九三年、二七頁）と密接な關係を有するものであることは明らかで、しかも、こちらがむしろ原形に近いものであったとすれば、『定是非論』の偈文の第一句も、元來、「摩訶般若波羅蜜」であったのを、當該部分を插入する際に「金剛般若波羅蜜」と改變して、その導入にしたということは十分にありうることである。

(14) 前掲「荷澤神會考――『金剛經』の依用をめぐって」二四三～二四五頁。
(15) 神會『師資血脈傳』「達摩傳」：前掲『神會和尚禪話錄』一〇四頁。
(16) 同上「慧可傳」：前掲『神會和尚禪話錄』一〇五頁。
(17) 同上「僧璨傳」：前掲『神會和尚禪話錄』一〇六頁。
(18) 同上「道信傳」：前掲『神會和尚禪話錄』一〇七頁。
(19) 同上「弘忍傳」：前掲『神會和尚禪話錄』一〇八頁。
(20) 同上「慧可傳」：前掲『神會和尚禪話錄』一〇五頁。
(21) 同上「慧能傳」：前掲『神會和尚禪話錄』一一〇頁。
(22) 神會『定是非論』：前掲『神會和尚禪話錄』二七頁。
(23) 編者未詳『歴代法寶記』「惠可傳」：柳田聖山『初期の禪史Ⅱ』（筑摩書房、一九七六年）七七頁。
(24) 同上「達摩多羅傳」：前掲『初期の禪史Ⅱ』六八頁。
(25) 神會撰・獨孤沛編『定是非論』「序」：前掲『神會和尚禪話錄』一八頁。
(26) 神會『師資血脈傳』「達摩傳」：前掲『神會和尚禪話錄』一〇三～一〇四頁。
(27) 前掲「荷澤神會考――『金剛經』の依用をめぐって」二四三～二四四頁。
(28) これが正しければ、現行本『師資血脈傳』の「慧能傳」に、弘忍の慧能への傳法に際して、「遂至夜間。密喚來房內。三日三夜共語。了知證如來知見。更無疑滯」（前掲『神會和尚禪話錄』一〇九頁）と「如來知見」という言葉が出てくるが、これも「佛知見」の書き換えと見做すべきである。
(29) 神會『師資血脈傳』：前掲『神會和尚禪話錄』一〇五頁、一〇六頁、一〇七頁、一〇八頁、一〇九頁。なお、ここで慧可の俗姓とされる「周」が「姬」の誤りであることについては、以下に述べる。
(30) 編者未詳『歴代法寶記』：前掲『初期の禪史Ⅱ』七七頁、八二頁、八六頁、九二頁、九八頁。
(31) 神會『師資血脈傳』「慧能傳」：前掲『神會和尚禪話錄』一一〇頁。

(32) 編者未詳『歴代法寶記』「慧能傳」：前掲『初期の禪史Ⅱ』九九頁。
(33) 前掲『初期の禪史Ⅱ』一〇六頁。
(34) 因みに、胡適は、「新校定的敦煌寫本神會和尙遺著兩種」において、この「四十年外懸記」を神會の「貶謫」を指すとする（前掲『神會和尙遺集――附胡先生晚年的研究』三八一～三八二頁）。確かにこの事件は、慧能歿後、正しく四十年後のことであるが、貶逐を「我が宗旨の豎立」と懸記するはずがない。
(35) 編者未詳『歴代法寶記』「惠可傳」：前掲『初期の禪史Ⅱ』七七頁。
(36) 道宣『續高僧傳』「僧可傳」：大正藏五〇、五五一c～五五二a。
(37) 杜朏『傳法寶紀』「惠可傳」：柳田聖山『初期の禪史Ⅰ』（筑摩書房、一九七一年）三六五頁。
(38) 同上「達摩傳」：前掲『初期の禪史Ⅰ』三五五頁。
(39) 神會『師資血脈傳』「慧可傳」：前掲『神會和尙禪話錄』一〇五頁。
(40) 同上「僧璨傳」：前掲『神會和尙禪話錄』一〇六頁。
(41) 編者未詳『歴代法寶記』「慧可傳」：前掲『初期の禪史Ⅱ』七七～七八頁。
(42) 同上「僧璨傳」：前掲『初期の禪史Ⅱ』八三頁。
(43) 杜朏『傳法寶紀』「僧璨傳」：前掲『初期の禪史Ⅰ』三七一～三七二頁。
(44) 神會『師資血脈傳』「弘忍傳」：前掲『神會和尙禪話錄』一〇八頁。
(45) 編者未詳『歴代法寶記』「弘忍傳」：前掲『初期の禪史Ⅱ』九二～九三頁。
(46) 鈴木大拙『禪思想史研究　第二』（岩波書店、一九六八年）三四頁。
(47) 淨覺『楞伽師資記』：前掲『初期の禪史Ⅰ』一二七頁、一四三頁、一六七頁、一八六頁、二六八頁、二九五頁、三二〇頁。
(48) 『楞伽師資記』の成立時期については、伊吹敦「「東山法門」の人々の傳記について（中）」（『東洋學論叢』三五、二〇一〇年）四四～四六頁を、また、『楞伽師資記』の流布については、同「「東山法門」の人々の傳記について

（下）」（『東洋學論叢』三六、二〇一一年）九八〜一〇一頁に論及がある。また、伊吹敦「『楞伽師資記』と『跋陀三藏安心法』——その日本への將來と天台宗への影響」（『東洋思想文化』四、二〇一七年）七二〜七三頁、七六頁も參照されたい。

(49) 主に、前掲の「第七祖國師身塔銘」、竝びに神會の弟子、慧堅（七一九〜七九二）の碑銘「唐故招聖寺大德慧堅禪師碑銘幷序」、宗密の『圓覺經大疏鈔』等に基づく。

(50) 伊吹敦「『六祖壇經』の成立に關する新見解——敦煌本『壇經』に見る三階敎の影響とその意味」（『國際禪研究』七、二〇二一年）を參照。ただし、この論文では、敦煌本『六祖壇經』の成立時期を七七〇年前後としたが、樣々な要素を勘案すると、もう少し前に幅を持たせて、七六五〜七七〇年頃とする方が穩當だというのが現在の考えである。

(51) 劉澄集『雜徵義』：前揭『神會和尙禪話錄』七三頁。

(52) 同上：前揭『神會和尙禪話錄』一〇一〜一〇二頁。

(53) 程正「ドイツ藏吐魯番（トルファン）漢語文書から發見された禪籍について（1）」（『駒澤大學禪研究所年報』三〇、二〇一九年）を參照。

(54) 劉澄集『雜徵義』：前揭『神會和尙禪話錄』一一四頁。

(55) この「校勘記」に見える「北庭」は、北庭都護府の故地（新疆ウイグル自治區のジムサールの北）のことを指すのであろう。もっとも北庭都護府自體は、この「校勘記」が書かれた直前の七九〇年頃に吐蕃に攻略されて廢止されているが、「北庭」という地名はその後もしばらく用いられていたと解することができる。『雜徵義』が七九〇年以前にこのような邊境地域にも傳わっていたのであれば、內地では廣く流布していたはずであり、その成立はそれをかなり遡ると見てよい。

(56) 圓珍『智證大師請來目錄』：大正藏五五、一一〇六c。

(57) 劉澄集『雜徵義』：前揭『神會和尙禪話錄』九四頁。

(58) 神會『壇語』：前掲『神會和尚禪話錄』一一頁。
(59) 同上：前掲『神會和尚禪話錄』一三頁。
(60) 劉澄集『雜徵義』：前掲『神會和尚禪話錄』八二頁。
(61) 同上：前掲『神會和尚禪話錄』八四頁。
(62) 神會撰・獨孤沛編『定是非論』：前掲『神會和尚禪話錄』二七頁。
(63) 劉澄集『雜徵義』：前掲『神會和尚禪話錄』八五～八六頁。
(64) 神會『壇語』：前掲『神會和尚禪話錄』八頁。
(65) 同上：前掲『神會和尚禪話錄』九～一〇頁。
(66) 敦煌本『六祖壇經』：楊曾文『敦煌新本 六祖壇經』（上海古籍出版社、一九九三年）一四～一五頁。
(67) 劉澄集『雜徵義』：前掲『神會和尚禪話錄』七九頁。
(68) 神會『壇語』：前掲『神會和尚禪話錄』一〇～一一頁。
(69) 敦煌本『六祖壇經』：前掲『敦煌新本 六祖壇經』一五頁。
(70) 劉澄集『雜徵義』：前掲『神會和尚禪話錄』六六頁。
(71) 神會『壇語』：前掲『神會和尚禪話錄』一二～一三頁。
(72) 劉澄集『雜徵義』：前掲『神會和尚禪話錄』八九頁。
(73) 同上：前掲『神會和尚禪話錄』六三～六四頁。
(74) 敦煌本『六祖壇經』：前掲『敦煌新本 六祖壇經』五六～五七頁。
(75) 惠昕本『六祖壇經』：石井修道「伊藤隆壽氏發見の眞福寺文庫所藏の『六祖壇經』の紹介——惠昕本『六祖壇經』の祖本との關連」（『駒澤大學佛教學部論集』一〇、一九七九年）一〇七頁。なお、惠昕本『六祖壇經』そのものは既に散逸して傳わらないが、その系統を承ける諸本が存在する。それらの中で最も古形を傳えるとされるのが眞福寺文庫本であるので、これによって惠昕本『六祖壇經』の代替とする。

(76) 敦煌本『六祖壇經』：前掲『敦煌新本 六祖壇經』五八～五九頁。

(77) 惠昕本『六祖壇經』：前掲「伊藤隆壽氏發見の眞福寺文庫所藏の『六祖壇經』の紹介——惠昕本『六祖壇經』の祖本との關連」一〇七頁。

(78) 惠昕本『六祖壇經』「惠昕序」：前掲「伊藤隆壽氏發見の眞福寺文庫所藏の『六祖壇經』の紹介——惠昕本『六祖壇經』の祖本との關連」九一頁。

(79) これについては、別稿にて論ずる豫定であるから、そちらを參照して頂きたい。

(80) 伊吹敦「再び『金剛經解義』の成立を論ず」（『印度學佛教學研究』七二-一、二〇二三年）を參照。

(81) 伊吹敦「荷澤宗による「東土六祖」の碑文の創成」（『東洋學研究』六一、二〇二四年）を參照。

(82) 陳鐵民『王維新論』（北京師範學院出版社、一九九〇年）一八～一九頁。

(83) 王輝斌「王維開元行踪求是」（『山西大學學報（哲學社會科學版）』第二六卷第四期、二〇〇三年）六七～六八頁。なお、その後も陳鐵民・王輝斌兩氏は論難を繰り返しているが、これについては言及を省略する。

(84) 劉澄集『雜徵義』：前掲『神會和尚禪話錄』六八～六九頁。

(85) 山崎宏「荷澤神會禪師」（『隋唐佛教史の研究』法藏館、一九六七年）を參照。

(86) 通然「神會の布教活動とその影響——「南陽龍興寺時代」と「洛陽荷澤寺時代」を中心にして」（『東洋大學大學院紀要』五六、二〇二〇年）を參照。

(87) 程正「ドイツ藏吐魯番（トルファン）漢語文書から發見された禪籍について（1）」（『駒澤大學禪研究所年報』三〇、二〇一九年）二三五～二二三頁、同「俄藏敦煌文獻中に發見された禪籍について（3）-1」（『駒澤大學禪研究所年報』三二、二〇二〇年）九一～九〇頁、同「旅順博物館藏吐魯番漢文文獻から發見された禪籍について（1）」（『駒澤大學禪研究所年報』三四、二〇二二年）二四二～二四一頁を參照。

(88) 圓仁『入唐新求聖教目錄』：大正藏五五、一〇八四a。

(89) 圓珍『智證大師請來目錄』：大正藏五五、一一〇六c。

(90) 鈴木哲雄「『頓悟入道要門論』に見られる荷澤神會の影響」(『宗學研究』一二、一九七〇年)、瀧瀨尙純「荷澤神會と大珠慧海」(『印度學佛教學研究』五三-一、二〇〇四年)等を參照。ただし、從來の研究に大きな問題があるから、近々、これについての私見を發表する豫定である。
(91) 胡適「新校定的敦煌寫本神會和尙遺著兩種」(前揭『神會和尙遺集――附胡先生晚年的研究』所收)三三〇頁。
(92) 前揭「荷澤神會論」三八頁。
(93) 篠原壽雄「荷澤神會のことば――譯注『南陽和上頓教解脫禪門直了性壇語』」(『駒澤大學文學部研究紀要』三一、一九七三年)一頁、竝びに、同「荷澤神會のことば　第二――譯注『菩提達摩南宗定是非論』」(『文化』一、一九七四年)一〇八頁。
(94) 前揭「荷澤神會論」三九頁。
(95) 前揭『初期禪宗史書の研究』一五一頁。
(96) 竹內弘道「荷澤神會考――基本資料の成立について」(『宗學研究』二三、一九八一年)二五一頁。
(97) 前揭「荷澤神會考――基本資料の成立について」二五二頁。
(98) ただ、現存寫本には、ペリオ二〇四五號のように『定是非論』と連寫された例があり、後になると同じ神會の著作としてセットで傳承されたこともあったようである。
(99) 前揭『中國禪宗史――禪思想の誕生』三六八〜三七一頁を參照。
(100) 編者未詳『歷代法寶記』：前揭『初期の禪史Ⅱ』一五四〜一五五頁。
(101) 同上：前揭『初期の禪史Ⅱ』一六八頁。
(102) ただし、當時は『定是非論』の末尾に『師資血脈傳』が附錄されていたと考えられるから、これも含めて考えてよい。
(103) 神會撰・獨孤沛編『定是非論』：前揭『神會和尙禪話錄』一八頁。
(104) 同上：前揭『神會和尙禪話錄』一八頁。

(105) 同上：前掲『神會和尙禪話錄』三九頁。
(106) 前掲「荷澤神會考――基本資料の成立について」二五一頁。
(107) 神會撰・獨孤沛編『定是非論』：前掲『神會和尙禪話錄』二四～二五頁。
(108) Ⅱの文章中の傍線部に見える「頓敎」という言葉が『壇語』の書名に用いられていることを、これに加えてもよいかも知れない。
(109) 神會『壇語』：前掲『神會和尙禪話錄』七頁。
(110) 同上：前掲『神會和尙禪話錄』一〇頁。
(111) 神會撰・獨孤沛編『定是非論』：前掲『神會和尙禪話錄』二九～三一頁。神會『壇語』：同書九～一〇頁。
(112) 劉澄集『雜徵義』：前掲『神會和尙禪話錄』八五頁。
(113) 前掲『初期の禪史Ⅱ』一六〇頁。
(114) 神會『壇語』：前掲『神會和尙禪話錄』一二頁。
(115) 同上：前掲『神會和尙禪話錄』九頁。
(116) 神會撰・獨孤沛編『定是非論』：前掲『神會和尙禪話錄』二六～二七頁。
(117) 神會『壇語』：前掲『神會和尙禪話錄』六頁。
(118) 神會撰・獨孤沛編『定是非論』：前掲『神會和尙禪話錄』一七頁。
(119) 慧空「第七祖國師身塔銘」：前掲『神會和尙禪話錄』一三七頁。撰者未詳「常上人墓誌銘幷序」：介永强編『隋唐僧尼碑誌塔銘集錄』（上海古籍出版社、二〇二二年）一八九頁。
(120) 撰者未詳「大乘頓敎頌幷序」：前掲『神會和尙禪話錄』一一二頁。
(121) 圓珍『智證大師請來目錄』：大正藏五五、一一〇六c。

第Ⅱ部　神會の思想形成

第三章 『師資血脈傳』に見る『傳法寶紀』の影響

先行研究と問題の所在

荷澤神會（六八四～七五八）は、弘忍（六〇一～六七四）の唯一の正統な弟子は師の慧能（六三八～七一三）であって神秀（六〇六?～七〇六）ではないと主張した。そして、それを客觀的に示すものとして、菩提達摩から正統の證として代代傳承されてきた袈裟は、弘忍から慧能に與えられたと說いたのである。これは神會の創作に過ぎないものであったが、その眞實性を高めるために、達摩から慧能に至る六代の祖師の傳記を著した。それが神會の最初期の著作と見られる『師資血脈傳』である。

よく知られているように、荷澤神會は、『菩提達摩南宗定是非論』（以下、『定是非論』と略稱）において、杜朏（生歿年未詳）が義福（六五八～七三六）のために書いた『傳法寶紀』に示される傳法の系譜が、弘忍と神秀の間に神秀の同學である法如（六三八～六八九）を介在させていることを激しく批判した。ところが、達摩の前に祖師として『楞伽經』の翻譯者、求那跋陀羅を置く『楞伽師資記』の傳法の系譜については全く言及がない。もし、『楞伽師資記』の存在を知っていたなら、神會はその說を絕對に許さなかったであろう。つまり、これら二つの燈史は相い前後して成立したと見られているが、『傳法寶紀』が早くから流布したのに對して、『楞伽師資記』は、荷澤神會の活躍期には、いまだ、ほとんど流布していなかったと推測されるのである。[1] 従って、荷澤神會が『師資血脈傳』の編輯に當たって參照し得たものとしては、基本的には、杜朏の『傳法寶紀』と、中原に進出した東山法門の人々の間で注目されていた道宣（五九六～六六七）の『續高僧傳』の「達摩傳」「僧可傳」、『後集續高僧傳』（佚書、現在は『續高僧傳』に合揉されている）[2] の「道信傳」等しか存在しなかったのである。

今、それらの本文を『師資血脈傳』と比較すると、『師資血脈傳』の「達摩傳」から「弘忍傳」に至る五傳は、『傳法寶紀』をベースにしつつ、神會にとって都合の悪い記述を削り、また、不足する情報等を『續高僧傳』や『後集續高僧傳』から補うとともに獨自の創作を加えたものであることが知られる。本章では、先ず、『師資血脈傳』の本文に沿って、これらの點を明らかにし、それを通して神會の思想の特徴や獨自性を解明しようと思う。これによって、神會に特有の思想の重要な部分が、師の慧能に由來するものではなく、師の歿後、神會が北地に進出してから自らの力で育んだものであったことが明らかになるはずである。

なお、既に本書第二章第2節「現行本『師資血脈傳』の改換箇所と原形の推定」で論じたように、石井本『南陽和尚問答雜徵義』（以下、『雜徵義』と略稱）に附載される現行本『師資血脈傳』には、神會歿後の弟子による意圖的な改變、あるいは書寫の際の不注意による錯誤が何箇所か認められ、一部、その原形を失った部分がある。本章は、神會原撰の『師資血脈傳』からその思想を探ろうとするものであるから、以下、楊曾文のテキストをベースとしつつ、第二章第2節で提示した復元本文に基づいて論ずることにしたい。

第1節　『師資血脈傳』「達摩傳」〜「弘忍傳」の編輯過程

本論に入る前に、先ず、ここで『師資血脈傳』の概要を示しておこう。『師資血脈傳』の全體は、「達摩傳」「慧可傳」「僧璨傳」「道信傳」「弘忍傳」「慧能傳」という六代の祖師の傳記を世代順に列擧する形で書かれているが、個々の傳記の内容に著目すると、それが基本的に次の四つの部分から成っていることが知られる。

A　出自・生い立ち・修學・布教
B　後繼者への付法と袈裟の傳授
C　付法・傳衣以後の事跡と入滅・滅後の靈異
D　碑銘などの根據資料の提示

ただし、特に重要な最初の「達摩傳」と最後の「慧能傳」はやや特殊で、以上の外に、それぞれ各傳記に特有の内容が加えられたり、異なる内容に改められたりしている。卽ち、「達摩傳」では、

A+　慧可斷臂の故事
C+　隻履歸天の故事

が加えられ、一方、「慧能傳」では、慧能（六三八〜七一三）が傳法の證しとしての袈裟を弟子に與えなかったとするため、Bの「後繼者への付法と袈裟の傳授」を缺く代わりに、Cに相當する部分の中に、後繼者の有無と袈裟を授けない理由についての弟子との問答を加えている。

また、「慧能傳」では、Dにおいて、他の傳記とは異なり、現存する碑銘に對してそれが磨改された後のもので信用できないとする否定的な評價を與えており、更にその後に、附錄のような形で、

D⁺　袈裟を傳授することの意義についての弟子との問答

を加えているが、これは、「傳衣」に關して一般の人々が抱くであろう當然の疑問に答えようとしたものと考えることができる。

石井本『雜徵義』では、この現行本『師資血脈傳』の末尾に「大乘頓教頌幷序」なるものが附されているが、これは荷澤神會の德を稱える讚文であって、形式上は『師資血脈傳』の一部とは見倣しがたいものであるが、『師資血脈傳』の「慧能傳」のCの部分に、「自分の滅後二十餘年[3]に宗旨を豎立するものが現れるが、彼こそは私の後繼者である」とする慧能の懸記があり、それが神會であることを明示する目的でここに添えられたものと見倣すことができるから、「大乘頓教頌幷序」は、早くから『師資血脈傳』と一體の形で傳承されていたものと考えられる。しかしながらこれは、內容上、神會自身の著作ではあり得ず、恐らくは、神會歿後に弟子たちが作成し、師が撰述した『師資血脈傳』に附して、1セットにして傳承するようにしたものと見倣すべきである。

以下においては、『師資血脈傳』の復元本文を掲げるとともに、先ずは杜朏の『傳法寶紀』と一致する箇所を明

示し、それに該當しない部分が道宣の『續高僧傳』や『後集續高僧傳』に基づく場合はそれに論及し、『傳法寶紀』『續高僧傳』『後集續高僧傳』のいずれにも對應する部分がない文章について、その由來を個別に探ってゆくことにしたい。論述に當たっては、上記の三つの先行文獻との關係が明確になるように、『傳法寶紀』と對應する部分には傍線を引き、『續高僧傳』や『後集續高僧傳』と對應する部分には傍點を打つこととし、更に、それらに該當せず、作者、卽ち荷澤神會の思想の插入、あるいは何らかの意圖の反映と見做し得るものについては、波線を附し、波線の箇所については、その思想の由來、そこに窺われる意圖について明らかにしてゆきたい。

a　「達摩傳」

○『師資血脈傳』の科段本文(4)

A　「第一代魏嵩山少林寺有婆羅門僧。字菩提達摩。南天竺國王之第三子。少小出家。悟最上乘。於諸三昧證如來禪。附船泛海。遠涉潮來至漢地。」

A+　「便遇慧可。慧可卽隨達摩至嵩山少林寺。奉持左右。於達摩堂前立。其夜雪下至慧可腰。慧可立不移處。大師見之言曰。汝爲何事在雪中立。慧可白大師曰。和上西方遠來至此。意欲說法濟度於人。慧可不憚損軀。志求勝法。伏願和上。大慈大悲。開佛知見。救衆生之苦。拔衆生之難。卽是所望也。達摩大師言曰。我見求法之人。咸不如此。慧可自取刀。自斷左膊。置達摩前。達摩可慧可爲求勝法棄命損軀喩若雪山捨身以求半偈。便言。汝可。在前先字神光。因此立名。遂稱慧可。」

B　「達摩大師乃開佛知見以爲法契。便傳一領袈裟以爲法信。授與慧可。如佛授娑竭龍王女記。大師云。汝等後人依般若觀門修學。不爲一法便是涅槃。不動身心成無上道。」

C「達摩大師接引道俗經于六年。時有難起。六度被藥。五度食訖。皆掘地擿出。語慧可曰。我與漢地縁盡。汝後亦不免此難。至第六代後。傳法者命如懸絲。汝等好住。言畢遂遷化。葬在嵩山。」

C⁺「于時有聘國使宋雲於葱嶺上逢一胡僧。一脚著履。一脚跣足。語使宋雲曰。汝漢家天子。今日無常。宋雲聞之。深大驚愕。于時具記日月。宋雲遂問達摩大師。在漢行化。有信受者不。達摩大師云。我後四十年外。有漢地人。當弘我法。宋雲至朝廷見帝。帝早已崩。遂取所逢胡僧記日月驗之。更無差別。宋雲乃向朝廷諸百官說。于時朝廷亦有達摩門徒數十人。相謂曰。豈不是我和上不。遂相共發墓開棺。不見法身。唯見棺中一隻履在。擧國始知是聖人。」

D「其履今見在少林寺供養。梁武帝造碑文。見在少林寺。」

○『傳法寶紀』の對應箇所

本文冒頭列名

「東魏嵩山少林寺釋菩提達摩」⑸

「達摩傳」

「釋菩提達摩。大婆羅門種。南天竺國王第三子。機神超悟。傳大法寶。以覺聖智。廣爲人天。開佛智見。爲我震旦國人故。航海而至嵩山。時罕有知者。唯道昱惠可。宿心潛會。精竭求之。師事六年。志取通悟。大師當時。從容請曰。你能爲法捨身命不。惠可因斷其臂。以驗誠懇（案餘傳云。被賊斫臂。蓋是一時謬傳耳。）(6)。」

「其後門弟日廣。時名望僧深相忌嫉。久不得志。迺因食致毒（此惡名字。世亦共聞。無彰人過。故所宜隱。或當示現爲迹。以相發明。蓋所未惻）大師知而食之。毒無能害。後見頻啗毒不已。謂惠可曰。我爲法來。今得傳汝。更住無益。吾將去矣。因集門人。重明宗極。便噉毒食。以現化焉（自後相承。皆臨遷化。必。重演眞宗。以成後軌矣）嘗自言一百五十歳矣(7)。」

「其日東魏使宋雲自西來。於葱嶺逢大師西還(8)。謂汝國君今日死。雲因問法師門所歸。對曰。後四十年。當有漢道人流傳耳。門人聞之發視。廼見空棺焉。」

「僧可傳」

「年四十。方遇達摩大師。深求至道。六年勤懇。而精心專竭。始終如初聞。大師言。能以身命爲法不恡。便斷其左臂。顏色不異。有若遺士。大師知堪聞道。乃方便開示。卽時其心直入法界。四五年精究明徹。大師既示西還。後居少林寺(9)。」

「亦以楞伽經與人手傳。因歎曰。此經四世後變成名相。悲哉(10)。」

上に見るように、『師資血脈傳』「達摩傳」の文章は、少なくとも歴史的な敍述に關しては、基本的には、ほとんど『傳法寶紀』に基づけば書きうる內容となっている。また、傍點部の惠可が達摩に入門するために雪中で立ち盡くしたという記述については、從來から言われているように[11]、『續高僧傳』「僧可傳」の附傳である「慧滿傳」の次の記述をヒントに創作したものと考えてよいであろう。

「貞觀十六年。於洛州南會善寺側宿栢墓中。遇雪深三尺。其旦入寺見曇曠法師。怪所從來。滿曰。法友來耶。遣尋坐處。四邊五尺許雪自積聚不可測也。」[12]

この話は『傳法寶紀』には採用されていないので、これによって、荷澤神會が『續高僧傳』の「達摩傳」「僧可傳」を讀み、その內容をよく理解していたことが知られる。

傍線部や傍點部以外の部分の多くは、說得力を增すための文學的な脚色と認めることができるが、次の諸點については、作者の思想を差し挾んだものと考えられる。

1　Aの部分で、達摩が若くして出家して、「悟最上乘。於諸三昧證如來禪」とされている。

2　Bにおいて、「開佛知見以爲法契。便傳一領袈裟以爲法信。授與慧可」と、達摩が慧可に「佛知見」を開かせ、傳法の證として袈裟を授けたと主張されている。

3　同じくBにおいて、弟子に對して達摩が「汝等後人依般若觀門修學。不爲一法便是涅槃。不動身心成無上道」と教えたとされている。

4　Cにおいて、達摩が慧可に對して「汝後亦不免此難。至第六代後。傳法者命如懸絲。汝等好住」という懸記を行ったとされている。

5　同じくCにおいて、『續高僧傳』や『傳法寶紀』では明示されることがなかった達摩の埋葬地が嵩山（下の6と考え合わせると、山内の少林寺が想定されていたと考えられる）と明示されている。

6　『傳法寶紀』では、達摩の「歸天」と「尸解」が提起されていたが、『師資血脈傳』のDでは、それを發展させて、いわゆる「隻履歸天」の說話に改めるとともに、少林寺に達摩が遺した隻履と梁武帝撰の達摩碑が實在し、現在も供養されていると述べる。

これらが正しく荷澤神會の思想そのものであることは、彼の著作にこれに相當する表現や思想を見出しうることによって明らかである。先ず1の「如來禪」については、本書第五章第1節「神會による「如來禪」と西天の祖統の提唱」で詳しく論ずるので、詳細はそちらを參照して頂きたいが、「最上乘」については、神會自身の他の著作には見えないものの、彼の弟子によって編輯されたと見られる劉澄集の『雜徵義』において、

「禮部侍郎蘇晉問。云何是大乘。何者是最上乘。答曰。菩薩卽大乘。佛卽最上乘。問曰。大乘最上乘有何差別。答曰。言大乘者。如菩薩行檀波羅蜜。觀三事體空。乃至六波羅蜜亦復如是。故名大乘。最上乘者。但見本性空寂。卽知三事本來自性空。更不復起觀。乃至六度亦然。是名最上乘。」(13)

と强調されており、これが神會の思想を承け繼ぐものであることは疑えない。

なお、李華（七一五?〜七七四）は、この言葉を天台宗の左溪玄朗（六七四〜七五四）のために撰述した「故左溪大師碑」、牛頭宗の鶴林玄素（六六八〜七五二）のために撰述した「潤州鶴林寺故徑山大師碑銘」、普寂の弟子の法

雲（?〜七六六）のために撰述した「潤州天鄉寺故大德雲禪師碑」等において用いているが、これも神會の教説から取り入れた可能性が強く、神會が晩年に「最上乘」という言葉を多用したことを窺わせる（これについては、本書第八章第1節「李華撰「故左溪大師碑」に見る知識人の神會認識」も參照）。

次に2に見られる、いわゆる「傳衣說」が神會の創唱にかかるものであることは既に定說であって、例えば、『定是非論』には次のような文章を見ることができる。

「遠法師問。西國亦傳衣不。答。西國不傳衣。問。西國何故不傳衣。答。西國爲多是得聖果者。心無矯詐。唯傳心契。漢地多是凡夫。苟求名利。是非相雜。所以傳衣定宗旨。(14)」

また、このBの文において、神會は「悟り」を開くことを『法華經』に基づいて「開佛知見」と表現しているが、二祖慧可以降の各祖師の傳記においても、この表現が用いられていることは注目すべきである（以下の傳記については、繰り返しとなるので、これへの言及は省略する）。これは『傳法寶紀』では、「達摩傳」中で用いられているばかりでなく、冒頭の「歸敬偈」においても「願當盡未來。廣開佛智見」と述べられており、(15)杜朏にとって、この言葉がいかに重要なものであったかを窺わしめる。このBに見られる「開佛知見以爲法契。便傳一領袈裟以爲法信」という表現は、定型句として以下の各祖師の傳記のBの箇所で繰り返し現れるもので、この點で神會が『傳法寶紀』の強い影響を受けていることが知られる。

3は、達摩の思想の核心を般若思想とそれに基づく「不爲一法」「不動身心」に求めようとするものであるが、これも『定是非論』の次の言葉とよく呼應し、神會の思想の反映と見てよい。

「遠法師問。何故不修餘法。不行餘行。唯獨修般若波羅蜜法。行般若波羅蜜行。和上答。修學般若波羅蜜者。能攝一切法。行般若波羅蜜行。是一切行之根本。(16)」

「法師重徵。以何者不盡有爲。不住無爲。和上答。不盡有爲者。從初發心坐菩提樹。成等正覺。至雙林入涅槃。於其中一切法悉皆不捨。卽是不盡有爲。不住無爲者。修學空。不以空爲證。修學無作。不以[無]作爲證。卽是不住無爲。(17)」

4の懸記は、『續高僧傳』「僧可傳」や『傳法寶紀』「惠可傳」において、『楞伽經』に關して慧可が「この經は四世の後に名相に墮すであろう」と述べたとされていたのを承けて、荷澤神會がこれを「お前も同樣の苦難に遭うであろうし、六代の後になっても法を傳承する者は命の危險に曝されるだろう」という達摩の懸記に變え、慧可の未來を豫見するとともに、六代後の慧能にも危害が及ぶ可能性を示唆するものに改めたものである。そして、この記述内容は、『師資血脈傳』「慧能傳」の、

「弟子僧法海問曰。和上。以後有相承者否。有此衣。何故不傳。和上謂曰。汝今莫問。以後難起極盛。我緣此袈裟。幾失身命。汝欲得知時。我滅後後二十年外。竪立宗旨者卽是。(18)」

等の、六祖慧能が傳衣のために命の危險に曝されたとする記述と正しく呼應するものであるが、この前提になっている傳衣說そのものが神會の創作に外ならない以上、これまた、神會が自らの思想を書き込み、その普及を狙った

ものと見做すことができる。[19]
5は6とともに嵩山少林寺を達摩の聖地と位置づけようとするものである。達摩が嵩山の少林寺に住んだとする記述は、『傳法寶紀』に始まる。『續高僧傳』の「達摩傳」には、

「年登四十。遇天竺沙門菩提達摩遊化嵩洛。[20]」

と述べるのみであり、また、『傳法寶紀』とほぼ同時期に成立した『楞伽師資記』には、少林寺はおろか、嵩山と達摩を結びつける記述も見られない。
これに對して、『傳法寶紀』が達摩と少林寺を結びつけたのは、「法如傳」において、

「屬高宗昇遐度人。僧衆共薦興官名。住嵩山少林寺。數年人尙未測。其後照求日至。猶固讓之。垂拱中都城名德惠端禪師等人咸就少林纍請開法。辭不獲免。乃祖範師資。發大方便。令心直至。無所委曲。[21]」

と述べるように、杜朏や義福が師事した法如がここに住し、また、初めて中原で東山法門の教えを説いた記念すべき場所であったため、少林寺を聖地化しようとしたものと見ることができる。神會は、『傳法寶紀』のこの說を承け繼ぎ、それを擴張したのであり、達摩が少林寺に住んだとする說は、『傳法寶紀』とこれを承けた『師資血脈傳』によって一般化したのである。この點でも、『傳法寶紀』が『師資血脈傳』に與えた影響の大きさを知ることができる。

6の達摩の隻履と梁の武帝の碑文が現に存在するという言説は、これが初出であり、實際にそのようなものが存在したか非常に疑わしい。北魏で活躍したとされる達摩に對して梁の武帝が碑文を書いたとするのは、それ自體、不自然であるが、恐らく、ここでは『定是非論』の獨孤沛による序文に述べられている、

「梁朝婆羅門僧字菩提達摩。……遂乘斯法。遠涉波潮。至梁武帝。武帝問法師曰。朕造寺度人。造像寫經。有何功德不。達摩答。無功德。武帝凡情不了達摩此言。遂被遣出。(22)」

という梁の武帝と達摩の問答が前提になっているのであろう。これもこれ以前には辿れない説であって、神會の思想の反映と見做し得る。隻履についてはなおさらその實在は疑わしく、達摩の碑文とともに、この傳記の內容が史實であることを主張するために神會によって唱え出された新たな主張と言うべきである。

b「慧可傳」

○『師資血脈傳』の科段本文(23)

A「第二代北齊可禪師。俗姓姬。武牢人也。時年四十。奉事達摩。經于六年。得授記已。値周武帝滅佛法。遂隱居舒州皖山。達摩滅後。經四十年外。重開法門。接引羣品。」

B「于時璨禪師奉事。有未經六年。師開佛知見以爲法契。便傳袈裟以爲法信。卽如文殊師利受善財記。」

C「可大師謂璨曰。吾歸鄴都還債。遂從皖山至鄴都說法。或於市肆街巷。不恆其所。道俗歸仰。不可勝數。經

一十年。時有災難。競起扇亂。遞相誹謗。爲妖邪壞亂佛法。遂經成安縣令翟仲侃。其人不委所由。乃打殺惠可。死經一宿重活。又被毒藥而終。」

D「楊楞伽鄴都故事第十卷具說。」

○『傳法寶紀』の對應箇所

本文冒頭列名

「北齊嵩山少林寺釋惠可(24)」

「達摩傳」

「時罕有知者。唯道昱惠可。宿心潛會。精竭求之。師事六年。(25)」

「其日東魏使宋雲自西來。於葱嶺逢大師西還。謂汝國君今日死。雲因問法師門所歸。對曰。後四十年。當有漢道人流傳耳。門人聞之發視。迺見空棺焉。(26)」

「僧可傳」

「釋僧可。一名惠可。武牢人。俗姓姫氏。少爲儒。博聞尤精詩易。知世典非究竟法。因出家。年四十方遇達摩大師。深求至道。六年勤懇。而精心專竭。始終如初問。(27)」

「後魏天平中。遊鄴衞。多所化度。僧有深忌者。又默鴆之。惠可知便受食。毒不能害。時有向居士化公廖公禪師。咸因得本心。皆作道用。自後門人滋廣。開悟甚多。臨終謂弟子僧璨曰。吾身法如受傳囑。今以付汝。汝當廣勸開濟。(28)」

上に見るように、『師資血脈傳』の「慧可傳」についても、神會の思想の投影と認められるB以外は、ほとんど『傳法寶紀』のみによって書くことができる。もっとも、

1　Aにおいて、慧可から傳法した後、僧璨が北周の武帝の破佛に遭って「舒州皖公山」に隠れたとし、Cに見るように、その後もここを本據地としたかのごとく記されている。

2　Bにおいて、僧璨が慧可に從った期間をおおよそ「六年」とする。

3　Cにおいて、慧可が鄴都で布教をした期間を「一十年」とする。

4　同じくCにおいて、慧可に危害を加えて殺害した人物を「成安縣令翟仲侃」とする。

5　Dにおいて、ここに書かれているような慧可の事跡が、楊楞伽の『鄴都故事』の第十巻に詳しく書かれていると述べる。

等は、それ以前には認められないものであるが、1については、『續高僧傳』「僧可傳」に、

「時有林法師。在鄴盛講勝鬘幷制文義。毎講人聚乃選通三部經者。得七百人。預在其席。及周滅法與可同學共

護經像。初達摩禪師以四卷楞伽授可曰。我觀漢地惟有此經。仁者依行自得度世。可專附玄理如前前陳。遭賊斫臂。以法御心不覺痛苦。火燒斫處血斷裹。乞食如故。曾不告人。後林又被賊斫其臂。叫號通夕。可爲治裹乞食供林。林怪可手不便怒之。可曰。餅食在前何不自裹。林曰。我無臂也。可不知耶。可曰。我亦無臂。復何可怒。因相委問方知有功。故世云無臂林矣。」(29)

と、慧可が曇琳と共に北周武帝の破佛に遭遇したことを記し、また、一方、「舒州皖公山」は、後に見るように、『師資血脈傳』の「僧璨傳」において、僧璨が遷化した場所であるとされ、そこにある山谷寺には、今も僧璨の碑銘と形像があると說かれているから、兩者を結びつけて、破佛の後、慧可が曇琳等と形像を守った場所を、後に弟子の僧璨が住むことになる皖公山とすることで、皖公山山谷寺の禪宗史における地位を高めようとしたのであろう。それは後に述べるように、神會が主導した三祖顯彰運動に直結するものであり、神會の思想の投影と見做すことができる。

2、3、4、5については、他に關聯する記述を見出し難く、單に敍述を具體的にして史實性を高めようとした作爲と見ることができ、特にDにおいて、『鄴都故事』という書名を掲げるのは、これら從來にない新たな記載に根據があるかのごとく裝おうとしたものであろう。この楊楞伽（生歿年未詳）撰『鄴都故事』なる書がかつて實在したことは『太平御覽』（九八三年）に引用が見られることから否定できないが(30)、その巻十に慧可に關するこのような記述があったかどうか極めて疑わしい。恐らくは虛僞であろう。思うに、神會の時代には、既にほとんどこの書物の實物を見ることができなくなっていたため、故意に根據として、その名を擧げたのであろうと推察される(31)。

c　「僧璨傳」

○『師資血脈傳』の科段本文(32)

A「第三代隨朝璨禪師。不得姓名。亦不知何許人也。得師授記。避難故。佯狂市肆。託疾山林。乃隱居舒州司空山。」

B「于時信禪師年十三。奉事經九年。師開佛知見以爲法契。便傳袈裟以爲法信。如明月寶珠出於大海。」

C「璨大師與寶月禪師及定公同往羅浮山。于時信禪師亦欲隨璨大師。璨大師言曰。汝不須去。後當有弘益。璨大師至羅浮山。三年却歸至峴山。所經住處唱言。汝等諸人。施我齋糧。道俗咸盡歸依。無不施者。安置齋。人食訖。於齋場中有一大樹。其時於樹下立。合掌而終。葬在山谷寺後。」

D「寺內有碑銘形像。今見供養。」

○『傳法寶紀』の對應箇所

本文冒頭列名

「隋峴公山釋僧璨(33)」

「僧璨傳」

「釋僧璨。不知何處人。事可禪師。機悟圓頓。乃爲入室。後遭周武破法。流遁山谷經十餘年。至開皇初。與同學定禪師。遁居峴公山在舒州。一名思空山。此山元多猛獸。每損居人。自璨之來。竝多出境。山西麓有寶月禪師。居之已久。時謂神僧。聞璨至止。遽越巖嶺相見。欣如疇昔。月公卽巖師之師也。璨定惠齊眠。深學日至。緣化既已。顧謂弟子道信曰。自達摩祖。傳法至我。我欲南邁。留汝弘護。因更重明旨極。遂與定公南隱。後竟不知其所終矣。[34]」

「道信傳」

「釋道信。河內人。俗姓司馬氏。七歲出家。其師被麁粃。信密齋六年。師竟不知。開皇中往峴山歸璨禪師。精勤備滿。照無不至。經八九年。璨往羅浮。[35]」

『師資血脈傳』の「僧璨傳」も、B以外は、基本的には『傳法寶紀』によって書きうる內容と言えるが（特に道信の參問が、十三歲の時とするのは、『傳法寶紀』の「道信傳」が七歲で出家し、その後、六年間、逸名の師に從ったとするのを承けたものであることは注意すべきである）、一部に、

1『傳法寶紀』では、僧璨が武帝の破佛に遭遇した後、各地を十年以上に亙って流浪し、その後、開皇年間の初めに「峴公山」（一名、思空山）に入ったとされていたのに對して、『師資血脈傳』のAでは、「難」には觸れるものの、明確な形では破佛には言及せず、また、時期を明示せずに「司空山」に入ったとする。

2『傳法寶紀』では、僧璨と寶月禪師の交流には言及するものの、僧璨が南方の羅浮山に行く際に同行したのを定禪師のみとし、また、その後の彼らの消息は不明であるとしていたのに、『師資血脈傳』のCでは、僧

璨の同行者に寶月禪師を加えるとともに、三年後に「峴（公）山」に戻り、齋を設けさせた後に、立ったまま遷化して、山谷寺の裏に葬られたとする。

3　『師資血脈傳』のDでは、山谷寺に僧璨の碑銘と形像があり、今も供養が續いているとするが、この記述は『傳法寶紀』には見られない。

等の相違が認められる。

先ず、1についてであるが、ここには破佛について明示されてはいないが、同じ『師資血脈傳』の「慧可傳」や、神會の強い影響下に撰述された房琯（六九七～七六三）撰の三祖の碑文には、慧可と僧璨の二人が、武帝の破佛に遭遇し、それを避けるために峴公山に隠れたと述べられており（下の引用文の波線部參照）、ここでの記載はこれと同じ認識に基づいて敍述しているものと見做すことができる。

なお、『師資血脈傳』は、僧璨が隠れた山の名前を「舒州司空山」とし、「峴公山」とは別の山に入ったかのごとくであるが、同書が、一度、「舒州司空山」に住んだことを述べた後、羅浮山から戻って後に「峴公山」に入ったことを「歸った」と表現しているのは、「司空山」と「峴公山」が同一の山であることを強く示唆するものであって、『傳法寶紀』の「峴公山」への註に「在舒州。一名思空山」というのを前提とした記述と見ることができる。従って、この點でも、神會は『傳法寶紀』の強い影響を受けているのである。

次に、2において、僧璨が羅浮山から戻り、峴公山で遷化し、山谷寺に葬られたといい、3において、現に山谷寺に僧璨の碑銘と形像があるとするのは、『傳法寶紀』の記述を知った上での神會による改變と見てよい。というのは、智炬（生歿年未詳）撰『大唐韶州雙峯山曹侯溪寶林傳』（八〇一年、以下、『寶林傳』と略稱）巻八に房琯撰の

三祖僧璨の碑文を載せるが、その中に、

「當周武滅佛法。可公將大師。隱於舒州皖公山。皖山之陽有山谷寺。超雲越靄。迴出人衆。寺後有絶巘。登溪更爲靈境。二公卽其遜焉。居五年。風疾都差。時人號爲赤頭璨。可公將還鄴。謂大師曰。吾師有袈裟一領。隨法傳豫。法在汝躬。今將付汝(36)。」

といい、更に『寶林傳』では、この碑文に續いて、三祖僧璨が羅浮山から還ったかどうかについて異説があることに言及して、次のような傳承を記している。

「有人云。此大師不還者悞也。何以。今於韶州淸遠縣禪居寺。現有三祖大師堂。隋甲子年末而居于此。住得一年。便往羅浮。游諸名聖。至隋大業二年。却歸山谷。而示遷奄。於天寶五載乙酉之歲。有河南少尹李常。特往荷澤寺。問神會和尙。三祖大師墓在何所。弟子往往聞說。入羅浮而不還。虛實耶。會和尙答曰。夫但取文佳合韻。讚大道而無遺。若擧實由。墓在舒州山谷寺北。是時李尹雖知所止。心上懷疑。其年七月十三日。奉玄宗敕貶李尹爲舒州別駕。至任三日。僧道等參李尹。李尹問曰。此州得山谷寺不。三綱答。有。李尹問曰。承寺後有三祖大師墓。虛實。上座僧惠觀答。實有。其年十一月十日。李尹與長史鄭公及州縣官寮等同。至三祖墓所。焚香稽白。發棺而看。果有靈骨。便以闍維。光現數道。收得舍利三百餘粒。李尹旣見此瑞。遂捨俸祿。墓所起塔供養。一百餘粒。現在塔中。使人送一百粒。與東荷澤寺神會和尙。和尙於浴堂院前起塔供養。一百粒。李尹家中自請供養。至天寶十載庚寅之歲。玄宗至道大聖大明孝皇帝。諡號鏡智禪師。敕覺寂之塔(37)。」

これらによって、『後集續高僧傳』「道信傳」や『傳法寶紀』「僧璨傳」において、羅浮山に行って、その後の消息が知られないとされていた道信の師（『後集續高僧傳』では、その名が明記されておらず、杜朏の『傳法寶紀』に至って初めて「僧璨」とされた）を、禪宗の第三祖として歴史的に位置づけるうえで神會が李常（生歿年未詳）とともに積極的な役割を果たしたことを知りうるのである。つまり、『師資血脈傳』の2と3は、神會の三祖顯彰運動と連動するものであって、神會自身が自分の思想的立場に基づいて書き代えたものと見做しうるのである。

なお、僧璨が「立化」したとする2の記述や、山谷寺で僧璨への供養が後々まで續いていたとする3の記述は、神會の創作ではなく、事實であったようである。というのは、傳承を異にする淨覺の『楞伽師資記』にも、

「大師云。餘人皆貴坐終。歎爲奇異。餘今立化。生死自由。言訖遂以手攀樹枝。奄然氣盡。終於峴公寺。寺中有廟影。(38)」

という記述が認められるからである（ただ、ここで、その寺の名を單に「峴公寺」と呼んでいる點は注目すべきである）。從來から指摘されているように、(39)『續高僧傳』の「辯義傳」には、辯義（五四一～六〇六）が隋の仁壽四年（六〇四）の春に敕命で廬州獨山の梁靜寺に舍利塔を建てたことを傳えるが、そこには次のように、かつてこの山を訪れた「僧粲禪師」への言及がある。

「（仁壽）四年春末。又奉敕於廬州獨山梁靜寺起塔。初與官人案行置地行至此山。忽有大鹿從山走下。來迎於義。騰踊往還都無所畏。處旣高敞而恨水少僧衆汲難。本有一泉。乃是僧粲禪師燒香求水。因卽奔注。至粲亡後泉涸

積年。及將擬置。一夜之間枯泉還涌。道俗欣慶。乃至打刹起基。數放大光如火如電。旋遶道場。遍照城郭。官民同見共嗟希有[40]。」

盧州（安徽省合肥市）と舒州（安徽省潛山市）は非常に近い位置關係にあるから、この「僧粲禪師」が皖公山で供養されていたとされる人物と同一人物であった可能性は非常に強い。從って、實際に、皖公山に「璨禪師」、あるいは「僧粲禪師」關係の遺跡が存在したというのは、恐らくは史實と認めてよいのである。だとすれば、『師資血脈傳』や『楞伽師資記』で述べられる璨禪師の「立化」は、當地で行われていた傳承と考えてよいであろう。思うに、『傳法寶紀』の著者、杜朏は、この傳承をたまたま知らなかったか、あるいは、知っていても、下に引く、『後集續高僧傳』「道信傳」に説かれている、道信の師が道信を置いて羅浮山に去ったとする記述を尊重する餘りに、その傳承を敢えて無視したのであろう。

ただ、ここで注意しなければならないのは、皖公山に「璨禪師」、あるいは「僧粲禪師」の遺跡があったとしても、その人物が道信の師であったとする確證は得られないという點である。卽ち、『續高僧傳』の「辯義傳」によって、「僧粲禪師」が盧州や舒州あたりで活躍していたことは事實と考えられ、一方、同じ『續高僧傳』の「菩提達摩傳」に、

「可禪師後。粲禪師。惠禪師。盛禪師。那老師。端禪師。長藏師。眞法師。玉法師（已上竝口說玄理。不出文記。）[41]。」

とあることによって、達摩の弟子に「粲禪師」なる人物がいたことも確かと見られるが、この「粲禪師」と「辯義

傳」にいう「僧粲禪師」とが同一人物である證據はどこにも存在しない。更にまた、『傳法寶紀』の僧璨の傳記は、『後集續高僧傳』「道信傳」の、

「釋道信。姓司馬。未詳何人。初七歲時經事一師。戒行不純。信每陳諫。以不見從密懷齋檢。經於五載而師不知。又有二僧莫知何來。入舒州皖公山靜修禪業。聞而往赴便蒙授法。隨逐依學遂經十年。師往羅浮不許相逐。但於後住必大弘益。國訪賢良許度出家。因此附名住吉州寺(42)。」

という記述の「二僧」の內の一人を「僧璨」と認定し、また、由來の明らかでない「定禪師」を持ち來って、殘るもう一人の僧とすることによって初めて成立し得るものなのであるが、その根據も明らかではないのである（この點から言えば、『傳法寶紀』の「僧璨傳」が羅浮山に行ったのを「僧璨」と「定禪師」の二人としたのは、『後集續高僧傳』との整合性を考えたうえでのものであったのに、この二人に「寶月禪師」を加えた『師資血脈傳』の記載がそれをいっそう發展させたものであることは明らかである）。

とは言え、慧可の弟子たちが北周武帝の破佛を避けて長江流域に移動したということは十分にあり得ることであるから、「僧粲禪師」と「粲禪師」が同一人物であった可能性は十分にある。また、舒州と盧州が相互に近いこと、更に、道信の思想が基本的には『二入四行論』を承け繼ぐものであること(43)、道信が自分の師の名前を知らなかったはずはなく、また、當然、それを弟子の弘忍に傳えたはずであること等を勘案すると、學問的には確認できなくとも、道信の師の一人が慧可の弟子の「僧粲」＝「僧璨」であったとする禪宗內における傳承が史實であった可能性は非常に高いと言える。起源を異にする諸傳承がこれほどまでによく符合することは偶然とは考えにくいからであ

る。

ただ唯一の不整合は、『後集續高僧傳』の「道信傳」や『傳法寶紀』では、道信の師が羅浮山へと去ったと記されているのに、皖公山では現に僧璨（僧粲）の供養が續いているということであって、神會が意圖したのは、この矛盾を解消することで僧璨の傳記への疑念を拂拭することであったと考えられる。ただ、これは、必ずしも神會による捏造ということではなく、單に道信自身が羅浮山から戻った後の師、僧璨（僧粲）の動勢を知らず、從って、道宣もそれを把握できなかったというだけで、神會が世間で廣く行われていた傳承に基づいてそれを補ったという に過ぎないであろう。

もう一つ、ここで問題となるのは、僧璨が葬られたとされる寺の名前である。『傳法寶紀』はその存在を知らず、『楞伽師資記』はその存在を知りつつ、その名を明示しない。『楞伽師資記』の「皖公寺」は、單に「皖公山にある寺」という意味で、正式の寺名を示すものではないであろう。にも拘わらず、神會はどうしてそれが「山谷寺」であると知りえたのか。その答えは、恐らく、上の『傳法寶紀』「僧璨傳」の「流遁山谷經十餘年」という記述に求めるべきであろう。つまり、粲禪師の遺跡はあっても、それは「寺」というような立派なものではなかったので、その顯彰のために、神會が『傳法寶紀』の言葉を利用して、新たに「山谷寺」と名づけたのである。ここからも神會に與えた『傳法寶紀』の絶大な影響を窺うことができる。

d「道信傳」

○『師資血脈傳』の科段本文(44)

A「第四代唐朝信禪師。俗姓司馬。河内人也。得囑已。遂住吉川。遇狂賊圍城。經百餘日。井泉皆枯。信禪師從外入城。勸誘道俗念摩訶般若波羅蜜。其時遂得狂寇退散。井泉泛溢。其城獲全。便逢度人。吉州得度。乃來至廬山峯頂上。望見蘄州黃梅破頭山上有紫雲遂居此山。便改爲雙峰山。」

B「于時忍禪師年七歳奉事。經餘三十年。師開佛知見以爲法契。便傳袈裟以爲法信。如雪山童子得全如意珠。」

C「信大師重開法門。接引羣品。四方龍象盡美歸依。經餘三十年。至永徽二年八月忽命弟子元一。遣於山側造龕一所。至閏九月四日問龕成未。報已成訖。遂至龕所。看見成就。歸至房。奄然遷化。大師春秋七十有二。是日大地震動。日月無光。林木萎悴。葬經半年。龕無故自開。至今不閉。」

D「杜正倫造碑文。某碑見在山中。」

○『傳法寶紀』の對應箇所

本文冒頭列名

「唐雙峰山東山寺釋道信(45)」

「道信傳」

「釋道信。河内人。俗姓司馬氏。七歳出家。其師被麁粃。信密齋六年。師竟不知。開皇中往皖山歸璨禪師。精勤備滿。照無不至。經八九年。璨往羅浮信求隨去。璨曰。汝住。當大弘益。遂遊方施化。所在爲寶。至大業度人。配住吉州寺。屬隋季喪亂。群賊圍城。七十餘日。井泉皆竭。信從外來。亦復充溢。刺史叩頭。問賊退時。但念般若。不須爲憂。時賊徒見地四隅。皆有人力士。因卽奔駭。城遂獲全。武德七年至蘄州雙峰山。周覽林壑。遂爲終焉之地。居三十年。宣明大法。歸者□□。荊州法顯常州善伏皆北面受法。信曰。善伏辟支根機。竟未堪聞大道。[46]」

「永徽二年八月。命弟子山側造龕。門人知將化畢。遂談究蜂起。爭希法嗣。及問將傳付。信喟然久之曰。弘忍差可耳。因誡囑再明旨賾。及報龕成。乃怡然坐化。時地大動。雰霧四合。春秋七十二。後三年四月八日。石戶自開。容貌儼如生日。門人遂加漆布。更不敢閉。刊石勒碑。中書令杜正倫撰文頌德。[47]」

上記のように、『師資血脈傳』「道信傳」も、Bを除けば、基本的には『傳法寶紀』を資料にするだけで、ほとんど書くことができるが、細かく見ると次のような相違が認められる。

1　『傳法寶紀』では、道信は、大業年間に得度して吉州の寺に住した後、隋末の混乱期に賊が吉州の町を取り圍む事件に遭遇したことになっていたのに、『師資血脈傳』のAでは、この順序が逆になっており、しかも得度の時期を明示しない。

2　『傳法寶紀』では、武德七年（六二四）に蘄州雙峰山を訪れ、山の様子を見て氣に入り、そのまま住することになったと說くのみであるが、『師資血脈傳』のAでは、廬山の山頂から蘄州黃梅縣の破頭山を望んだところ、紫雲がたなびいていたので、ここに住むことに決め、山の名前を「雙峰山」に改めたとする。

3『傳法寶紀』では、弘忍が道信に師事した時の年齢について、次に示す「弘忍傳」において「年十二」と明記する。ところが、『師資血脈傳』のBでは、これを「七歳」に改めている。また、弘忍が道信のもとで修學した期間について、『傳法寶紀』には記載がなかったのを、『師資血脈傳』のBでは、これを「三十年」と明示している。

4『傳法寶紀』では、道信が造塔を命じた弟子の名を明示しないが、『師資血脈傳』のCでは、これを「元一」と明示する。

5『傳法寶紀』では、道信の遷化の日を明示しないが、『師資血脈傳』のCでは、これを「閏九月四日」と明示した上で、道信滅後の神異に「林木萎悴」を加えている。

1の理由は不明であるが、2については、『後集續高僧傳』の「道信傳」に、道信が雙峰に住むようになった經緯を、

「欲往衡岳。路次江洲。道俗留止盧山大林寺。雖經賊盜又經十年。蘄州道俗請度江北黄梅縣衆造寺。依然山行。遂見雙峯有好泉石。卽住終志。當夜大有猛獸來繞。竝爲歸戒。授已令去。自入山來三十餘載。諸州學道無遠不至。刺史崔義玄。聞而就禮。(48)」

と述べているのに基づきつつ、雙峰山が特別な聖地であることを示すために改變したものと見做し得る。

3については、『傳法寶紀』「道信傳」に言うように、武德七年（六二四）に道信が雙峰山に住したのであれば、

それから永徽二年（六五二）の入滅までは二十八年間であるから、雙峰山で三十年間從學することは不可能であり、道信が雙峰山に入山する前から師事していたことにならざるを得ない。ただし、ここで「三十年」というのは、Cにおいて『傳法寶紀』を承けて、雙峰山における布教の期間を「三十年」とするのをそのまま採用し、道信が雙峰山に入った當初からの弟子であるという意味で「三十年」と言ったものであろう。從って、この「三十年」は概數で、實際には二十八年であったと見るべきである。

問題は、入門時の年齢であって、『師資血脈傳』に言うように、弘忍が上元二年（六七五）に七十四歳でなくなったのであれば[49]、仁壽二年（六〇二）の生誕で、道信が雙峰山に入ったとされる武德七年（六二四）には、二十三歳となり、『師資血脈傳』の言う「七歳」とはならない。一方、『楞伽師資記』「弘忍傳」でも、弘忍が七歳で道信に奉持したとなっており[50]、この點では『師資血脈傳』と一致するが、弘忍の七歳は大業四年（六〇八）で、永徽二年（六五二）の道信入滅まで師事したとすれば、その從學期間は四十三年となる。更に、『傳法寶紀』に從って、大業九年（六一三）に十二歳で道信に師事したとしても、從學期間は三十八年となり、弘忍は道信が雙峰山に入る十年以上前から師事していたことにならざるを得ない。しかも、『傳法寶紀』によれば、道信は大業年間に得度したというのであるから、得度の後、間もなく弘忍が弟子入りし、その後、相携えて雙峰山に入ったことになる。

しかし、そもそも道信が武德七年に雙峰山に入ったという記載そのものが『傳法寶紀』になって初めて現れたものので信用できるかどうか疑わしい。『後集續高僧傳』では、雙峰山に入った時期を明示しないが、道信は七歳で逸名の師に五年間師事し、その後、十年間、皖公山で二僧に師事し、得度した後、南嶽に行こうとして廬山の大林寺で十年を過ごし、その後、黄梅の人々に寺を建立してもらったが、その後も頭陀行を續け、雙峰山に入ったとする。そして、その後、三十餘年間、雙峰山で教えを説いたというのであるから、これに從えば、雙峰山に住するようになったのは、道信の三十五歳前後、卽ち、大業十年（六一四）頃のはずである。

要するに、弘忍が道信に師事した際の年齢とその後の從學期間は、八世紀の初めには既に分からなくなっていたのである。ただ、『師資血脈傳』では、「慧可傳」や「僧璨傳」においても、AやBで弟子が參じた時の年齢とその從學期間を明示しているので、ここでもそれを明示することで史實性を高めようとし、入門時の年齢については傳承されていた一説を、從學期間については、おおよその道信の布教期間を記したのであろう。

4において弟子の名を明示するのも、敍述を具體的にして、史實性を高めようとした作爲と見られるが、これについては確たる根據があったか疑わしい。

5については、『後集續高僧傳』の「道信傳」に、

「臨終語弟子弘忍。可爲吾造塔。命將不久。又催急成。又問中未。答欲至中。衆人曰。和尚可不付囑耶。曰。生來付囑不少。此語纔了奄爾便絕。于時山中五百餘人。竝諸州道俗。忽見天地闇冥。遶住三里樹木葉白。房側梧桐樹曲枝向房。至今曲處皆枯。卽永徽二年閏九月四日也。春秋七十有三。至三年。弟子弘忍等。至塔開看端坐如舊。卽移住本處。于今若存。[51]」

と述べるのに一致するから、これを參照していることが知られる（ただし、世壽の違いは不可解であり、これについては、『後集續高僧傳』の方が誤っている可能性も考えなくてはならないように思われる）。『師資血脈傳』「道信傳」のCでは、道信の遷化の後、半年して塔の扉が自然に開いたとするが、これは『後集續高僧傳』のいう「永徽二年閏九月四日」から『傳法寶紀』のいう「永徽三年四月八日」までを「半年」と數えたものであり、『傳法寶紀』と『後

集續高僧傳』の兩者を前提としないと書き得ない記述である。このように、『師資血脈傳』の「道信傳」は、『傳法寶紀』をベースとしつつ、一部、それに見られない記述を『後集續高僧傳』から補っていることが知られる。

e「弘忍傳」

○『師資血脈傳』の科段本文(52)

A「第五代唐朝忍禪師。俗姓周。黃梅人也。得師授記已。遂居憑墓山。在雙峰山東。時人號東山法門是也。」

B「于時能禪師奉事經八箇月。師開佛知見以爲法契。便傳袈裟以爲法信。猶如釋迦牟尼受彌勒記。」

C「忍大師開法經三十年。接引道俗。四方歸仰。奔湊如雲。至上元二年大師春秋七十有四。其年二月十一日奄然坐化。是日山崩地動。雲霧蔽於日月。」

D「閻丘均造碑文。其碑見在黃梅。」

○『傳法寶紀』の對應箇所

本文冒頭列名

「唐雙峰山東山寺釋弘忍(53)」

「弘忍傳」

「釋弘忍。黄梅人。俗姓周氏。童眞出家。年十二事信禪師。性木訥沈厚。同學頗輕戯之。終默無所對。常勤作役。以體下人。信特器之。晝則混迹駈給。夜便坐聖至曉。未嘗懈惓。精至纍年。信常以意導。洞然自覺。雖未視諸經論。聞皆心契。既受付囑。令望所歸。裾屨湊門。日增其倍。十餘年間。道俗受學者。天下十八九。自東夏禪匠傳化。乃莫之過。發言不意。以察機宜。響對無端。皆冥寂用。上元二年八月。數見衰相。十八日。因弟子法如密有傳。宣明一如所承。因若不言。遂泯然坐化。春秋七十四也。[54]」

この場合も、『師資血脈傳』の記述は、B以外は、『傳法寶紀』に基づけば書くことができると認められるが、細部を検討すると、次のような相違を認めることができる。

1　『傳法寶紀』では、道信と弘忍の住んだ寺を同じく「雙峰山東山寺」としていたのに、『師資血脈傳』のAでは、弘忍の住した山を雙峰山の東にある憑墓山と改め、その教えが「東山法門」と呼ばれた理由をここに求めている。

2　弘忍が布教を行った期間を、『傳法寶紀』が「十餘年間」としていたのを、『師資血脈傳』のCでは「三十年」に改めている。

3　『傳法寶紀』が弘忍の遷化を上元二年（六七五）八月十八日としていたのを、『師資血脈傳』のCでは、同年の二月十一日に改めている。

4　『師資血脈傳』のDには、閭丘均撰の弘忍の碑文が黄梅にあるとする、『傳法寶紀』にはない記述が見られる。

1については、傳承を異にする『楞伽師資記』では、「道信傳」において道信を「唐朝蘄州雙峰山道信禪師[55]」と呼ぶ一方、弘忍については「弘忍傳」で、

「第六唐朝蘄州雙峰山幽居寺大師諱弘忍。承信禪師後。忍傳法妙法。人尊時號爲東山淨門。又緣京洛道俗稱歎。蘄州東山多有得果人。故曰東山法門也[56]。」

と述べ、弘忍が住んだ寺を「雙峰山幽居寺」とし、彼の敎えが「東山法門」と呼ばれたと言い、また、

「禮葬於憑茂山。塔中至今。宛如平昔[57]。」

と述べて、弘忍の墓塔が建てられたのが憑茂山（『師資血脈傳』の「憑墓山」と同じ山を指すものと見られる）であるとする。

ここに見るように、初期禪宗文獻では、雙峰山、憑茂山（憑墓山）の位置關係と、それらと道信や弘忍との關係、「東山」という呼稱との關係に多くの混亂が見られるので、ここで、この問題についての私見を述べておくことにしたい。

恐らく、『傳法寶紀』や『楞伽師資記』の言うように、道信、弘忍とも雙峰山の同じ寺に住んだというのが史實であろう。『楞伽師資記』は道信の住んだ寺を明示しないが、弘忍が道信の後繼者であれば、師がなくなるまで師事し、歿後にその寺を承け繼いだと考えるのが自然であり、やはり幽居寺に住したと考えてよい。『傳法寶紀』は、

これを「雙峰山東山寺」と稱するが、これは幽居寺が二つの峰を擁する雙峰山の東の峰にあったための俗稱と見てよい。ところが、その後、弘忍が歿すると、『楞伽師資記』に言うように、その墓塔が雙峰山の更に東側にある憑茂山に建塔された。當然、そこには墓塔だけでなく、その供養を行うための小院が設けられたであろうが、やがて弘忍を慕う人々が集まって擴張され、一般的な寺院の規模となったため、憑茂山こそが弘忍の住した寺であるという傳承が生じたと考えられる。そうなると、もともと雙峰の東の峰に住んだ道信・弘忍の教えであるために「東山法門」と呼ばれたのに、道信が住んだ雙峰山の東に位置する憑茂山に弘忍が居を移したために「東山法門」と呼ばれるようになったという說が生まれ、神會は『師資血脈傳』でそれを採用したのであろう。

神會の影響を強く蒙りつつ、『楞伽師資記』をも參照している『歷代法寶記』では、「弘忍傳」で、

「得法付袈裟。居憑茂山。在雙峰山。東西相去不遙。時人號爲東山法門。卽爲憑茂山也。非嵩山是也。(58)」

と述べている。この文章をそのまま理解すると、憑茂山が雙峰山の一部、つまり、「雙峰」內の一つの峰が憑茂山であるかのごとくであり、『師資血脈傳』の說と『楞伽師資記』の說を整合性のあるものにしようとした結果と見做せるが、恐らくはそうではなく、この文章の「西」は衍字で、本來は、「在雙峰山東」となるべきであって、「弘忍は雙峰山の少し東にある憑茂山に住したため、「東山法門」と呼ばれた」という意味で、『師資血脈傳』の說をそのまま承けたものと考えるべきである。

以上を要するに、神會の說は、八世紀前半に東山法門の門流で現に行われていた傳承を述べたものと考えられるのである。

次に2についてであるが、この場合、『傳法寶紀』の記述自體に問題がある。『傳法寶紀』では、弘忍の入滅を上元二年（六七五）とするが、道信の遷化（六五一）の後、すぐに法門を承け繼いだとしても、その布教は二十四年間となる。よって、『傳法寶紀』は「十餘年」の前に「二」の字を脱していると見なくてはならない。神會は、この「二十餘年」という『傳法寶紀』の句を見て、「三十年」という概數で表現したに外ならないであろう。

3の弘忍の歿した日については、『傳法寶紀』が上元二年（六七五）八月十八日、『師資血脈傳』が上元二年二月十一日と相互に異なるわけであるが、『楞伽師資記』も咸亨五年（六七四）二月十六日と異なる記述をしている。これは恐らく、弘忍門下における、法如―杜朏、慧能―神會、玄賾―淨覺の各系統における傳承の相違に基づくもので、神會は、『傳法寶紀』の記載を知りつつも、自身が慧能から聞いていた弘忍の歿年に基づいてそれを改めたのであろう。

第2節　『師資血脈傳』「慧能傳」に見る神會の思想

『師資血脈傳』の「達摩傳」から「弘忍傳」までは『傳法寶紀』をベースとするものであった。しかし、『傳法寶紀』は第六祖を法如、第七祖を神秀とするから、慧能の傳記を含んでいない。また、『楞伽師資記』も、第六祖を神秀・慧安・玄賾とするから、同樣に慧能の傳記を含んでいない。つまり、『師資血脈傳』の「慧能傳」こそ、現存する最古の慧能傳なのである。

神會がこれを書くに際して基づいた資料は、自身の見聞とDで言及される碑文（神會に從えば、韋據原撰ものが磨改された後のもので、後に引く『定是非論』の記述に據れば武平一撰のもの）のみであったと考えられる。Dにおいて神會が韋據の碑文の磨改を主張するのは、現存する碑文に自分にとって都合の悪い內容があったからに外ならないが、そのこと自體、その碑文が史實をそのまま傳えるものであり、神會が實際にそれを實見したことを強く窺わしめ、神會が慧能の傳記を書くに當たって依據するに足る史實が書かれていたことを推せしめる。また、この『師資血脈傳』の「慧能傳」は、內容的に後世の『六祖壇經』や『曹溪大師傳』等に較べて素朴で、史實としての慧能傳を考える場合、神會の依頼によって王維（六九九～七五九／七〇一～七六一）が撰述した「六祖能禪師碑銘幷序」（以下、「六祖能禪師碑銘」と略稱）(59)とともに、第一に依據すべき資料と言える。

ただ、その記述には、神會の著作と共通する點が多く、神會が自らの思想を盛り込むことで傳記を再構成していることが窺われる。しかも、『師資血脈傳』「慧能傳」は、五祖弘忍までとは異なり、一般に知られている傳記が存在しなかったわけであるから、より自由に自らの創意を加えやすかったはずであって、神會の思想や立場をより鮮明に示していると考えられる。以下、これまでと同じ科段に沿って、『師資血脈傳』の「慧能傳」の復元本文を掲げつつ、その內容と神會の著作との關聯を探り、そこに窺える神會の思想を明らかにして行くことにする。ただし、この傳記は、Aの部分が極めて長大であるので、便宜的にA-1、A-2の二つに分けて論述することとしたい。

f　「慧能傳」

A-1「第六代唐朝能禪師。承忍大師後。俗姓盧。先祖范陽人也。因父官嶺外。便居新州。①年廿二東山禮拜忍大師。忍大師謂曰。汝是何處人也。何故禮拜我。擬欲求何物。能禪師答曰。弟子從嶺南新州。故來頂禮。唯求作佛。更不求餘物。忍大師謂曰。汝是嶺南獦獠。若爲堪作佛。能禪師言。獦獠佛性與和上佛性有何差別。忍大師深奇其言。更欲共語。爲諸人在左右。遂撥遣。令隨衆作務。遂卽爲衆踏碓。經八箇月。忍大師於衆中尋覓。至碓上見共語。見知直了見性。遂至夜間。密喚來房内。三日三夜共語。了知證佛知見。更無疑滯。②既付囑已。便謂曰。汝緣在嶺南。即須急去。衆人知見。必是害汝。能禪師曰。和上。若爲得去。忍大師謂曰。我自送汝。其夜遂至九江驛。當時得船渡江。大師看過江。當夜却歸至本山。衆人竝不知覺。(60)」

このA-1の波線部①では、先ず、嶺南の新州から來たばかりの弱冠二十二歳の慧能の能力を、弘忍が初相見ですぐに認めたものの、他の弟子の視線を憚って、ことさら他の弟子と同じように扱ったとされる。弘忍の門下で學ぶ以前に既に禪の思想を體得していたとするのは、常識として史實ではあり得ず、明らかに神會の創作である。その意圖は、神會の强調する「頓悟」思想、例えば、『定是非論』において次のように說かれるものを人格化することで理想的な慧能像を作り上げようとしたのであろう。

「遠法師問。如此教門。豈非是佛法。何故不許。和上答。皆爲頓漸不同。所以不許。我六代大師。一一皆言。單刀直入。直了見性。不言階漸。夫學道者須頓見佛性。漸修因緣。不離是生而得解脫。譬如其母。頓生其子。與乳漸養育。其子智慧。自然增長。頓悟見佛性者。亦復如是。智慧自然漸漸增長。所以不許。(61)」

『師資血脈傳』では、その後、八箇月して弘忍が慧能のもとを訪れ、慧能が「直了見性」し、「證佛知見」であるのを三日三夜に亙って確認したうえで付囑を行ったとされており、また、下のA-2においても、慧能が曹溪での布教で四十年間に亙って人々に「佛知見」を開かせたとされているが、上で見てきたように、この「開佛知見」は神會が『傳法寶紀』から繼承したものである。また、「直了見性」については、いま引いた『定是非論』にも、こ稱）が傳わっており、「直了見性」「直了性」は神會がしばしば用いた用語であったことが分かる。
の言葉が用いられているだけでなく、神會の著作として『南陽和上頓教解脱禪門直了性壇語』（以下、『壇語』と略

ここで注目すべきは、慧能への傳法に關して、『六祖壇經』の「呈偈」の說話のように神秀が登場することはないという點である。同時期にその原形が成立した『定是非論』には、上に引いた文章に見るように、「南頓北漸」說が確かに存在する。また、上記のように『師資血脈傳』においても、「頓悟」の思想を投影する形で慧能の傳記が作られていると見られるのであるが、神秀については、いまだそのようなことはなく、また、兩者の人格を對比する形で南北の思想の相違を論じたりはしていないのである。恐らく、慧能が弘忍の門下に入門したときには、既に神秀はその門下から離れており、そのことを神會がよく知っていたために、慧能と神秀が同時に弘忍門下にいたかのごとき敍述をすることを憚ったのであろう。このことから見て、神秀と慧能の「呈偈」の應酬を說く『六祖壇經』の說話が、時代的にかなり後のもので、神會の與り知らぬものであることが分かる。

波線部②では、弘忍が慧能の命が危ないと述べ、竊かに南方に去らせる場面が描かれているが、これは「達摩傳」において達摩が述べたとされる「至第六代後。傳法者命如懸絲」という懸記に呼應するもので、神會の思想の投影であることは明らかである。波線部②では、それに續いて、得法の後、弘忍が自ら慧能を九江の驛まで送ったことになっているが、これも常識的にはあり得ないことで、神會の創作と見るべきである。その意圖は、師弟間の親密な關係を描寫することで、慧能が稀に見る宗教的天才で優駿揃いの弘忍門下においても特別な人間であり、正統な後繼者であることを際立たせるところにあったと考えることができる。

A-2「①去後經三日。忍大師言曰。徒衆將散。此間山中無佛法。佛法流過嶺南訖。②衆人見大師此言。咸共

驚愕不已。兩兩相顧無色。乃相謂曰。嶺南有誰。遞相借問。衆中有潞州法如云言。此少慧能在此。各遂尋趁。③衆有一四品將軍捨官入道。俗姓陳。字慧明。久久在大師下。不能契悟。卽大師此言。當卽曉夜倍程奔趁。至大庾嶺上相見。能禪師怕急。恐畏身命不存。所將袈裟過與慧明。慧明禪師謂曰。我本來不爲袈裟來。大師發遣之日。有命言教。願爲我解說。能禪師具說正法。明禪師聞說心法已。合掌頂禮。遂遣急過嶺。以後大有人來相趁。能禪師過嶺至韶州居漕溪。來往四十年。師開佛知見。四方道俗雲奔雨至。猶如月輪處於虛空。頓照一切色像。亦如秋十五夜月。一切衆生莫不瞻覩。」(62)

A‐2においては、慧能が弘忍から傳法の證としての袈裟を授けられて嶺南へと歸る際の様子と曹溪での布教の様子が描かれている。A‐1では、「旣付囑已」と述べられるだけであったが、波線部③においては、大庾嶺で慧明禪師に追いつかれて命の危険を感じた慧能が袈裟を與えようとするという形で慧能への傳法に傳衣が伴っていたことが明らかにされている。これはもちろん、神會の創唱にかかる「傳衣說」に基づくもので、慧能を正統とする自身の主張を根據づけようとしたものである。

注目されるのは、これに先だって、波線部①で慧能が去って三日後、弘忍が弟子たちに、佛法は嶺南に行ってしまったから、ここにいても仕方ないと語ったとされていることである。常識的には、慧能が法を得て故郷に歸ったとしても、弘忍の教導に意味がなくなるはずがない。この言葉が意味を持つとすれば、それは、「六祖の地位は慧能に讓ったので、祖師になりたいのであれば、ここにいても無駄であるから、慧能のもとに行くがよい」という意味以外にはありえない。つまり、これは、祖師は「一代は一人に限られる」という思想に立った發言に外ならないのである。そして、この思想が神會の强調したものであることは、『定是非論』の、

「和上答。……從上相傳。一一皆與達摩袈裟爲信。其袈裟今在韶州。更不與任。餘物相傳者。卽是謬言。又從上已來六代。一代只許一人。終無有二。縱有千萬學徒。亦只許一人承後。遠法師問。何故一代只許一人承後。和上答。譬如一國唯有一王。言有二王者。無有是處。譬如一四天下唯有一轉輪王。言有二轉輪王者。無有是處。譬如一世界唯有一佛出世。言有二佛出世者。無有是處。(63)」

という言葉によって明らかである。つまり、ここにも神會の思想の反映を見出せるのである。

更に、これと關聯して、波線部②で慧能が弘忍の付囑を受けて嶺南に向けて去った後、そのことに最初に氣づいた弟子が法如であったとされていることも注意すべきである。これは神會の法如に對する惡感情を暗示するが、これは『定是非論』の、

「又今普寂禪師在嵩山豎碑銘。立七祖堂。修法寶紀。排七代數。不見著能禪師處。能禪師是得傳授付囑人。爲人天師。蓋國知聞。卽不見著。如禪師是秀禪師同學。又非是傳授付囑人。不爲人天師。天下不知聞。有何承稟。充爲六代。普寂禪師爲秀和上豎碑銘。立秀和上爲第六代。今修法寶紀。又立如禪師爲第六代。未審此二大德各立爲第六代。誰是誰非。請普寂禪師仔細自思量看。(64)」

という文章から窺えるように、普寂（六五一～七三九）が神秀を第六代としながら、一方で『傳法寶紀』を撰述させて法如を第六代としており、祖師の法系を亂すものだとする認識を神會が持っており、これが契機となって生じた法如に對する惡感情が「弘忍傳」に反映されたものと見做すことができる。(65)杜朏の『傳法寶紀』撰述の背後に普

寂の意向があるとする神會の認識は正しいものではないが[66]、少なくとも『傳法寶紀』を批判する理由が、弘忍門下の兄弟弟子である神秀と法如の二人を第六祖、第七祖に立てることが理に合わないというところにあったことは明白である。實際のところ、『傳法寶紀』においても達摩から弘忍に至る五代は、基本的には、「一代は一人に限られる」という原則で貫かれており、神會自身、『傳法寶紀』のこの原則に依據したのであるが、五祖下において、その『傳法寶紀』がこの原則を自ら破ったことを批判しているのである[67]。この點でも『傳法寶紀』が神會に與えた影響が非常に大きかったことを窺うことができる。

一方、波線部③で南方へと逃れた慧能を東山法門の大衆が追いかけた中で、最初に追いついた慧明禪師は、慧能の差し出す袈裟を受けとらないばかりか、慧能に教えを求め、それを聞いて悟りを開いたとされている。ここには法如とは逆に神會の慧明に對する好意が感ぜられるが、これは神會の周圍では、慧明が慧能と親しい關係にあるとする認識があったためのようである。というのは、この慧明は良說（生歿年未詳）撰「唐北嶽慧炬寺建寺故禪師神道影堂紀德碑幷敍」（八〇五年、以下、「智力禪師紀德碑」と略稱[68]）において、智力（六八九～七七四）とともに三百歳のインド僧に學んだとされる「到次山明」のことかと思われるが[69]、神會の影響を強く蒙っている『歷代法寶記』は、無住の修學について、

「天寶年閒。忽聞范陽到次山有明和上東京有神會和上太原府有自在和上。竝是第六祖祖師弟子。說頓敎法。……天寶八載。具戒已。便辭老和上。向五臺山淸涼寺經一夏。聞說到次山明和上蹤由神會和上語意。卽知意況。亦不往禮[70]。」

と述べており、慧能の弟子で「頓悟」を説いた代表的人物として、荷澤神會や太原自在（生歿年未詳）とともにその名前を擧げているからである。つまり、ここに登場する法如や慧明の性格付けには、明らかに神會の思想や視點が反映しているのである。

ここで注意すべきは、この慧能の傳記には、神秀や慧安などではなく、法如や慧明が登場するということである。これは慧能が弘忍門下で彼等と同學であったことを神會が知っていたことを示唆するものである。實際、法如は慧能と同年の生まれであり、撰者未詳「唐中岳沙門釋法如禪師行狀」によると、法如は、咸亨五年（六七四）の弘忍の入滅まで十六年にわたって仕えたというのであるから[71]、彼が弘忍に師事した期間は、六五八～六七四年頃となり、一方、慧能が弘忍のもとで得法した時期は、この『師資血脈傳』に據れば、慧能が入滅した先天二年（七一三）の四十年前の六七三年頃となるから（ただし、慧能が實際に弘忍に師事した期間は、六五九年以降、數年から十數年程度の間であったと考えられる。これについては、本書第七章「慧能の實像と神會による「六祖」化」を參照）、慧能と法如は正しく同時期に弘忍に師事していたことになる。從って、神會が慧能の傳記において法如に言及するのは、この史實をよく辨えたものと言え、恐らくは生前の慧能に直接に聞いた情報に基づくのである[72]。また、慧明についても、果たして弘忍門下から慧能の弟子に轉じて悟りを開いたのであれば、この大庾嶺における事件のようなドラマティックなものではなかったにせよ、その契機となるような、何らかの類似した因緣があり、その史實が、この說話に反映されている可能性は強い。そして、その情報も、當然のことながら、神會が慧能から直接聞いたものに由來するのであろう。

C「至景雲二年。忽命弟子玄楷智本。遣於新州龍山故宅。建塔一所。至先天元年九月。從漕溪歸至新州。至先天二年八月三日。忽告門徒曰。吾當大行矣。①弟子僧法海問曰。和上。以後有相承者否。有此衣。何故不傳。和上謂曰。汝今莫問。以後難起極盛。我緣此袈裟。幾失身命。②汝欲得知時。我滅後二十年外。豎立宗者卽是。其夜奄然坐化。大師春秋七十有六。是日山崩地動。日月無光。風雲失色。林木變白。別有異香氳氳。經停數日。漕溪溝澗斷流。泉池枯竭。經餘三日。其年於新州國恩寺。迎和上神座。十一月。葬於漕溪。是日。百鳥悲鳴。蟲獸哮吼。其龍龕前。有白光出現。直上衝天。三日始前頭散。(73)」

Cでは、慧能の入滅と滅後の神異について述べられているが、先ず注目すべきは、『師資血脈傳』の「慧能傳」では、ここにだけ具體的な記年が見られるということである。これは荷澤神會自身が、その現場に立ち會って知った、あるいは、次のDで言及される武平一の碑文に記載されている內容に據ったためであろう。

また、波線部①には、慧能が後繼者への袈裟の傳授を止めると語ったとし、その理由を袈裟のために自身が何度も命の危險に曝されたためであると述べたとされる。これがこの「慧能傳」が達摩から弘忍までの傳記で重きをなしたBを缺く理由なのであるが、これは『定是非論』において、神會が次のように主張するのと正しく呼應する。

「又普寂禪師同學。西京淸禪寺僧廣濟。景龍三年十一月至韶州。經十餘日。遂於夜半入和上房內。偸所傳袈裟。和上喝出。其夜惠達師玄悟師聞和上喝聲。卽起看。至和上房外。遂見廣濟師把玄悟師手。不遣作聲。其玄悟師與惠達師入和上房看和上。和上云。有人入房內。伸手取袈裟。其夜所是南北道俗竝至和上房內。借問和上。入來者是南人北人。和上云。唯見有人入來。亦不知是南人北人。衆人又問。是僧是俗。亦不知是僧是俗。和上的的知。恐畏有損傷者。遂作此言。和上云。非但今日。此袈裟在忍大師處三度被偸。忍大師言。其袈裟在信大師處一度被偸。所是偸者皆偸不得。因此袈裟。南北道俗極甚紛紜。常有刀棒相向[74]」

また、波線部②では、その後、自分の滅後二十餘年に宗旨を豎立するものが後繼者であると慧能が語ったとする、いわゆる「二十年外懸記」が説かれているが、慧能の入寂は先天二年（七一三）であり、その二十年後は開元二十一年（七三三）となる。從って、これは開元二十年（七三二）に行われた「滑臺の宗論」を含意したもので、慧能が神會を自分の後繼者と認めたとの主張、もっと現實に卽して言えば、「自分こそが慧能の後繼者である」という神會の自負の表現と考えられるが[75]、これは、『定是非論』に、

「遠法師問。能禪師已後有傳授人不。答。有。又問。傳授者是誰。和上答。已後應自知[76]。」

と暗に自らを慧能の後繼者に擬しているのと一致する。しかも、これは、『師資血脈傳』の「達摩傳」において、達摩が宋雲に對して、慧可の活躍を「我後四十年外。有漢地人。當弘我法」（C+）と懸記したのを下敷きにしたものであり、慧能を達摩に、自分を慧可に擬えたものであって、神會が「南宗」の豎立を禪宗の第二の開創と見ていたことを示すものでもある。

そもそも「傳衣」によって慧能を正統化しながら、「傳衣」は慧能によって停止されたとし、自身の正統化を慧能の懸記によって行うというのはいかにも不自然であるが、これが「傳衣」などは存在しないという現實に卽した辻褄合わせに外ならないことは明白である。また、このことから、「傳衣說」そのものが神會の創作であろうとする從來の定說の正當性も確認される。

D「殿中丞韋據造碑文。至開元七年。被人磨改。別造文報鐫。略敍六代師資相授及傳袈裟所由。其碑今見在漕溪。[77]」

これまでの各祖師の傳記のDの部分では、その內容の信憑性を高めるために、碑文などの根據資料が擧げられてきたが、「慧能傳」に限っては、それとは逆に、現存する碑文が信用できないものであるとして、その資料價値が否定されている。卽ち、慧能歿後すぐに韋據がその碑文を撰述したにも拘わらず、開元七年（七一九）にその碑文が削り取られ、新たな文章に書き替えられたものしか殘っていないというのである。そして、この新舊の碑文の相違について「略敍六代師資相授及傳袈裟所由」と說明するが、この文は「六代の師資相授、及び袈裟の所由を敍ぶるを略す」と讀むべきものであろう。つまり、慧能に至る六代の傳法と傳衣に關する說明が削られたというのである。この主張は、『定是非論』に、

「開［元］二年中三月內。使荊州刺客張行昌詐作僧。取能和上頭。大師靈質被害三刀。盛續碑銘經磨兩遍。[78]又使門徒武平一等磨却韶州大德碑銘。別造文報。鐫向能禪師碑上。立秀禪師爲第六代。師資相授及傳袈裟所由。」

と述べられるのと正しく呼應する。これによって、この慧能の碑文が武平一（生歿年未詳）によるものであったことが知られるだけでなく、この『定是非論』の文が「六代師資相授及傳袈裟所由」の前に「略敍」、あるいは「削」等の文字を脫していることも知られるのである。つまり、その武平一撰の碑文には「傳衣」によって慧能を正統化しようとする記述がなかっただけでなく、神秀を「第六代」とする傳法の系譜が載せられていたのである。

慧能が入寂した先天二年（七一三）から武平一撰の碑文が建立された開元七年（七一九）までは八年間であるが、碑文を建てるのにこの程度の時間を要したというのは必ずしも不自然ではない。むしろ、それ以前に韋據の碑文があったということの方を疑うべきである。神會は、武平一撰の碑文が建った翌年の開元八年（七二〇）に、南陽の龍興寺に敕住したから、恐らく、その直前まで曹溪に留まっており、この碑文を實見したのであろう。従って、『師資血脈傳』の「慧能傳」の記述には、これに基づく點が多かったものと推察される。

にも拘わらず、神會が武平一撰の碑文の價値を否定するのは、そこに神秀を第六祖と認める記述があり、これが神會にとって非常に都合が悪かったためである。そこで、これはそれ以前に存在した韋據の碑文を磨改したものだと主張し始めたわけであるが、狀況から見て、これが神會の創作であることは明らかである。そして、神秀を「第六代」とする碑文を建立することを曹溪の人々が認めたのであれば、それは慧能門下の總意であったのであるし、生前の慧能自身の意向を承けたものであったと見做すべきである。ここから、慧能を正統の第六祖、神秀を傍系と見做す神會の思想が、師から承け繼いだものではなく、全く彼の獨斷であったことを知るのである。

D⁺「①門徒問曰。未審法在衣上。卽以將衣以爲傳法。大師謂曰。法雖不在衣上。以表代代相承。以傳衣爲信。今佛法者。得有稟承。學道者得知宗旨。不錯不謬故。況釋迦如來金蘭袈裟。見在鷄足山。迦葉今見持著此袈裟。專待彌勒出世。分付此衣。是以表釋迦如來傳衣爲信。我六代祖師。亦復如是。②我今能了如來性。如來今在我身中。我與如來無差別。如來卽是我眞如。」(79)

このD⁺では、波線部①において、袈裟を傳えることの意味について尋ねる弟子に對して、慧能が、正しい教えを承け繼いでいる者を明示して修行者が誤らないようにするためであると答え、釋尊の金襴の袈裟を擧げて例證としているが、『定是非論』にも、

「遠法師問。未審法在衣上。將衣以爲傳法。和上答。法雖不在衣上。表代代相承。以傳衣爲信。令弘法者得有稟承。學道者得知宗旨。不錯謬故。昔釋迦如來金襴袈裟見在鷄足山。迦葉今見持此袈裟。待彌勒出世。分付此衣。表釋迦如來傳衣爲信。我六代祖師。亦復如是。(80)」

とほとんど同一の文章が見られる。これは、『定是非論』と『師資血脈傳』の成立がほぼ同じ時期であるとする本書第二章第1節「『師資血脈傳』の成立と初期の傳承」で述べた私見を補強するものである。

更にその後、波線部②で慧能が「自分と如來が一つだ」と語ったとされるが、これとほぼ同じ文章が『定是非論』に、

「和上於大衆中法座上高聲言。我今能了如來性。如來今在我身中。我與如來無差別。如來卽我眞如海。(81)」

と見える。ただし、こちらの文は『金剛經』等の般若經典を列擧する部分に見られるもので、神會滅後の弟子たちによる插入と見られるから、むしろ、『師資血脈傳』の「慧能傳」から取り込まれたものと見做すべきである。しかし、『師資血脈傳』で慧能の言葉とされているものが、『定是非論』の弟子たちによる插入部分において神會の言葉として扱われていること自體、それがもともと神會の思想を述べたものであることを弟子たちがよく理解してい

たことを示すものだと言えるだろう。

第3節　『傳法寶紀』の改變に見る神會の思想と立場

以上見てきたように、荷澤神會による『師資血脈傳』の編輯は、「達摩傳」から「弘忍傳」に至る五傳については、基本的には『傳法寶紀』をベースにして、一部、足りない情報を『續高僧傳』や『後集續高僧傳』によって補うとともに、自分にとって都合の悪い情報を削り、更に、それに脚色や創作、獨自の思想を插入することで傳記を纏め上げたもの、「慧能傳」については、一部、師からの傳聞や自らの實見、武平一撰の慧能碑による記述も含まれているようであるが、ほとんど全て神會が自ら創作したものであったと言える。

『師資血脈傳』の「達摩傳」から「弘忍傳」に至る五傳を、ベースとなった『傳法寶紀』と比較することで、神會による改變箇所を通して彼の意圖の所在を窺うことができるが、その多くは、各祖師の傳記を整備し、また、禪宗全體の地位を高めようとするものであったと言える。具體的には、

I－1　達摩がインドで得て中國に傳え、歷代の祖師が代々傳えてきた禪が價值あるものであることを强調するために、「最上乘」「如來禪」と呼ぶ。

I－2　傳記の中の漠然としていた部分を具體的に記述し、また、傳記が依據した資料の名前を擧げることで、歷史上の偉人としての存在感を增す。

I－3　嵩山少林寺、舒州皖公山、蘄州雙峰山を、それぞれ達摩、僧璨、道信の住した聖地として顯彰する。

Ⅰ－4　弘忍の教えが「東山法門」と呼ばれた理由を、彼が住した憑茂山が道信の住した雙峰山の東にあったためであるとする傳承を採用して、「東山法門」の意味を明確化し、また、その權威づけを行う。

Ⅰ－5　歴代の祖師は弟子に「佛知見」を開かせるとともに、袈裟を與えてその正統性の證としてきたとする。

Ⅰ－6　法と袈裟を繼承する者の命はしばしば危險にさらされてきたとする。

等の意圖を知りうるのである。

しかし、一方で、次のように禪宗內部における慧能と自身の地位の向上を目指した改變も認められる。

Ⅱ－1　慧能を早熟の天才とすることで、「頓悟」思想の血肉化としての慧能の人格を創作する。

Ⅱ－2　慧能に對する弘忍の異例な厚遇や「傳衣」によって、慧能が正統な弘忍の繼承者であることを印象づける。

Ⅱ－3　慧能による「傳衣」の停止が後繼者の命を守るためのものだとすることで、傳衣による慧能の正統化と、現實には「傳衣」が行われていないこととの間の矛盾の解消を圖る。

これらは、「慧能傳」において神會が創作した慧能像の伏線として用意されたもので、「慧能傳」と密接に關わるものであるから、先ずは「慧能傳」から窺われる神會の意圖を確認し、そのうえでこれらの意圖を探って行こう。「慧能傳」において神會が目指したのは、本章で行った考察によって、以下の諸點であったと考えられる。

Ⅱ-4　慧能による「二十年外懸記」によって、神會自身が慧能の後繼者であることを明らかにする。
Ⅱ-5　武平一撰の慧能の碑文に神秀を「第六代」と認める記述があったのを、元來の碑文を磨改した後のものとすることで否定する。
Ⅱ-6　弘忍の弟子の法如と慧能の弟子の慧明を登場させ、彼等に對する神會自身の評價をその人格に反映させる。

先のⅠ-5は、Ⅱ-2と直接關わるもので、慧能が達摩の袈裟を傳承する正統の後繼者であるとする道具立てとして設けられたもの、また、Ⅰ-6は、Ⅱ-3の慧能による傳衣の停止の伏線として述べられたものに外ならない。よって、「慧能傳」における最も重要な目的は、『傳法寶紀』で認められていた法如や神秀の正統性を否定し、それに代えて、傳衣說によって慧能を弘忍の唯一の正統の弟子と認めさせ、更に、慧能の「二十年外懸記」によって、その弟子たる自分こそが眞の禪の傳承者であることを明示することであったと言える。

むすび

『師資血脈傳』は最初期の神會の著作で、滑臺等で宗論を繰り返すことと竝行して世に流布させ、自らの思想や主張のプロパガンダに利用したものと考えることができる。從って、そこに見られる思想は、正しく神會の原思想と言いうるものであるが、この『師資血脈傳』で注目すべきは、その全體にわたって『傳法寶紀』の影響が顯著だということである。それは各祖師の傳記のベースとなっており、神會はそれに取捨選擇を加え、また、『續高僧傳』

『後集續高僧傳』等から必要な情報を加えるとともに、獨自の思想や主張を書き加えることによって『師資血脈傳』を編輯したのである。このことは、荷澤神會の思想の大枠は、師、慧能の歿後に北上して、神會以前に兩京に進出していた東山法門の人々の思想を學び、それを發展させることで形成されたものであったことを示唆する。

もちろん、神會が書き加えた獨自の思想や主張に、師の慧能のそれを承け繼ぐ點がなかったとは言えないにしても、「開佛知見」や「如來禪」といった重要な思想がともに『傳法寶紀』に基づくものであるということは、慧能の思想の影響がむしろ限定的であったこと、更には、慧能の思想が北地で展開した人々とさほど異なるものではなかったことを暗示するものである。つまり、荷澤神會は、北地で活動する中で、神秀系の人々の思想や『傳法寶紀』等の著作に觸れ、それをベースに獨自の思想を形成したのであって、そのようにして確立した自分の主張を人々に受け入れさせるために、師、慧能の存在を利用したという側面が強かったことが窺える。「慧能傳」がほとんど神會の思想のみによって構成されており、また、「傳衣說」が、この最初の著作においても極めて重要な位置を占めているのは、恐らく、そのためであろう。

註

（1）伊吹敦「東山法門の人々の傳記について（下）」（『東洋學論叢』三六、二〇一一年）九八～一〇一頁。
（2）伊吹敦「『續高僧傳』の增廣に關する研究」（『東洋の思想と宗教』七、一九九〇年）を參照。
（3）現行本では「四十年外」とするが、後世の書き換えであり、元來は「二十年外」であったはずである。このことについては、本書第二章第2節「現行本『師資血脈傳』の改換箇所と原形の推定」を參照。
（4）神會『師資血脈傳』：楊曾文『神會和尙禪話錄』（中華書局、一九九六年）一〇三～一〇四頁。

(5) 杜朏『傳法寶紀』本文冒頭列名：柳田聖山『初期の禪史Ⅰ』（筑摩書房、一九七一年）三五三頁。
(6) 同上「達摩傳」：前掲『初期の禪史Ⅰ』三五五頁。
(7) 同上：前掲『初期の禪史Ⅰ』三六〇頁。
(8) 同上：前掲『初期の禪史Ⅰ』三六〇頁。
(9) 同上「惠可傳」：前掲『初期の禪史Ⅰ』三六五頁。
(10) 同上：前掲『初期の禪史Ⅰ』三六五頁。
(11) 松本文三郎『達磨の研究』（第一書房、一九四二年）四〇～四一頁、關口眞大『達磨の研究』（岩波書店、一九六七年）二三五頁等を參照。
(12) 道宣『續高僧傳』「僧可傳」附傳「慧滿傳」：大正藏五〇、五五二c。
(13) 劉澄集『雜徵義』：前掲『神會和尙禪話錄』六七頁。
(14) 神會撰・獨孤沛編『定是非論』：前掲『神會和尙禪話錄』三四頁。
(15) 杜朏『傳法寶紀』：前掲『初期の禪史Ⅰ』三二九頁。
(16) 神會撰・獨孤沛編『定是非論』：前掲『神會和尙禪話錄』三四頁。
(17) 同上：前掲『神會和尙禪話錄』二〇頁。
(18) 神會『師資血脈傳』「慧能傳」：前掲『神會和尙禪話錄』一一〇頁。
(19) この懸記については、神會の貶逐を投影させたものと見れば、「至第六代後」の「六代後」を慧可から數えて六代目に當たる荷澤神會のこととも解しうるようであるが、本書第二章第1節「『師資血脈傳』の成立と初期の傳承」で論じたように、『師資血脈傳』は神會の最初期の著作で、神會の貶逐以前に書かれていたと見るべきであるから、この理解は成り立たない。やはり、達摩から數えて六代目の慧能を指すのである。
(20) 道宣『續高僧傳』「達摩傳」：大正藏五〇、五五二a。
(21) 杜朏『傳法寶紀』「法如傳」：前掲『初期の禪史Ⅰ』三九〇頁。

(22) 神會撰・獨孤沛編『定是非論』「獨孤沛序」：前掲『神會和尚禪話錄』一八頁。
(23) 神會『師資血脈傳』「慧可傳」：前掲『神會和尚禪話錄』一〇五頁。
(24) 杜朏『傳法寶紀』「本文冒頭列名」：前掲『初期の禪史Ⅰ』三五三頁。
(25) 同上「達摩傳」：前掲『初期の禪史Ⅰ』三五五頁。
(26) 同上：前掲『初期の禪史Ⅰ』三六〇頁。
(27) 同上「惠可傳」：前掲『初期の禪史Ⅰ』三六五頁。
(28) 同上：前掲『初期の禪史Ⅰ』三六五頁。
(29) 道宣『續高僧傳』「僧可傳」：大正藏五〇、五五二b。
(30) 柳田聖山『初期禪宗史書の研究』（法藏館、一九六七年）二九八頁、三〇五頁參照。
(31)『歷代法寶記』の冒頭に依據した資料を擧げる中に「楊楞伽鄴都故事」の名が見えるが（柳田聖山『初期の禪史Ⅱ』筑摩書房、一九七六年、三九頁）、これは實見したのではなく、この『師資血脈傳』に基づいたものと考えられる。つまり、この記述は、『歷代法寶記』が、その標題において自らの別稱として「師資血脈傳」を擧げることとともに、無住の周圍で『師資血脈傳』が行われていたことを示すものである。
(32) 神會『師資血脈傳』「慧可傳」：前掲『神會和尚禪話錄』一〇六～一〇七頁。
(33) 杜朏『傳法寶紀』「本文冒頭列名」：前掲『初期の禪史Ⅰ』三五三頁。
(34) 同上「僧璨傳」：前掲『初期の禪史Ⅰ』三七一～三七二頁。
(35) 同上「道信傳」：前掲『初期の禪史Ⅰ』三七六頁。
(36) 智炬『寶林傳』「僧璨章」：田中良昭『寶林傳譯注』（內山書店、二〇〇三年）四三五頁。
(37) 同上：前掲『寶林傳譯注』四四〇～四四一頁。
(38) 淨覺『楞伽師資記』「僧璨傳」：前掲『初期の禪史Ⅰ』一六八頁。
(39) 宇井伯壽『禪宗史研究』（岩波書店、一九三五年）六四頁等を參照。

(40) 道宣『續高僧傳』「辯義傳」：大正藏五〇、五一〇c。
(41) 同上「達摩傳」：大正藏五〇、六六六b。
(42) 道宣『後集續高僧傳』「道信傳」大正藏五〇、六〇六b。なお、『後集續高僧傳』は、『續高僧傳』編輯後、それに收め切れなかった傳記を別に集めたもので道宣の撰述と認められる。本書は殘闕本として傳わり、宋代に『續高僧傳』中に合揉された。そのため、現在は『續高僧傳』の一部となっている。しかし、この時代には別本として存在したはずであるから、ここでは混亂を避けるために敢えて『後集續高僧傳』と標記した。『續高僧傳』と『後集續高僧傳』の關係等については、前掲「『續高僧傳』の增廣に關する研究」を參照。
(43) 伊吹敦「「東山法門」と「楞伽宗」の成立」（『東洋學研究』四四、二〇〇七年）三五三～三四八頁等を參照。
(44) 神會『師資血脈傳』「道信傳」：前掲『神會和尚禪話錄』一〇七～一〇八頁。
(45) 杜朏『傳法寶紀』「本文冒頭列名」：前掲『初期の禪史Ⅰ』三五三頁。
(46) 同上「道信傳」：前掲『初期の禪史Ⅰ』三七六～三八〇頁。
(47) 同上：前掲『初期の禪史Ⅰ』三八〇頁。
(48) 道宣『後集續高僧傳』「道信傳」：大正藏五〇、六〇六b。
(49) 弘忍が七十四歳で入寂したことには異論はないが、その歿年には異說がある。客觀的には「唐中岳沙門釋法如禪師行狀」や『楞伽師資記』の採用する咸亨五年（六七四）が正しいと考えられるが、『傳法寶紀』、竝びにそれを承けた神會系の著作は、全て、これを上元二年（六七五）とする。よって、一般的に弘忍の生歿年に言及する時は、六〇一～六七四の一生として標記し、神會系の著作について論ずる時は、六〇二～六七五の一生と標記する。
(50) 淨覺『楞伽師資記』「弘忍傳」：前掲『初期の禪史Ⅰ』二七三頁。
(51) 道宣『後集續高僧傳』「道信傳」：大正藏五〇、六〇六b。
(52) 神會『師資血脈傳』「弘忍傳」：前掲『神會和尚禪話錄』一〇八頁。
(53) 杜朏『傳法寶紀』「本文冒頭列名」：前掲『初期の禪史Ⅰ』三五三頁。

(54) 同上「弘忍傳」：前掲『初期の禪史Ⅰ』三八六頁。
(55) 淨覺『楞伽師資記』「道信傳」：前掲『初期の禪史Ⅰ』一八六頁。
(56) 同上：「弘忍傳」：前掲『初期の禪史Ⅰ』二六八頁。
(57) 同上：前掲『初期の禪史Ⅰ』二七三頁。
(58) 編者未詳『歴代法寶記』「弘忍傳」：前掲『初期の禪史Ⅱ』九二頁。
(59) 王維「六祖能禪師碑銘」：前掲『初期禪宗史書の研究』五三九～五四三頁。なお、この碑文の成立時期は、天寶四載、あるいは五載（七四五～七四六）頃と見ることができる。これについては、本書第一章第4節「塔銘・碑銘に見る神會の事跡」、ならびに伊吹敦「東山法門の人々の傳記について（下）」（『東洋學論叢』三六、二〇一一年）三四頁を參照。
(60) 神會『師資血脈傳』「慧能傳」：前掲『神會和尙禪話錄』一〇九～一一〇頁。
(61) 神會撰・獨孤沛編『定是非論』：前掲『神會和尙禪話錄』三〇頁。
(62) 神會『師資血脈傳』「慧能傳」：前掲『神會和尙禪話錄』一一〇頁。
(63) 神會撰・獨孤沛編『定是非論』：前掲『神會和尙禪話錄』二七～二八頁。
(64) 同上：前掲『神會和尙禪話錄』三一～三二頁。
(65) 前掲『初期禪宗史書の研究』一八九～一九〇頁。
(66) 『傳法寶紀』が、かつて弟子であった義福のために杜朏が撰述したものであることについては、伊吹敦「東山法門の人々の傳記について（上）」（『東洋學論叢』三四、二〇〇九年）四二～四三頁を參照。また、『傳法寶紀』の末尾に附載されている神秀の碑銘「大周大通道秀和上塔文」は、義福が住した終南山の歸義寺に碑を建立するために杜朏が撰述したものである。これについては伊吹敦「東山法門と國家權力」（『東洋學研究』四九、二〇一二年）四二六頁、四〇九頁註14、註21等を參照。
(67) 『傳法寶紀』では、神秀は法如が入寂するのを待って開法を行うようになったとして、

「及忍禪師臨遷化。又曰先有付囑。然十餘年間。尙未傳法。自如禪師滅後。學徒不遠萬里。歸我法壇。遂開善誘。隨機弘濟。天下志學。莫不望會。」（前掲『初期の禪史Ⅰ』三九六頁）と述べ、弘忍門下の同學である法如と神秀が同時に東山法門の指導者になったわけではないとして、「一代は一人に限られる」という原則を守ろうとしている。しかし、神會にとっては、そもそも神秀と法如が弘忍門下の同學であること自體が、弘忍の後繼者が慧能しかないと說くうえで障礙となるために認められなかったのである。

(68) 良說「智力禪師紀德碑」：介永强『隋唐僧尼碑誌塔銘集錄』（上海古籍出版社、二〇二二年）二五〇～二五二頁。外に陳尙君輯校『全唐文補編』（中華書局、二〇〇五年）七一四頁等にも錄文がある。

(69) 前掲「東山法門の人々の傳記について（下）」六九～七一頁。なお、大庾嶺で慧能から傳法した慧明について、柳田聖山は荷澤神會と同門の佛川惠明（六九七～七八〇）と見る說を提示されたが（前掲『初期禪宗史書の研究』一九〇～一九一頁）、實際には、この惠明は慧能の直弟子ではなく、慧能の弟子の玄策（生歿年未詳）の弟子と見るべきであり、慧能とは時代的に大きな乖離がある。しかも、この惠明を脫化させてわざわざ慧能の傳記に登場させなければならなかった理由も說明されておらず、無理であろう。

(70) 前掲『初期の禪史Ⅱ』一六八頁。

(71) 前掲『初期禪宗史書の研究』四八八頁。

(72) なお、神會が見たことが確實視されている『傳法寶紀』の「法如傳」でも、弘忍に師事した期間を十六年とするが、弘忍の入寂まで從ったとする記述はない。當然のことながら『傳法寶紀』にも法如の生歿年等の記載はあるから、おおよそ同時とする見當はついたであろうが、神會がそのような計算をしてまで法如を登場させたとは考えにくい。

(73) 神會『師資血脈傳』「慧能傳」：前掲『神會和尙禪話錄』一一〇～一一一頁。

(74) 神會撰・獨孤沛編『定是非論』：前掲『神會和尙禪話錄』三二一～三二二頁。

(75) 慧能の滅後二十年が「滑臺の宗論」を指したものとする見解は既に柳田聖山に見えるが、ただ、柳田は、「四十年外懸記」を元來のものとし、安史の亂に際して神會が大いに香水錢を集め、それが認められて洛陽に迎えられたことを指すと見ている。これが誤りであることについては、本書第一章第2節「神會の著作の概要」を參照されたい。

(76) 神會撰・獨孤沛編『定是非論』：前揭『神會和尚禪話錄』三〇頁。
(77) 神會『師資血脈傳』「慧能傳」：前揭『神會和尚禪話錄』一一一頁。
(78) 神會撰・獨孤沛編『定是非論』：前揭『神會和尚禪話錄』三一頁。
(79) 神會『師資血脈傳』「慧能傳」：前揭『神會和尚禪話錄』一一一頁。
(80) 神會撰・獨孤沛編『定是非論』：前揭『神會和尚禪話錄』二九頁。
(81) 同上：前揭『神會和尚禪話錄』四〇頁。

第四章　「北宗」との對比に見る神會說の獨創性とその由來

先行研究と問題の所在

傳統的には、荷澤神會（六八四～七五八）は六祖慧能（六三八～七一三）の弟子の一人として名前は知られていたが、禪宗史の展開に關わるような重要な人物とは考えられていなかった。しかし、敦煌文書の中から神會の著作が發見されると、彼の重要性がにわかに注目されるようになった。卽ち、神會の著作を發見して校訂出版した胡適（一八九一～一九六二）は、弘忍（六〇一～六七四）門下の正統としての地位を神秀（六〇六?～七〇六）から奪って師の慧能に與えたのが神會であり、慧能の言行錄とされてきた『六祖壇經』も神會が自身の革新的な思想を投影して作ったものであると斷じ、彼のこうした行爲をインド以來の傳統的佛敎思想に對する「革命」であると規定したのである。(1) この主張に對しては、思想的革新は慧能によって成し遂げられたもので、神會は『六祖壇經』に記された慧能の思想を繼承したに過ぎないとする反論が錢穆（一八九五～一九九〇）や任繼愈（一九一六～二〇〇九）等によって行われ、(2) 長く決着は着かなかった。

今日の眼から見る時、この論爭には非常に大きな問題點が存在する。卽ち、拙稿「禪宗の登場と社會的反響――『淨土慈悲集』に見る北宗禪の活動とその反響」で論じたように、(3)

1　神會の批判した神秀系の「北宗」自體が、既に傳統佛教から逸脱した存在と見做されていた。

ということが注意されておらず、何の根據もなく、「北宗」を從來の佛教と均質なものと考えているという點が先ずもって問題であるが、これはさて置いて、

2　『六祖壇經』はいつどこで誰によって編輯されたものなのか。また、『六祖壇經』に慧能乃至神會の思想の直接的な反映を認めることは可能か。

3　神會や慧能の思想は本當に新しかったのか。もし彼らの思想が本當に新しいものであったのなら、それはどこに求めるべきか。

4　慧能と神會は、思想的に均質であったと言えるのか。

等の基本的な問題を文獻學的に突き詰めることなく行われたという點である。

この內、『六祖壇經』の成立については、七六五～七七〇年頃に長安で慧堅を中心とする神會の弟子たちによって制作され、當時、彼らが置かれていた狀況に對應するために編輯されたものであることを既に明らかにしたから[4]、次に我々が行うべきは、神會の主要な主張について、それが既に「北宗文獻」にあったかどうかを確認し、彼の獨創性の所在を明らかにし、それに基づいて神會の禪宗史における位置を考え直すことであろう。

それを行うに當たって、注意すべき事がある。それは、これまで行われていた神會に對する評價では、次の二つの問題が明確に區別されずに論じられていたという點である。

1　禪宗の主流を神秀系の「北宗」から、慧能系の「南宗」へと移行させた。
2　禪思想の革新を成し遂げ、禪思想を新たな段階に引き上げた。

胡適は、この兩者を區別せず、基本的には全て荷澤神會の業績としたわけだが、錢穆や任繼愈の立場に立つなら、2を慧能に歸し、1を神會の業績と見ることになる。1だけでも大きな業績であると言えるが、それにも拘わらず、錢穆や任繼愈は、この點で神會を高く評價することはない。これは、彼らが傳統的な見解から自由ではなかったことも理由の一つであろうが、最も大きな原因は、禪宗史を思想中心に理解しようとしたため、2のみが重視されて慧能の思想的價値が强調され、1の歴史的意義を充分に理解できなかったことによるのであろう。

ただ、先に述べたように、慧能や神會が本當に禪思想の革新を成し遂げたかどうかは問題であって、神會の著作に言及される禪思想や修行論を「北宗文獻」と比較することはどうしても缺くことのできない作業である。また、それと同時に、彼が行った「東山法門」や「南宗」を正統化するための言説を「北宗文獻」と比較し、その由來や妥當性を検討することも重要である。そこで、本拙稿では、神會の主張を、

Ⅰ　自らを正統化するための言説
　1　東山法門を正統な佛教と位置づける言説
　2　「南宗」を東山法門内の正統と位置づける言説
Ⅱ　禪思想や修行論についての言説
　3　禪體驗に關する言説

4　修行論に關する言説

の四つに分かって整理しようと思う。

その際、基づくべき荷澤神會の著作は、後世の思想の混入を防ぐために、彼自身が直接その編輯に關與したと考えられるものに限定しなくてはならない。神會の著作については、本書第一章第2節「神會の著作の概要」、第3節「神會自身の著作から知られる事跡」を參照されたいが、要は、これに該當し、いわゆる「北宗文獻」と對比すべきものを成立順に掲げれば、以下の五篇となるのである。

1『師資血脈傳』（ただし、後世の附加・改變部分は除く）
2『菩提達摩南宗定是非論』（同上、以下、『定是非論』と略稱）
3『南陽和上頓教解脱禪門直了性壇語』（以下、『壇語』と略稱）
4『頓悟無生般若頌』
5『付法藏經』

ただし、4の『頓悟無生般若頌』は短編でほとんど論ずべき點がなく、5の『付法藏經』は、それ自體散逸し、後世の改編されたテキストしか知り得ないので、この二つは除き、他の三つのテキストを中心に論ずることとしたい（以下、いずれも楊曾文『神會和尚禪話録』所載のテキストを用いる）。

また、これらと比較對照すべき「北宗文獻」は、天寶十二載（七五三）に神會が貶逐に遭う前に成立しており、神會が閱覽可能であったものでなくてはならない。私見に據れば、それに確實に該當するものは、以下の五つの著作のみである。

1　『大乘無生方便門』
2　『觀心論』
3　『頓悟眞宗金剛般若修行達彼岸法門要決』（以下、『要決』と略稱）
4　『傳法寶紀』
5　『導凡趣聖悟解脫宗修心要論』（以下、『修心要論』と略稱）

1は、普寂（六五一～七三九）の周圍で行われていた開法の實態を傳える文獻で、八世紀初頭の成立と見られる。『大乘五方便北宗』『通一切經要義集』等、異本が多いが、それらはいずれも『大乘無生方便門』の展開で八世紀中葉以降の成立と見られる(5)。本書のテキストとしては、鈴木大拙『禪思想史研究　第三』所載のものを用いる(6)。

2は、古來、神秀、あるいは達摩の作として傳えられてきたが、神秀＝普寂系の思想を擴めるために作られた綱要書で八世紀初頭の成立と見られる。慈愍三藏慧日（六八〇～七四八）が『淨土慈悲集』で『大乘無生方便門』とともに批判の對象としたのが本書で、これによって八世紀前半にこれら兩書が廣く流布していたことが確認できる(7)。本書のテキストとしては、田中良昭『敦煌禪宗文獻の研究　第二』所載のものを用いる(8)。

3は、慧安（？～七〇八）と神秀（六〇六？～七〇六）に學んだ居士、侯莫陳琰（六六〇～七一四）の教說を纏めたもので、先天元年（七一二）の成立である。チベット語譯を含む種々の異本の存在が知られ、その流布の廣汎さを

示している。本書のテキストとしては、上山大峻「チベット語譯『頓悟眞宗要決』の研究」所載のものを用いる。(9)

4は、法如（六三八〜六八九）に學んだ杜朏（生歿年未詳）がかつての弟子で神秀門下に移って大成した義福（六五八〜七三六）のために著した燈史で開元年間（七一三〜七四一）の初め頃の成立と見られている。(10)神會が著作で書名を擧げて批判する唯一の「北宗文獻」である。本書は、弘忍門下の法如と神秀の二人を共に祖師に立てる（法如を第六祖、神秀を第七祖とする）ところに特徴があり、神會は、「一代は一人に限られる」という原則に沿ってそれを批判している。本書のテキストとしては、柳田聖山『初期の禪史Ⅰ』所載のものを用いる。(11)

5は、弘忍の著作に假託されて傳承されてきたが、法如＝元珪系の思想を傳える綱要書と見るべき文獻で、『觀心論』が「觀心」を説くのに對抗して「守心」や「守本心」を强調している。元珪（六四四〜七一六）は初め法如に師事した後、その入滅により神秀門下に移ったが、その後、普寂等の活動に反撥して法如の直系をもって任じるようになった。『修心要論』の成立は開元三年（七一五）以前と見られ、元珪の晩年にその周圍で編輯されたものと見られる。(12)開元十年（七二二）以降、間もない時期に成立したと見られる淨覺（生歿年未詳）の『楞伽師資記』が、(13)書名を擧げずに本書を依用していることから、(14)八世紀前半にはかなり廣く流布していたことが知られる。本書のテキストとしては、前掲の『敦煌禪宗文獻の研究　第二』所載のものを用いる。(15)

これらの外、上述のように、『楞伽師資記』の成立も八世紀前半と見られるが、それが世に知られるようになったのは、八世紀中葉以降と見るべきであり、神會がそれを閲覧していた形跡はない。(16)

第1節　東山法門を正統な佛教と位置づける言説

先ず、これに該當する代表的な主張を掲げると、およそ以下のようになろう。

1-a　達摩が中國に齎して慧可に傳えたものは「佛知見」「如來禪」「最上乘」等である。

1-b　『達摩多羅禪經』の序文によって西天の祖師八人によって法が傳えられてきたことが知られる（「西天八祖説」）。

1-c　「祖師」とは、先代が入滅に際して法門を付囑したもののみに用いる呼稱であり、二人の祖師が同時に竝び立つことはない（「一代は一人に限られる」）。

1-d　中國の祖統は、達摩―慧可―僧璨―道信―弘忍―慧能であり（「東土六祖説」）、それぞれに祖師としての傳記が傳わっている。

これらのほとんどが「北宗」で行われていたものの繼承に外ならない。もっと具體的に言えば、それらは基本的に全て杜朏の『傳法寶紀』に基づくものなのである。1-dの『師資血脈傳』に記される達摩から弘忍に至る祖師の傳記が、『傳法寶紀』をベースとし、それに『續高僧傳』や『後集續高僧傳』等によって補足を行ったうえで自らの思想を附加したものであることについては、本書第三章第1節「『師資血脈傳』「達摩傳」～「弘忍傳」の編輯過程」で詳しく論じたから、それ以外の1-aから1-cまでの三點について神會の著作の記載と『傳法寶紀』のそれを對照すれば、以下のようになる。

	神會の著作	『傳法寶紀』
1-a	「第一代魏嵩山少林寺有婆羅門僧。字菩提達摩。南天竺國王之第三子。少小出家。悟最上乘。於諸三昧證如來禪。附船泛海。遠涉潮來至漢地。便遇慧可。慧可卽隨達摩至嵩山少林寺。」（『師資血脈傳』「達摩傳」一〇三頁） 「達摩遂開佛知見。以爲密契。便傳一領袈裟。以爲法信。授與慧可。」（『定是非論』一八頁）	「東魏嵩山少林寺釋菩提達摩」（三五三頁） 「釋菩提達摩。大婆羅門種。南天竺國王第三子。機神超悟。傳大法寶。以覺聖智。廣爲人天。開佛智見。爲我震旦國人。故航海而至嵩山。」（三五五頁） 「又如修多羅說。菩薩摩訶薩。獨一靜處自覺觀察。不由於他。離見妄想。上上昇進。入如來地。是名自覺聖智。是故若非得無上乘傳乎心地。其孰能入眞境界者哉。」（三三一頁）
1-b	遠法師問。唐國菩提達摩既稱其始。菩提達摩西國複承誰後。又經幾代。答。菩提達摩西國承僧伽羅叉。僧伽羅叉承須婆蜜。須婆蜜承優婆崛。優婆崛承舍那婆斯。舍那婆斯承末田地。末田地承阿難。阿難承迦葉。迦葉承如來付。唐國以菩提達摩而爲首。西國以菩提達摩爲第八代。……遠法師問。據何知菩提達摩在西國爲第八代。答。據禪經序中具明西國代數。又可禪師親於嵩山少林寺問菩提達摩西國相承者。菩提達摩答一如禪經序所說。（『定是非論』三三～三四頁）	昔盧山遠上人禪經序云。佛付阿難。阿難傳末田地。末田地傳舍那婆斯。則知爾後不墜於地。存乎其人。至矣。……其有發迹天竺。來到此土者。其菩提達摩歟。（三三六～三三七頁）
1-c	「和上答。……又從上已來六代。一代只許一人。終無有二。縱有千萬學徒。亦只許一人承後。遠法師問。何故一代只許一人承後。和上答。譬如一國唯有一王。言有二王者。無有是處。譬如一四天下唯有一轉輪王。言有二轉輪王者。無有是處。譬	「荊州法顯常州善伏皆北面受法。信曰。善伏辟支根機。竟未堪聞大道。」（三八〇頁） 「至夫道信。雖擇地開居。營宇玄象。存沒有迹。旌榜有聞。

如一世界唯有一佛出世。言有二佛出世者。無有是處。」（『定是非論』二七～二八頁） 「遠法師問。世人將秀禪師［作］得道果。不可思議人。今日何故不許秀禪師充爲六代。和上答。爲忍禪師無傳授付囑在秀禪師處。縱使後得道果。亦不許充爲第六代。何以故。爲忍禪師無遙授記處。所以不許。」（『定是非論』二八頁） 「言菩提達摩南宗定是非論者。敍六代大德師師相授。法印相傳。代代相承。本宗無替。自達摩大師之後。一代只許一人。中間倘有二三。即是謬行佛法。」（『定是非論』四二頁）	而猶平生授受者。堪聞大法。抑而不傳。故善伏過入衡山。猶得深定。況餘凡淺。其可知矣。」（四一五頁） 「永徽二年八月。命弟子山側造龕。門人知將化畢。遂談究蜂起。爭希法嗣。及問將傳付。信喟然久之曰。弘忍差可耳。因誡囑再明旨賾。及報龕成。乃怡然坐化。」（三八〇頁） 「釋神秀……儀鳳中。荊楚大德數十人。共擧度住當陽玉泉寺。及忍禪師遷化。又曰。先有付囑。然十餘年間。尚未傳法。自如禪師滅後。學徒不遠萬里。歸我法壇。遂開善誘。隨機弘濟。天下志學。莫不望會。」（三九六頁）

傍線部を比較すれば、荷澤神會が『傳法寶紀』に基づいていることは明らかであるが、以下、各項目について補足的な説明を加えるとともに、本節から明らかになることを「小結」として纏めておこう。

1-a

神會は達摩や慧可が少林寺にいたとするが、これは『傳法寶紀』によって唱えられた新說である。『傳法寶紀』は法如が「開法」を行った少林寺を聖地化するために、從來、「嵩洛」などと漠然と表現されていた達摩の活動の據點を嵩山少林寺と定めたのである（これについては本書第三章第1節「『師資血脈傳』「達摩傳」～「弘忍傳」の編輯過程」を參照）。神會が『傳法寶紀』をベースにしたことは、この點からも明らかである。

また、神會が自らの立場を「如來禪」と稱したのは、「如來から傳承した究極の禪」という意味であって、ここに引いた『傳法寶紀』の「如來地」なども參照した可能性が考えられる。從來、これを『楞伽經』の「如來（淸淨）禪」に由來するものと見做してきたのは明確な誤りである（これについては、本書第五章第2節「「如來禪」に關する從來の說の檢討」を參照）。

1-b

西天の系譜について、『傳法寶紀』は摩訶迦葉を缺き、釋迦が直接に阿難に授けたとするが、これは、『達摩多羅禪經』の序文に、

「如來泥曰未久。阿難傳其共行弟子末田地。末田地傳舍那婆斯。此三應眞咸乘至願。冥契于昔。功在言外。經所不辯。必闇軏無匠。孱焉無差。其後有優波崛。弱而超悟。智紹世表。才高應寡。觸理從簡。八萬法藏。所存唯要。五部之分。始自於此。(17)」

とあるのを承けたためである。それに對して神會は、釋迦―摩訶迦葉―阿難という系譜を說くが、これは『達摩多羅禪經』の本文に、

「佛滅度後尊者大迦葉。尊者阿難。尊者末田地。尊者舍那婆斯。尊者優波崛。尊者婆須蜜。尊者僧伽羅叉。尊者達摩多羅。乃至尊者不若蜜多羅。諸持法者以此慧燈次第傳授。我今如其所聞而說是義。(18)」

というのを承けたためである。それにも拘わらず、神會が「據禪經序中具明西國代數」というのは、『傳法寶紀』の「昔廬山遠上人禪經序云」という文をそのまま踏襲したために外ならない。

1-c

荷澤神會は、歴代の祖師について「一代は一人に限られる」と主張する。祖師の分立を認めれば、慧能だけを正統な弘忍の繼承者とする自らの主張が成り立たなくなるからである。「祖師」と呼ぶためには、「悟り」を得ていることは當然としても、先代の祖師から後繼者として法門を付囑されたかどうかが重要であるというのが神會の立場であるが、『傳法寶紀』の、

1『後集續高僧傳』で道信門下の傑物とされている法顯（五七七～六五三）や善伏（?～六六〇）も「祖師」とは言えない。

2 神秀は、弘忍の付囑を得た法如が入滅するのを待って「開法」を行うようになった。

という主張は、明らかに神會と同じ立場に立つものであり、この點でも神會は『傳法寶紀』の思想をそのまま繼承していることが知られる。

小結

自らが奉ずる佛教が由緒正しく、正統なものであることを外部の人々に認めさせることは、中原に進出した東山

法門の人々にとって喫緊の課題であった。この目的のために世に出現したのが「燈史」（禪宗史書）であって、中でも『傳法寶紀』は最も早くに成立し、また、廣く流布した。荷澤神會は『定是非論』で本書に言及しているのであるから、[19]「滑臺の宗論」（七三二年）以前に『傳法寶紀』を入手し、それに基づいて『師資血脈傳』を制作したと考えられるが、それに止まらず、上に記したような種々の點において、その思想の強い影響を受けつつ、自らの思想形成を行っていったことが窺える。それは同時に、少なくともこの思想に關しては、師の慧能を繼承していないということであり、東山法門を祖統等を用いて正統化するという發想そのものを慧能が缺いていたことを示唆するものである。

第2節　「南宗」を東山法門内の正統と位置づける言説

これに該當する神會の主な主張は以下のものである。

2-a　達摩が「正統の證」として袈裟を慧可に授け、代々傳承させた（「傳衣說」）。

2-b　弘忍は達摩の袈裟を慧能に授けたが、神秀も慧能が正嫡の弟子であることを認めていた。

2-c　慧能は「頓悟」を說いたが、神秀や弟子の普寂は「漸悟」を說いた（「南頓北漸說」）。

2-d　神秀や普寂の「漸悟」說では、「凝心入定。住心看淨。起心外照。攝心內證」「遠看近看」等の修行法を說くが、これは誤った教えである。

2-e　普寂は南方の慧能の門徒ではないから、「南宗」と稱する資格はない。

2-f　達摩の袈裟がしばしば盜まれ、また、傳承者が危險にさらされたため、遂に慧能は袈裟の傳授を取り止めた。

2-g　慧能の歿後、北宗の徒によって遺體が傷つけられたり、碑文が磨改されたりした。

2-h　自分（荷澤神會）こそが慧能の唯一の後繼者である。

2-i　普寂は人に尋ねられても、しばしば答えようとしない場合があったが、これは指導者として正しい態度ではない。

2-j　慧能が「第六祖」であることを示す傳記が存在している。

これらに該當する文を神會の著作から引用して列擧すると以下の通りになる（特に傍線部を參照）。これらの言說は當然のことながら、いわゆる「北宗文獻」には見出せない（なお、2-jについては、本書第三章第2節「『師資血脈傳』「慧能傳」に見る神會の思想」で詳しく論じたので、そちらに讓る）。

	神會の著作
2-a	「達摩遂開佛知見。以爲密契。便傳一領袈裟。以爲法信。授與慧可。慧可傳僧璨。璨傳道信。道信傳弘忍。弘忍傳慧能。六代相承。連綿不絕。」（『定是非論』一八頁） 「遠法師問。未審法在衣上。將衣以爲傳法。和上答。法雖不在衣上。表代代相承。以傳衣爲信。令弘法者得有稟承。學道者得知宗旨。不錯謬故。昔釋迦如來金襴袈裟。見在鷄足山。迦葉今見持此袈裟。待彌勒出世。分付此衣。表釋迦如來傳衣爲信。我六代祖師亦復如是。」（『定是非論』二九頁）

2-b

「經八箇月。忍大師於衆中尋覓。至碓上見共語。見知眞了見性。遂至夜間。密喚來房內。三日三夜共語。了知證如來知見。更無疑滯。既付囑已。便謂曰。汝緣在嶺南。卽須急去。衆人知見。必是害汝。」（『師資血脈傳』「慧能傳」一〇九頁）

「遠法師言。請爲說六代大德是誰。竝敍傳授所由。和上答。後魏嵩山少林寺有婆羅門僧。字菩提達摩。是祖師。達摩［在］嵩山將袈裟付囑與可禪師。北齊可禪師在峴山將袈裟付囑［與］璨禪師。隋朝璨禪師在司空山將袈裟付囑與信禪師。唐朝信禪師在雙峰山將袈裟付囑與忍禪師。唐朝忍禪師在東山將袈裟付囑與能禪師。經今六代。內傳法契。以印證心。外傳袈裟。以定宗旨。從上相傳。一一皆與達摩袈裟爲信。其袈裟今在韶州。更不與人。餘物相傳叉。卽是謬言。」（『定是非論』二七～二八頁）

「長安三年。秀禪師在京城內登雲華戒壇上。有綱律師大儀律師。於大衆中借問秀和上。承聞達摩有一領袈裟。相傳付囑。今在大禪師處不。秀和上云。黃梅忍大師傳法袈裟。今見在韶州能禪師處。秀和上在日。指第六代傳法袈裟在韶州。口不自稱爲第六代數。今普寂禪師自稱爲第七代。妄豎秀和上爲第六代。所以不許。」（『定是非論』三二頁）

「久視年。則天召秀和上入內。臨發之時。所是道俗頂禮和上。借問。和尙入內去後。所是門徒若爲修道。依此何處。秀和上云。韶州有大善知識。元是東山忍大師付囑。佛法盡在彼處。汝等諸人如有不自決了者。向彼決疑。必是不可思議。卽知佛法宗旨。」（『定是非論』三二頁）

2-c

「遠法師問。如此教門。豈非是佛法。何故不許。和上答。皆爲頓漸不同。所以不許。我六代大師。一一皆言單刀直入。直了見性。不言階漸。」（『定是非論』三〇頁）

2-d

「又問。旣是同學。何故不同。答。今言不同者。爲秀禪師教人凝心入定。住心看淨。起心外照。攝心內證。緣此不同。遠法師問。何故能禪師不凝心入定。住心看淨。起心外照。攝心內證。何者是能禪師行處。和上答。此是調伏心。遠法師問。應不凝心入定。不住心看淨。不起心外照。不攝心內證。和上答。此是愚人法。離此調伏不調伏二法。卽是能禪師行處。是故經云。心不住內。亦不在外。是爲宴坐。如此坐者。佛卽印可。從上六代已來。皆無有一人凝心入定。住心看淨。起心外照。攝心內證。是以不同。」（『定是非論』二九～三〇頁）

	2-e	2-f
「秖如凝心入定。墮無記空。出定已後。起心分別一切世間有爲。喚此爲慧。經中名爲妄心。此則慧時則無定。定時則無慧。如是解者。皆不離煩惱。住心看淨。起心外照。攝心內證。非解脱心。亦是法縛心。不中用。涅槃經云。佛告瑠璃光菩薩。善男子。汝莫入甚深空定。何以故。令大衆鈍故。若入定。一切諸般若波羅蜜不知故。」（『壇語』九～一〇頁） 「故今所説般若波羅蜜。從生滅門頓入眞如門。更無前照後照。遠看近看。都無此心。乃至七地以前菩薩。都驀過。唯指佛心。卽心是佛。」（『壇語』一二頁） ※二重傍線部は、神會が「北宗」の修行法の段階性を批判する時に用いる常套句である。	「遠法師問曰。何故不許普寂禪師稱爲南宗。和上答。爲秀和上在日。天下學道者號此二大師爲南能北秀。天下知聞。因此號。遂有南北兩宗。普寂禪師實是玉泉學徒。實不到韶州。今日妄稱南宗。所以不許。」（『定是非論』三一頁）	「弟子僧法海問曰。和上。以後有相承者否。有此衣。何故不傳。和上謂曰。汝今莫問。以後難起極盛。我緣此袈裟。幾失身命。汝欲得知時。我滅度後四十年外。豎立宗旨者卽是。其夜奄然坐化。大師春秋七十有六。」（『師資血脈傳』「慧能傳」一一〇～一一一頁） 「又普寂禪師同學西京清禪寺廣濟。景龍三年十一月至韶州。經十餘日。遂於夜半入和上房內。偸所傳袈裟。和上喝出。其夜惠達師玄悟師聞和上喝聲。卽起看。至和上房外。遂見廣濟師把玄悟師手。不遣作聲。其玄悟與惠達師入和上房看和上。和上云。有人入房內伸手袈裟。其夜所是南北道俗竝至和上房內。借問和上。入來者是南人北人。和上云。唯見有人入來。亦不知是南人北人。衆人又問。是僧是俗。亦不知是僧是俗。和上的知。恐畏有損傷者。遂作此言。和上云。非但今日。此袈裟在忍大師處三度被偸。忍大師言。其袈裟在信大師處一度被偸。所是偸者。皆偸不得。因此袈裟。南北道俗極甚紛紜。常有刀棒相向。」（『定是非論』三一～三二頁）

2-g	「和上歎言。苦哉。痛哉。痛哉。不可耳聞。何期眼見。開[元]二年中三月內。使荊州刺客張行昌詐作僧。取能和上頭。大師靈質。被害三刀。盛續碑銘。經磨兩遍。又使徒武平一等。磨却韶州大德碑銘。別造文報。鐫向能禪師碑上。立秀禪師爲第六代。[削]師資相授及傳袈裟所由。」（『定是非論』三二頁）
2-h	「弟子僧法海問曰。和上。以後有相承者否。有此衣。何故不傳。和上謂曰。汝今莫問。以後難起極盛。我緣此袈裟。幾失身命。汝欲得知時。我滅度後四十年外。竪立宗旨者卽是。其夜奄然坐化。大師春秋七十有六。」（『師資血脈傳』「慧能傳」一一〇〜一一一頁） 「于時有同學相謂曰。嵩山寂和上。佛出世。帝王之師。天下仰德。四海歸依。何人敢是。何人敢非。又同學中有一長老者答曰。止。如此之事。非汝所知。如此之事。非汝能及。汝但知尊耳賤目。重古輕今。信識涓流。寧知巨海。我和上承六代之後。付囑分明。又所立宗體。與諸家不等。」（『定是非論』「跋文」四三頁）
2-i	「遠法師問。普寂禪師開法來數十餘年。何故不早較量。定其宗旨。和上答。天下學道者皆往決疑。問眞宗旨。竝被普寂禪師依勢喝。師門徒拖出。縱有疑者。不敢呈問。未審爲是爲非。昔釋迦如來在日。他方處來菩薩及諸聲聞。一切諸外道等。詰問如來。一一皆善具答。我韶州大師在日。一切人來徵問者。亦一一皆善具答。未審普寂禪師依何經論。不許借問。誰知是非。」（『定是非論』三二頁） 「諸家借問。隱而不說。我於此門。都不如是。多人少人。竝皆普說。」（『壇語』一四頁）

以下、各項目について補足的な説明を加えるとともに、本節によって明らかになることを「小結」として纏めておこう。

2-a・b・f

「傳衣說」が神會の捏造であることは明らかであり、從って、それに關わる2-a、2-b、2-fは全て虛僞と認められる。また、2-bで述べられているような、神秀が長安の雲華寺の戒壇等で語った內容をどうして神會のみが知りえたのか、全く理解に苦しむ。こうした言說も全て根據のない捏造と見做すべきである。

2-c

いわゆる「北宗」においても、「今生において悟り得る」とする主張は一般的であったが、多くの場合、

「超凡證聖。目擊非遙。悟在須臾。何煩皓首。」（『觀心論』[20]）

「若有人依文行者。卽在前成佛。」（『修心要論』[21]）

等の言葉でそれを表現しており、それを「頓悟」という言葉で表現することは稀で、『要決』の具名、「頓悟眞宗金剛般若修行達彼岸法門要決」に用いられる程度である。しかも、その『要決』でさえも、この言葉が「漸悟」と對照される形で用いられているわけではない。種々の類似から見て（下の3-b、4-a、4-d、4-f等を參照）、神會は『要決』を見ていたと判斷できるから、恐らく、『要決』に從って「頓悟」を自らの立場を示す用語として採用しつつ、「北宗」をそれに反するものとして「漸悟」と位置づけたのであろう。ただし、「北宗」でも「頓悟」（＝修行によって今生において實際に悟り得る）は常識であったのであるから、これが事實に反するものであることは明

白である。ただし、神會の「般若波羅蜜」や「煩惱卽菩提」を極度に重んずる立場（これについては、本章第3節「禪體驗に關する言説」、第4節「修行過程に關する言説」を參照）からすれば、「北宗」の説く「頓悟」などは「頓悟」と言うに値いしないという主張であるとも理解できるが、それは思想の本質的な相違というよりも、東山法門内での程度の差と言うべきであり、その意味からすれば、やはり、「言いがかり」「誣告」と呼んでよいであろう。

2-d

『大乘無生方便門』に、

「和。看淨細細看。卽用淨心眼。無邊無涯際遠看。[22]」

「和。向前遠看。向後遠看。四維上下。一時平等看。塵虛空看。長用淨心眼看。莫閒斷。亦不限多少看。[23]」

等と言うように、「看淨」、「前照後照」、「遠看近看」等の修行を「北宗」が行ったことは確かであるが、それが直ちに神會の説くような「入定への執着」であったとは言い難い。兩京で他宗や在家の人々を指導する際に、このような東山法門以來の方法を用いて先ず禪體驗を得させようとしたのは、他の宗派との差別化を圖るという點で十分に意味のあることであったであろう。

神會は『定是非論』で「坐禪」の意味を尋ねる崇遠に對して、「念不起爲坐」「見本性爲禪」という有名な定義を與えている（下の3-hを參照）。これらを參照すると、神會の意圖は、このような觀法を説くこと自體が間違いだという主張と見られるが、禪觀修行なくして「見性」に至れる筈もなく、神會と弟子たちが、彼の主張のように全く觀法を行っていなかったと言えるかは疑問である。ただし、第4節で述べるように、神會の「頓悟漸修論」の歸結として經典研究が推奬され、また、第3節で見るように、「煩惱卽菩提」等の主張が强調され、神會の立場そのものが「般若波羅蜜」と呼ばれるようになったことを考え合わせると、禪觀修行よりも般若の把握に重點が移ったことは間違いないであろう。

2-e

「南宗」という呼稱は、『後集續高僧傳』の「法沖傳」において、法沖（生歿年未詳）が慧可の弟子に『楞伽經』を學んで、「南天竺一乘宗」に基づいて『楞伽經』を講義したとされるように、[24] もともと達摩が南天竺出身であったこと（上の1-aで引用した『師資血脈傳』の文章等を參照）に因むもので、中國の南方の意味ではなかったと考えられる。[25] 普寂が自らを「南宗」と呼んでいたのは、そのためと見られるが、神會は「南宗」の意味を「中國の南方の宗旨」と讀み代えて、普寂の正統性を奪おうとしたのであり、これも單なる「言いがかり」と見るべきである。

2-g

弘忍から袈裟と法門を付囑された唯一の弟子が慧能であったということ自體、神會の捏造であるのだから、「北宗」の徒によって嫉まれる理由はない。從って、これも神會の創作に外ならないが、神會がしばしば慧能の碑文の磨改を説くのは、當時、現に存在していた碑文（恐らく、それこそ武平一撰のものであったであろう）に神秀が「第六祖」であることを認める文言が含まれていたためと見ることができる。慧能の歿後に建てられたものであっても、弟子たちがその建立を認めた以上、慧能の意向に背くものであったとは考えにくい。従って、慧能が（「一代は一人に限られる」という意味での）「第六祖」であるとする神會の主張こそ、慧能の意思に背くものであったと考えられる。

2-h

さすがの神會も自著の『師資血脈傳』で「自分が慧能の付囑を受けた唯一の後繼者である」と明言することは憚り、慧能の豫言の形で暗示するに止めたが、弟子が書いた形式になっている『定是非論』の「後序」（あるいは「跋文」）では、これがはっきりと明示されている。「後序」も實質的には神會の撰述と見做すべきであるから、慧能の後繼者としての神會の自負心には非常に強いものがあったことが知られる。なお、慧能の懸記は、『師資血脈傳』では「滅度後四十年外」となっているが、これは後代の改變であり、『歴代法寶記』の「滅度後二十年外」が元來の形で、「滑臺の宗論」を指すものであった（これについては、本書第二章第2節「現行本『師資血脈傳』の改換箇所と原形の推定」を參照）。

2-i

神會のこれらの文章を信用する限り、普寂は說法や問法等において一部の信奉者のみを優遇していたため、それに不滿を持つ人が多かったようである。神會は、人々の不滿を利用して自らの主張を廣めようとしたであろうし、神會のもとに多くの修行者が集まったのも、一つにはこれに據るのであろう。

小結

荷澤神會は、「南宗」が東山法門の正統であることを明らかにするために種々の言說を弄したが、上に檢討したように、それらの多くは根も葉もない捏造であり、多少、事實に基づくものがあっても、それを利用して自分の文脈で再解釋したものに過ぎなかった。ただ、その主張は從來にないものであったため、大いに人々の注目を集めたであろう。しかも、このような虛誕によって、國家から權威を認められていた「北宗」を批判したのであれば、神會が貶逐の憂き目に遭ったのは、むしろ當然であったと言うべきである。

神會の「頓悟」說に『要決』の影響が窺え、また、その「南頓北漸」說の前提に、普寂が「南宗」を名乘っていたという事實があったことから窺われるように、「北宗」批判による「南宗」の正統化が必要であると神會が考えるようになったのは、北地に移って「北宗」の活動に觸れた後であったはずである。また、慧能が神秀を「第六祖」と認めていたと考えられることから見ても、慧能門下の「南宗」を東山法門の正統とする思想は神會の獨創であり、慧能に由來するものではなかったと考えるべきである。

第3節　禪體驗に關する言說

神會は、禪體驗について種々の主張を行ったが、その主なものを列擧すれば、以下のごとくである。

3－a 「空寂（寂靜）の體」に自然に「知」が具わり、見聞覺知を行うから、「定」と「慧」は分離できない（「定慧等」）。

3-b　その「知」は、そのまま「無住心」であり、『金剛經』の「應無所住而生其心」とは、それを表現したものである。

3-c　その「知」が『大乘起信論』に説く「無念」であり、「佛智」であり、その「體」は「如來平等法身」であり、「空寂の體」そのものである。

3-d　それは如來の「悟り」そのものであり、それを得ることが「見性」であり、「頓悟」である。

3-e　また、その『大乘起信論』の「無念」「佛智」は、そのまま「般若波羅蜜」であり、「無上菩提」「中道第一義諦」でもある。

3-f　（「定慧等」であるから、）見聞覺知しつつ執着は生じず、日常生活の中で「悟り」は實現しうる。

3-g　（「定慧等」であるから、）見聞覺知を滅却するような「二乘」の「（禪）定」は正しくないが、「北宗」の説く「定」もそれと同樣のものと認められる。

3-h　そのような「定」への誤解を防ぐために「坐禪」を新たに再定義する必要がある。

これらの主張の多くは、必ずしも目新しいものではなく、既に「北宗」で行われていたものである。そのことは、以下に示す、神會の著作と「北宗文獻」との對照によって明らかであろう。

	神會の著作	「北宗文獻」
3-a	「無住是寂靜。寂靜體卽名爲定。從體上有自然智。能知本寂靜體。名爲慧。此是定慧等。經云。寂上起照。此義如是。無	［問。］體用分明。［答。］離念名體。見聞覺知是用。寂而常用。用而常寂。卽用卽寂。離相名寂。寂照照寂。寂照者因性

	住心不離知。知不離無住。知心無住。更無餘知。涅槃經云。定多慧少。增長無明。慧多定少。增長邪見。定慧等者。明見佛性。今推心到無住處便立知。知心空寂。卽是用處。」（『壇語』九頁）」 「本體空寂。從空寂體上起知。善分別世間青黃赤白。是慧。不隨分別起。是定。」（『壇語』九頁） 「又問。何者是禪師定慧等學。和上答。言其定者。體不可得。言其慧者。能見不可得體。湛然常寂。有恆沙之用。故言定慧等學。」（『壇語』二七頁）	起相。照寂者。攝相歸性。舒則彌淪法界。卷則總在於毛端。吐納分明。神用自在。」（『大乘無生方便門』一七二頁） 「問。是沒是淨法界。［答。］淨法界者。於離念中。眼見色。不分別。卽於眼處得解脫。餘四亦同。五處解脫。卽一切處解脫。一切處解脫卽一切處淨。卽是淨法界。是佛界。」（『大乘無生方便門』一七一頁） 「問曰。何知守心是涅槃之根本。答曰。言涅槃者。體是寂滅。無爲安樂。我心旣眞。妄想卽斷。妄想斷故。卽具正念。正念具故。卽寂照智生。［寂照智生］故。卽窮達法性。達法性故。卽得涅槃。故知守心是涅槃之根本。」（『修心要論』四九～五〇頁） ※なお、ここに引いた『大乘無生方便門』の文章には、「定慧等」に關する言說は見られないが、3-gに引く文章によって、神會と同じく、「定」と「慧」の雙修が必要であると考えていたことが知られる。
3-b	「無住是寂靜。寂靜體卽名爲定。從體上有自然智。能知本寂靜體。名爲慧。此是定慧等。經云。寂上起照。此義如是。無住心不離知。知不離無住。知心無住。更無餘知。……般若經云。菩薩摩訶薩應如是生清淨心。不應住色生心。不應住聲香味觸法生心。應無所住而生其心。無所住者。今推知識無住心	「問曰。金剛般若經云。菩薩摩訶薩不應住色生心。不應住聲香味觸法生心。應無所住而生其心。其義云何。答曰。善哉。善哉。解問此義。……琰曰。願聞要妙。信受奉行。師曰。一切心無。是名無所。更不起心。名之爲住。而生其心者。應者當也。生者看也。當無所處看。卽是而生其心也。問曰。當無

	是。而生其心者。知心無住是。」（『壇語』九頁） ※二重傍線部が『金剛經』の文である。	所處看。有何意義。答曰。一切諸佛。皆從無所得道。亦是諸菩薩修法身處。亦是汝法性住處。」（『要決』九六頁） ※二重傍線部が『金剛經』の文である。
3-c	「但自知本體寂靜。空無所有。亦無住著。等同虛空。無處不遍。卽是諸佛眞如身。眞如是無念之體。以是義故。故立無念爲宗。若見無念者。雖具見聞覺知。而常空寂。卽戒定慧學。一時齊等。萬行俱備。卽同如來知見。」（『壇語』一〇頁） 「馬鳴云。若有衆生觀無念者。則爲佛智。」（『壇語』一二頁） ※二重傍線部が『大乘起信論』の文である。	「佛是西國梵語。此地往飜名爲覺。所言覺義者。心體離念。離念是佛義。覺義。略釋佛義。具含三義。亦名卽心方便。問。是沒是三義。［答。］自覺覺他覺滿。離心自覺。不緣五根。離色覺他。不緣五塵。心色俱離。覺行圓滿。卽是如來平等法身。離念相者。等虛空界。無所不遍。問。是沒是等虛空界。無所不遍。是沒是遍不遍。答。虛空無心。離念無心。無心則等虛空。無所不遍。有念卽不遍。離念卽遍。」（『大乘無生方便門』一七〇頁） ※二重傍線部が『大乘起信論』の文である。
3-d	「涅槃經云。定多慧少。增長無明。慧多定少。增長邪見。定慧等者。明見佛性。今推心到無住處便立知。知心空寂。卽是用處。」（『壇語』九頁） 「若見無念者。雖具見聞覺知。而常空寂。卽戒定慧學。一時齊等。萬行俱備。卽同如來知見。廣大深遠。如何深遠。以不見性故言深遠。若了見性。卽無深遠。各各至心令知識得頓悟解脫。」（『壇語』一〇頁）	「頓悟眞宗金剛般若修行達彼岸法門要決」（『要決』九六頁） 「汝看時。令汝得見。問曰。見何物。答曰。經云。見性成佛道。問曰。看時。若爲看。答曰。直當無所處看。問曰。無所在何處。答曰。一切心無。卽是無所。」（『要決』九七頁） 「如來者。號汝自性本心。心無相貌。汝心看無所處時。卽是如來心。不着一切。則名爲如。不看時。如心卽去。汝常看。如心卽來。故稱如來。汝若將如來有眼有相貌有三十二相。作

	「經云。如自觀身實相。觀佛亦然。知無住是觀。過去諸佛心。亦同知識今日無住心無別。經云。我觀如來。前際不來。後際不去。今則無住。」（『壇語』一一頁）	此解見如來時。眞是着魔人也。」（『要決』九八～九九頁） 「既體知衆生佛性本來清淨。如雲底日。但了然守眞心。妄念雲盡。惠日卽現。何須更多學知見。歸生死苦。一切義理。及三世之事。譬如磨鏡。塵盡自然見性。」（『修心要論』五一頁） 「只欲不正心。不緣義。卽妄取空。雖受人身行畜生行。爾時無有定慧方便。而不能得了了明見佛性。只是行人沈沒之處。」（『修心要論』五七頁）
3-e	「知識。今發心學般若波羅蜜相應之法。超過聲聞緣覺等。同釋迦牟尼佛授彌勒記。更無差別。……已來登此壇場學修般若波羅蜜時。願知識各各心口發無上菩提心。不離坐下。悟中道第一義諦。」（『壇語』七頁） 「一切衆生。本來無相。今言相者。竝是妄心。心若無相。卽是佛心。若作心不起。是識定。亦名法見心自性定。馬鳴云。若有衆生觀無念者。則爲佛智。故今所說般若波羅蜜。從生滅門頓入眞如門。更無前照後照。遠看近看。都無此心。乃至七地以前菩薩。都驀過。唯指佛心。卽心是佛。」（『壇語』一二頁） 「得上根上智人見說般若波羅蜜。便能領受。如說修行。如中根人。雖未得。若勤諮問。亦得入。下根人但至信不退。當來	

	神會	比較資料
	亦能入大乘十信位中。」(『壇語』一三頁)(26)	
3-f	「若眼見色。善分別一切色。不隨分別起。色中得自在。色中得解脫色塵三昧足。耳聞聲。善分別一切聲。不隨分別起。聲中得自在。聲中得解脫聲塵三昧足。鼻聞香。善分別一切香。不隨分別起。香中得自在。香中得解脫香塵三昧足。舌嘗味。善分別一切味。不隨分別起。味中得自在。味中得解脫香塵三昧足。身覺種種觸。善能分別觸。不隨分別起。觸中得自在。香中得解脫觸塵三昧足。意分別一切法。不隨分別起。法中得自在。法中得解脫法塵三昧足。如是諸根善分別。是本慧。不隨分別起。是本定。」(『壇語』一〇頁) 「經中不捨道法而現凡夫事。種種運爲世間。不於事上生念。是定慧雙修。不相去離。定不異慧。慧不異定。如世間燈光不相去離。」(『壇語』一〇頁)	「問。今日見聞覺知熾然。於六塵中得自在緣阿沒。〔答。〕由先證離身心相爲根本。知見自在。卽不染六塵。明知。知見自在。於證後得。爲諸後得智。根本後得。處處分明。處處解脫。處處修行。眼見色心不起。是根本智。見自在。是後得智。耳聞聲心不起。是根本智。聞自在。是後得智。鼻覺香心不起。是根本智。覺自在。是後得智。舌覺味心不起。是根本智。覺自在。是後得智。自覺身心不起。是根本智。覺自在。是後得智。意知法心不起。是根本智。知自在。是後得智。根根不起塵淨。根根不起塵耶。」(『大乘無生方便門』一七八頁) 「問曰。坐時看。行時看。得不。師曰。行住坐臥。語笑作生活時。施爲擧動。一切時中。常看不住。卽得。」(『要決』九八頁) 「若不得定。不見一切境界者。亦不須怪。但於行住坐臥中。恆常了然守眞心。會是妄念不生。我所心卽滅。」(『修心要論』五三頁) 「能得於行住坐臥中。及對五欲八風。不失此心者。是人梵行已立。所作已辨。究竟不受生死之身。五欲者。色聲香味觸。八風者。利衰毀譽稱譏苦樂。」(『修心要論』五八～五九頁)
3-g	「如二乘人執定。經歷數劫。如須陀洹在定八萬劫。斯陀含在	「和尚打木問言。聞聲不。〔答。〕聞。不動。此不動是從定發

定六萬劫。阿那含在定四萬劫。阿羅漢在定二萬劫。辟支佛在定十千劫。何以故。住此定中劫數滿足。」（『壇語』七頁）

「祇如凝心入定。墮無記空。出定已後。起心分別一切世間有爲。喚此爲慧。經中名爲妄心。此則慧時則無定。定時則無慧。如是解者。皆不離煩惱。住心看淨。起心外照。攝心內證。非解脫心。亦是法縛心。不中用。涅槃經云。佛告瑠璃光菩薩。善男子。汝莫入甚深空定。何以故。令大衆鈍故。若入定。一切諸般若波羅蜜不知故。」（『壇語』九～一〇頁）

※二重傍線部は、神會が「北宗」の修行法の段階性を批判する時に用いる常套句である

慧方便。是開慧門。聞是慧。此方便非但能發慧。亦能正定。是開智門。卽得知。是名開智慧門。若不得此方便。正定卽落邪定。貪著禪味。墮二乘涅槃。已得此方便。正定卽得圓寂。是大涅槃。智用是知。慧用是見。是名開佛知見。知見卽是菩提。」（『大乘無生方便門』一七二～一七三頁）

「此方便非但能發慧。亦能正定。問。是沒是邪定。正定。

［答。］二乘人滅六識。證空寂涅槃。是邪定。菩薩知六根本來不動。有聲無聲聲落謝常聞。是正定。」（『大乘無生方便門』一七六頁）

［問。］是沒是邪定。正定。

［答。］二乘人有定無慧。名邪。菩薩有定有慧。名正。」（『大乘無生方便門』一七六～一七七頁）

「問。維摩經云。無方便慧縛。

［答。］二乘人在定不聞。出定卽聞。在定無慧。不能說法。亦不能度衆生。出定心散。說法無定水潤。名乾慧定。是名無方便慧縛。」（『大乘無生方便門』一七八頁）

「心來無所處。貪入空寂定。心寂識沈空。是名聲聞難。」（『要決』一〇三頁、ただし、一部文字を改めた。）

3-h	「和上答。若教人坐。凝心入定。住心看淨。起心外照。攝心內證者。此障菩提。今言坐者。念不起爲坐。今言禪者。見本性爲禪。所以不教人坐身住心入定。若指彼教門爲是者。維摩詰不應舍利弗宴坐。」（『定是非論』三一頁） ※二重傍線部は、神會が「北宗」の修行法の段階性を批判する時に用いる常套句である。

上の對比によって、兩者の思想の多くが共通することは、一目瞭然であるが、ただ、3-cと3-gについては、補足說明が必要と思われるし、また、神會の著作にありながら、「北宗文獻」には認められない、3-eと3-hについても、その理由を考える必要がある。

3-c

神會は「無念」を說き、「北宗」は「離念」を說いた。一見したところでは、「無念」と「離念」は異なる概念のように見えるが、實は、神會の『壇語』においても、「北宗」の『大乘無生方便門』においても、次に掲げる『大乘起信論』の一連の文章に據って、これらの概念が提出されているのである（二重傍線部が根據とされる）。

「所言覺義。謂心體離念。離念相者。等虛空界。無所不遍。法界一相。即是如來平等法身。依此法身說名本覺。何以故。本覺義者。對始覺義說。以始覺者。即同本覺。始覺義者。依本覺故。而有不覺。依不覺故。說有始覺。

又以覺心源故。名究竟覺。不覺心源故。非究竟覺。此義云何。如凡夫人。覺知前念起惡故。能止後念。令其不起。雖復名覺。卽是不覺故。如二乘觀智・初發意菩薩等。覺於念異。念無異相。以捨麁分別執著相故。名相似覺。如法身菩薩等。覺於念住。念無住相。以離分別麁念相故。名隨分覺。如菩薩地盡。滿足方便。一念相應。覺心初起。(27)心無初相。以遠離微細念故。得見心性。心卽常住名究竟覺。是故修多羅說。若有衆生能觀無念者。則爲向佛智故。」

これは偶然ではあり得ない。神會は、「北宗」が『大乘起信論』のこの文に基づいて「離念」を主張していることを知った上で、新味を出すために、この文の末尾の「無念」を採用したのである。このことも、神會が「北宗」の思想を學びつつ、自身の思想を確立したことを示すものと言える。

3-g

『大乘無生方便門』や『要決』に見るように、見聞覺知を滅却するような「定」は正しくないとする見解は、「北宗」においても普遍的なものであった。これを神會も承け繼いでいるのであるが、「北宗」では、そのような「定」を實踐する邪見の徒として「二乘」が考えられていた。これは神會の『壇語』においても認められるものであるから、兩者に共通する思想だと言える。ところが、『壇語』では、一方で「北宗」も同樣だとして批判の對象に加えている。と言うよりも、主たる批判對象が「二乘」から「北宗」に移っているのである。恐らく、この場合も、神會は、『大乘無生方便門』の二乘批判を知ったうえで、その批判對象を「北宗」に插げ替えたのである。この場合、神會の「北宗」批判は明らかに不當であり、「誣告」に當たるものと言ってよい。

いずれにせよ、上記の點から、神會が『大乘無生方便門』等に說かれる思想をよく知っていたことは確實であり、『大乘無生方便門』が「開法」の臺本であったとする私見に從えば、(28) 神會はそのテキストを讀んだというよりも、「北宗」の人々の「開法」に參加したことがあったと考えるべきだと思われる。

3-e・h

自らの思想を「般若波羅蜜」によって代表させる3-eの言說と、3-hの「坐禪」の再定義については、神會以前の「北宗文獻」にはその存在が認められず、神會の獨創と見られるが、これらは相互に關聯するものであると考えられる。

神會は、『定是非論』において「念不起」が「坐」であり、「見本性」が「禪」であると再定義を行っているが、彼の文脈では（「北宗」の文脈でも同樣）、「念不起」とは「寂靜の體」＝「定」のことであり、「見本性」は「寂靜の體」に備わる「知」が「體」そのものを認識することで、「慧」のことに外ならない。從って、この「坐禪」の定義は、「坐禪」を「定慧等」そのものと見做そうとするものである。つまり、神會は、「北宗」の思想に對して「定」に執着するものだと虛言を吐き、更にそれを批判するために「坐禪」という修行法そのものを脫化して「定慧等」に置き換えたのである。かくして「看心」や「看淨」といった「定」によって「悟り」（＝「慧」）を得ることは修行者の目標ではなくなった。そこでそれに代わる新たな目標が必要となり、それを「般若波羅蜜」に求めることになったのであろう。

神會の段階では、「般若波羅蜜」の鼓吹に止まっていた。しかし、八世紀後半になると『楞伽經』を東山法門の所依の經典と見做そうとする淨覺の『楞伽師資記』が流布し出した。そこで、神會の弟子たちは、それに對抗するために『金剛般若經』という最も代表的な般若經典を取り上げ、それを絶對化し、歷代の祖師たちもこれを用いて付法を行ったと說くようになったのである（これについては、第二章第3節「『師資血脈傳』改變の時期と理由」を參照）。

小結

以上、見てきたように、荷澤神會の禪體驗に對する認識は、基本的には北宗と大きくは異ならないと言えるであろう。ただ、異なるのは、

1　「北宗」が重視した「離念」を「無念」に置き換えて新味を加えた。
2　「見聞覺知を滅する二乘の禪定は正しくない」とする「北宗」の主張をそのまま採用した上で、批判對象を「北宗」に插げ替えた。
3　「北宗」への批判を徹底させるために、「坐禪」という言葉の再定義を行い、坐禪修行の價値を否定するとともに、「般若波羅蜜」を新たな目標として提示した。

等の「北宗」批判に關わる主張のみなのである。

これらの多くは思想的には何ら新しいものではなかったが、「北宗文獻」の內容を知悉していなければ、その點は明らかにならなかったはずである。從って、その陳腐さにも拘わらず、一般の人々には、「北宗」の問題點を鋭く剔る斬新な主張に見えたであろう。

この禪體驗という面での荷澤神會の主張が基本的に「北宗」と餘り變わらないということは、慧能を介して東山法門の思想を承け繼いだため、あるいは「北宗」から學んだためと見ることができる。ただ、それ以前に、言語化・思想化される前の「人間」という種に固有の體驗、あるいは存在構造そのものの共通性に由來するものも多かったと考えられる。

第4節　修行過程に關する言説

これに該當する神會の主な主張は以下の通りである。

a　佛教は知的理解だけでは不十分で、必ず「見性」の體驗へと進まなければならない。

b　「三學」の中で、「定」のみは必ず「無作」（＝「無爲」）でなくてはならないが、「戒」や「慧」は「有作」（＝「有爲」）のものでも充分な意味がある。

c　從って、齋戒の護持や經典の學習（知的理解）を積極的に行うべきである。

d　いったん「見性」に至っても、引き續き修行が必要である（「頓悟漸修」）。

e　つまり、「悟り」を開く前と開いた後とは隔絶されているわけではなく、全て同等の價値を持つが、「初發心」から全ての修行は始まるから、「初發心」は特に重要な意義を持つ。

f　それ故、「煩惱」と「菩提」、「生死」と「涅槃」は相卽するものであって、我々は「行住坐臥」において常に「法界」から離れることはない。

	神會の著作	「北宗文獻」
4-a	「知識。自身中有佛性。未能了了見。何以故。喩如此處各各思量家中住宅衣服臥具及一切等物。具知有。更不生疑。此名爲知。不名爲見。若行到宅中。見如上所說之物。卽名爲見。不名爲知。今所覺者。具依他說。知身中有佛性。未能了了見。」（『壇語』一二頁）	「諦聽諦聽。了生死功德。喩如有人。經天下大亂。自有清淨大宅。棄之走向他國。後歸本國。宅舍荒穢。心中不忍。了向洛陽道上。五谷澗逼。三壕上側。造一草菴。隨時作活。逢善知識。指示本宅在長安極清淨。汝今在辛苦。遂卽取語善知識。往至長安。一依指授。自覓本宅。細看多日。勿然省得。知本宅荒穢多時。卽修堂屋未成就。且向草菴邊寄住。時往本宅中營造。後宅舍成就。移向長安宅中。其五谷草菴。使無明奴婢注記得錢。資大宅家口。至秋火燒却草菴。及無明奴婢惣盡。郎君斷絶更不往禮。了生［死］功德。亦復如是。問曰。此喩大好。弟子猶未了解。今呈是和上見解。長安大宅是本性清淨。五谷草菴是色身。死卽歸清淨性。大宅其義可知。問曰。何名了生死功德。一切聲聞菩薩皆有此宅。弟子未解。答曰。聲聞草菴裏。聞他說有大宅。將聞作見。卽妄相見大宅。猶如水中月將爲眞月。是故經云。未得謂得。菩薩親到大宅。了了眼見。猶如天上見眞月。似有見眞月。如有見草菴。時來檢校爲有不了了見。雖未了了見。終是親見。後燒却草菴。卽常住大宅。卽了了常見。當修道。要須脫此色身。始得自在作用。是［故］經云。佛不在世。菩薩不現用。（『要決』九九～一〇〇頁）
4-b	「要藉有作戒・有作慧。顯無作戒慧。定則不然。若修有作定。卽是人天因果。不與無上菩提相應。」（『壇語』六頁）	「又問。經中所說。佛令衆生修造伽藍。鑄寫形像。燒香懺悔。燃長明燈。晝夜六時。遶塔行道。持齋禮拜。種種功德。皆成佛道。若唯觀心。物攝諸行。說如是事。應虛妄也。答曰。佛所說有無量方便。以一切衆生。鈍根狹劣。不悟甚深。所以假

	4-c	4-d
	「各須護持齋戒。若不持齋戒。一切善法終不能生。若求無上菩提。要先護持齋戒。乃可得入。若不持齋戒。疥癩野干之身尚不可得。豈獲如來功德法身。知識學無上菩提。不淨三業。不持齋戒。言其得者。無有是處。」（『壇語』六頁） 「知識。若學般若波羅蜜。須廣讀大乘經典。見諸教禪者。不許頓悟。要須方便始悟。此是大下品之見。明鏡可以鑒容。大乘經可以正心。第一莫疑。依佛語當淨三業。方能入得大乘。此頓門一依如來說。修行必不相悞。勤作功夫。有疑者來相問。好去。」（『壇語』一四頁）	「遠法師問。如此教門。豈非是佛法。何故不許。和上答。皆爲頓漸不同。所以不許。我六代大師。一一皆言。單刀直入。直了見性。不言階漸。夫學道者須頓見佛性。漸修因緣。不離
有爲法喩無爲。若不修內行。唯只外求。希望獲福。無有是處。」（『觀心論』一一三頁） 「琰問智達禪師。佛法幽玄。凡人不測。文字浩汗。意義難知。請問禪門法要。不求人天。直趣菩提彼岸。禪師慈悲。不棄俗流。幸無祕密。垂賜直言。城中有爲。請不勞智。方外無爲。願垂法要。」（『要決』九六頁、ただし、一部文字を改めた。） 「問曰。看無所。可不是着無所耶。答曰。令無所心看無所處。名無爲法。卽不着無所。看卽得見。」（『要決』九七頁）		「諦聽諦聽。了生死功德。喩如有人。經天下大亂。自有清淨大宅。棄之走向他國。後歸本國。宅舍荒穢。心中不忍。了向洛陽道上。五谷澗逼。三壕上側。造一草菴。隨時作活。逢善

	是生而得解脱。譬如其母頓生其子。與乳漸養育。其子智慧。自然增長。頓悟見佛性者。亦復如是。智慧自然漸漸增長。所以不許。」（『定是非論』三〇頁）	知識。指示本宅在長安極清淨。汝今在辛苦。遂卽取語善知識。往至長安。一依指授。自覓本宅。細看多日。勿然省得。知本宅荒穢多時。卽修堂屋未成就。且向草菴邊寄住。時往本宅中營造。後宅舍成就。移向長安宅中。其五谷草菴。使無明奴婢注記得錢。資大宅家口。至秋火燒却草菴。及無明奴婢惣盡。郎君斷絶更不往禮。了生［死］功德。亦復如是。問曰。此喩大好。弟子猶未了解。今呈是和上見解。長安大宅是本性清淨。五谷草菴是色身。死卽歸清淨性。大宅其義可知。問曰。何名了生死功德。一切聲聞菩薩皆有此宅［否］。弟子未解。答曰。聲聞草菴裏。聞他說有大宅。將聞作見。卽妄相見大宅。猶如水中月將爲眞月。是故經云。未得謂得。菩薩親到大宅。了了眼見。猶如天上見眞月。似有見眞月。如有見草菴。時來檢校爲有不了了見。雖未了了見。終是親見。後燒却草菴。卽常住大宅。卽了了常見。當修道。要須脱此色身。始得自在作用。是［故］經云。佛不在世。菩薩不現用。（『要決』九九～一〇〇頁、ただし、一部文字を改めた。）
4-e	「發心畢竟二不別。如是二心先心難。自未得度先度他。是故我禮初發心。初發已爲天人師。勝出聲聞及緣覺。如是發心過三界。是故得名最無上。」（『涅槃經』の偈文の引用。『定是非論』四二頁、『壇語』一四頁） 「知識。今發心學般若波羅蜜相應之法。超過聲聞緣覺等。同釋迦牟尼佛授彌勒記。更無差別。」（『壇語』七頁）	

	4-f
「和上言。經文所說。不盡有爲。不住無爲。法師重徵。以何者不盡有爲。不住無爲。和上答。不盡有爲者。從初發心。坐菩提樹。成等正覺。至雙林入涅槃。於其中一切法悉皆不捨。卽是不盡有爲。不住無爲者。修學空。不以空爲證。修學無作。不以［無］作爲證。卽是不住無爲。」（『壇語』一九～二〇頁）	「知識。學禪已來。經五十餘年二十年者。今聞深生驚怪。所言除者。但除妄心。不除其法。若是正法。十方諸佛來除不得。況今善知識能除得。猶如人於虛空中行住坐臥。不離虛空。無上菩提法亦復如是。不可除得。一切施爲運用。皆不離法界。經云。但除其病。不除其法。」（『壇語』八頁） 「爲知識聊簡煩惱卽菩提義。擧虛空爲喩。如虛空本無動靜。明來是明家空。暗來是暗家空。暗空不異明。明空不異暗。虛空明暗自來去。虛空本來無動靜。煩惱與菩提。其義亦然。迷悟別有殊。菩提性元不異。」（『壇語』一一頁） 「知識。自身中有佛性。未能了了見。何以故。喩如此處各各思量家中住宅衣服臥具及一切等物。具知有。更不生疑。此名爲知。不名爲見。若行到宅中。見如上所說之物。卽名爲見。不名爲知。今所覺者。具依他說。知身中有佛性。未能了了見。但不作意。心無有起。是眞無念。畢竟［見］不離知。知不離見。」（『壇語』一二頁）
	「問曰。此喩大好。弟子猶未了解。今呈是和上見解。長安大宅是本性清淨。五谷草菴是色身。死卽歸清淨性。大宅其義可知。問曰。何名了生死功德。一切聲聞菩薩皆有此宅。弟子未解。……問。草菴裏了大宅。大宅裏了草菴。經云。生死卽涅槃。弟子領解。深有慚愧。」（『要決』一〇〇～一〇一頁）

以上に示したように、神會以前の「北宗文獻」には、4-cと4-eに該當するものは見出せないようである。また、4-bについても、「(禪)定」、つまり、「觀心」、「無所處看」等を「無爲」とする主張は、「北宗文獻」にしばしば認められるものであるが、それ以外の主張は、「北宗」には見られなかったものである。神會による新たな展開と認められるこれらの思想をどのように理解すべきは大きな問題である。しかし、それ以外のものについても、ただ文章を擧げるだけでは容易には理解し難い點があると思われるから、順に說明して行こう。

4-a

神會は『壇語』において、旅先において自宅にこれこれの家財道具があることを思い描くことを「知」と呼び、實際に自宅に歸ってそれを確認することを「見」と呼んでいる。そして、「佛性」が有ることを知っているだけでは駄目で、實際に「見性」することが重要だと說く。

一方、『要決』は、長安の豪邸に住んでいた富豪が、天下の大亂の際にその自宅を捨て、洛陽へと續く道の途中の荒れ地に草菴を作って住んでいたが、人から長安の豪邸は現在もあると聞き、その敎えの通りに探しに行き、遂に見つけ出すという喩えを說く。そして、豪邸が殘っているということを人から聞いただけでは「聞」であって、實際に探し出した時點で「見」となると說く。この喩えの意味は、本文中に述べられるように、「豪邸」は「佛性」、「草菴」は「色身」、「人」は「善知識」を指すから、我々が「善知識」から「佛性」の存在を「聞」いて知識として「知」るだけでは十分でなく、必ず實際に「見性」せねばならないというのである。

兩者の思想は完全に一致する。ただし、これは東山法門の基本的な立場であるから、これだけでは影響關係は言いにくい。ただ、比喩も類似していることを考えると、恐らく神會は、この點でも『要決』の影響を受けているのであろう。

4-b・c

神會は『壇語』において、「三學」の中でも「戒」と「慧」は「有作」のものから「無作」のものへと進むべきであるが、「定」のみは常に「無作」でなくてはならないと說いている（4-b）。この「有作」「無作」の意味については、形式に囚われているかどうかの相違を指すとする見解もあるが[29]、ここに引く『觀心論』や『要決』において、「觀心」や「看無所處」等の東山法門に固有の習禪法が「無爲」と呼ばれていることから知られるように、端的に「有爲」「無爲」の言い換えと理解すべきである。そして、この「(禪)定」のみを「無爲」とする主張が、禪宗に特有の主張と見做されていたことは、後に引く慈愍三藏慧日の『淨土慈悲集』の文などによっても明らかである[30]。

問題は、「北宗文獻」が「(禪)定」を「無爲」としたのは、その絕對的な價値を強調することを目的としたものであったのに、『壇語』では、「戒」や「慧」にも「(禪)定」と同様に「無爲」のものがあり（この點で「(禪)定」と「戒」・「慧」との相違は絕對的なものではなく、相對的なものに變化している）、しかも、「有爲」の「戒」や「慧」にも充分な意義があると說いているということである。4-cにおいて齋戒の護持や經典の學習が推奬されているのは、正しくこれに據るのである。「菩薩戒」の護持は古くから東山法門の傳統であったと見られるし、普寂以降は「小乘戒」の護持も推奬されたと考えられるが、經典學習の推奬は「北宗」以前には全くなかったもののごとくであって、神會による新たな思想的展開と言える[31]。

4-d

神會は、『定是非論』において、母親が子供を生むのは一瞬であるが、その後に長い年月に亙って養育することで初めて一人前になるという例を示して、悟るのは一瞬だが、その後も修行が必要であるとして、いわゆる「頓悟漸修」を主張している。ここに示した『要決』の文は、先に4-aで示したものと同じものであるが、傍線部において、長安の「豪邸」(「佛性」)を見つけた後も、「草菴」(「色身」)からしばしば出かけて行って修繕を行い、完成したところで「草菴」を燒き拂うという譬えを說くが、これは要するに、「見性」以降も修行によってその「見性」の體驗を次第に確實なものにしなくてはならないという意味に外ならないであろう。『要決』は「頓悟」や「漸修」といった言葉を用いてはいないが、基本的には同じ思想を說くものと言ってよく、この點でも神會に『要決』の强い影響を窺うことができる。

多くの「北宗文獻」では、「頓悟」の思想は說くものの、その「悟り」は目標として提示されるのみである。先に2-cに關聯して示した『觀心論』の「悟在須臾」や『修心要論』の「卽在前成佛」等の文も、その目標の達成を讀者に勸めるためのもので、それぞれの文獻の末尾に掲げられている。從って、一般に「北宗文獻」では、悟った後についての敍述は必要ではなかったが、侯莫陳琰や神會のように「頓悟」を前面に打ち出した場合、

1　悟れば修行はそこで終わりなのか?
2　悟った後はどのように生活すればよいのか?
3　その悟りは完全なものなのか?

等、種々の問題が生ずるため、修行は見性後も繼續することを示す言説が必要になったのであろう。

「頓悟」の前も經典の學習等による知的理解が重要な意義を持ち（4-c）、「頓悟」の後も修行が必要であるなら（4-d）、「見性」の前後で決定的な相違はないことになる。かくして、「發心」の時から「成等正覺」に至るまで、その意義が均質的に評價されることになるわけであるが、結局、全ては「發心」から始まるわけだから、「發心」の意義が特に强調された（4-e）。

4-e・f

『壇語』において、この「發心畢竟二不別」から始まる『涅槃經』の偈文が引かれることについては、「菩薩戒を終えるに當たって初發心を讚え、授戒した道俗をはげますのであろう」とする見解も行われている。[32] しかし、それだけの理由であれば、どうして『定是非論』の末尾にも引かれるのかが説明できない。この場合、もっと重要なことは、この思想が、「有作」の「戒」や「慧」の意義の强調、「頓悟漸修」論といった神會に特有の思想から導き出されたものであったということなのである。實際のところ、こうした思想を持たない「北宗」の「開法」のテキストである『大乘無生方便門』には、このような主張を見出すことができない。

この「發心」と「畢竟」を一つと見る思想は、「煩惱」と「菩提」、「生死」と「涅槃」の相卽を説く主張（4-f）へと繫がる。神會が、遠方の自宅について「知る」ことと、實際に「見る」こととを嚴密に區別した後に、結局のところ、「知」がそのまま「見」だと説くのは、「有爲」の知的理解がそのまま「無爲」の見性だという主張に外ならない。また、『要決』が、長安の「豪邸」（佛性）と、荒れ地に建てた「草菴」（色身）とを一元的に捉えて、それを「生死卽涅槃」と呼ぶのもその意味である（ここにも兩者閒の影響關係が窺われる）。そして、「煩惱卽菩提」

が眞實のあり方であり、「法界」であれば、我々がその「法界」を離れられないのは當然である。この「我々は常に法界の中にある」とする主張は、少なくとも神會以前の「北宗文獻」には見えないようである。

小結

修行論という點で神會の獨自性が際立つのは、

1「有爲」の「戒」や「慧」の價値を認めて、修行における齋戒の護持や經典學習の意義を强調する。

2「初發心」から「成等正覺」に至る全修行過程を均質に評價して、「初發心」こそ尊いという思想を説く。

3 凡夫であっても行住坐臥の全てにおいて法界を離れないと説く。

等の主張である。これらは、これまでの多くとは異なり、見せかけの新しさに止まらず、以前には全くなかったものである。いずれも「頓悟漸修」という立場と關聯するものであるが、「頓悟漸修」という立場そのものは既に『要決』に認めることができるから、神會は、それを發展させて、これら新たな説を立てたのであろう。

特に1の「經典學習の意義の强調」は、「悟り」の獲得を絶對視する東山法門本來の思想とは相い容れないものであり、「修正主義」とも呼ぶべきものとなっている。どうしてこのような思想が出てきたかは大きな問題であり、次に節を改めて考えてみたい。

また、3は、「煩惱卽菩提」という思想や「般若波羅蜜」の强調から自ずと導き出されたものであろうが、凡夫も「行住坐臥」においてそのまま「法界」を生きているという思想は、馬祖の「平常心是道」の思想に近接するものであると言えよう。

第5節　神會の修正主義的主張と「北宗」批判の由來

旣に見たように、荷澤神會は、「戒」と「慧」について、「有爲」のものも充分な意義があるとして、齋戒の護持や經典學習を推奬した。「北宗」では、「禪」の絶對性を強調するために、「禪」が「無爲」だとし、それ以外のあらゆる修行を「有爲」であるとして、その價値を否定したのであったが、荷澤神會は、「戒」や「慧」にも「無爲」のものがあるとして、その價値を高めるとともに、その一方で、「有爲」の「戒」や「慧」の意義を積極的に認め、齋戒の護持を悟るための要件とし、また、經典學習を強く推奬したのである。これは卽ち、「三學」における「(禪)定」の絶對的な地位を搖るがし、また、經典學習よりも實踐によって先ず「悟り」に至るべきことを主張した東山法門以來の思想の轉換であったと言える。

神會がどうしてこのような思想的修正主義を取るに至ったかは大きな問題であるが、我々は幸いにも、この問題を説く鍵を慈愍三藏慧日の『淨土慈悲集』の中に見出すことができる。卽ち、慧日は『淨土慈悲集』の中で激しい禪宗批判を繰り擴げるのであるが（それは明らかに、當時、兩京で全盛を誇った「北宗」を對象とするものである）、その中には、次のようなものが含まれているのである。

1「看淨」という修行法を弟子等に指導し、世界が空寂であると見れば、それが究極の「悟り」だと主張しているが、そんなものは「無記心」に過ぎない。(33)

2 「禪」のみを實踐すべき「無爲」だと主張しているが、それでは「無爲」が變化することになり、經典の説と齟齬する。また、「禪」は「六波羅蜜」や「三學」の一つなのに、それだけが「無爲」だと言うのは理に合わない[34]。

3 禪師たちは、經典を學ばず、いい加減な言葉ばかりを吹聽しているが、信奉者たちは、そのくだらない言葉を價値あるもののごとく尊んでいる[35]。

4 禪師たちが齋戒に對して嚴格でなく、戒律を守っていないものも多いということは、實見（「現量」）で知ったのであって、單なる推測（「比知」）で言っているのではない[36]。

慧日の禪宗批判の詳細については、先にも觸れた「禪宗の登場と社會的反響――『淨土慈悲集』に見る北宗禪の活動とその反響」と題する拙稿を參照して頂きたいが、ここで注目されるのは、慧日の批判の2～4が神會による思想の修正と全く方向を同じくしており、あたかも神會が慧日の批判に沿って「北宗禪」の立場を變更したかのように見えるということである。

これと關聯して注目すべきは、上の4において、禪師が齋戒を守っていないことは、實際に見たこと（「現量」）であって、推測（「比知」、「比量」とも呼ぶ）ではないと慧日が述べているということである。具體的に言えば、慧日は次のように批判している。

「然坐禪者。於彼齋戒。心全慢緩。多分不持。以何爲因。而得禪定。何以得知。學坐之人。不持齋戒。以現量知。非比知也[37]。」

「現量」「比量」というような唯識學的、あるいは論理學的な用語は、初期の禪宗ではほとんど使われることはないが、『定是非論』では、意外にも、

「遠法師問。禪師見佛性不。和上答言。見。

遠法師問。爲是比量見。爲是現量見。和上答。比量見。

又責［問］。何者是比。何者是量。和上答。所言比者。比於純陀。所言量者。量等純陀。(38)」


とこれが用いられている（ただし、その意味と用法は、元來のものとはかけ離れている(39)）。

また、慧日は禪宗の人々が「悟り」を得ていると自稱していることに對して、

「此六通卽是定果。然今道俗言已證者。未委證何禪定。若證有漏定者。除漏盡通。得餘五通。若證無漏定者。

應得六通。(40)」


と批判するが（この禪宗の人々の禪定や悟りが本物でないとする批判は、上に引いた「彼らが齋戒を嚴格に守っていないことは「現量」で知ったのであって、「比量」に基づくものではない」と說く部分の直前に位置する）、ここに見られる「本當に悟っているのなら、神通力を示してみよ」とする批判と同じものが、『定是非論』における崇遠の神會への反駁の中に、次のように現れている（この反駁も、先に擧げた「比量」「現量」に關する『定是非論』の文の直後に出てくる）。

「遠法師言。初地菩薩分身百佛世界。二地菩薩分身千佛世界。乃至十地菩薩分身無量萬億佛世界。禪師既言在滿足十地位。今日爲現少許神變。崇遠望此意。」(41)

これらの點から見て、淨土教を初めとする他宗の人々の「北宗」に對する不滿や批判を神會が知悉していただけでなく、實際に慧日の『淨土慈悲集』そのものを見ていたと推定することができる（ここから、『定是非論』が、「滑臺の宗論」の記錄などではなく、實際に行なわれた問答をもとに、種種の要素を取り込みつつ、それらを綜合し、再構成した神會の著作であることが知られる）。しかも、その影響が既に『定是非論』に窺えるのであるから、神會が『淨土慈悲集』を入手したのは、『傳法寶紀』と同樣、極めて早い時期であったと考えられるのである。

そうであるならば、神會の「北宗」への批判そのものが、慧日が「看淨」等の修行法を批判したことと無關係ではなかったのではないかと疑われてくる。そもそも「看淨」や「看心」等の修行法は、既に『定是非論』の段階では「定慧等」という視點から批判されていたものであるが、「看淨」で得られるものは「無記心」（恐らく、「思考の停止」という意味であろう）に過ぎないという慧日の主張は、「北宗」の「定」を見聞覺知の否定と見る神會の思想と相い通じるものである。神會は、「北宗」で行われていた「二乘」批判を「北宗」批判へと讀み代えたのであるが、神會がそれを行う上で、この慧日の批判が大きな影響を與えた可能性が考えられるのである。つまり、「北宗」の「看淨」や「看心」を、見聞覺知を否定するもの、つまり、「定」と「慧」の分離を說くものとして否定すれば、少なくとも「定慧等」を說く「南宗」は慧日の批判を逃れられるし、更には、慧日の批判を自身の「北宗」批判の補强にも用いることができたのである。

ただ、齋戒の護持や經典學習の推奬等の說は、いずれも『壇語』に見えるものであり、『定是非論』の段階では、少なくともいまだ明示されてはいなかった。本書第二章第6節「『壇語』の成立について」で論じたように、『壇語』は、神會が洛陽の荷澤寺に入って以降の著作と見られるが、この洛陽入城が神會の思想の變化を導いたということは十分に考えられることである。卽ち、洛陽のような皇帝權力のお膝元で活動する以上、舊來の國家佛敎との軋轢を避けることがどうしても必要であったはずである。『淨土慈悲集』を通して彼らの不滿や批判は從來からよく知っていた神會であったが、この期に及んで、彼らとの摩擦を何としても避けねばならなくなり、東山法門以來の傳統に對しても一部修正を加えざるをえなくなったのであろう。

また、自身の立場を「般若波羅蜜」と呼ぶのも『壇語』に初出であるが、これも「看淨」や「看心」のような東山法門で考案された特殊な修行法を排し、古來、大乘佛敎の根本とされてきた「般若波羅蜜」を新たな目標として提示することによって舊來の傳統佛敎に近づけんとしたのだと考えることもできる。つまり、これについても、「東山法門」の獨自性を矯めて國家佛敎との整合性を保とうとする活動の一端であったと解しうるのである。

むすび

荷澤神會の主張の多くは、一見したところでは、非常に斬新で劃期的なものに見える。胡適が彼の活動を「革命」と見做したのも故なしとはしないが、實際に彼の主張を「北宗文獻」と比較對照してみると、それとは全く異なる實態が明らかになる。卽ち、

1　神會の思想の大部分は、彼が批判した「北宗」と共通し、少しも新しいものではなかったが、特に『傳法

寶紀』や『要決』からは直接的で大きな影響を受けている。

2　從って、神會の「北宗」批判の大部分は、全く根據のない捏造、「北宗」の主張に基づきつつ行った歪曲、あるいは、「北宗」と何の違いもないにも拘わらず、裝いだけ「新味」を加えたもの等に過ぎず、その「北宗」批判はほとんど「誣告」と言ってよいようなものであった。

3　ただし、神會の主張の中には、①自身の立場を「般若波羅蜜」で代表させ、②凡夫も常に「法界」を離れることはないと説き、③「(禪)定」のみを「無爲」とする絕對化を避けて「戒」や「慧」にも「無爲」のものがあることを認め、④「有爲」の「戒」や「慧」も積極的に評價する立場から齋戒の護持や經典學習を推奬するなど、「北宗」にはなかったものも含まれている。

4　それらの新思想は洛陽の荷澤寺に入って後に現われたものであり、基本的には、東山法門以來の思想の軌道修正であって、國家權力への迎合、傳統的佛教との妥協の産物であり、そこには慈愍三藏慧日の禪宗批判の強い影響が窺える。

等の事實が知られるのである。つまり、神會の主張が、一見、非常に斬新に見えたのは、主に2の虛誕に據るのであり、思想そのものの獨自性というよりもプロパガンダとしての才能にあったのである。要するに、本章の冒頭において、神會の業績を評價する場合に區別すべきだと述べた、

1　禪宗の主流を神秀系の「北宗」から、慧能系の「南宗」へと移行させた。

2　禪思想の革新を成し遂げ、禪思想を新たな段階に引き上げた。

という二項目の內、1は確かに神會とその弟子たちの功績であるが、2は全くそれに該當しないということである。これは結果的には、錢穆や任繼愈の理解と一致するが、彼らが2を慧能に歸したのとは異なり、基本的には慧能や神會には思想的な革新そのものがなかったとする點で、實質は大いに異なっている。

ただし、神會の北宗批判を虛誕として完全に否定できるかどうかは問題である。というのは、「北宗文獻」に記されているのは、彼ら本來の原則的立場であって、實際の運用においては、それとは一致しないものが多く存在した可能性があるからである。從って、神會の批判の當否を判斷するためには、「北宗」の人々の活動の實態について更なる檢討が必要である。

しかし、いずれにせよ、神會が當時の兩京における禪を巡る新たな思想狀況の中で、東山法門を守るべく、命懸けで盡力したということに變わりはない。さればこそ、彼の弟子たちは、師を偉大な人間として尊敬し、歿後もその復權に努め、遂にそれを成し遂げたのである。

註

（1）胡適『神會和尙遺集——胡適校敦煌唐寫本』亞東圖書館（上海）、一九三〇年）二二頁、三八頁、四三～四五頁、五六頁、五九～六〇頁等を參照。

（2）錢穆「神會與壇經」（『東方雜誌』四一卷一四號、一九四五年）、張曼濤主編『六祖壇經硏究論集』（現代佛教學術叢刊（一）、大乘文化（臺北）、一九八〇年）九七～九八頁。任繼愈「論胡適在禪宗史硏究中的謬誤」（『歷史硏究』一九五五年第五期）、古賀英彥・鹽見敦郎・西尾賢隆・沖本克己譯『中國佛教思想論集』（東方書店、一九八〇年）二〇九～二一〇頁。

（3）伊吹敦「禪宗の登場と社會的反響——『淨土慈悲集』に見る北宗禪の活動とその反響」（『東洋學論叢』二五、二〇〇〇年）を參照。

（4）伊吹敦「『六祖壇經』の成立に關する新見解」（『國際禪研究』七、二〇二一年）を參照。

（5）伊吹敦「『大乘五方便』の成立と展開」（『東洋學論叢』三七、二〇一二年）五四頁を參照。

（6）撰者未詳『大乘無生方便門』：鈴木大拙『禪思想史研究　第三』（鈴木大拙全集3、岩波書店、一九六八年）一六七～一九〇頁。

（7）前揭「禪宗の登場と社會的反響――『淨土慈悲集』に見る北宗禪の活動とその反響」一二頁を參照。

（8）（傳）神秀『觀心論』：田中良昭『敦煌禪宗文獻の研究　第二』（大東出版社、二〇〇九年）一〇四～一二八頁。

（9）侯莫陳琰『要決』：上山大峻「チベット語譯『頓悟眞宗要決』の研究」（『禪文化研究所紀要』八、一九七六年）を參照。

（10）柳田聖山は『初期の禪史Ⅰ』（筑摩書房、一九七一年）二四～二五頁において、開元初年（七一三）頃の成立とするが（ただし、なぜか柳田氏は開元元年を七一二年に誤っている）、楊曾文は、『唐五代禪宗史』（中國社會科學出版社、一九九九年）一四一～一四二頁で、その成立時期が七一六年から七三二年の閒であることを明らかにした。ここでは假に七二〇年頃としておく。

（11）杜朏『傳法寶紀』：柳田聖山『初期の禪史Ⅰ』（筑摩書房、一九七一年）。

（12）伊吹敦「『觀心論』と『修心要論』の成立とその影響」（『禪學研究』九四、二〇一六年）を參照。

（13）『楞伽師資記』の成立時期については、伊吹敦「東山法門の人々の傳記について（中）」（『東洋學論叢』三五、二〇一〇年）四五頁を參照。

（14）兩者に共通する文章があることに初めて氣づいたのは鈴木大拙であり、『禪思想史研究　第二』（鈴木大拙全集2、岩波書店、一九六八年）二九二～二九七頁にその指摘がある。兩者の關係を『楞伽師資記』が『修心要論』に基づいたのであって、その逆でないことを明らかにしたのは柳田聖山であり、『初期禪宗史書の研究』（法藏館、一九六七年）七九～八二頁に論及されている。

(15) (傳) 弘忍『修心要論』：前掲『敦煌禪宗文獻の研究　第二』四二～六〇頁。
(16) 伊吹敦「東山法門の人々の傳記について（下）」（『東洋學論叢』三六、二〇一一年）九八～一〇一頁を參照。
(17) 佛陀跋陀羅譯『達摩多羅禪經』「慧遠序」：大正藏一五、三〇一a。
(18) 佛陀跋陀羅譯『達摩多羅禪經』：大正藏一五、三〇一c。
(19) 神會撰・獨孤沛編『定是非論』：楊曾文『神會和尚禪話錄』（中華書局、一九九六年）二九頁、三一～三二頁を參照。ただし、神會は『傳法寶紀』を「法寶紀」と稱している。
(20) (傳) 神秀『觀心論』：前掲『敦煌禪宗文獻の研究　第二』一二三頁。
(21) (傳) 弘忍『修心要論』：前掲『敦煌禪宗文獻の研究　第二』六〇頁。
(22) 撰者未詳『大乘無生方便門』：前掲『禪思想史研究　第三』一六九頁。
(23) 同上：前掲『禪思想史研究　第三』一六九頁。
(24)『後集續高僧傳』「法沖傳」に「又遇可師親傳授者。依南天竺一乘宗講之。又得百遍」とある（大正藏五〇、六六六b）。なお、『後集續高僧傳』については、本書第三章の註（42）を參照されたい。
(25) 前掲『神會和尚遺集――胡適校敦煌唐寫本』四三頁を參照。
(26) このほか、『定是非論』にも、「遠法師問曰。禪師修何法。行何行。和上答。修般若波羅蜜法。行般若波羅蜜行。遠法師問曰。何故不修餘法。不行餘行。唯獨修般若波羅蜜法。行般若波羅蜜行。和上答。修學般若波羅蜜者。能攝一切法。行半夜波羅蜜行。是一切行之根本」（前掲『神會和尚禪話錄』三四頁）とあるが、この後に續く般若經の經文等を列擧する部分は明らかに後世の插入であるため、この文も同樣である可能性が考えられる。從って、ここでは敢えて載せなかった。
(27) (傳) 馬鳴撰・眞諦譯『大乘起信論』：大正藏三二、五七六b。
(28) 前掲「『大乘五方便』の成立と展開」四二～四七頁。
(29) 唐代語錄研究班編『神會の語錄　壇語』（禪文化研究所、二〇〇六年）三二頁を參照。なお、ジョン・R・マクレーは、この「無作」を「無爲」の意味であると正しく理解しているが、この特異な用語が用いられた背景に、慈愍三藏慧日の『淨土慈悲集』の存在があったことには、もちろん氣づいていない。これについては、以下を參照。

John R.McRae ,edited by James Robson and Robert H. Sharf, with Fedde de Vries, *Zen Evangelist, Shenhui, Sudden Enlightenment, and the Southern School of Chan Buddhism*, University of Hawai'i Press, 2023, Note 60 on p.82.

(30)　前揭「禪宗の登場と社會的反響――『淨土慈悲集』に見る北宗禪の活動とその反響」六〜七頁、一三〜一四頁を參照。

(31)　普寂が慧日らの批判に對處するために、菩薩戒だけでなく、小乘戒も重視するように方向を轉換したことについては、伊吹敦「戒律から淸規へ――北宗の禪律一致とその克服としての淸規の誕生」(『日本佛教學會年報』七四、二〇〇八年)六八〜七六頁を參照。また、經典の扱いに關して言えば、「北宗」で盛んに行われた「心觀釋」は、經文を禪定體驗から解釋しようとするもので、極めて特殊な形ではあるが、東山法門の立場を維持しつつ、經典の價値を認めようとする試みであったと解される。

(32)　前揭『神會の語錄　壇語』一三六頁參照。

(33)　慧日『淨土慈悲集』：大正藏八五、一二三六b、一二四一b等を參照。

(34)　同上：大正藏八五、一二三六b、一二三七a等を參照。

(35)　同上：大正藏八五、一二三七a、一二三七c、一二三九c等を參照。

(36)　同上：大正藏八五、一二三七c等を參照。

(37)　同上：大正藏八五、一二三七c。

(38)　神會撰・獨孤沛編『定是非論』：前揭『神會和尙禪話錄』二五頁。

(39)　この問答における「現量」と「比量」、ならびに、インド以來のプラマーナとの關聯については、以下のウェンディ・アダメックの論文、ならびに拙譯を參照。

Wendi Adamek, "Rhetorical Uses of Pramāna a and Yogācāra Terminology in the *Lidai fabao ji* 歷代法寶記," *International Zen Studies* 國際禪研究, 5, 2020.
伊吹敦譯「『歷代法寶記』に見るプラマーナや瑜伽行派の專門用語の修辭法的使用」（同上）

（40）慧日『淨土慈悲集』：大正藏八五、一二三七ｂ。

（41）神會撰・獨孤沛編『定是非論』：前揭『神會和尚禪話錄』二四頁。

第Ⅲ部

神會による祖統の改訂と慧能の「六祖」化

第五章　神會による「如來禪」「西天八祖説」の提唱とその後の變化

先行研究と問題の所在

禪宗では、古來、「如來禪」「祖師禪」という對概念が用いられてきた。馬祖以降の中國的な禪思想を「祖師禪」と呼ぶのに對して、「如來禪」という言葉は、インド以來の禪定思想の殘滓を止めているという批判的な意味合いで用いられることが多いようである。この「如來禪」という概念に對する現在の認識は、恐らく、次の『岩波佛敎辭典』の説明（「如來禪」の項）で代表させることができるであろう。

「如來禪　「如來清淨禪」「最上乘禪」ともいわれる。四巻楞伽經巻2に、四種禪（愚夫所行禪・觀察義禪・攀緣如禪・如來禪）の最高として立てられるのを最古とする。神會や宗密は、達磨（達摩）門下が傳えるのはこの如來の最高の禪であるとする。しかし、馬祖道一門下の禪が發展してくると、如來禪もまだ理にすぎているとして、祖師禪が立てられるが、如來禪と祖師禪は同じであるとする禪者もいた。[1]」

しかしながら、私見によれば、ここには多くの錯誤や問題點が含まれているように思われる。具體的に言えば、

1　禪宗における「如來禪」という概念は荷澤神會（六八四～七五八）に始まるが、それは神會が『傳法寶紀』等を參考にしながら考案した概念であって、『四巻楞伽』に基づくものではない。
2　神會の「如來禪」という概念は、「如來から傳承してきた究極の禪」という意味で、同じく神會が强調した「西天の祖統」と表裏一體の關係にあり、『四巻楞伽』の説く「如來禪」とは全く内容を異にする。
3　神會が創唱した「如來禪」という概念は、荷澤宗の人々によって正しく承け繼がれ、「西天の祖統」も整備されて「西天二十八祖說」が成立した。
4　「如來禪」という言葉は、保唐宗や洪州宗でも自らの禪思想を示すために廣く用いられるようになったが、その場合も、必ずしも『四巻楞伽』と結びつけられて理解されていたわけではない。
5　「如來禪」を『四巻楞伽』の「如來（清淨）禪」と意圖的に結びつけ、それらを同一視したのは圭峰宗密（七八〇～八四一）に始まるが、それは宗密自身の思想的課題に對處せんとしてのことであった。
6　洪州宗の時代になって始めて「祖師禪」という對概念が提起され、「如來禪」の上位に置かれるようになったが、それには宗密が「如來禪」を『四巻楞伽』の「如來（清淨）禪」によって理解し、その價値を相對化したことが大きかった。

等である。以下、順を追ってこれらの私見を提示してゆくことにしたい。

第1節　神會による「如來禪」と西天の祖統の提唱

a　神會による「如來禪」と「西天八祖說」の提唱

先ず、荷澤神會の「如來禪」について、その內容を検討してみたい。先ず、彼の著作の中から「如來禪」の用例を探してみると、『菩提達摩南宗定是非論』（以下、『定是非論』と略稱）の序文に以下のごとき例を認めることができる。

「梁朝婆羅門僧字菩提達摩是南天竺國國王第三子。少小出家。智慧甚深。於諸三昧。獲如來禪。遂乘斯法。遠涉波潮。至於梁武帝。[2]」

この文章によれば、菩提達摩がインドで得たものが「如來禪」であり、達摩はそれを中國に齎したとされる。では、どうして達摩のみがこの「如來禪」を得ることができたのであろうか。あるいは、どうして菩提達摩が得たものが「如來禪」と呼ばれるのであろうか。それについて、神會は『定是非論』において次のように言う。

「遠法師問。唐國菩提達摩既稱其始。菩提達摩西國複承誰後。又經幾代。答。菩提達摩西國承僧伽羅叉。僧伽羅叉承須婆蜜。須婆蜜承優婆崛。優婆崛承舍那婆斯。舍那婆斯承末田地。末田地承阿難。阿難承迦葉。迦葉承如來付。唐國以菩提達摩而爲首。西國以菩提達摩爲第八代。西國有般若蜜多羅承菩提達摩後。唐國有慧可禪師承後。自如來付西國與唐國。總有十四代。遠法師問。據何知菩提達摩在西國爲第八代。答。據禪經序中具明西國代數。又可禪師親於嵩山少林寺問菩提達摩西國相承者。菩提達摩答一如禪經序所說。」(3)

つまり、杜朏の『傳法寶紀』に倣って、「達摩多羅禪經序」（實際には『達摩多羅禪經』の本文）によって、釋迦から、如來—迦葉—阿難—末田地—舍那婆斯—優婆崛—須婆蜜—僧伽羅叉—菩提達摩と師弟閒でこの境地を承け繼いで來たというのであって、これによってその思想の正統性と「如來禪」という呼稱の正當性を確保せんとするのである。そして、更に、中國では、慧可が相承したと說くのであるが、彼が相承したものが、この「如來禪」であったことは、例えば、現行本『師資血脈傳』に明瞭に見て取ることができる。例えば、「菩提達摩傳」では、

「第一代後魏嵩山少林寺有婆羅門僧。字菩提達摩。是南天竺國王之第三子。少小出家。悟最上乘。於諸三昧證如來禪。附船泛海。遠涉潮來至漢地。便遇慧可。慧可卽隨達摩至嵩山少林寺。奉持左右。於達摩堂前立。其夜雪下。至慧可腰。慧可立不移處。大師見之。言曰。汝爲何事在雪中立。慧可白大師曰。和上西方遠來至此。意欲說法濟度於人。慧可不憚損軀。志求勝法。伏願和上。大慈大悲。開佛知見。救衆生之苦。拔衆生之難。卽是所望也。達摩大師言曰。我見求法之人。咸不如此。慧可自取刀。自斷左膊。置達摩前。達摩可慧可爲求勝法。棄命損軀。喩若雪山捨身以求半偈。便言。汝可。在前先字神光。因此立名。遂稱慧可。達摩大師乃依金剛般若經說如來知見。授與慧可。授語以爲法契。便傳袈裟。以爲法信。如佛授娑竭龍王女記。大師云。金剛經一卷直了成佛。汝等後人依般若觀門修學。不爲一法便是涅槃。不動身心成無上道。(4)」

と述べられており、達摩がインドで「如來禪」を得、これを中國に傳えて惠可に「如來知見」(＝「佛知見」)を得させたと説く(破線部を參照)。また、次の「慧可傳」では、

「于時璨禪師奉事。首末經六年。師依金剛經説如來知見。言下便悟。受持讀誦此經。卽爲如來知見。密授默語。以爲法契。便傳袈裟便傳袈裟。以爲法信。卽如文殊師利授善財記。(5)」

と述べられているが、僧璨、道信、弘忍、慧能の傳記においても、これと同様、各祖師が弟子に「如來知見」を授けたと説かれているのである。

これらに見られる「如來知見」という言葉は、本書第二章第2節「現行本『師資血脈傳』の改換箇所と原形の推定」で論じたように後世の改變であって、元來は「佛知見」であった可能性が強い。そして、この「佛知見」という言葉は、次節で論及するように『法華經』の「開佛知見」の説に基づくものであり、もともと神會は「如來禪」という言葉を『法華經』の「佛知見」と結びつけて理解していたが、弟子たちは、そのことを明示するために「佛知見」を「如來知見」と改めたと考えられるのである。

要するに、神會が「如來禪」という概念を用いた理由は、自らが慧能から傳えている禪が、如來と等しい究極の境地であると主張するとともに、それが釋迦如來から傳承されてきた由緒正しいものだということを強調せんとするところにあったのである。

上記のように、當初、荷澤神會が唱えた「西天の祖統」は『達摩多羅禪經』に基づく「西天八祖説」であったのであるが、既に第四章第1節「東山法門を正統な佛教と位置づける言説」で論じたように、これは神會の獨創では

なく、杜朏（生歿年未詳）の『傳法寶紀』の次の文章から取り込まれたものである。

「昔廬山遠上人禪經序云。佛付阿難。阿難傳末田地。末田地傳舍那婆斯。則知爾後不墜於地。存乎其人。至矣。……其有發迹天竺。來到此土者。其菩提達摩歟。[6]」

この説は既に法如（六三八〜六八九）の周圍では常識であったようで、法如の碑銘、撰者未詳の「唐中岳沙門釋法如禪師行狀」にも次のように述べられている。

「天竺相承本無文字。入此門者。唯意相傳。故廬山遠法師禪經序云。則是阿難曲承音詔。遇非其人。必藏之靈府。幽關莫闢。罕窺其庭。如來泥曰未久。阿難傳末田地。末田地傳舍那婆斯。此三應眞。冥契于昔。功在言外。經所不辯。必闇軌元匠。孱然無差。又有達節善變。出處無際。晦名寄迹。無聞無示。斯人不可以名部分。別有宗明矣者。卽南天竺三藏法師菩提達摩。紹隆此宗。武步東鄰之國。[7]」

この點は、既に柳田聖山などによって指摘されているが、[8]「佛智見」（＝「佛知見」）は『傳法寶紀』に見えるものの、これらの文獻には「如來禪」という言葉は出てこない。「東山法門」の傳統を「如來禪」と呼び、それを「西天の祖統」に基づいて基礎づけたのは神會に始まると言えるのである。

b 「西天八祖說」から「西天二十九祖說」へ

神會は、當初、「西天八祖說」を採用したが、遲くとも洛陽に入った後の天寶八載（七四九）前後には、これに替えて「西天二十九祖說」を說くようになったようである。そのことは保唐宗の燈史、『歷代法寶記』がこれを採用していることから推測できる。保唐寺無住（七一四～七七四）は、神會が貶逐された天寶十二載（七五三）頃まで中原を中心に修學しており、その際に、この說を學んで蜀へ齎したと考えられるからである（これについては、本書第二章第6節「『壇語』の成立について」、第八章第2節「神會の活躍・貶逐・復權と保唐宗の成立」等を參照）。

『歷代法寶記』には、この「西天二十九祖說」を掲げたうえで、「（第二十九祖菩提）達摩多羅を除くと二十八代である」という注記のごときものが附されており[9]、本書が編輯された時期、即ち七八〇年前後には、既に「西天二十八祖說」が主流になっていたことを暗示する。この新しい說は、本書第六章「『付法藏經』の編輯とその後の變化」で述べるように、神會歿後の荷澤宗によって再編されたもので、荷澤宗文獻が無住の晚年に再び蜀に流入したことを示すものである。ただし荷澤宗の「西天二十八祖說」は、一般に、末田地を除き、達摩を除くものではない。このことは、「西天二十八祖」という概念が先に廣まり、その內容が後で確定されたことを暗示するものである。

「西天二十九祖說」の內容についても、本書第六章で詳論するので、ここでは簡單な說明に止めるが、要するに釋迦から達摩に至る西天の祖統を僅か八人のみで擔わせることがいかにも無理なので、曇曜・吉迦夜共譯の『付法藏因緣傳』に說かれる二十四人の傳法の系譜を取り上げ、兩者を接合するとともに、明らかに重複すると見られる三人を除いたものに外ならない。

この「西天二十九祖」說は、無住以外にも、神會の貶逐中に書かれたと見られる李華（七一五?～七七四）の「故左溪大師碑」にも採用されているから、神會が貶逐された天寶十二載（七五三）以前に廣く社會に受け入れられていたことが知られる。このように受容されるためには、西天の二十八祖の傳法について記した何らかの著作があったと考えるのが自然である。そうでなければ、二十九人もの祖師の名前を諳んじて口傳えで擴めたと考えざるを得ないが、それは無理な想定であろう。そして、正しくその著作に當たると考えられる文獻が敦煌文書中に存在する。それが田中良昭によって發見され、「付法藏人聖者傳」と擬題された文獻である。もっとも現狀はかなりの變化を蒙っているが、元來は「付法藏經」と稱し、その內容は、正しく荷澤宗の提起した「西天二十九祖說」を說くものであったと考えられる。本書については、第六章「『付法藏經』の編輯とその後の變化」で細かく說明するので、そちらを參照して頂きたい。

荷澤神會が「西天の祖統」の整備に腐心したのは、それが信憑性を持たないと、自らの立場を「如來から傳承した究極の禪」であるとして正當化した「如來禪」という概念が意味を持たなくなるからである。從って、この二つの不可分の關係は、神會においては一貫したものであったと考えるべきである。

第2節　「如來禪」に關する從來の說の檢討

a　『楞伽經』に基づいたとする說

上記のように、「如來禪」という言葉を最初に用いた荷澤神會においては、何等の經證をも擧げることなく、單に「如來」から傳えた究極の「禪」であるという點のみが强調されたのであるが、本章の冒頭で述べたように、これを『楞伽經』に基づくものだとする說が廣く行われている。そこで、この見解の當否について檢討しておきたい。

これまで神會に始まる「如來禪」という言葉が『楞伽經』に基づくと見做されてきたのは、『楞伽阿跋多羅寶經』

（以下、『四卷楞伽』）に、

「復次大慧。有四種禪。云何爲四。謂愚夫所行禪。觀察義禪。攀緣如禪。如來禪。云何愚夫所行禪。謂聲聞緣覺外道修行者。觀人無我性自相共相骨鎖。無常苦不淨相計著爲首。如是相不異觀。前後轉進想不除滅。是名愚夫所行禪。云何觀察義禪。謂人無我自相共相外道自他俱無性已。觀法無我彼地相義漸次增進。是名觀察義禪。云何攀緣如禪。謂妄想二無我妄想。如實處不生妄想。是名攀緣如禪。云何如來禪。謂入如來地行自覺聖智相三種樂住。成辦衆生不思議事。是名如來禪。爾時世尊欲重宣此義而說偈言。

凡夫所行禪　觀察相義禪　攀緣如實禪　如來清淨禪　譬如日月形　鉢頭摩深嶮
如虛空火燼　修行者觀察　如是種種相　外道道通禪　亦復墮聲聞　及緣覺境界
捨離彼一切　則是無所有　一切刹諸佛　以不思議手　一時摩其頂　隨順入如相(10)」

のように、「如來禪」「如來清淨禪」という言葉そのものが用いられており、更に、柳田聖山が指摘したように(11)、従來から神會の著作と見做されてきた劉澄集『南陽和尙問答雜徵義』（以下、『雜徵義』と略稱）の、

「有無雙遣中道［亦］亡者。卽是無念。無念卽是一念。一念卽是一切智。一切智卽是甚深般若波羅蜜。般若波羅蜜卽是如來禪。是故經云。佛言。善男子。汝以何等觀如來乎。維摩詰言。如自觀身實相。觀佛亦然。我觀如來。前際不來。後際不去。今既無住。以無住故。卽如來禪。如來禪者。卽是第一義空。爲如此也。菩薩摩訶薩。如是思惟觀察。上上昇進自覺聖智(12)。」

という文章の波線部が、典據名を明らかにしていないものの、『四巻楞伽』の、

「大慧白佛言。唯然受敎。佛告大慧。前聖所知轉相傳授。妄想無性。菩薩摩訶薩。獨一靜處自覺觀察不由於他。離見妄想上上昇進入如來地。是名自覺聖智相。」[13]

という文章に基づくことが否定しがたいためである（波線部が對應する。なお、「如來禪」は『入楞伽經』でも用いられているが、この文章に限っては對應する『入楞伽經』の文章が大いに異なるので、『楞伽阿跋多羅寶經』に基づいたことが知られる）。

ただ、ここにはいくつかの大きな問題がある。先ず問題とすべきは、本書第二章第5節「『雜徵義』の成立と史的意義」で論じたように、『雜徵義』そのものが神會自身の著作ではなく、七七〇～七七五年頃に弟子たちによって種種の資料によって編纂されたものであるということである。從って、この『雜徵義』の文章によって言いうることは、後に荷澤宗內で『四巻楞伽』のこの文章を「如來禪」の基礎づけに用いるようになった可能性があるということに過ぎず、神會が「如來禪」という概念を思いついた時に、『四巻楞伽』のこの文章が、神會の腦裏にあったとは言い得ないのである。

もちろん、神會の著作は『雜徵義』の重要なソースの一つであったはずであるから、現在、失われた何らかの神會の著作があって、『雜徵義』がそれに基づいたということは十分にありうる。しかし、假にそのように考えて、この『雜徵義』の文章が神會自身に由來するとしても、それでも神會が『四巻楞伽』の文章に基づいたとは必ずしも言い得ないのである。というのは、神會が『師資血脈傳』を書く時にベースとした『傳法寶紀』に次のような文

章が見えるからである。

「又如修多羅說。菩薩摩訶薩。獨一靜處自覺觀察。不由於他。離見妄想。上上昇進。入如來地。是名自覺聖智。是故若非得無上乘傳乎心地。其孰能入眞境界者哉。昔廬山遠上人禪經序云。佛付阿難。阿難傳末田地。末田地傳舍那婆斯。則知爾後不墜於地。存乎其人。至矣。（中略）其有發迹天竺。來到此土者。其菩提達摩歟。」[14]

「釋菩提達摩。大婆羅門種。南天竺國王第三子。機神超悟。傳大法寶。以覺聖智。廣爲人天。開佛智見。爲我震旦國人故航海而至嵩山。時罕有知者。唯道昱惠可宿心潛會。精竭求之。」[15]

つまり、柳田によって神會が『楞伽經』に基づいたことの動かぬ證據とされた『雜徵義』所引の『四卷楞伽』と同じ箇所が『傳法寶紀』にも引かれているのである（波線部が『雜徵義』と對應するが、特に、經文の末尾の句が「自覺聖智相」であるのに、『傳法寶紀』と『雜徵義』の兩者が「自覺聖智」とする點は注目すべきである。また、ここには「修多羅」とのみ標記されており、『楞伽經』の名前を擧げていないことも注意すべきである）。

かつて論じたように、『傳法寶紀』は、杜朏（生歿年未詳）が義福（六五八～七三六）のために著したものである[16]。杜朏と義福はかつて法如（六三八～六八九）に師事したので、法如を特權的に扱い、法系上、弘忍と神秀の間に置いて、第六祖として位置づけたが、神會は『定是非論』において、これを普寂（六五一～七三九）の仕業と見做し、激しく批判した。それが次の文章である。

「又今普寂禪師在嵩山豎碑銘。立七祖堂。修法寶紀。排七代數。不見著能禪師處。能禪師是得傳受付囑人。爲人天師。蓋國知聞。卽不見著。如禪師是秀禪師同學。又非是傳受付囑人。不爲人天師。天下不知聞。有何承稟。充爲六代。普寂禪師爲秀和上豎碑銘。立秀和上爲第六代。今修法寶紀。又立如禪師爲第六代。未審此二大德各立爲第六代。誰是誰非。請普寂禪師仔細自思量看。(17)」

このことは從來から指摘されているが、(18)批判すると同時に、神會が『傳法寶紀』の強い影響を受けたことは餘り注意されていない。この場合も、上の『傳法寶紀』の文章において、「自覺聖智」と「開佛智見」が同一視されており、それをインドで得た菩提達摩が中國に齎して慧可に授けたことが示されており、更に『傳法寶紀』の文章では、『達摩多羅禪經』の序を引いて、それが佛から代々傳承されて菩提達摩に至ったことが述べられている。つまり、神會の「如來禪」思想と基本的に同じものが既に『傳法寶紀』に存在したのであって神會が新たに展開したのは、「無念」「甚深般若波羅蜜」等の自らが奉ずる思想を「自覺聖智」等と同一視したことと、その全體を「如來禪」と呼んだというのみなのである。從って、假に神會がこの『四卷楞伽』の文章を知っていたとしても、直接的には『傳法寶紀』に基づいた可能性が強いし、その『傳法寶紀』が經典名を明示していないために、そもそもこれが『楞伽經』の文であることを知らなかったと考える方が自然なのである。

これと關聯して、もう一つ問題となるのが、先の『雜徵義』の文章では、「經云」として「如來禪」を『維摩經』によって基礎づけているのに、このことを誰も注意していないという點である。この經文は、「實相を觀ることが佛を觀ることである」とし、更に「如來が無住である」という內容で、これに基づいて、自身の立場である「般若波羅蜜」が「如來禪」とも呼ばれると明示している。文章そのものから判斷すれば、經典であることすら示さずに引かれる『四巻楞伽』を經證としたとするよりも、『維摩經』を經證として用いていると理解すべきなのではないか。

更に、思想的にも大きな問題がある。荷澤神會は「如來から傳えた究極の禪」であるからという理由で「如來禪」と呼んでいたが、『四巻楞伽』の「如來禪」は、最高のものと位置付けられてはいるものの、「愚夫所行禪」「觀察義禪」「攀緣如禪」と竝稱されることによって、それらを排除した相對的なものとなってしまっている。かつて柳田聖山は、

「神會の如來禪は、『楞伽經』の直接的な繼承ではなくて、批判的なそれであり、……如來禪の內容は『楞伽經』のものとよほど變化している。[19]」

「神會は『楞伽經』を如來禪の根據と見たが、特に此の經典そのものを問題とすることはなく、やがては『金剛經』に乘り替えてしまったようであり、此は彼以後の燈史の基本的な姿勢を決したものと言える。[20]」

と述べたが、確かに神會の「如來禪」が『四巻楞伽』に基づくものなら、その名稱のみを採用して、內容は全く異なるものにすり替えたと言わざるをえないであろう。しかし、それでは、そもそも『四巻楞伽』に依據したとも言えないのではないだろうか。この點は、『雜徵義』の他の文章を參照することによって、いよいよ明らかとなるが、それについては、次節の「神會の弟子による「如來禪」の繼承と西天の祖統の整備」に讓ることとしたい。しかし、いずれにせよ、神會が『四巻楞伽』に基づいて「如來禪」という概念を思いついたとする說には十分な根據がない

ことは確かである。

b 「北宗」において既に「如來禪」という概念があったという說について

この『四巻楞伽』との關係とは別に、この「如來禪」という用語が既に「北宗」の段階で用いられていたとする說があるので、これについても檢討しておきたい。これは沖本克己の主張で、氏は次の三つの根據を擧げる。(21)

1　虎關師錬（一二七八～一三四六）が撰した『元亨釋書』（一三二二年）の「道璿傳」には、普寂に禪を學んだ道璿（七〇二～七六〇）が弟子の行表（七二二～七九七）に「我有心法。曰如來禪」と語ったと記されている。

2　荊溪湛然（七一一～七八二）は、『止觀輔行傳弘決』において、『楞伽經』を奉ずる人々が「開權」という點で『楞伽經』を『法華經』に等しいと主張していると述べたうえで、その主張を論破する中に「如來禪」という言葉が見える。

3　チベットの摩訶衍禪師（八世紀末）に關係する禪文獻に「如來禪」という言葉が出ており、既に摩訶衍に「如來禪」の思想があった可能性を考えるべきである。

しかし、私見に據れば、これらはいずれも根據とはなし難いものである。先ず1について言えば、この『元亨釋書』の記述は、最澄（七六七～八二二）の『內證佛法相承血脈譜』（八一九年、以下、『血脈譜』と略稱）に引く『付法簡子』に、「如來禪」に言及して、

「又付法簡子云。達磨大師語諸人言。有三人得我法。一人得我髓。一人得我骨。一人得我肉。得我髓者是慧可。得我骨者道育。得我肉者尼總持。又達磨語慧可曰。我此法是諸佛甚深般若波羅蜜法。亦是諸佛總持法。亦是一切法之印。亦是如來禪。亦爲一行三昧。遂授此法。付囑與慧可。又達磨曰。我有一領袈裟。傳授慧可。我今以此袈裟。亦表其信。令我後代傳法者。得有承稟。慧可說法度人。門徒千萬圍繞矣。[22]」

というのを承けた記述と考えられるが、この『付法簡子』はその內容から荷澤神會以降のものであることが明らかであるから、神會以前に「如來禪」という言葉が禪宗內で用いられていたことの根據とはなし得ない。[23]

次に2についてであるが、先ず言えるのは、『楞伽經』を奉じる人々（「楞伽人」）が「北宗」を指すとする根據がないということである。「北宗」の人々は、確かに『續高僧傳』の影響を受けて『楞伽經』も重んじるようになったが、玄賾＝淨覺の一派を除けば、『楞伽經』をその思想の中心に置いたとは言い難い。また、その一方で「北宗」以外にも『楞伽經』を奉ずる人はいたはずである。更に問題なのは、『止觀輔行傳弘決』の文は、

「又楞伽人云。此經開權與法華義等。若爾。何故前後諸文。皆斥二乘及以外道。故第三云。一切愚夫禪者謂二乘。此斥三藏也。二觀察禪。謂離自他得人無我。亦離外道。豈非通教。三眞如禪。謂知念不起。豈非別教。四如來禪。謂入佛地。豈非圓教。故知彼經猶存權乘。以大斥小亦與前明位義意同。卷末又云。一乘道者。唯如來得。非外道二乘梵天之所得也。豈與法華邪見嚴王。五逆調達。畜生龍女。敗種二乘。皆悉得記作佛耶。[24]」

というもので、「如來禪」という言葉は、『楞伽經』の思想を『法華經』と同等と主張する「楞伽人」に對する湛然

の反論の中に出てくる言葉だということである。この文の「如來禪」への言及は、『楞伽經』の思想が『法華經』のように完全な「會三歸一」になっていないことを論證するために、その經文を引いたに過ぎず、「楞伽人」が「如來禪」という言葉を奉じていたと判斷する根據にはなし得ない。

ただ、ここで注意すべきは、荷澤神會の「如來禪」が如來と等しい究極の境地であるとされ、次節で述べるように、荷澤宗の人々が『法華經』や『維摩經』を用いて、その「如來禪」が「五乘」を超えたものであることを強調したことが、この文章の「楞伽人」の主張とよく一致するということである。神會自身は『楞伽經』に基づいて「如來禪」という概念を打ち出したわけではなかったが、『楞伽經』の經文を知悉していた湛然が、神會や荷澤宗の主張を『楞伽經』に基づくものと見做して彼らを「楞伽人」と呼び、その「如來禪」理解が『楞伽經』の思想內容と合致しない點を批判したということは十分にありうることである。湛然は神會の一世代後の人であるのだから、彼の批判對象が禪宗であったとすれば、「北宗」と見るよりも荷澤宗と見る方が自然である。

最後に3について言えば、チベット語の禪文獻に「如來禪」に對應する言葉があったとしても、それが摩訶衍禪師の主張であるかどうか明確ではない。少なくとも漢文の『頓悟大乘正理決』にはこの言葉は見られない。また、チベットには保唐宗系の禪も流入しており、それが摩訶衍の說と習合していた可能性が考えられるが、保唐宗の說の多くは荷澤神會の主張を承けたものであるから、その影響下に「如來禪」という言葉が使われたとしても何ら不可解ではない。從って、このことを根據として、「北宗」において既に「如來禪」という言葉が用いられていたと論ずることには無理がある。

先に見たように、『傳法寶紀』には神會の說の基盤となる考え方が既にあったにも拘わらず、それに關聯して「如來禪」という言葉を用いてはいない。このことは、この概念そのものが、神會が初めて導入したものであることを示唆するものだと言える。

上記のように、現狀では、「北宗」に「如來禪」という概念があったとする主張は認められないが、神會以前に「如來禪」という言葉が全く存在しなかったわけではない。というのは、後にその本文を掲げるように、七世紀前半に北地で編輯された僞經と見られる『金剛三昧經』の「入實際品」にそれが見えるからである。しかも、そこでは菩提達摩の敎えとされる『二入四行論』の「二入」の說と結合されており、もし神會がその存在を知っていれば、「如來禪」という概念を案出する際に依據した可能性も考えられるが、神會の著作には『金剛三昧經』を見ていた形跡はなく、この經典の存在そのものを知らなかったようである。『金剛三昧經』が、初めて經錄に記載されたのは『開元釋敎錄』（七三〇年）であるから、神會が知らなくても不自然ではない。ただ、神會の影響を強く受けた『歷代法寶記』（七八〇年前後）では、『金剛三昧經』への言及が認められるので、神會歿後の八世紀後半以降、『金剛三昧經』は禪宗でも用いられるようになったようである。ところが、神會の弟子たちは、その存在を知っても、「如來禪」の經證として用いようとはしなかった。そこには後に述べるような理由があったためと考えることができる。

第3節　神會の弟子による「如來禪」の繼承と西天の祖統の整備

a　荷澤宗による『涅槃經』『法華經』等による「如來禪」の基礎づけ

神會の弟子たちは、「如來禪」の思想については、師の立場をよく理解し、基本的立場をそのまま繼承した。そのことは、先に引いた『雜徵義』の文章、ならびに次の『雜徵義』の文章によって知ることができる。

「又經云。衆生見性成佛道。龍女須臾頓發菩提心。便成正覺。又令衆生入佛知見。若不許頓悟者。如來卽合徧説五乘。今既不説五乘。唯言衆生入佛知見。約斯經義。只顯頓門。唯在一念相應。實更不由階漸。相應義者。謂見無念。見無念者。謂了自性。了自性者。謂無所得。以其無所得。卽如來禪。維摩詰言。如自觀身實相者。觀佛亦然。我觀如來。前際不來。後際不去。今則無住。以無住故。卽如來禪[25]。」

この『雜徴義』の文章では、「見性」によって、「五乘」（人乘・天乘・聲聞乘・緣覺乘・菩薩乘）や「階漸」を超えた「頓悟」「一念相應」によって「成佛道」が實現され、「正覺」＝「佛知見」＝「無念」＝「了自性」＝「無所得」が得られると言い、それが「如來が「前際不來。後際不去。今則無住」である」ことに外ならないとして、それを「如來禪」と呼んでいることが知られる（破線部の「佛知見」は、『師資血脈傳』などでは、しばしば「如來知見」と言い換えられている）。

ここで注目すべきは、『四巻楞伽』では、「愚夫所行禪」「觀察義禪」「攀緣如禪」「如來禪」という「四種禪」を説き、「如來禪」をその中の一つに位置づけているのであるが、上で引いた『四巻楞伽』の説明に見るように、「愚夫所行禪」は、「聲聞」「緣覺」「外道」が修行する禪であるし、「觀察義禪」と「攀緣如禪」は「菩薩」の禪を念頭に置いたものと見られるから、『四巻楞伽』の「四種禪」は、實質的に、ほぼ「五乘」に當たるということである。つまり、この『雜徴義』の文は、「如來禪」という言葉を用いているが、『楞伽經』の「如來禪」と荷澤宗の「如來禪」とは全くその內容が異なることを表明した文章と見ることができるのである。

さればこそ、この文章の冒頭部において、『楞伽經』以外に「如來禪」の經證を探して、

1「衆生見性成佛道。」
2「龍女須臾頓發菩提心。便成正覺。」
3「令衆生入佛知見。」

という三つの經文を見出して「頓悟」「頓門」を基礎づけているのであるが、このうち、1は『涅槃經』の「因見佛性得成阿耨多羅三藐三菩提[26]」等の文、2と3は、それぞれ『法華經』のいわゆる「龍女成佛」と「開佛知見」の說を指すものと見られる[27]。また、本章第2節で引用した『雜徴義』の文章でも、ここで引いた『雜徴義』の文章と同樣、「如來禪」を基礎づけるために、『維摩經』の「如自觀身實相。觀佛亦然。我觀如來。前際不來。後際不去。今則不住[28]」という同一の文を引き、『楞伽經』には言及していないということも注目すべきである。

つまり、神會の弟子たちは、「如來禪」という言葉を、師と同じく、「如來」から傳えた「如來」と同じ究極の境地で「五乘」のようなランク付けや相對性を絕したものと理解したがゆえに、それを經典で基礎づけようとするとき、『楞伽經』を敢えて用いず、「五乘」を說かずに「頓悟」のみを說く、『涅槃經』『法華經』『維摩經』を用いようと努めたのである。

b　『歷代法寶記』に見る「如來淸淨禪」批判

神會が「如來禪」という概念を自派の立場を示すものとして使用して後、禪宗內、特に神會の影響を強く受けた人々の間で、「如來禪」という概念がしばしば用いられるようになった。最澄が引用する『付法簡子』にこれが用いられていることは既に述べたが、荷澤神會の強い影響を受けて編集された『歷代法寶記』（七八〇年前後）の次の文章もそれを示すものである。

「東京荷澤寺神會和上。毎月作檀場。爲人説法。破清淨禪。立如來禪。立知見。立言説。爲戒定惠。不破言説。云。正説之時卽是戒。正説之時卽是定。正説之時卽是惠。説無念法。立見性。(29)」

特に、この文章で興味深いのは、「如來禪」と「清淨禪」が明確に對立關係で捉えられているということである。これは明らかに『四卷楞伽』の「四種禪」の一つである「如來禪」＝「如來清淨禪」の存在を知りつつ、その思想を批判したものと言える。つまり、この記述は、神會の兒孫の閒では、『四卷楞伽』にも「如來禪」という言葉が用いられており、それが「如來清淨禪」とも呼ばれ、神會が『壇語』で用いた「北宗」批判の言葉、「凝心入定」「住心看淨。起心外照。攝心內證(30)」と通ずるものであることが問題視されるようになり、神會以來の「如來禪」を『四卷楞伽』の「如來清淨禪」と峻別する必要性を感じていたことを示すものと考えられるのである。これを彼らが同一視することができなかった理由は、一つには、第二章第3節「『師資血脈傳』改變の時期と理由」で論じたように、「東山法門」を『四卷楞伽』の傳統であるとする新奇な説を採る淨覺（生歿年未詳）の『楞伽師資記』が流布するようになり、荷澤宗の人々は、それに對抗する必要があったためである。他の經論はともかく、彼らにとって「如來禪」の基礎を『楞伽經』に求めることだけは斷じてできなかったのである。

このことは、逆に言えば、神會本人が「如來禪」という言葉を用いたとき、『四卷楞伽』の「四種禪」の一つである「如來禪」を全く意識していなかったことを示唆するものでもある。從って、神會の影響下で用いられるようになったのは「如來禪」であって、決して「如來清淨禪」ではなかったはずなのであるが、一方で『歴代法寶記』

が「破淸淨禪。立如來禪」と言う時、そこには新たに『楞伽經』に基づいて「如來淸淨禪」を立場とするもの、あるいは、それとの混同を意に介さないものが現われつつあったことを暗示している。

c「西天二十八祖說」の提唱

先に言うように、「西天の祖統」の受容が、そのまま「如來禪」という自らの立場の受容と直結するため、神會の弟子たちは、「如來禪」の思想を繼承する一方で、神會晚年の說である「西天二十九祖說」を更に改良して「西天二十八祖說」を唱え、それを社會に擴めようとした。ただ、當初、その內容は一定せず、「二十九祖」を「二十八祖」とするために「末田地」を除くか、「彌遮迦」を除くかで意見の相違があったようである。前者は、最澄（七六七〜八二二）の『血脈譜』や圭峰宗密（七八〇〜八四一）の『圓覺經大疏鈔』等の採用するもの、後者は『南宗頓教最上大乘摩訶般若波羅蜜經六祖慧能大師於韶州大梵寺施法壇經』（以下、「敦煌本『六祖壇經』」と略稱）の採用するものであるが（これについては、第六章「『付法藏經』の編輯とその後の變化」を參照）、先に言及した『歷代法寶記』に注記のように記された「菩提達摩多羅を除いて數えることで二十八祖とも數え得る」という說も、かつて實際にそのような說が存在したことを示すものなのかも知れない。

この內、主流となったのは、「末田地」を除くというものであった。それは「彌遮迦」を除くことに正當な理由を附することは難しかったが、「末田地」を除くことについては說得力のある說明が可能だったためであろう。卽ち、第三祖の「末田地」は、第四祖の「商那和修」と同學で、第五祖の「優波毱多」は「商那和修」の弟子であって、「末田地」は、いわば第二祖「阿難」下の「傍出」に當たるから、神會の主張である「一代は一人に限られる」という思想と合致しないのである（神會のこの思想については、本書第四章第1節「東山法門を正統な佛教と位置づける

言說」を參照)。宗密の『圓覺經大疏鈔』巻三之下の「商那和修第三」の下に、

「和修親稟阿難。不稟末田提。故當第三。[31]」

という注記があることから見ても、この點が「末田地」を祖師から除くことを正當化する根據となったことは疑えない。

しかしながら、實際には理由は後付けで、「二十九祖」を「二十八祖」とすることが第一の目的で、誰を除くかは重要ではなかったようである。その理由は不明であるが、「二十八祖」の方が語呂がよいとか、偶數の方が落ち着くというような便宜的な理由であったのではないかと推察される。しかし、そうしたことは、この說が社會に受け入れられるためには非常に重要なことであったであろう。

先に言うように、『歷代法寶記』(七八〇年前後)の時代には、既に「西天二十八祖說」が主流になっていたと考えられるのであるが、私見によれば、最澄が『血脈譜』を書く際に基づいた『西國佛祖代代相承傳法記』の成立は、七七〇年前後ではないかと推測される。[32]だとすれば、神會歿後ほどない時期に、弟子たちは「西天二十八祖說」に移行したこととなろう。

第4節　『曹溪大師傳』と洪州宗による「如來禪」の受容

『歷代法寶記』が編輯されたのとほぼ同じ頃に編輯された六祖慧能の傳記が『唐韶州曹溪寶林山國寧寺六祖惠能

大師傳法宗旨幷高宗大帝敕書兼賜物改寺額及大師印可門人幷滅度時六種瑞相及智藥三藏懸記等傳』（七八一年、以下、『曹溪大師傳』と略稱）である。『曹溪大師傳』は別に論じたように、慧能の弟子の玄策の系統で荷澤宗文獻を基礎に編輯されたと見られるが(33)、これには、次のように『四巻楞伽』に基づく「如來清淨禪」という言葉が用いられている。

「中使薛簡問大師。京城大德禪師教人要假坐禪。若不因禪定。解脱得道無有是處。大師云。道由心悟。豈在坐耶。金剛經。若人言如來若坐若臥。是人不解我所說義。如來者。無所從來。亦無所去。故名如來。無所從來曰生。亦無所去曰滅。若無生滅而是如來清淨禪。諸法空卽是坐。大師告言中使。道畢竟無得無證。豈況坐禪。(34)」

この場合、當然、『四巻楞伽』の文が念頭に置かれているはずであるが、この文章については、少なくとも意味の點では、『四巻楞伽』の「如來清淨禪」でなくてはならない理由はないように見受けられる。『曹溪大師傳』の作者は荷澤宗の人ではなかったから、恐らく、神會以來の「如來禪」と『四巻楞伽』の「如來清淨禪」とを嚴密に區別しなくてはならないという發想がなかったのであろう。なお、この說話は『景德傳燈錄』（以下、『傳燈錄』と略稱。一〇〇四年）の「慧能傳」にも、次のようにそのまま承け繼がれている。

「薛簡曰。京城禪德皆云。欲得會道。必須坐禪習定。若不因禪定而得解脱者未之有也。未審師所說法如何。師曰。道由心悟。豈在坐也。經云。若見如來若坐若臥是行邪道。何故無所從來亦無所去。若無生滅是如來清淨禪。諸法空寂是如來清淨坐。究竟無證豈況坐耶。(35)」

ところで、この時期に勢力を伸ばしつつあったのが、馬祖道一（七〇九～七八八）の一派、卽ち、洪州宗である。『傳燈錄』第二十八の「諸方廣語」の中に掲げられる馬祖道一の示衆とされるものにも、次のように「如來清淨禪」という用語が見出せる。

「一悟永悟。不復更迷。如日出時。不合於冥。智慧日出。不與煩惱暗倶。了心及境界。妄想卽不生。妄想既不生。卽是無生法忍。本有今有。不假修道坐禪。不修不坐。卽是如來清淨禪。如今若見此理眞正。不造諸業。隨分過生。一衣一鉢。坐起相隨。戒行增熏。積於淨業。但能如是。何慮不通。(36)」

ここに說かれる教えの內容は、明らかに「四種禪」の中の「如來清淨禪」とは無關係である。その點では、神會の「如來禪」を承けるものであるとも言えるが、それを「如來清淨禪」と呼ぶのは、『楞伽經』の「如來清淨禪」と混同した例と見えぬこともない。ただ、この場合、これに對應する李遵勗（九八八～一〇三八）撰『天聖廣燈錄』（一〇二九年、以下、『廣燈錄』と略稱）巻八「江西馬祖大寂禪師」の文章では、次に掲げるように、字句が大いに異なり、「如來清淨禪」という言葉も見られない。

「一悟永悟。不復更迷。如日出時。不與暗對。智慧日出。不與煩惱暗倶。了心境界。妄想卽除。妄想既除。卽是無生。法性本有之性。不假修成。禪不屬坐。坐卽有著。若見此理。眞正合道。隨緣度日。戒行增熏。積於淨業。但能如是。何慮不通。(37)」

こちらの方が文章も素朴で、原形に近いように思われるから、『傳燈錄』の記載は必ずしも依用する必要はないかもしれないが、後代の兒孫が馬祖の示衆を『傳燈錄』のような形に編輯したとすれば、その兒孫の段階では、「如來禪」と「如來淸淨禪」は混同されていたことになろう。

一方、洪州宗の人々の言葉として傳わるものの中には、「如來淸淨禪」ではなくて、「如來禪」という言葉が用いられている。例えば、馬祖の弟子の百丈懷海（七四九～八一四）の言葉とされるものに、

「問。如今說此土有禪如何。師云。不動不禪是如來禪離生禪想。(38)」

という文章を見出すことができ、また、『廣燈錄』巻八の「黃檗希運章」にも、

「夫學道者。先須併却雜學諸緣。決定不求。決定不著。聞甚深法。恰似淸風屆耳。瞥然而過。更不追尋。是爲甚深入如來禪離生禪想。從上祖師。唯傳一心。更無異法。指心是佛。頓超等妙二覺之表。決定不流至第二念。始似入我宗門。如斯之法。汝取次人到者裏。擬作麼生學。所以道。擬心時。被擬心魔縛。非擬心時。又被非擬心魔縛。非非擬心時。又被非非擬心魔縛。魔非外來。出自儞心。唯有無神通菩薩足跡不可尋。(39)」

と、「如來禪」という言葉を見ることができる。兩人とも「如來禪離生禪想」と熟して用いているところを見ると、黃檗は師の百丈からこの言葉を承け繼いだのであろう。

ただ、この場合、「如來禪」という概念は、神會以來の傳統とは無關係に、『金剛三昧經』に基づいて唱えられて

いるようである。というのは、次節で引くように、『金剛三昧經』「本覺利品第四」には「存三守一入如來禪」という句があり、しかも、ここで「如來禪」が「離生禪想」であるというのは、『金剛三昧經』「無生行品第三」の次の文章に基づくと見られるからである。

「心王菩薩言。禪能攝動。定諸幻亂。云何不禪。佛言。菩薩禪卽是動。不動不禪是無生禪。禪性無生。離生禪相。禪性無住。離住禪動。若知禪性無有動靜。卽得無生。無生般若。亦不依住。心亦不動。以是智故。故得無生般若波羅蜜。[40]」

結局のところ、馬祖自身が「如來淸淨禪」という言葉を用いていたかどうかは明確でなく、彼の弟子たちが「如來禪」という言葉を用いていた可能性は強いが、そこには『金剛三昧經』の「如來禪」の思想が流れ込んでいたのである。

こうした状況を踏まえて、神會の「如來禪」と『四卷楞伽』の「如來淸淨禪」の兩者、あるいは『金剛三昧經』の「如來禪」を加えた三者を積極的に一つに見ようとする人物が現れた。それが、神會の兒孫をもって自ら任じた圭峰宗密その人である。本章の冒頭に示した『岩波佛教辭典』の「如來禪」の項に見るように、今日、禪宗の「如來禪」の起源を『楞伽經』に求めようとすることが一般化しているのは、この宗密の說が流布した結果と考えることができるであろう。

第5節　宗密による「如來禪」の改變

宗密は、もともと『楞伽經』との關係が希薄であった神會以來の「如來禪」を『楞伽經』の「四種禪」に基づいて基礎付けようとした。それを端的に示すのが、次に掲げる『禪源諸詮集都序』（以下、『都序』と略稱）の文である。

「萬行不出六波羅蜜。禪門但是六中之一。當其第五。豈可都目眞性爲一禪行哉。然禪定一行最爲神妙。能發起性上無漏智慧。一切妙用萬行萬德。乃至神通光明。皆從定發。故三乘學人欲求聖道。必須修禪。離此無門。離此無路。至於念佛求生淨土。亦修十六觀禪。及念佛三昧。般舟三昧。又眞性卽不垢不淨。凡聖無差。禪則有淺有深。階級殊等。謂帶異計。欣上厭下而修者。是外道禪。正信因果。亦以欣厭而修者。是凡夫禪。悟我空偏眞之理而修者。是小乘禪。悟我法二空所顯眞理而修者。是大乘禪（上四類皆有四色四空之異也）。若頓悟自心本來清淨。元無煩惱。無漏智性本自具足。此心卽佛。畢竟無異。依此而修者。是最上乘禪。亦名如來清淨禪。亦名一行三昧。亦名眞如三昧。此是一切三昧根本。若能念念修習。自然漸得百千三昧。達磨門下展轉相傳者。是此禪也。達磨未到。古來諸家所解。皆是前四禪八定。諸高僧修之。皆得功用。南岳天台。令依三諦之理。修三止三觀。教義雖最圓妙。然其趣入門戶次第。亦只是前之諸禪行相。唯達磨所傳者。頓同佛體。迥異諸門。故宗習者難得其旨。得卽成聖。疾證菩提。失卽成邪。速入塗炭。先祖革昧防失。故且人傳一人。後代已有所憑。故任千燈千照。洎乎法久成弊。錯謬者多。故經論學人疑謗亦衆[41]。」

ここでは、「外道禪」「凡夫禪」「小乘禪」「大乘禪」との對比の中で「最上乘禪」＝「如來清淨禪」が最も優れたものとされている[42]。もっとも宗密は、これが『四卷楞伽』に基づくものだとは言っていないが、「如來清淨禪」という言葉を使っていることによって、それは明らかであろう。また、『四卷楞伽』が「四種禪」であったのに對して、いわば「五種禪」となっており、その內容も異なるが、これは、師の清涼澄觀（七三七〜八三八）が『大方廣佛華嚴經隨疏演義鈔』において、『楞伽經』の「四種禪」說を引いた上で、

「釋曰。然古皆配位自有二師。一云初凡小。二至七地。三八地已上。四卽佛地。二大雲言。亦初凡小。二十信至迴向。三卽加行。四卽初地至佛地。以證如故皆名如來。若修觀者凡夫直用如來淨禪。今此文中。卽以第三同於第四。不同初二。初二是凡小二。猶未亡法無我故。卽以三四因果交徹。謂見佛法界卽緣如義。無取無入卽同如來清淨禪義[43]。」

と述べているのに基づくものであろう。つまり、澄觀は、「四種禪」のうち「愚夫所行禪」を「凡（夫）」、「觀察義禪」を「小（乘）」に充てて、いずれも「亡法無我」に至らないものとし、「攀緣如禪」と「如來禪」を「因」と「果」に配しているが、これは實質的には、「凡夫」「小乘」「大乘」「如來」の四種禪に配するものと言えるから、これから「外道」を別出して加えれば、宗密の「五種禪」となるのである。

問題は、宗密が神會以來の「如來禪」を『四卷楞伽』の「四種禪」によって再解釋しようとした理由である。上の『都序』の文章から窺えるのは（特に波線部を參照）、それが、達摩の禪を「如來清淨禪」と規定することによって、それ以前に中國で行われていた天台宗などの種種の禪定とは決定的に異なる優位性を示すところにあったとい

うことである。この引用文では、達摩禪と他の禪觀との相違が强調されているだけであるが、周知のように、宗密は、この後の部分で、

「一。禪有諸宗。互相違反者。今集所述。殆且百家。宗義別者。猶將十室。謂。江西・荷澤・北秀・南侁・牛頭・石頭・保唐・宣什及稠那・天台等。雖皆通達。情無所違。而立宗傳法。互相乖阻。有以空爲本。有以知爲源。有云寂默方眞。有云行坐皆是。有云現今朝暮分別爲作。一切皆眞。有云分別爲作。一切皆眞。有萬行悉存。有兼佛亦泯。有放任其志。有拘束其心。有以經律爲所依。有以經律爲障道。非唯汎語。而乃確言。確弘其宗。確毀餘類後學。執言迷意。情見乖張。爭不和會也。(44)」

のように、「江西・荷澤・北秀・南侁・牛頭・石頭・保唐・宣什。及稠那・天台等」という禪の「十室」の存在に言及した上で、それらを、

「上之十意。理例昭然。但對詳禪之三宗教之三種。如經斗秤。足定淺深。先敍禪門。後以教證。禪三宗者。一息妄修心宗。二泯絕無寄宗。三直顯心性宗。敎三種者。一密意依性說相教。二密意破相顯性教。三顯示眞心卽性教。右此三教。如次同前三宗。相對一一證之。然後總會爲一味。(45)」

と、「息妄修心宗」「泯絕無寄宗」「直顯心性宗」という「禪三宗」に順次配當し、「密意依性說相敎」「密意破相顯性敎」「顯示眞心卽性敎」という「敎三種」との對應を說くのである。

要するに、宗密の目的は、自らが傳えた荷澤禪が禪宗各派の中の最高のものであることを明らかにする必要があり、そのための前提作業として、他の禪觀に對する達摩禪の優越を確認するために、『四巻楞伽』に基づいて「五種禪」の説を唱えたのである。その背景にあったのは、當時の荷澤宗をめぐる禪宗內での情勢の變化であろう。卽ち、荷澤神會の時代には、「北宗」のみを問題にしていればよかったが、宗密の時代には、勃興する禪宗各派の中で荷澤宗の地位が相對的に低下し、主流から脫落しつつあったのであって、宗密としては、その地位を何とか挽回させる必要があったのである。

宗密に關してもう一つ非常に興味深いのは、彼が『金剛三昧經』にしばしば言及し、また、『金剛三昧經』「入實際品第五」において菩提達摩の「二入」說と「如來禪」が結合されていることをよく認識していたということであって、このことは次の事實から明らかである。卽ち、宗密は『都序』で菩提達摩の「壁觀」說に言及して、「達摩以壁觀敎人安心云。外止諸緣。內心無喘。心如牆壁。可以入道。豈不正是坐禪之法。[46]」と言うが、『二入四行論』には、

「法師感其精誠。誨以眞道。如是安心。如是發行。如是順物。如是方便。此是大乘安心之法。令無錯謬。如是安心者壁觀。如是發行者四行。如是順物者。防護譏嫌。如是方便者。遣其不著。此略序所由。意在後文。[47]」

等と述べられているだけで、そこに「無喘」という言葉はない（『續高僧傳』「菩提達摩傳」の引用や『楞伽師資記』の引用でも同樣である）。この二字は、實は、『金剛三昧經』の「入實際品第五」に、達摩のものとされる『二入四行論』の「二入」說と「如來禪」の說を接合して、

「大力菩薩言。無際心智。其智無崖。無崖之心。心得自在。自在之智。得入實際。如彼凡夫。輭心衆生。其心多端以何法御。令得堅心。得入實際。佛言。菩薩彼心喘者。以內外使。隨使流注。滴瀝成海。大風鼓浪。大龍驚駭。驚駭之心。故令多喘。菩薩令彼衆生存三守一入如來禪。以禪定故。心則無喘。大力菩薩言。何謂存三守一入如來禪。佛言。存三者。存三解脫。守一者。守一心如。入如來禪者。理觀心淨如。入如是心地。卽入實際[48]。」

と述べているところから取り込まれたものなのである（二重傍線部を參照）。つまり、宗密は、『金剛三昧經』「入實際品第五」の所說をよく理解し、達摩の「壁觀」を說くに當たって、それを利用したのである。その際、『金剛三昧經』では、『二入四行論』の「二入」のみを殘して「四行」を捨象したが、宗密はさらに「二入」も捨象して「壁觀」のみを殘したのであり、この點からも宗密が『金剛三昧經』の思想を展開したことが知られる。ただし、『金剛三昧經』では「壁觀」を「覺觀」に改めているので、宗密が『二入四行論』にも據っていることは否定しがたい。

宗密は九世紀の初期に活躍した人であるから、この『金剛三昧經』の文章をよく知っていたのであるが、『金剛三昧經』に基づいて「如來禪」說を擧揚しようとした樣子は窺えない。その理由は、『金剛三昧經』では「存三守一」によって「如來禪」に入り、それによって「無喘」になれると說くが、その記述そのものが、神會以來の「如來禪」に合わなかったためであろう。では、何故、宗密は達摩の「壁觀」は用いたのか。その理由は明確である。『都序』では、この「壁觀」說は、北宗や保唐宗等が配當される「息妄修心宗」の說明のところで引かれており、そこに「但自隨病對治。不須讚此毀彼」と示されるように[49]、宗密の認識では、この禪法は禪宗では單なる方便說に過ぎないものなのである。『金剛三昧經』では「如來禪」の説明とされていた「無端」を、宗密が「壁觀」の説明に移したのも、「無端」のような卑近な説明は、「如來禪」の説明には相應しくないが、方便説の「壁觀」であれば、むしろ效果的であるという認識があったためと考えられる。

なお、後世になると『傳燈錄』の「達磨章」に、

「別記云。師初居少林寺九年。爲二祖說法。秖敎曰。外息諸緣內心無喘。心如牆壁可以入道。慧可種種說心性理。道未契。師秖遮其非。不爲說無念心體。慧可曰。我已息諸緣。師曰。莫不成斷滅去否。可曰。不成斷滅。師曰。何以驗之云不斷滅。可曰。了了常知故。言之不可及。師曰。此是諸佛所傳心體。更勿疑也。[50]」

と述べられ、また、『大慧普覺禪師語錄』で、

「適來知縣學士疏中有言。馬師圓相遠緘千里之清規。欽老機鋒點破一時之群惑。群惑旣破。則人人脚根下大事洞明。大事旣明。則十二時中折旋俯仰彈指謦欬無非佛之妙用。旣是佛之妙用。則不從人得。旣不從人得。亦不在己躬。旣不在己躬。則內不放出。外不放入。旣外不放入。則外息諸緣。內不放出。則內心無喘。旣內心無喘。外息諸緣。則一切智通無障礙。旣無障礙。則一切智智清淨無二。無二分無別無斷故。正當恁麼時。不是世閒法。亦非出世閒法。拽取占波國與新羅國鬪額。豈是分外。[51]」

と論じられるように、この宗密の「壁觀」についての說明が達摩の教えの眞髓であるかのように語られるようにな

っていく。これは宋代における新たな變化であって、士大夫階級への禪の浸透が關係している可能性が考えられるが、本章の主題から逸れるので、この問題は別の機會に譲ることとしたい。

第6節　「如來禪」と「祖師禪」

上に論じたように、宗密によって「如來禪」は、『楞伽經』の「如來清淨禪」と同一視されるようになり、神會以來の絶對的な價値を失ったのであるが、それを承けて、「如來禪」に優るものとして「祖師禪」というものが提起され、兩者が對照して用いられるようになった[52]。この用例は極めて多いが、その嚆矢は仰山慧寂（八〇七～八八三）であったようである。すなわち、『傳燈錄』の「仰山慧寂章」に、

「師問香嚴。師弟近日見處如何。嚴曰。某甲卒說不得。乃有偈曰。去年貧未是貧。今年貧始是貧。去年無卓錐之地。今年錐也無。師曰。汝只得如來禪。未得祖師禪。玄覺云。且道如來禪與祖師禪分不分。長慶稜云。一時坐却[53]」

と見え、睦庵善卿（生歿年未詳）が『祖庭事苑』（一一〇八年）卷一において、『雲門室中錄』の「如來禪」を說明して、次のように述べているのがそれである。

「香嚴智閑初參大潙祐。因併淨道路。棄瓦礫。擊竹響。忽然省悟。有頌云。一擊忘所知。更不自修持。動容揚

古路。不墮悄然機。處處無蹤跡。聲色外威儀。諸方達道者。咸言上上機。仰山聞云。此是夙構記持所成。若是正悟發明。別更說看。又云。去年貧。未是貧。今年貧。始是貧。去年貧。有卓錐之地。今年貧。錐也無。仰山云。如來禪許師兄會。祖師禪未夢見在。嚴又成一頌。我有一機。瞬目示伊。若人不會。別喚沙彌。仰山云。且喜師兄會祖師禪也。」(54)

この問答では、既に悟りを開いていた香嚴智閑（？～八九八）に慧寂が最近の心境を尋ねたのに對して、智閑は、いよいよ「貧」となった、つまり、「無一物」を極めたと述べる。それを聞いた慧寂は、「如來禪は理解しているが、祖師禪については全くだ」と批判的な評價を與えている。『祖庭事苑』では、その後、（恐らく一定の修行期間を置いた後に）智閑が新たに「瞬目」についての頌を作り、慧寂はようやく「祖師禪」も理解したと認めている。

この問答から言えるのは、「如來禪」が「絕對無」の枯れた境地を指すのに對して、「祖師禪」は、そこを經た後の現實世界での活動への迴歸を遂げた境地を指しているということである。この意味での「如來禪」は、神會以來の「如來禪」と異なることはもちろん、『四卷楞伽』の「如來（清淨）禪」ですらないが、恐らく、宗密が「如來禪」を「如來清淨禪」として捉えたことを承けて、その「清淨」を現實からの遊離という否定的な意味で捉えたことによるのであろう。禪宗においては、「東山法門」以來、現實生活の中で「悟り」を實現しようと努めてきた。その點から言えば、「絕對無」への囚われは、當然、批判されてしかるべきものである。

特に馬祖道一の「卽心是佛」「平常心是道」の思想は、人間性を絕對化し、個人の性格がそのまま禪風に反映される道を開いた。そして、多くの禪僧が輩出し、それぞれに個性的な布教を行うことで、禪を人間化した。これによって禪は中國全土に廣まり、完全に市民權を得た。現實に多くの禪匠＝祖師たちが人々の支持を集めて活躍している中で、神會が意圖した「如來から傳承した究極の禪」であるとする正統化が理念的で現實から遊離した空疎なものに見えたとしても不思議ではない。神會の意味での「如來禪」は既に歴史的使命を終えていたのである。

むすび

神會の「如來禪」は、それ以前に存在した『四卷楞伽』や『金剛三昧經』の「如來禪」とは全く無關係に、單に「如來」から代代傳承された究極の「禪」であるという一點のみに基づいて提起されたものであった。從って、その概念は西天の祖統と一體の關係にあり、かくして神會は、これと同時に『達摩多羅禪經』に基づいて「西天八祖說」を唱えることになったのである。

ただ、「西天八祖說」は、甚だしく無理な說であったので、神會の晩年には『付法藏因緣傳』を併せ用いることで「西天二十九祖說」へと移行した。「如來禪」という概念を擴めるためには、釋迦から慧能に至る祖統が受け入れられる必要があったのである。この神會の立場は、荷澤宗の人々にはよく理解されていたから、彼らは「西天二十九祖說」を更に「西天二十八祖說」へと整備したし、「如來禪」概念を補强するために經證を求めたが、『四卷楞伽』には目もくれず、それを『涅槃經』や『法華經』、『維摩經』等に求め、『四卷楞伽』の說く「如來禪」「如來清淨禪」との混淆を避けんとした。

しかし、荷澤宗以外の人々は、神會の意圖を十分には知り得なかったために、「如來禪」と「如來清淨禪」を嚴密には區別しなかった。更に、荷澤宗においても圭峰宗密は、自らの思想的立場に基づいて、神會以來の「如來禪」を、『四卷楞伽』の「如來清淨禪」や『金剛三昧經』の說く「如來禪」と故意に一元化せんとした。かくして、

「如來禪」の價値が相對化されることになり、更には洪州宗の人々によって、より高度な立場として「祖師禪」という概念が提起され、「如來禪」はむしろ完全ならざるものと位置付けられるようになったのである。

「如來禪」という言葉には、複數の由來があり、禪宗史の展開の中で提起された様々な立場や思想がその中に層を成して堆積している。本章では、その重層性の一端を明らかにした。それはミシェル・フーコー（Michel Foucault、一九二六～八四）の言う「知の考古學」の一つの事例であると言えるかも知れない。「如來禪」という言葉の歴史を辿ることは、そのまま、現在も用いられている「如來禪」という言葉の語義を理解することであり、同時に最初に神會が「如來禪」という言葉を唱えた意圖を正しく理解することでもあるのだ。

註

（1）中村元等編『岩波佛教辭典』岩波書店、一九八九年）六四二頁。
（2）神會撰・獨孤沛編『定是非論』：楊曾文『神會和尚禪話錄』（中華書局、一九九六年）一八頁。
（3）同上：前掲『神會和尚禪話錄』三三～三四頁。
（4）神會『師資血脈傳』「達摩傳」：前掲『神會和尚禪話錄』一〇三～一〇四頁。
（5）同上「慧可傳」：前掲『神會和尚禪話錄』一〇五頁。
（6）杜朏『傳法寶紀』「杜朏序」：柳田聖山『初期の禪史Ⅰ』（筑摩書房、一九七一年）三三六～三三七頁。
（7）撰者未詳「唐中岳沙門釋法如禪師行狀」：柳田聖山『初期禪宗史書の研究』（法藏館、一九六七年）四八七～四八八頁。
（8）前掲『初期禪宗史書の研究』四七～五一頁等を參照。
（9）編者未詳『歴代法寶記』：柳田聖山『初期の禪史Ⅱ』（禪の語錄3、筑摩書房、一九七六年）五九頁。

(10) 求那跋陀羅譯『四卷楞伽』：大正藏一六、四九二a～b。
(11) 前揭『初期禪宗史書の研究』四五一～四五二頁。
(12) 劉澄集『雜徵義』：前揭『神會和尙禪話錄』九七頁。
(13) 求那跋陀羅譯『四卷楞伽』：大正藏一六、四九七b。
(14) 杜朏『傳法寶紀』「杜朏序」：前揭『初期の禪史Ⅰ』三三一～三三七頁。
(15) 同上「達摩傳」：前揭『初期の禪史Ⅰ』三五五頁。
(16) これについては、本書第三章の註(66)を參照されたい。
(17) 神會撰・獨孤沛編『定是非論』：前揭『神會和尙禪話錄』三一～三二頁。
(18) 前揭『初期の禪史Ⅰ』二六～二七頁を參照。
(19) 前揭『初期禪宗史書の研究』二一七頁注④。
(20) 前揭『初期禪宗史書の研究』四二四～四二五頁。
(21) 沖本克己『禪思想形成史の研究』(禪文化研究所研究報告第5册、一九九八年)三五七～三六二頁。
(22) 最澄『血脈譜』：比叡山專修院附屬叡山學院『傳教大師全集 卷一』(世界聖典刊行協會、一九八九年)二〇七頁。
(23) なお、ここでは「如來禪」を「一行三昧」とも呼んでいるが、これも荷澤神會の『定是非論』に例がある。前揭『神會和尙禪話錄』三七～三八頁を參照。
(24) 湛然『止觀輔行傳弘決』：大正藏四六、二五〇b。
(25) 劉澄集『雜徵義』：前揭『神會和尙禪話錄』八〇～八一頁。
(26) 曇無讖譯『涅槃經』：大正藏一二、四〇五a。
(27) 鳩摩羅什譯『法華經』：大正藏九、三五c、七a。
(28) 鳩摩羅什譯『維摩經』：大正藏一四、五五四c～五五五a。
(29) 編者未詳『歷代法寶記』：柳田聖山『初期の禪史Ⅱ』一五四～一五五頁。

(30) 神會『壇語』：前掲『神會和尙禪話錄』九～一〇頁。
(31) 宗密『圓覺經大疏鈔』卷三之下「商那和修第三」：續藏一‐一四‐三、二七六b。
(32) 伊吹敦「『付法簡子』と『西國佛祖代代相承傳法記』の史的意義」(『東洋學研究』五九、二〇二二年)一九四～一九二頁を參照。
(33) 伊吹敦「三たび『曹溪大師傳』の成立を論ず」(『東洋思想文化』一一、二〇二四年)を參照。
(34) 編者未詳『曹溪大師傳』：駒澤大學禪宗史研究會『慧能研究──慧能の傳記と資料に關する基礎的研究』(大修館書店、一九七八年)四五頁。なお、『曹溪大師傳』の成立についての私見は、前掲「三たび『曹溪大師傳』の成立を論ず」を參照。
(35) 道原『傳燈錄』「慧能章」：大正藏五一、二三五c～二三六a。
(36) 同上「諸方廣語」：大正藏五一、四四〇b。
(37) 李遵勗『廣燈錄』「江西馬祖大寂禪師」：續藏一‐二乙‐八‐四、三二七d。なお、柳田聖山『禪文獻の研究　上』(柳田聖山集2、法藏館、二〇〇一年)三〇二～三〇五頁に、この示衆について『傳燈錄』『廣燈錄』『四家語錄』の文章が對照されている。
(38) 編者未詳『古尊宿語錄』卷一「百丈懷海禪師」：續藏一‐二‐二三‐二、八六a。なお、前掲『初期禪宗史書の研究』二一八頁に指摘がある。
(39) 李遵勗『廣燈錄』「黄檗希運章」：續藏一‐二乙‐八‐四、三三〇c。また、小川太龍「『天聖廣燈錄』卷八「黄檗章」譯注(二)」(『花園大學國際禪學研究所論叢』一五、二〇二〇年)二頁も參照。
(40) (傳)失譯『金剛三昧經』「無生行品第三」：大正藏九、三六八a。
(41) 宗密『都序』：鎌田茂雄『禪源諸詮集都序』(禪の語錄9、筑摩書房、一九七一年)一七～二八頁。
(42) なお、ここでは「如來淸淨禪」が「最上乘禪」とも呼ばれているが、「最上乘」も神會に先例がある。前掲『師資血脈傳』「菩提達摩傳」を參照。

(43) 澄觀『大方廣佛華嚴經隨疏演義鈔』：大正藏三六、六八二a。
(44) 宗密『都序』：前揭『禪源諸詮集都序』四八〜四九頁。
(45) 同上：前揭『都序』八五頁。
(46) 同上：前揭『都序』一一六頁。
(47) (傳)菩提達摩『二入四行論』：柳田聖山『達摩の語錄』(筑摩書房、一九六九年)二五頁。
(48) (傳)失譯『金剛三昧經』「入實際品第五」：大正藏九、三七〇a。
(49) 宗密『都序』：前揭『禪源諸詮集都序』一一七頁。
(50) 道原『傳燈錄』「達磨章」：大正藏五一、二一九c〜二二〇a。
(51) 大慧宗杲『大慧普覺禪師語錄』：大正藏四七、八一三b。
(52) 宗密がその著作でしばしば馬祖批判を繰り返していることを考えると、ここには洪州宗による宗密批判という意味が込められていた可能性があるが、資料的には確認できないようである。
(53) 道原『傳燈錄』「仰山慧寂章」：大正藏五一、二八三b。
(54) 睦庵善卿『祖庭事苑』「雲門室中錄」：續藏一-二-一八-一、八c〜d。

第六章 『付法藏經』の編輯とその後の變化

先行研究と問題の所在

禪宗は東山法門によって一派として確立を見たが、彼らにおいては、菩提達摩以來の系譜を說くだけで、その正統性は明らかだと考えられていた。否、というよりも、彼らにとって、自ら現に「悟り」の實感を伴った禪體驗が得られているだけでよく、その正統性を外部に對して示す必要があるとする思考そのものが存在しなかったのである。しかし、兩京への進出を果たし、立場を異にする人々と交わるようになると、それだけでは十分ではないと考えられるようになり、東土の初祖たる達摩を正統化するために、釋迦から達摩に至る系譜を明示する必要性が痛感されるようになった。

釋迦以來、インドで佛法がどのように傳えられてきたかを說く代表的な文獻として、東晉の義熙七年（四一一）に佛陀跋陀羅（三五九～四二九）が廬山で譯した『達摩多羅禪經』、竝びにそれに附された慧遠の序と、北魏の延興二年（四七二）に吉迦夜（生歿年未詳）と曇曜（生歿年未詳）が共譯した『付法藏因緣傳』との二つがあったため、彼らはその目的を達するために、これらの文獻を用いることになった。しかし、前者は、釋迦の禪法が、

[1]大迦葉—[2]阿難—[3]末田地—[4]舍那婆斯—[5]優波崛—[6]婆須蜜—[7]僧伽羅叉—[8]達摩多羅

という經路で達摩多羅にまで傳えられ、それを弟子の[9]不若蜜多羅が承け繼いだことを述べるに過ぎないものであり、(1)また、後者は、ブッダの教えが迦葉によって承け繼がれ、それ以降、

[1]摩訶迦葉—[2]阿難—[3]摩田提—[4]商那和修—[5]優波毱多—[6]提多迦—[7]彌遮迦—[8]佛陀難提—[9]佛陀蜜多—[10]脇比丘—[11]富那奢—[12]馬鳴—[13]比羅—[14]龍樹—[15]迦那提婆—[16]羅睺羅—[17]僧伽難提—[18]僧伽耶舍—[19]鳩摩羅駄—[20]闍夜多—[21]婆修槃陀—[22]摩奴羅—[23]鶴勒那夜奢—[24]師子比丘

と二十四代に亙って傳承されてきたことを説くものの、師子比丘が罽賓國王に殺されることによって、この系譜が斷たれたと述べており、(2)いずれも禪の系譜を基礎づけるには十分とは言えないものであった。

しかし、西天の系譜によって、東山法門の正統性を基礎づけんとする荷澤神會（六八四～七五八）は、杜朏の『傳法寶紀』の説を取り入れ、菩提達摩と達摩多羅の名稱の類似を利用して、兩者を同一人物と見做し、『達摩多羅禪經』に説く「西天八祖説」をそのまま禪の系譜として採用したのである（ただし、「婆須蜜」を「須婆蜜」と改めた、あるいは誤っている）。彼が『菩提達摩南宗定是非論』（以下、『定是非論』と略稱）において、

「遠法師問。唐國菩提達摩既稱其始。菩提達摩西國復承誰後。又經幾代。

答。菩提達摩西國承僧伽羅叉。僧伽羅叉承須婆蜜。須婆蜜承優婆崛。優婆崛承舍那婆斯。舍那婆斯承末田地。

末田地承阿難。阿難承迦葉。迦葉承如來付。唐國以菩提達摩而爲首。西國以菩提達摩爲第八代。[3]」

と述べるものがそれである。しかし、この説には長大な時間をわずか八人の祖師で傳承するという點で大きな無理があり、この「西天八祖」に『付法藏因緣傳』の「二十四祖」を加えたうえで兩者の重複（摩訶迦葉、阿難、末田地）を除くという形で「西天二十九祖説」が成立した。『歷代法寶記』が「付法藏經」の説として掲げる、

1摩訶迦葉―2阿難―3末田地―4商那和修―5優波掬多―6提多迦―7彌遮迦―8佛陀難提―9佛陀蜜多―10脇比丘―
11富那耶奢―12馬鳴―13毘羅長老―14龍樹―15迦那提婆―16羅睺羅―17僧迦那提―18僧迦耶舍―19鳩摩羅駄―20闍夜多―
21婆修槃陀―22摩拏羅―23鶴勒那―24師子比丘―25舍那婆斯―26優婆掘―27須婆蜜多―28僧迦羅叉―29菩提達摩多羅

という西天の系譜[4]がこれであるが（第二十七祖を「須婆蜜多」とするのは、明らかに神會の説を承けたことを示すものである）、神會の貶逐中に書かれた李華（七一五?～七七四）の「故左溪大師碑」に「西天二十九祖」への言及が見られるのは、これを指したものと考えることができる。[5]これによって神會は晩年には既にこの説に移行しており、李華や『歷代法寶記』はこれを承けたものと見ることができるのである。

しかし、その後、阿難門下の兄弟弟子である末田地（摩田提）と商那和修の二人を師弟關係で結ぶことの不備が意識されるようになり（これには、神會の「一代は一人に限られる」という持論も影響したと考えられる）、末田地が系譜から除かれ、荷澤宗では次に示す圭峰宗密（七八〇～八四一）撰『圓覺經大疏鈔』卷三之下のような「西天二十八祖説」が定着した（ただし、荷澤宗では一般に第二十六祖を「須婆蜜」とする。從って、後でも觸れるが、これを「婆

須蜜」とするのは、後世の補正と見るべきである(6)。

[1]摩訶迦葉―[2]阿難―[3]商那和修―[4]憂婆毱多―[5]提多迦―[6]彌遮迦―[7]佛陀難提―[8]佛陀密多―[9]脇比丘―[10]富那奢―[11]馬鳴菩薩―[12]毗羅尊者―[13]龍樹菩薩―[14]迦那提婆―[15]羅睺羅―[16]僧伽難提―[17]僧伽耶舍―[18]鳩摩羅駄―[19]闍夜多―[20]婆修盤陀―[21]摩奴羅―[22]鶴勒那夜遮―[23]師子比丘―[24]舍那婆斯―[25]優婆掘―[26]婆須密―[27]僧伽羅叉―[28]達磨多羅

具體的に言えば、現存する文獻では、このほか、『唐韶州曹溪寶林山國寧寺六祖惠能大師傳法宗旨幷高宗大帝敕書兼賜物改寺額及大師印可門人幷滅度時六種瑞相及智藥三藏懸記等傳』（以下、『曹溪大師傳』と略稱）、最澄（七六六～八二二）撰『內證佛法相承血脈譜』（以下、『血脈譜』と略稱））、『付法藏人聖者傳』（擬題、敦煌本で殘闕本）等の著作は、基本的にはこれと同一の系譜を説くものと見做し得るのである。もっとも、『付法藏人聖者傳』と『血脈譜』中の「達磨大師付法相承師師血脈譜」には系譜の一部に相違が認められるが、後に論ずるように、それらはいずれも後代の寫誤に由來すると見做しうるから、問題にはならないと考えられる。また、『南宗頓敎最上大乘摩訶般若波羅蜜經六祖慧能大師於韶州大梵寺施法壇經』（以下、敦煌本『六祖壇經』と略稱）が第六祖の彌遮迦を除き、第三代として末田地を入れているのは異説であるが、全體的として、この系譜に非常に近いものであることは否定しがたい。ただし、敦煌本『六祖壇經』のみがこの説を採用した理由については、今のところ不明である。

荷澤宗においては、九世紀に系統が途絶えるまで、この系譜が採用され續けたわけであるが、實は、この系譜にも大きな問題があった。それは『達摩多羅禪經』に由來する[24]舍那婆斯と[25]優婆掘が、『付法藏因緣傳』から取り込まれた[3]商那和修と[4]優波毱多と同一人物で、兩者が重複しているという點である。後にこれに氣づくと、[24]舍那波斯以降を改める必要性が痛感されるようになった。こうして現れたのが『大唐韶州雙峯山曹侯溪寶林傳』（八〇一年、以下、『寶林傳』と略稱）の說である。『寶林傳』では、第二十六祖であった婆須蜜を第七祖に移すとともに（以下、世代が一つずつ繰り下がって師子比丘が第二十四祖となる）、師子比丘以降、

25婆舍斯多—26不如密多—27般若多羅—28菩提達摩

と傳法が行われ、菩提達摩に傳えられたとされ（「不如密多」は『達摩多羅禪經』の「不若蜜多羅」の脫化であろうが、他は根據不明で、無から創造したもののごとくである）、これが後世の禪宗の定說となるのである。

以上、初期禪宗における西天の系譜の形成過程の概要を辿ったが、先ず荷澤宗の中で「西天二十九祖說」という原形が唱えられ、それを基盤として後世の說が形成されたことが確認できる。しかし、問題はその系譜のみに止まるものではない。歷代の祖師が確定すると、彼らの傳記を明示することへの要望も當然のことながら高まったのである。『寶林傳』の西天の各祖師の傳記は、禪宗獨自の價値觀に沿ったものであり、『付法藏因緣傳』のものとは全く異なったものになっている。荷澤宗において西天の系譜の原型が作られたのであれば、彼らの傳記の原型も既に荷澤宗に存在し、『寶林傳』はそれを繼承したに過ぎないのであろうか。これは非常に大きな問題であるが、從來は全く注意されていなかった。本拙稿が取り組もうとするのは、正しくこの問題であって、以前、田中良昭が紹介した敦煌文書、『付法藏人聖者傳』（擬題）を中心に、最澄の『血脈譜』、宗密の『圓覺經大疏鈔』等を比較對照することで、荷澤宗における西天の祖統と祖師たちの傳記の內容を可能な限り明らかにし、禪宗史において荷澤宗が果たした役割を解明しようとするものである。

第1節　關係資料

先ず、關係資料について、その成立時期や內容、特に西天の祖師の系譜等について簡單な概說を示しておく。なお、『付法藏因緣傳』、ならびに『達摩多羅禪經』については既に觸れたので、これを除き、『付法藏人聖者傳』、『血脈譜』、『圓覺經大疏鈔』等についてその概要を述べることとする。

a　編者未詳『付法藏人聖者傳』（擬題）

『付法藏人聖者傳』は田中良昭によって敦煌文書中に見出されたものであり、(7)西天の祖師の傳記を列擧する文獻の一つとして注目されてきたものである。本書の「師子比丘傳」に「末代傳法命如懸絲」という句が見られるが、これは、神會の著作、『師資血脈傳』の「菩提達摩傳」に、

「語慧可曰。我與漢緣盡。汝後亦不免此難。至第六代後。傳法者命如懸絲。汝等好住。言畢遂遷化。葬在嵩山。(8)」

と言い、また、敦煌本『六祖壇經』に、

「五祖言。慧能。自古傳法。氣如懸絲。若住此間。有人害汝。卽須速去。(9)」

というように、明らかに荷澤宗の説に基づくものである。もっとも、これが存在するのはＰ二七七六Ｖのみで、Ｐ二六八〇には當該部が存在しないので、必ずしも當初からのものとは言い得ないのであるが、少なくとも荷澤宗の人々が傳持したものであることは確實である。

本書の各祖師の傳記と系譜については、以下のような特徴が指摘できる。

1　摩訶迦葉から師子比丘に至る各傳記は、基本的に『付法藏因縁傳』からの拔粹によって構成されている。

2　師子比丘の後に、「舍那婆斯―優婆掘―須婆蜜―僧伽羅叉―菩提達摩多羅」の五人を加上した荷澤宗系の系譜を採用するが、第十八祖に「羅漢比丘」を加える一方、「優婆掘」と「須婆蜜」を一人と見做して「優婆掘須婆蜜」として第二十六祖に位置づけるなど、特異な祖統を説く。

3　各傳記の冒頭に「第△△代付法藏人聖者〇〇〇〇」という標題を有する（「△△」は世代、「〇〇〇〇」はその傳記の祖師名）。

4　付法に關する內容が傳記の中心に置かれており、一般に「××××當滅度時告〇〇〇〇曰。佛以正法付大迦葉。如是展轉至於我。我欲涅槃。汝於後廣宣正法。令不斷絕。〇〇〇〇敬諾」、あるいはこれに類する定型句によってその事實が强調されている（「××××」は先代の祖師名）。

5　各傳記の末尾は、一般に「入於涅槃。收取舍利。起塔供養」、あるいはそれに類する定型句で締め括られている。

6　各傳記の末尾に「聖者◎◎◎◎從尊者〇〇〇〇［受］付囑一代敎時」（「◎◎◎◎」は次代の祖師名）、あるいはそれに類する附記が附されている場合が多いが、それがない場合もある。

表１　寫本別所收祖師傳一覧

敦煌文書	傳記と世代
S264V	提婆菩薩（14）　阿難陀（２）　商那和修（３）
S276V	大迦葉（１）
S366V	鶴勒那夜奢（23）
S1053	提婆菩薩（14）
P2680	鶴勒那夜奢（23）　師子比丘（24）
P2774V	羅漢比丘（17）　僧伽耶舍（18）
P2775	富那奢（11）　馬鳴菩薩（12）　毗羅比丘（13）　龍樹菩薩（23） 伏陀蜜多（８） ※富那奢・馬鳴・比羅の世代は、もと「第十代」、「第十一代」、「第十二代」と書かれていたが、後でこのように書き替えられている。
P2776V	師子比丘（24）　舍那波斯（25）
P3355V	伏陀難提（７）　富那奢（１）　羅漢比丘（17）　僧伽耶舍（18） 彌遮迦（６）　比羅比丘（13） ※富那奢の世代は、「第十代」の誤りと見られる。
P3727	優波毱多（４）　伏陀難提（７）　提多迦（５）　彌遮迦（６） 伏陀密多（８）　富那奢（10）　馬鳴菩薩（11）　比羅比丘（12）
P4968	伏陀難提（７）　伏陀蜜多（８）　脇比丘（９）　比羅比丘（12）

この文獻の敦煌寫本について、田中は、Ｓ二六四Ｖ、Ｓ二七六Ｖ、Ｓ三六六Ｖ、Ｓ一〇五三、Ｐ二六八〇、Ｐ二七七四Ｖ、Ｐ二七七五、Ｐ二七七六Ｖ、Ｐ三三五五Ｖ、Ｐ三七二七、Ｐ四九六八等の各寫本の存在を指摘している。精査すれば、これ以外にも見つかる可能性は強いが、取りあえず、本拙稿では上記の諸寫本に基づいて議論を進めることにしたい。

先ず、上記の各寫本に記されている各祖師の傳記を列擧すると表１のようになる（なお、祖師名の標記、括弧内の世代は原寫本に基づく）。

これを各祖師ごとに整理すると表２のようになる。

第十五祖と第十六祖、第十九祖から第二十二祖までの六人の祖師の傳記を缺くが、既に田中良昭が論じているように[10]、Ｐ二七七五寫本に本文獻における各祖師の名前のみを列擧したと見られる部分が存在し、それによって、第十五祖が「羅睺羅」、第十九祖が「鳩摩羅駄」、第二十祖が「闍夜多」、第二十一祖が「婆修盤陀」、第二十二祖が「摩奴羅」であったことが確認できる。これによっても第十六祖の名前は知られないが、それが「僧伽難提」であったことは、ほぼ間違いないであろう。また、第二十五祖の舎那婆斯の傳記の末尾に、

「舎那波斯所作已畢。付囑優婆掘須婆蜜。優婆掘須婆蜜付囑僧伽羅叉。僧伽羅叉付囑菩提達摩多羅。前後相付廿八代事有本傳。」

とあるので、第二十六祖を優婆掘須菩提、第二十七祖を僧伽羅叉、第二十八祖を菩提達摩多羅とする「西天二十八祖説」であったことも確認できる。

『付法藏人聖者傳』の成立について田中は、『敦煌禪宗文獻の研究』において、本書の「師子比丘傳」の内容を『付法藏因緣傳』と『歷代法寶記』を合したものと見做し、優婆掘と須婆蜜とを一人とす

表２　祖師別敦煌寫本一覽

世代	祖師	敦煌文書			
1	摩訶迦葉	S276V			
2	阿難陀	S264V			
3	商那和修	S264V			
4	優波毱多	P3727			
5	提多迦	P3727			
6	彌遮迦	P3355V	P3727		
7	伏陀難提	P3355V	P3727	P4968	
8	伏陀密（蜜）多	P2775	P3727	P4968	
9	脇尊者	P4968			
10	富那奢	P2775	P3355V	P3727	
11	馬鳴菩薩	P2775	P3727		
12	比（毗）羅比丘	P2775	P3355V	P3727	P4968
13	龍樹菩薩	P2775			
14	提婆菩薩	S264V	S1053		
17	羅漢比丘	P2774V	P3355V		
18	僧伽耶舎	P2774V	P3355V		
23	鶴勒那夜奢	S366V	P2680		
24	師子比丘	P2680	P2776V		
25	舎那婆斯	P2776V			

ることで『歷代法寶記』の「西天二十九祖說」を「西天二十八祖說」に改めようとしたものであるとしたが、[11]『敦煌禪宗文獻の研究　第二』では、この主張を更に發展させて、その改變の前提として『寶林傳』の「西天二十八祖說」があったとし、その成立を『寶林傳』が成立した八〇一年以降、間もない時期であろうと論じている。[12]この主張においては、『歷代法寶記』や『寶林傳』の方が『付法藏人聖者傳』に先行すること、竝びに、現存する敦煌本『付法藏人聖者傳』の本文が成立當初の原型を留めていることがア・プリオリの前提となっているが、その根據は示されておらず、その點で、單なる臆說といわざるを得ないように思われる。本書の成立の經緯とその影響は、本拙稿の主要なテーマであり、筆者の考えは、下に論ずる通りであって、田中のものとは全く異なる。

b　最澄撰『血脈譜』

最澄は弘仁十一年（八二〇）、大乘戒壇の設立を願い出るに當たって、自らの正統性を立證するために『血脈譜』を著して『顯戒論』とともに朝廷に上呈したが、この『血脈譜』の冒頭に收められているのが、「達磨大師付法相承師師血脈譜」であり、そこには釋迦が摩訶迦葉に佛法を付囑して以來、インドで代々相傳されて第二十八祖の菩提達磨に至り、達磨が中國に來て慧可に付法を行った後、僧璨、道信、弘忍、神秀、普寂を經て道璿に至り、更に日本に渡來した道璿が行表に傳え、行表が最澄に傳えた經緯を述べている。

今、當面の課題との關係で重要なのは、『血脈譜』が說く西天の系譜であるが、それは、

1摩訶迦葉―2阿難―3商那和修―4優婆毱多―5提多迦―6彌遮迦―7佛陀難提―8佛陀密多―9脇比丘―10富羅奢―11馬鳴菩薩―12比羅比丘―13龍樹菩薩―14迦那提婆―15羅睺羅―16僧伽難提―17僧伽耶舍―18鳩摩羅馱―19闍夜多―20婆

修槃陀—21摩奴羅—22鶴勒［那］耶舍—23師子尊者—24舍那婆斯—25婆須密—26僧伽羅叉—27優婆掘—28菩提達磨

というもので[13]、一部に相違は認められるものの（特に「富那奢」を「富羅奢」とすることなどは單なる寫誤に由來するものと見られる）、基本的には先に述べた宗密の『圓覺經大疏鈔』の系譜とも共通し、荷澤宗の傳統に沿ったものであると言える。師子比丘や達磨の傳記などにも宗密の説との共通點が認められ、二人が非常に近い內容の資料に基づいたことが窺える。最澄は、この系譜を掲げるに先立って「謹案西國佛祖代代相承傳法記云」として釋迦の傳記を述べており、更に末尾の菩提達磨の傳記を述べるに際しても、「謹案傳法記云」として敍述を始めているから（そこの部分の引用は、その內容から、「師子尊者傳」と「菩提達磨傳」からのものと見られる）、この系譜が『西國佛祖代代相承傳法記』に基づくものであることが知られる。

「達磨大師付法相承師師血脈譜」では、西天の祖師はその系譜が示されるのみであるが、これに續く「天台法華宗相承師師血脈譜」では、第一祖の摩訶迦葉から第十三祖の龍樹菩薩に至る各祖師に、「付法藏云」として簡單な傳記が附されており、これが何に基づいたかは重要な問題である。これについての筆者の考えは、下に述べる通りであり、これも『西國佛祖代代相承傳法記』に據るものと判斷している。

c　宗密撰『圓覺經大疏鈔』

本書は、宗密自身が書いた『圓覺經』の註釋書、『圓覺經大疏』に對する複註であるが、巻三之下に上に掲げたような西天の系譜が掲げられ、その中の重要な祖師については簡單な傳記的な説明が附されている。西天の祖師の筆頭の摩訶迦葉の傳記を述べるに當たって「付法藏經云」とあるため、その後の各傳記についても同じ文獻に基づいた可能性が強い。その一方で、祖師傳の説明において、しばしば「賢聖傳記」、「本傳」、「別卷」等に觸れられており、それらと「付法藏經」との關係も問題となる。

西天の祖師の傳記は、他に『裴休拾遺問』（『中華傳心地禪門師資承襲圖』は本書の異本である）や『禪源諸詮集都序』等にも部分的な言及があり、特に『裴休拾遺問』では基づいた資料を「祖宗傳記」、「略傳」等と呼んでいる。從って、それらと先の「賢聖傳記」、「本傳」、「別卷」等との關係も問題になる。この問題に關する私見は、後に述べる通りである。

宗密が承け繼いだ禪の系譜について、胡適は、荷澤宗というのは詐稱であって、實際には淨衆宗系であったと主張するが、これが全くの誤りであることは既に論じた通りである(14)。實際、彼の禪に關する説の多くが荷澤宗由來のものであり、西天の系譜も荷澤宗傳統の「西天二十八祖説」である。

なお、『圓覺經大疏鈔』の成立時期について、鎌田茂雄は『裴休拾遺問』以前に置くが、後に論ずるように、この説には問題がある。しかし、いずれにせよ、八三一年前後の成立であることは動かせないであろう。

d　その他の荷澤宗系の資料

先ず擧げるべきは敦煌本『六祖壇經』である。本書については、既に別稿で論じたように、三階教の思想を採用しているなどの理由から、七六五～七七〇年頃に長安で慧堅（七一九～七九二）を中心とする荷澤宗の人々によって編輯されたと見ることができる(15)。本書に掲げられる「西天二十八祖説」は、次のようなものである(16)。

1大迦葉―2阿難―3末田地―4商那和修―5優婆鞠多―6提多迦―7佛陀難提―8佛陀蜜多―9脇比丘―10富那奢―11

馬鳴―12毗羅長者―13龍樹―14迦那提婆―15羅睺羅―16僧伽那提―17僧伽耶舍―18鳩摩羅駄―19闍耶多―20婆修盤多―21摩拏羅―22鶴勒那―23師子比丘―24舍那婆斯―25優婆堀―26僧伽羅―27須婆蜜多―28南天竺國王子第三太子菩提達摩

祖師名にしばしば相違が認められることも注意されるが、基本的には、荷澤宗で採用された「西天二十八祖説」をベースに、

1　以前に除かれた末田地を再び祖師に加え、それと交換の形で彌遮迦を除く。
2　須婆蜜（多）と僧伽羅（叉）の順序を入れ替える。

という改變を加えたもので、他に例を見ない特異なものである。このうち、2については、單なる寫誤とも見做しうるが、1については明らかに意圖的な改變と見ざるを得ない。この改變の理由は不明であるが、このこと自體、七六五～七七〇年頃には「西天二十八祖説」が定着していたものの、誰をその中に數えるかについては、まだ多少の搖れがあったことを示すものと考えてよいであろう。だとすると、誰を西天の祖師に含めるかを決める前に「西天二十八祖」という呼び方が定着していたことになる。つまり、「西天二十八祖説」が定論となったのは、敦煌本『六祖壇經』より少し前、つまり、神會の歿後、間もない時期の七六〇年前後のことと見てよいかと思われる。從って、この點からも、神會は生涯を通じて「西天二十九祖説」を採っていたと考えることができる。

次に『歴代法寶記』は、蜀（四川省）に教線を張った保唐宗の著作であり、保唐寺無住（七一四～七七四）の入寂について語られているので、その成立は、七八〇年前後のことと見ることができる。『歴代法寶記』の記載には荷

澤宗の文獻の影響が顯著であるが、當面の課題との關聯で注目されるのは、本書が先に示したような「西天二十九祖說」を採っているという點で、これは「西天二十八祖說」が定着する前の古形の西天の祖統を傳えるものとして貴重である。また、師子比丘の傳記において、先に述べた『付法藏人聖者傳』と一致する記載が見られることは他に見られない特徴で、『付法藏人聖者傳』の成立と變化を推測するうえで極めて重要な意味を持つものである。

第2節　『血脈譜』『付法藏人聖者傳』の西天の系譜の復元

先に觸れたように、『血脈譜』の「達磨大師付法相承師師血脈譜」に掲げられる「西天二十八祖說」と『付法藏人聖者傳』の「西天二十八祖說」には、荷澤宗の定說と合致しない點がある。しかし、これは後世の寫誤に基づくものであって、元來は他の荷澤宗の文獻と全く同じ系譜を說くものであったと考えられる。敍述の都合上、ここでそのことを論じておくこととしたい。

a 『血脈譜』の西天の系譜の由來

『血脈譜』のテキストとして通常使用されるのは『傳教大師全集』本であるが、その冒頭に掲げられる「達磨大師付法相承師師血脈譜」では、師子尊者以降の傳法の系譜が、

[23]師子尊者―[24]舍那婆斯―[25]婆須密―[26]僧伽羅叉―[27]優婆掘―[28]菩提達磨

となっており、『歷代法寶記』のそれが、

24師子比丘—25舍那婆斯—26優婆掘—27須婆蜜多—28僧迦羅叉—29菩提達摩多羅

であるのと較べると、

①「婆須密」と「須婆蜜多」との名稱の相違
②「優婆掘」の順序の相違

等があることが知られる。①は宗密の『圓覺經大疏鈔』巻三之下とも共通し、荷澤宗本來の「須婆蜜」、あるいは「須婆蜜多」を『付法藏因縁傳』等を用いて「婆須密」、あるいは「婆須蜜」と補正したテキストがかつて存在し、最澄と宗密が依據したものがその系統の異本であったことを示すものと見ることができる。

一方、②については、後で述べるように寫誤に由來すると見られるが、『血脈譜』の最古の傳本である東京國立博物館所藏の平安寫本においても同様に認められるもので、かなり古くに生じたものであることが窺われる。ところで、この平安寫本でもう一つ注目すべき點として、西天の系譜の世代の相違があり、『圓覺經大疏鈔』等で、

1摩訶迦葉—2阿難—3商那和修—4優婆毱多—5提多迦—6彌遮迦—7佛陀難提

とされる系譜が（『歴代法寶記』は、阿難の次に第三祖として「末田地」を入れる點で相違が見られる）、

[1]摩訶迦葉―[2]阿難―[3]商那和修―[4]優婆毱多―[5]彌遮迦―[6]提多迦―[7]佛陀難提

となっており、「彌遮迦」と「提多迦」の順序が入れ替わっているのである。『傳教大師全集』本ではこの點は『圓覺經大疏鈔』や『歴代法寶記』等と同じ順序になっているが、恐らく、これは後に修正した結果であろう。というのは、『血脈譜』において「達磨大師付法相承師師血脈譜」の次に掲げられる「天台法華宗相承師師血脈譜」の西天の系譜も「龍樹菩薩」までは共通するが、そこでは「付法藏」（これが何を指すかは問題である）を用いて記されており、しかも、『圓覺經大疏鈔』や『歴代法寶記』等と同じ順序となっているので、これによって「達磨大師付法相承師師血脈譜」の寫誤を正すことは必ずしも難しくはなかったと考えられるからである。

しかし、②の場合、「天台法華宗相承師師血脈譜」では、「龍樹菩薩」以降、南岳慧思―智者大師へと續く全く異なる系譜を說き、また、『付法藏因緣傳』等では、師子比丘が殺されたことで法が途絶えたと說き、舍那婆斯から菩提達摩に至る系譜を說くことはない。從って、天台宗內の學僧には、「優婆掘」の世代の錯誤に氣づくことは容易ではなかったはずであり、結果として、寫誤のまま今日まで傳わったと考えられるのである。

では、どうしてこのような誤りが生じたのであろうか。これについては以下のような推測が可能ではないかというのが筆者の考えである。卽ち、古い時代には「達磨大師付法相承師師血脈譜」の西天の祖師の系譜は一行に五人ずつ名前が書かれており、しかも、書寫に際して「彌遮迦」と「優婆掘」の名前を書き漏らしたと假定すると、その書面の形式は以下のようになる。

［提多迦］

摩訶迦葉—阿難—商那和修—優婆毱多—○—彌遮迦—
—佛陀難提—佛陀密多—脇比丘—富那奢—馬鳴菩薩—
—比羅比丘—龍樹菩薩—迦那提婆—羅睺羅—僧伽難提—
—僧伽耶舍—鳩摩羅駄—闍夜多—婆修槃陀—摩奴羅—
—鶴勒耶舍—師子尊者—舍那婆斯—○—婆須密—僧伽羅叉—
—菩提達磨

［優婆掘］

書寫の後、原本と比較して「提多迦」と「優婆掘」の脱落に氣づいた場合、書寫者は當該箇所、即ち「優婆毱多」と「彌遮迦」の閒、「舍那婆斯」と「婆須密」の閒の罫線の部分に小さな丸の符號「○」を書いて、脱落した「提多迦」、「優婆掘」を頭書したであろう（［　］の部分）。そして、もし後の書寫者が插入箇所についての指示に氣づかず、頭書部分もこのまま連續して寫せば、正しく平安寫本のようなテキストが出來上がるのである。つまり、祖師の順序の相違は、書寫に際して寫誤が生じ、直ちにその補正が行われたものの、その後にその寫本を書寫した人物が、その補正に氣づかずに見たままに書寫を行ったことに由來すると考えられるのである。つまり、『血脈譜』の「達磨大師付法相承師師血脈譜」の西天の系譜も、もともとは『歴代法寶記』や『圓覺經大疏鈔』等と同じものであったと見做してよいのである。

b　『付法藏人聖者傳』の西天の系譜の由來とその內容

『付法藏人聖者傳』の存在を學界に初めて紹介した田中良昭は、『敦煌禪宗文獻の研究　第二』において、本書の

西天の系譜が、

[1]摩訶迦葉―[2]阿難―[3]商那和修―[4]優波毱多―[5]提多迦―[6]彌遮迦―[7]伏陀難提―[8]伏陀蜜多―[9]脇比丘―[10]富那奢―[11]馬鳴菩薩―[12]比羅―[13]龍樹菩薩―[14]提婆菩薩―[15]羅睺羅―[16]僧伽難提―[17]羅漢比丘―[18]僧伽耶舍―[19]鳩摩羅駄―[20]闍夜多―[21]婆修盤陀―[22]摩奴羅―[23]鶴勒那夜奢―[24]師子比丘―[25]舍那波斯―[26]優婆掘須婆蜜―[27]僧伽羅叉―[28]菩提達摩多羅

という、これまで未知のものであることを明らかにしたうえで（特に傍線部を参照）、このような祖統説が成立した経緯についても次のように論じた。

「この一連のテキストに示された『付法藏傳』の抄録は、上記の祖統説によって明らかなように、第三代摩田提（末田地）を缺く一方、第十六代僧伽難提章に出現する羅漢なる人物を第十七代付法藏人に仕立て上げ、その結果、第十七代僧伽耶舍以下が一代ずつ繰り下がり、本來第二十三代である師子比丘が第二十四代となり、その後は『歴代法寶記』の舍那婆斯以下菩提達摩多羅に至る五代をあえて四代にするために、優婆掘と須婆蜜の二人を結合して優婆掘須婆蜜なる人物を作り上げ、大迦葉波より菩提達摩多羅に至る舍那波斯系の新たな西天二十八祖説を確立したのである。(17)」

つまり、「羅漢比丘」を敢えて祖師に立てたから、「西天二十八祖」を維持するために「優婆掘」と「須婆蜜」を一人に纏めて「優婆掘須婆蜜」という祖師を作り上げたというのである（なお、ここには末田地の削除への言及も見られるが、『血脈譜』や『圓覺經大疏鈔』から知られるように、これは他の變更とは別の時期に行なわれたもので、關聯させて論ずべきものではない）。しかし、「羅漢」の傳記には取り立てて注目すべき記載はなく、このような祖師をわざわざ立てなければならなかった理由は認めがたい。私見に據れば、むしろ順序は逆で、「優婆掘」と「須婆密」を誤って一人としてしまったために、祖師の數が足りなくなり、無理に「羅漢」を持ち出して「西天二十八祖說」を維持しようとしたと考える方が合理的である。というのは、「優婆掘」と「須婆蜜」の二人を一人に誤った理由について、次のような經緯が容易に思い當たるからである。

もともと、『付法藏人聖者傳』の「第廿五代付法藏人聖者舍那婆斯」の傳記の文章は、

「舍那波斯所作已畢。付囑優婆掘。優婆掘付囑須婆蜜。須婆蜜付囑僧伽羅叉。僧伽羅叉付囑菩提達摩多羅。前後相付廿八代事有本傳。」

というものであったが、書寫の過程で、名前の重複を繰り返し符號で表現したため、

「舍那波斯所作已畢。付囑優〻婆〻掘〻付囑須〻婆〻蜜〻付囑僧〻伽〻羅〻叉〻付囑菩提達摩多羅。前後相付廿八代事有本傳。」

というテキストが生まれた。その後の書寫で「優〻婆〻掘〻付囑須〻婆〻蜜〻」の部分の「付囑」が脫落し、

「舍那波斯所作已畢。付囑優〻婆〻掘〻須〻婆〻蜜〻付囑僧〻伽〻羅〻叉〻付囑菩提達摩多羅。前後相付廿八代事有本傳。」

となり、その後のある時期に、書寫に際して繰り返し符號を文字に戻したが、このテキストのまま戻したため、

「舍那波斯所作已畢。付囑優婆掘須婆蜜。優婆掘須婆蜜付囑僧伽羅叉。僧伽羅叉付囑菩提達摩多羅。前後相付廿八代事有本傳。」

というテキストが成立し、更にその後、「優婆掘須婆蜜付囑僧伽羅叉」の「叉」の時が脱落して現行の『付法藏人聖者傳』のテキストが生じた。そして、優婆掘と須婆蜜を誤って同一人としたため、當時の常識やこの文末尾の「前後相付廿八代」という句と西天の祖師の數が合致しなくなったため、無理に「羅漢比丘」を第十七代に數えて辻褄を合わせようとしたのである。「羅漢比丘」という名は異常であるが、『付法藏人聖者傳』の次の傳記である僧伽耶舍の傳記に、「告一羅漢名僧伽耶舍」とあるのを參考にした上で、「羅漢」という稱號とは別に僧名を與えて「〇〇〇羅漢」としたかったが、それが難しかったので、このようになってしまったものと考えられる。

この推測は、極めて蓋然性の高いものであり、この通りの經緯を辿って現在の『付法藏人聖者傳』のテキストが成立したと考えて問題ないであろう。しかし、「優婆掘須婆蜜」、あるいは「羅漢比丘」という名前はいかにも不自然であるから、このような誤りは敦煌本『六祖壇經』や『歷代法寶記』等の他の初期禪宗文獻、あるいは『達摩多羅禪經』等を參照すれば、容易に修正できたはずである。このことから判斷すると、この『付法藏人聖者傳』の成

立は、他の文献よりかなり遅く、しかも孤絶した環境の中で編輯・傳持されたものと考えるべきであろう。

小結

以上に見てきたように、『血脈譜』の「達磨大師付法相承師師血脈譜」や『付法藏人聖者傳』の現行のテキストでは、一部に混亂が見られるものの、いずれも後世に書寫の際に生じた誤りを承けたものに過ぎず、荷澤宗系の西天の祖統説は、少なくとも二十八祖説が定着した後については、敦煌本『六祖壇經』を唯一の例外として、

[1]摩訶迦葉―[2]阿難―[3]商那和修―[4]優波毱多（優波掬多）―[5]提多迦―[6]彌遮迦―[7]佛陀難提（伏陀難提）―[8]佛陀蜜多（伏陀蜜多）―[9]脇比丘―[10]富那奢―[11]馬鳴菩薩―[12]毗羅尊者（比羅・比羅尊者）―[13]龍樹菩薩―[14]迦那提婆（提婆菩薩）―[15]羅睺羅―[16]僧伽難提―[17]僧伽耶舍―[18]鳩摩羅駄―[19]闍夜多―[20]婆修盤陀（婆修槃陀）―[21]摩奴羅―[22]鶴勒那夜奢（鶴勒耶舍）―[23]師子比丘（師子尊者）―[24]舍那婆斯（舍那波斯）―[25]優婆掘―[26]須婆蜜（須婆蜜多・須婆密・婆須蜜・婆須密）―[27]僧伽羅叉（僧迦羅叉）―[28]菩提達摩（菩提達磨・菩提達摩多羅）

という「西天二十八祖説」で統一されていたと考えることができるのである。

第3節　『血脈譜』と『圓覺經大疏鈔』が依據したもの

既に述べたように、最澄の『血脈譜』や宗密の『圓覺經大疏鈔』には、荷澤宗系の「西天二十八祖説」が述べら

れているが、最澄や宗密は、それを書くに當たって利用したと見られる文獻についても言及している。それらは既に散逸したと考えられるが、それらの素性や內容、成立時期が分かれば、荷澤宗における西天祖師の系譜の形成や變化の解明に大きな光を投ずることができるはずである。そこで、本節では、可能な限り、この問題の解明に努めてみたい。

a　最澄が西天の系譜を論ずる際に依據した初期禪宗文獻

最澄が『血脈譜』の「達磨大師付法相承師師血脈譜」を撰述した際に依據した初期禪宗文獻としては、『西國佛祖代代相承傳法記』と『達磨系圖』とがあった。兩者とも最澄自身が齎したものであり、いずれも最澄の請來目錄である『傳教大師將來越州錄』に記載されている(18)。もっとも、前者は「西國付法記」として記載されているが、この「付」は「傳」の誤りと見るべく、『西國佛祖代代相承傳法記』が「西國傳法記」とも略稱されていたことが知られる。種々の點から見て、『西國佛祖代代相承傳法記』には西天の祖師たちの系譜と傳記が述べられており、『達磨系圖』には西天の系譜、竝びに、『付法簡子』や碑文を引用する形で東土における祖師たちの傳記が述べられていたと推察される(19)。もっとも、『血脈譜』には、『西國佛祖代代相承傳法記』は引用されているものの、『達磨系圖』の引用は見られないが、これは『達磨系圖』に引かれていた『付法簡子』や『四行觀序』、達摩や慧可の碑文等を孫引きの形で引用しているためと見られる(20)。

『西國佛祖代代相承傳法記』や『達磨系圖』には、神會創唱の「傳衣說」が述べられているだけでなく、その他の點から見ても荷澤宗の著作であることは明らかである。從って、特に『西國佛祖代代相承傳法記』は荷澤宗が考えていた西天の祖師の系譜と傳記を理解する上で非常に重要な資料と言えるが、殘念なことに、その引用は、釋迦と師子比丘、菩提達磨の傳記に限られている。しかし、後で論ずるように、『血脈譜』において「達磨大師付法相承師師血脈譜」の次に掲げられている「天台法華宗相承師師血脈譜」の摩訶迦葉から龍樹菩薩に至る傳記もこれに基づくものであると推測できる。

『西國佛祖代代相承傳法記』の成立時期は不明であるが、乾元年間（七五八～七六〇）の慧能の袈裟の入内に關する記述が含まれていたようであるから、その後であることは確實である。しかも、これは虛僞と考えられ、乾元年間から或る程度時間を經た後の創作と見るべきであるし、他の荷澤宗文獻との關係から見ても、おおよそ七七〇年前後と考えるのが妥當であろう(21)。

なお、『血脈譜』の西天の系譜には、一部、他の荷澤宗系の文獻とは異なる點が見られるが、これは後世の寫誤に由來するものであり、當初は『歷代法寶記』等と基本的には同じ祖統說を採っていたものと推測されることについては既に述べた通りである。恐らく、『西國佛祖代代相承傳法記』も『達磨系圖』も同じ西天の系譜を採用していたと見てよいであろう。

b　宗密が基づいた「祖宗傳記」とその拔粹としての「別卷」

圭峰宗密の說く歷代の祖師の傳記は、明らかに荷澤宗系のものであり、荷澤宗によって編輯された何らかの文獻に基づいたと考えることができる。彼の祖統と祖師傳に關する見解は、

A『裴休拾遺問』

B『圓覺經大疏鈔』卷三之下

C『禪源諸詮集都序』

等に見ることができるが、これらの文獻において、宗密が先に示した『圓覺經大疏鈔』巻三之下のような「西天二十八祖說」を採用しており、更に、これに續けて、

1達磨―2慧可―3僧璨―4道信―5弘忍―6慧能―7神會

という東土の祖師の系譜を採用していたことが知られる。

これらの文獻で各祖師傳に言及する箇所を見て氣づくことは、Aの『裴休拾遺問』とBの『圓覺經大疏鈔』巻三之下に、それらが基づいた文獻を指すと見られる「祖宗傳記」や「賢聖傳記」への言及が認められるという點である。先ず、『裴休拾遺問』について、關聯する記述を掲げれば、以下の通りである（傍線部參照。なお〈 〉で圍んだ部分は、割註であることを示す）。

A―1「前者所述傳記。但論直下宗。若要辨諸宗師承。須知有傍有正。今且敍師資傍正。然後述言教深淺。自然見達磨之心。流至荷澤矣。(22)」

A―2「傳嗣之由。先已敍之呈上。然甚闕略。今蒙審問。更約承上祖宗傳記稍廣。(23)」

A―3「〈（慧能）大師遭百艱難等事。皆如先所呈略傳。廣在本傳。他日具呈。(24)〉」

この內、A-2に「祖宗傳記」という呼稱が出ているわけであるが、この文章の意味は、

「達磨の禪の教えが代々傳えられた經緯は、先に記してお届けしましたが、非常に簡略なものでした。今、重ねて質問頂いたわけですが、宗內で承け繼がれてきた「祖宗傳記」によると、傳記の內容はもっと詳しく知ることができます。」

というもので、宗密が以前に「祖宗傳記」という荷澤宗の文獻から拔粹した簡略な祖師傳を作り、それを裴休（七九一～八六四）に上呈したことがあったことを示唆するものである。

これと全く同じことが、A-3の文章からも窺える。この文章は、

「慧能大師が多くの苦難に出遭われたことは、先に上呈した略傳に書いた通りですが、本傳にはもっと詳しく書かれています。今後、機會がありましたら、その本傳に書かれた內容をお知らせ致しましょう。」

という意味で、先に裴休に提示した祖師傳を「略傳」と呼び、それが基づいた資料、卽ち、A-2に言う「祖宗傳記」を「本傳」と呼んだものと見做しうるのである。

このように、『裴休拾遺問』において、宗密は、自らが祖師傳を書くに當たって基づいた資料を「祖宗傳記」、「本傳」と稱し、それから自らが拔粹した著作を「先已敍之」、「略傳」と稱しているのであるが、A-1の文章に見える「前者所述傳記」も後者を指すと見てよいであろう。このA-1の文章の意味は、

「先に上呈致しました傳記は、ただ正統の一派のみについて書いたものです。もしも他宗の師承を明らかにしようと思うなら、そこに傍系と正系の違いがあることを知らなければなりません。これ以降、先ずは師承の傍系と正系について述べ、その後で、その思想の深淺について論じようと思います。達磨の正しい教えが荷澤宗に傳わっていることは、それによって自ずと明らかになるものと思います。」

という意味で、先に上呈した傳記について言及し、それが祖師傳の全體ではなく、正統たる荷澤宗を中心としたものに過ぎないことを明らかにしているからである。

もっとも、この文章は、あたかも元來の「祖宗傳記」には牛頭宗や「北宗」等の系譜と傳記もあったかのごとくにも解しうるが、荷澤宗以外の傳記については「祖宗傳記」に觸れられることはなく、また、そのような文獻は宗密以前には全く知られていないから、單に、荷澤宗以外の系譜と祖師の傳記については、この『裴休拾遺問』で初めて明かされるものであることを表明したものに過ぎないというべきである。ここで注意が必要なのは、「祖宗傳記」は西天の祖師の傳記だけではなく、東土の祖師の傳記も含むものであったということである。

次に『圓覺經大疏鈔』巻三之下について、關聯する記述を掲げると、以下の通りである（傍線部を參照）。

B－1「或云付法藏傳。是西域賢聖所集。藏中有數本。今引四巻者。取意撮略。不備其文。法門祖宗如世間家譜。不可*不知。故爲依賢聖傳記撮略十餘節要處。敍於別巻。亦不代代錄之。可撥之令知。久講者須宣之於後輩。或講時或餘時皆得。今欲於此敍之。恐初學者知力不逮故且銷文。引講時不得引說。但且撮略取意銷疏文。不妨餘時細話也。[25]」

B-2「毱多化縁極盛。事數極多。略如別卷。餘在本傳。[26]」

B-1の意味は、必ずしも明確ではないものの、一應、次のように理解することができるであろう。

「『付法藏傳』とも言う。西域の賢聖が編輯したもので、大藏經中に數本があるが、今は四巻本[27]を用い、要點のみを掲げ、全文を擧げることはしない。佛教の「祖宗」というものは世俗の「家譜」のようなもので、知らずに濟ますことはできない。そこで「賢聖傳記」に基づいて十數箇所の重要な部分を抜き出して「別卷」に纏めたが、全ての世代について述べたわけでもない。この部分は飛ばしても構わない。講義に慣れているものであれば、講義の時でも外の時でもよいから、後輩にこれを授けなさい。今、ここに述べるが、初學者には難しいから、文章の説明だけすることにする。講義の時も引用する必要はない。疏の文について要點だけ説明しなさい。もちろん、それ以外の時に細かく説明するのは一向に構わない。」

ここで注目すべきは、「賢聖傳記」から「十餘節要處」を抜粋した祖師傳を宗密が作り、それを「別卷」と呼んでいることである。これは明らかに『裴休拾遺問』において、「祖宗傳記」を抜粋することで「略傳」等を作ったと述べることとパラレルな關係を持つものである。更に、B-2の文章で、

「毱多の教化は非常に盛んで、述べることが極めて多いが、その概略は「別卷」の通りで、その外のことは「本傳」に書かれている。」

と述べるのも同様であって、要するに、

「祖宗傳記」（『裴休拾遺問』）＝「賢聖傳記」「本傳」（『圓覺經大疏鈔』）

「前者所述傳記」「先已敍之」「略傳」（『裴休拾遺問』）＝「別巻」（『圓覺經大疏鈔』）

であることを證するものと言える。B-1の文章に見るように、『圓覺經大疏鈔』では、『付法藏因縁傳』を「賢聖所集」としているから、あたかも「賢聖傳記」は『付法藏因縁傳』そのものを指したもののごとくにも見えるが、先に見たように、「祖宗傳記」＝「賢聖傳記」には東土の祖師の傳記も含んでいたのであるし、『圓覺經大疏鈔』巻三之下の「迦葉當第一」で、

「今此經及傳記述法眼相付皆以迦葉爲初祖者。應是先受佛密屬。然住山中。後佛臨涅槃再屬阿難令語迦葉當佛法主。及令阿難同結集法藏。□迦葉爲初也。[28]」

などと、「此經」＝『付法藏因縁傳』と「傳記」＝「賢聖傳記」とを區別していることから見ても、「祖宗傳記」が『付法藏因縁傳』でないことは明らかである。

更に、次のように、『圓覺經大疏鈔』巻三之下の「神會第七」には、「祖傳」という言葉が見えるが、これも『裴休拾遺問』の「祖宗傳記」を指したものと解してよいであろう。

「傳授碑文兩遇磨換。據碑文中所敘。荷澤親承付屬。〔詎〕敢因循直入東都。面抗北祖。詰普寂也。龍鱗虎尾。殉命忘軀。俠客沙灘。五臺之事縣官白馬。衞南盧鄭二令文事。三度幾死。商旅縗服。曾易服執秤負歸。百種艱難。具如祖傳。」(29)

上揭の『裴休拾遺問』の記述から判斷すれば、「略傳」＝「別卷」は宗密が『裴休拾遺問』を書く前に裴休の質問に答えるために便宜的に作った著作であったと考えられる。つまり、宗密と裴休の交流が以前から始まっており、禪の祖統について尋ねる裴休に對して宗密は「略傳」＝「別卷」を編輯して送ったが、裴休はそれでも納得がいかなかったため、再度、宗密に質問をし、それに應える形で書かれたのが『裴休拾遺問』であったと考えられるのであり、「略傳」＝「別卷」と『裴休拾遺問』は一連の著作と見るべきなのである。從って、『圓覺經大疏鈔』が「略傳」＝「別卷」に言及する以上、それが書かれたのも、當然、「略傳」＝「別卷」以降と見るべきであり、これらの文獻の成立順序は、

「略傳」＝「別卷」→『裴休拾遺問』→『圓覺經大疏鈔』→『禪源諸詮集都序』

と見るのが穩當である。

これについて、鎌田茂雄は、『宗密教學の思想史的研究』においては、『圓覺經大疏鈔』を『圓覺經大疏』が書かれた長慶三年（八二三）以降、宗密が入寂する會昌元年（八四一）までの間とするものの、『裴休拾遺問』（鎌田は異本の『中華傳心地禪門師資承襲圖』に基づいて論じている）と『禪源諸詮集都序』の成立年代については言及がない。(30)

ただし、『禪源諸詮集都序』の「解說」では、『圓覺經大疏鈔』を長慶二年～三年（八二二～八二三）頃、『裴休拾遺問』を大和二年～五年（八二八～八三一）頃、『禪源諸詮集都序』を大和七年（八三三）以降の成立であるとし、[31]『裴休拾遺問』と『圓覺經大疏鈔』の順序が上記の私見とは入れ替わっている。『圓覺經大疏』の成立が長慶三年（八二三）であることは『圓覺經大疏鈔』の記載によって動かせないが、鎌田はそれにすぐ續いて『圓覺經大疏鈔』も編纂されたと考えたのであろう。

しかし、『裴休拾遺問』が、裴休が「拾遺」の官職にあった時の著作であるとすると、大和二年～四年（八二八～八三〇）前後の成立と考えざるを得ず、[32]しかも、上記のように『圓覺經大疏鈔』の方が『裴休拾遺問』より成立が遲いとすれば、『圓覺經大疏』と『圓覺經大疏鈔』の間には、ある程度の時間の經過があったと考えざるを得ない。『圓覺經大疏鈔』では、「略傳」＝「別卷」が既存の著作のように扱われているから、『裴休拾遺問』以降、多少の時間を置いて撰述されたものと見られる。

また、『禪源諸詮集都序』の裴休の序文に、宗密の師の澄觀（七三七～八三八）の塔銘と全く同じ句が使われていることが明らかにされているため、[33]澄觀の歿後にこの序文が書かれたことは確實であり、『禪源諸詮集都序』の成立は、八三八年以降の宗密の最晩年と見てよいであろう。更に、（恐らく、裴休のような俗人のために）『圓覺經大疏』と『圓覺經大疏鈔』を拔粹したものが『圓覺經略疏』と『圓覺經略疏鈔』であるのだから、これらの成立は『圓覺經大疏鈔』と『禪源諸詮集都序』の間に置かれるべきである。

從って、上に言及した宗密の著作の成立年は、おおよそ次のようになるであろう。

長慶三年（八二三）　　『圓覺經大疏』

大和二年（八二八）前後　「略傳」＝「別巻」
大和三年（八二九）前後　『裴休拾遺問』
大和五年（八三一）前後　『圓覺經大疏鈔』
大和七年（八三三）前後　『圓覺經略疏』『圓覺經略疏鈔』
開成三年（八三八）前後　『禪源諸詮集都序』

このように考えてくると、宗密と裴休の交流は裴休が初めて「左拾遺」に任じられた大和二年頃から始まっていたと認めざるをえないようである。

以上によって知られるように、從來から荷澤宗で傳わっていた祖師傳と、それから宗密が拔粹して作った文獻の二種は、『裴休拾遺問』や『圓覺經大疏鈔』において樣々な名稱で呼ばれているが、以下においては、敍述を簡略化するために、假に前者を「祖宗傳記」と呼び、後者を「別巻」と呼ぶこととしたい。

c 「祖宗傳記」と「別巻」の內容について

次に宗密の記載から、「祖宗傳記」と「別巻」の內容について考えてみたい。先ず、「祖宗傳記」であるが、先の引用によって慧能の傳記が存在したことは明らかであり、更に、上述のように「神會第七」において「祖傳」に言及されているために、神會の傳記が存在したこともほぼ疑えないが、その外に、東土の祖師としては、達摩（『裴休拾遺問』では「達磨」、『圓覺經大疏鈔』では「達磨多羅」とする）、慧可、僧璨、道信、弘忍の傳が存在したようである。その理由は、先に引いたA-1の『裴休拾遺問』の文において、「前者所述傳記。但論直下宗」、即ち、「別巻」は正統の一系、つまり、荷澤宗を中心に述べたものだと述べているからである、しかも、實際のところ、『圓覺經大疏鈔』巻三之下において、「別巻」への言及が、「達磨至北方。當其第一」に、

「初至梁朝云云。後至魏遇慧可。蒙示安心。授以袈裟。以定宗旨。云。觀漢地。入聖位者。與金剛楞伽相當。傳我法至六代後。命如懸絲。百五十歳終。留一隻履墓中。脚著一隻西歸。乃至碑傳敕謚等悉在別巻也。」(34)

と見え、また、「弘忍第五」でも、弘忍の傳記と門下から南北二宗が分化したことを述べた後に「餘如別巻」と記されていることによって、その事實を部分的に確認することができる。

「祖宗傳記」で注目されるのは、西天の祖師と東土の祖師の雙方の傳記が含まれていたということである。そのことは、『圓覺經大疏鈔』巻三之下において、先に述べたように、「迦葉當第一」の說明において「祖宗傳記」を指すと見られる「傳記」への言及があり、また、「優婆毱多」への言及箇所、竝びに「龍樹菩薩第十三」にも「別巻」への言及が見られることによっても明らかである。

上記によって「別巻」に存在したことが確認される傳記は、1迦葉、2優婆毱多、3龍樹、4達磨、5慧可、6僧璨、7道信、8弘忍、9慧能、10神會の十名に上るが、なお、『圓覺經大疏鈔』巻三之下の「十餘節要處」には及ばない。從って、「別巻」には、以上の外に數名の傳記が存したと考えられるが、そこに必ずや含まれたであろうものに、「師子比丘第二十三」「舍那婆斯第二十四」がある。その理由は、『付法藏因緣傳』では、師子比丘が殺されることで法が絶えたとされているのに對して、それが弟子の舍那婆斯によって承け繼がれたとするところに禪宗の主張の特徴があり、その點でこの兩名は西天の祖師の中でも特に重要な位置を占めているため、言及せざるを

えなかったと考えられるからである。また、實際のところ、『圓覺經大疏鈔』の「師子比丘第二十三」の文を見ると、

「師子受付囑。後遊行敎化。至罽賓國。廣度衆生。化緣將畢。遂令弟子舍那婆斯付法云云。時遇罽賓國王。名彌羅掘。邪見熾盛。毀塔壞寺。殺害衆僧。尊者告衆曰。王有惡念。諸人可散。後王問師子。師所得法。豈非一切空乎。答曰。如是。王曰。夫證法空。於一切都無所惜。可施我頭。師子曰。身非我有。何況於頭。言［訖］。王卽斬師子首。斷已無迴。香乳流地。又云。王驚默悔後。心又再發惡念。滅佛法也。其弟子舍那婆斯遂奔南天。」(35)

のように、「云云」、「又云」等とあって、何かを參照しつつ書かれたことが窺われ、それが「別巻」であった可能性は高いのである。もっとも、「別巻」ではなく、直接「祖宗傳記」を參照しながら書いたと見られぬこともないが、いずれにせよ、師子比丘の重要性を示すもので「別巻」に存在した可能性は極めて高いと言わねばならない。また、舍那婆斯についても、『付法藏因緣傳』の記述を否定するうえでその傳記はとりわけ重要だったはずで、それが「別巻」に存した可能性は非常に高い。かくして、上の十名に師子比丘と舍那婆斯を加えると十二名となり、宗密自身の言葉、「十餘節要處」とほぼ一致するから、これで「別巻」に掲げられていた傳記の多くは、ほぼ特定できたことになろう。

しかし、『圓覺經大疏鈔』巻三之下には、他の西天の祖師についても簡單な說明が附されている場合が多い。先に引いたB-1の文に見るように、宗密は、四巻本の『付法藏因緣傳』からの拔粹によって西天の祖師について述

べると言っている。では、これらは全て『付法藏因緣傳』に基づくものなのであろうか。それとも、少なくともその一部は「祖宗傳記」に基づくものなのであろうか。この問題を解明するためには、『圓覺經大疏鈔』の各祖師傳の記載を『付法藏因緣傳』のそれと比較する必要がある。というのは、もし、そこに『付法藏因緣傳』に合致しない記述があれば、それは、今は失われた「祖宗傳記」、あるいはその拔粹である「別巻」に基づくものである可能性が強いからである。

そこで實際に比較を行ってみたが、その結果は、『圓覺經大疏鈔』巻三之下の西天の祖師の傳記は、僅かの例外を除いて、略ぼ完全に『付法藏因緣傳』の拔粹に過ぎないものであった。この事實から判斷すれば、宗密がこれらの傳記を書くのに用いた資料は、荷澤宗で傳わっていた「祖宗傳記」ではなく、『付法藏因緣傳』であったと言えることになろう。しかし、實は事情はそのように簡單ではない。というのは、敦煌文書中に傳わっている『付法藏人聖者傳』（擬題、殘闕本）という文獻の存在を考慮に入れると、それとは全く異なる結論が導き出されるからである。そこで次に、この『付法藏人聖者傳』の現存する本文を紹介するとともに、それがどのようにして編輯されたものであるかについて考えてみたい。

第4節　『付法藏人聖者傳』の現存テキストの紹介とその成立

『付法藏人聖者傳』を最初に紹介したのは田中良昭であったが、田中は、鶴勒那夜奢・師子比丘・舍那婆斯等の一部の傳記の錄文しか示していない[36]。これでは『付法藏人聖者傳』の性格と編輯過程を明らかにするのに不十分であるので、現在、その存在が知られている範圍で、各祖師の傳記を掲げるとともに、『付法藏因緣傳』の對應箇所を提示することにしたい（なお、傍線部が兩者の對應部分であり、また、破線部、竝びに「師子比丘傳」の波線部については後で論及する）。

なお、『付法藏人聖者傳』の祖師の傳記については、複數の寫本が知られる場合、それらも參照したが、今は、單に內容が分かればよいという考えから本文を提示するもので、嚴密な意味での校訂テキストを示したわけではない。ただ、寫本によって存在しない部分で注意が必要な場合は、［　］を用いて、その箇所を明示したが、これも一應の目安に過ぎない。校訂テキストの提示は、他の寫本の博捜とともに他の機會を期したいと思う。

表3　『付法藏因緣傳』『付法藏聖者傳』對照表

祖師	『付法藏因緣傳』（大正藏五〇）	『付法藏人聖者傳』（擬題、敦煌本）
1 摩訶迦葉	①昔婆伽婆。於無量劫爲衆生故求最勝道。成就種種難行苦行。捨所愛身頭目髓腦國城妻子宮殿臣妾。投巖赴火斬截身體。（二九七a〇八～一〇）（中略）魔聞斯言。顚倒而墮。②破魔軍已成最正覺。三達獨照六通無閡。具足大悲辯才無盡。（二九七a二八～b〇一）（中略）譬如金剛所擬摧壞。如來教門亦復如是。能滅衆生煩惱諸結。遍遊國土聚落城邑。以清淨法拔衆毒刺。③降伏外學立最勝幢。閉惡趣門開涅槃道。化緣將畢垂當滅度。告大弟子摩訶迦葉。汝今當知我於無量阿僧祇劫。爲衆生故勤修苦行。一心專求無上勝法。如我昔願今已滿足。迦葉當	釋迦大師滅度之後。第一代付法藏大迦葉。化□等□□出見於世。成登正覺終至涅槃。化緣將畢臨當滅。告摩訶迦葉。汝等當知我於無量劫。爲諸有情懃修□行。一心專求無上勝法。如我昔願今已滿足。迦葉譬如密雲充滿世界。降注甘雨生長萌芽。無上法雨亦復如是。能令有情增善法。吸所諸佛常加守護供敬讚歎禮拜供養。如我今者臨般涅槃。用囑累汝。汝當於後敬順我意。廣宣流布無令斷絕。迦葉白言。善哉受教。奉持正法。使未來世饒益衆生。唯願世尊不以爲慮。如來滅後。摩訶迦葉次宣正教。集佛法藏化諸有情。其所度脫永不退轉。彼迦葉智惠淵廣。名稱普聞功德具足。不可具述。聖者迦葉化緣已畢。向鷄足山。山自開闢。見在其中。全身不散。持於釋迦如來袈裟。待於

知。譬如密雲充遍世界。降注甘雨生長萌芽。無上法雨亦復如是。能令衆生增善根子。所以諸佛常加守護恭敬讚歎禮拜供養。如我今者將般涅槃。以此深法用囑纍汝。汝當於後敬順我意。廣宣流布無令斷絕。迦葉白言。善哉受敎。我當如是奉持正法。使未來世等蒙饒益。唯願世尊不以爲慮。是故如來滅度之後。摩訶迦葉次宣正敎。集佛法藏化諸衆生。其所度脫永不退轉。彼大迦葉智慧淵廣。名稱普聞功德具足。（二九七b〇二～一八）

（中略）

阿闍世王於睡臥中。夢屋梁折。尋便驚覺心生惶怖。門人白王。摩訶迦葉欲入涅槃。來與王別正值眠息。令我致意卽便迴還。王聞是事悶絕躄地。冷水灑面方得醒悟。擧聲大哭涕泣盈目。我何薄祐垢障深厚。諸聖涅槃不一覩見。卽詣竹園禮阿難足。問言。迦葉滅度未耶。阿難答言。已涅槃矣。今在何處。我欲供養。於是阿難共阿闍世王向雞足山。王既到已山自開闢。迦葉在中全身不散。曼陀羅花以覆其上。王見是已發聲號哭。擧身投地。積諸香木欲闍毘之。阿難問言。欲作何等。答欲耶旬。阿難言曰。摩訶迦葉以定住身待於彌勒。不可得燒。彌勒出時當將徒衆九十六億至此山上見於迦葉。時彌勒衆皆作是念。釋迦如來弟子身形卑陋若此。彼佛亦當與斯無異。於是迦葉踊身虛空作十八變。變爲大形充滿世界。時彌勒佛卽就迦葉取僧伽梨。是時大衆見其神力。除憍慢心成阿羅漢。王供養已

慈氏來至授。慈氏成登正覺。將諸徒衆九十六億至此山下過。見於迦葉。時諸衆會皆作是念。迦葉弟子身形果滿若此比佛亦當與斯無異。（以下、割註で記される）於是迦葉踊身超空。現十八遍。遍爲□□充滿世界。時慈氏世尊就迦葉波取雨□□是時□衆見其□。除□心皆成聖果。摩訶迦葉於□第一。（S二七六V）

	還歸本國。時雞足山還合如初。（三〇〇c二六～三〇一a一六）	
2 阿難陀	摩訶迦葉垂涅槃時。以最勝法付囑阿難。而作是言。長老當知。昔婆伽婆以法付我。我年老朽將欲涅槃。世間勝眼今欲相付。汝可精勤守護斯法。阿難曰諾唯然受教。於是阿難演暢妙法化諸衆生。然其宿世有大功德。智慧淵廣多聞博達。佛所咨嗟總持第一。悉能聽受諸佛法藏。如大巨海百川斯納。名稱高遠衆所知識。如是功德不可窮盡。（三〇一a二三～b〇一） （中略） 阿難念曰。④佛記罽賓當有比丘名摩田提。於彼國土流布法眼。即便以法付摩田提。踊身虛空作十八變。入風奮迅三昧。分身爲四分。一分向忉利天與釋提桓因。一分與大海娑伽龍王。一分與彼毘舍離子。一分授與阿闍世王。如是四處各起寶塔。燒香散華。供養舍利。（三〇三b〇四～一〇）	第二代付法藏人聖者阿難陀 聖者大迦葉臨涅槃時。以最勝法付囑阿難。而作是言。其受當知。昔婆伽梵以法付我。我年老朽將欲涅槃。世間勝眼今欲相付。汝可精勤守護斯法。阿難曰。諾。唯然受教。於是阿難宣唱妙法化諸有情。然其宿世有大功德。智惠淵廣多聞博達。佛所咨嗟物持第一。悉能聽受諸佛法藏。譬如大海百川悉納。名稱高遠。衆所知識。是如功德可窮盡。聖者阿難化緣將畢。踊身虛空作十八變。入風奮迅三昧。分身爲四。一分同忉利天爲釋提丸因。一分與大海莎伽龍王。一分與波毗舍利子。一分□與阿闍世王。如是四處各起寶塔。燒香散花。供養舍利。（S二二六四V）
3 商那和修	摩訶迦葉垂涅槃時。告阿難曰。今以法寶用相委纍。長老於後若入涅槃。王舍大城有一長者名商那和修。高才勇猛有大智慧。已於過去深種善根。發意入海採取珍寶。迴還願作般遮于瑟。爲佛如來造經行處。復當建立高門樓屋。所爲既訖。可度出家。如來法藏悉付囑之。是故阿難臨當滅度。而告之曰。佛以法眼付大迦葉。迦葉以法囑纍於我。如我今者涅槃時至。以法寶藏用付於汝。汝可精勤守護斯法。令諸衆生服甘露味。商那和修答曰。奉教。我當擁護	第三代付法藏人聖者商那和修 摩訶迦葉垂涅槃時。告阿難曰。今以法寶用相委纍。長老於後若入涅槃。王舍城有一長者名商那和修。高才勇猛有大智惠。已於過去深種善根。發意入海採取珍寶。迴還願作般遮于瑟。爲佛如來造經行處。復當建立高門樓屋。所爲既訖。可度出家。如來法藏悉囑之。是故阿難陀臨當滅度。告商那和修曰。佛以法眼付大迦葉。以法囑纍於我。如我今者涅槃時至。以法寶藏用付於汝。汝可精勤守護斯

	如斯妙法。普爲一切作大明炬。⑤於是次宣無上法藥。療煩惱病濟度群生。其德高遠久修願行。多聞總持辯才無盡。今當敷演彼功德聚。（三〇三b一〇〜一二） （中略） 如來昔遊摩突羅國。見青樹林敷榮茂盛。告阿難曰。見此林不。阿難言曰。唯然已見。佛言。此是優留茶山。吾滅度後當有比丘名商那和修。於此山中起僧伽藍。說法敎化多所利益。（三〇三c一五〜一九） （中略） 於是阿難度令出家與受具戒。白言大師。我本生時著商那衣。今當盡形受持此服。作是語已得總持力。所聞之法未曾忘失。成阿羅漢有大功德。逮及阿難入涅槃後。頒宣妙法饒益衆生。阿難所持八萬四千諸法藏門。商那和修悉能憶念。譬如瀉＊水置之異器。彼能受持亦復如是。（三〇四a一三〜一九） （中略） 爾時尊者商那和修。於諸衆生所應作已。飛騰虛空作十八變。還就本座而入涅槃。憂波毱多與諸眷屬積諸香木。以火耶旬。收取舍利起塔供養。（三〇四c一一〜一四）	法。令諸有情服甘露味。商那和修答言。奉敎。我當擁護如斯妙法。普爲一切作大明燈。商那和修獲阿羅漢果。聖者阿難入涅槃後。頓宣妙法。饒益有情。阿難所徐八萬四千諸法藏門。悉能憶念。譬如寫水量之異器。彼能受持亦後如是。聖者商那和修。於諸有情所應作已。能騰虛空作十八變。還就本坐而入涅槃。優波鞠多白諸眷屬獲諸香木以耶。唯收舍利。起塔供養。（S二六四V）
4 優婆毱多	⑥⑧尊者阿難以法付囑商那和修。而告之曰。世尊昔遊摩突羅國。顧命我言。於此國中當有長者。名爲毱多。其子號曰憂波毱多。⑦⑨於禪法中最爲第一。雖無相好化度如我。我滅度後興大饒益。其所敎化無量衆生。皆悉解脫得阿羅	第四代付法藏人聖者優波毱多 爾時世尊住舍衛國告衆會曰。我滅度後滿一百年。有長者子。名優婆毱多。於我法中出家習道。得羅漢果。三明六通具八解脫。智惠囑照廣化有情。其使度脫不可稱數。衆

漢。汝當於後度令出家。若涅槃者付其法藏。商那和修臨涅槃時。告毱多曰。佛以王法付大迦葉。迦葉次付吾師阿難。阿難以法囑纍於我。我當滅度以付於汝。汝可精勤擁護世眼。憂波毱言。唯然受教。於是演暢無上妙法。光宣正化濟諸群生。其德淵廣難可限量。過去久修無上勝行。雖爲禽獸常化衆生。摧伏外道。建大法幢。以慈悲雲普覆一切。如是功德今當略說。昔婆伽婆。在舍衞國。給孤獨園。憂波毱多時爲尼乾。名曰薩遮。智慧淵妙論議絶倫。深生貢高擅步天下。銅鍱纏腹首戴盛火。而作是言。吾智盈滿恐出於外。由是事故以鍱自纏。世閒昏闇無所覩見。欲以光明照其盲冥。聞佛世尊住舍衞國。便欲造詣諍捔言辯。有人語曰。汝若見佛。智當虧滅光明自滅。便至佛所。白言瞿曇。我欲出家。智慧若與舍利弗等心則甘樂。設不及者吾當還家。世尊告曰。假使汝積百千萬身。欲望得及舍利弗者。終無是處。梵志聞已辭佛而退。其去未久。佛告衆會。我滅度後滿一百年。此人爾時得羅漢道。三明六通具八解脫。慧燭獨照廣化衆生。其所度脫不可稱數。衆會聞已生希有心。（三〇四c二一～三〇五a一九）

（中略）

如是化度無量衆生。皆悉獲得阿羅漢果。其得道者一人一籌。籌長四寸滿一石室。室高六丈縱廣亦爾。於是名稱滿閻浮提世皆號爲無相好佛。化縁已訖便自思惟。我今以法供養佛竟。利安快樂。同梵行者使諸四輩獲大饒益。紹隆

會聞已生願敎集。佛涅盤後。摩突羅國有一長者名爲毱多。其子號曰優波毱多。聖者商那和修度令出家。證羅漢果。商那和修臨涅槃時。告優波毱多曰。佛以正法付大迦葉。迦葉以付吾師阿難。阿難以法囑纍於我。我當滅度以法付□汝。汝當精勤擁護世閒。憂波毱多言。唯然受教。於是演暢無上妙法。光宣正教濟諸群生。其德淵廣難可限量。亦難比度。悉獲羅漢果者一人一籌長四寸滿一石室。室高六丈縱廣亦爾。於是名滿閻浮提世皆號爲無相好佛。化縁已訖便自思惟。我今以法供養佛境。利安快樂。同梵行者使之四輩獲大饒益。紹隆正法令不斷絶。涅盤時至宜應滅度。告諸大衆。却後七日我當涅盤。爾時則集十方羅漢及諸學人。淨持戒者不可稱數。諸優婆塞無量百千。聖者於是飛身虚空現十八變。使諸四衆生大信心。以無餘涅盤而取滅度。以室中籌而用耶旬。十方羅漢亦入涅盤。人天悲泣涕哭傷感。皆修舍利起塔供養。聖者提多迦從尊者付優波毱多時。（P三七二七）

正法令不斷絕。涅槃時至宜應滅度。告諸大衆。却後七日我當涅槃。爾時卽集十方羅漢及諸學人。淨持戒者不可稱數。諸優婆塞無量百千。尊者於是飛身虛空現十八變。使諸四衆生大信心。於無餘涅槃而取滅度。以室中籌而用耶旬。十方羅漢亦入涅槃。人天悲泣號哭傷感。皆收舍利起塔供養。（三二三a一九～b〇二）

5 提多迦

商那和修臨涅槃時。以法付囑憂波毱多。而作是言。昔婆伽婆以無上法。囑累尊者摩訶迦葉。欲令衆生執大明炬。永離諸苦受涅槃樂。迦葉次付吾師阿難。阿難轉復囑累於我。我欲滅度委付於汝。汝若於後欲涅槃者。摩突羅國有善男子。當出于世。名提多迦。久修願行辯才無盡。汝當於後度令出家。可以法眼悉囑累之。憂波毱言。唯然受敎。逮至尊者。憂波毱多化緣將訖意欲涅槃。觀提多迦出世未也。思惟便知猶未出世。爾時尊者憂波毱多將比丘衆往詣其舍。漸漸轉少乃至單己。其父長者問言。大聖。豈無眷屬何以獨行。憂波毱多答曰。長者。我出家人無有給侍。若有人者當見垂惠。長者。復言。我樂居家不能爲道。若後生子必相奉給。憂波毱言。善哉斯意。當守此心勿令變悔。而此長者數生諸子。年皆童稚輒便命終。最後生子名提多迦。顏貌瓌瑋聰明黠慧。善能受學諸論經記。過去修行深種善本。憂波毱多往從索之。長者歡喜手自付與。將至僧坊度令出家。年滿二十爲受具戒。初白之時斷見諦結得須陀洹。第一羯磨薄婬怒癡獲斯陀含。第二羯磨欲界結

第五代付法藏人聖者提多迦

昔商那和修臨滅度時。以法付囑憂波毱多。而作是言。汝若於後欲涅槃者。摩突羅國有善男子。當出於世。名提多迦。久修願行辯才無盡。汝當於後度令出家。可以法眼悉囑累之。憂波毱多言。唯然受敎。毱多後時獲得師言。敎度令出家。年滿二十爲受具戒。初白之時斷見諦結得預流果。第一羯磨薄婬怒癡獲一來果。第二羯磨欲界結盡證不還果。第三羯磨尋時斷除三界煩惱。建立梵行成阿羅漢。三明遠照六通具足。遊歩隱顯自在無礙。憂波毱多垂涅槃時。告提多迦曰。然我今者所作已辨。涅槃時至。滅度不遠。以此法寶持用付法。汝可於後頂戴受持。勤加守護無令漏失。演法光明照愚癡闇。提多迦言。敬受尊敎我當擁護如斯正法。爲未來世作不請友。次則於是宣無上法味。其所化度甚大弘廣。□□已訖。人天悲感。卽收舍利起七寶塔。燒香散華種種供養。（以下、讀めず）……。（P三七二七）

	盡得阿那含。第三羯磨尋時斷除三界煩惱。建立梵行成阿羅漢。三明遠照六通具足。遊步隱顯自在無閡。憂波毱多而告之曰。慧日世尊慈悲普覆。欲濟衆生生死大苦。以無量劫所集之法。囑累尊者摩訶迦葉。作大明燈照諸癡闇。普令一切皆得修學。斷絕愛網出欲淤泥。迦葉次付阿難比丘。阿難滅後囑累吾師商那和修。⑩商那和修以付於我。如是相續常轉法輪。灑甘露味療煩惱渴。然我今者所作已辦。涅槃時至滅度不遠。以此法寶持用付汝。汝可於後受持頂戴。勤加守護無令漏失。演法光明照愚癡闇。（三一三b〇九～c一三） （中略） 提多迦言。敬受尊敎我當擁護如斯正法。爲未來世作不請友。於是次宣無上法味。其所化度甚大弘廣。緣訖涅槃人天悲感。卽收舍利起七寶塔。燒香散華種種供養。 （313c22-25）	
6 彌遮迦	昔提多迦臨滅度時。以法付囑最大弟子。名彌遮迦。多聞博達有大辯才。而告之曰。佛以正法付大迦葉。如是展轉乃至於我。我將涅槃用付於汝。汝當於後流布世眼彌遮迦言。善哉受敎。於是宣流正法寶藏。令諸衆生開涅槃道。化緣已竟。（三一三c二五～三一四a〇二）	第六代付法藏人聖者彌遮迦 昔提多迦臨滅度時。以法付囑最大弟子。名彌遮迦。多聞博達有大辯才。而告之曰。佛以正法付大迦葉。如是展轉乃至於我。我將涅盤用付於汝。汝當於後流布世間。彌遮迦言。善哉受教。於是宣流正法寶藏。令諸有情開涅槃道。化緣既竟。當般涅槃人天悲感。門徒弟子收取舍利。起塔供養。［聖者伏陀難提從尊者彌遮迦受付囑一代教時。］（P三三五五）（P三七二七）。

7 伏陀難提	臨當滅度。復以正法次付尊者佛陀難提。⑪令其流布勝甘露味。難提於後廣宣分別轉大法輪摧伏魔怨。（三二一四ａ〇二～〇四）	第七代付法藏人聖者伏陀難提 ［昔］聖者彌遮迦臨當滅度。復以正法次付伏陀難提。而告之曰。佛以正法付大迦葉。如是展轉乃至於我。我今涅槃。付囑於汝。汝當於後流通法眼令不斷絶。伏陀難提答言。受敎。於是難提轉大法輪。摧伏魔怨。化縁將畢當般涅槃。人天悲念。收取舍利。建立寶塔。種種供養。［聖者伏陀密多從尊者伏陀難提受付囑一代敎時。］（Ｐ三三五五）（Ｐ三七二七）（Ｐ四九六八）
8 伏陀蜜多	然後付囑佛陀蜜多。其人德力甚深無量。善巧方便化諸衆令離惡見趣最勝道。以大智慧而自莊嚴。演清淨味摧滅異學。如是功德不可窮盡。我今隨順說其少分。有大國王總領天下。高才勇猛多聞博達。宗事異學信受邪見。於佛法僧恆懷輕毀。⑫佛陀蜜多作是念言。吾師難提以法付我。我當云何敷演勝眼。令諸衆生普得饒益。復作是念。今此國王甚大邪見。我宜先往而調伏之。譬如伐樹。若傾其本。枝葉花莖豈得久立。（三二一四ａ〇四～一四） （中略） ⑬時南天竺王甚邪見。承事外道毀謗正法。龍樹菩薩爲化彼故。躬持赤幡在王前行。經歷七年。王始怪問。汝是何人在吾前行。答曰。我是一切智人。王聞是已甚大驚愕而問之言。一切智人甚爲希有。汝自言是何以取驗。龍樹答曰。王欲知者宜當見問。既說之後乃可證知。王聞是語便作是念。我爲智主大論議師。問之能屈未足爲奇。脫不如	第八代付法藏人聖者伏陀蜜多 昔聖者伏陀難提臨滅度時。以法囑纍最大弟子伏陀蜜多。而告之言。佛以正法付大迦葉。如是展轉乃至於我。我將涅槃。以付於汝。汝當於後廣宣流布。答言。受敎。其人功德甚深無量。善巧方便化諸有情令離惡見趣最勝道。以大智慧而自莊嚴。演清淨味摧滅異學。如是功德不可窮盡。化縁將畢而般涅槃。弟子悲感。［收取舍利。］起［七寶］塔。［種種］供養。（Ｐ二七七五）（Ｐ三七二七）（Ｐ四九六八）

	彼所損甚多。默然無言亦復非理。如是思惟良久不決。事既窮迫俛仰問之。諸天今者爲何所作。答言。大王。天今正與阿修羅戰。王既聞已譬如人噎。既不得吐。又不得出。設非其言無以爲證。欲納彼説事又難明。龍樹復言。此非虚論。王且待之須臾當驗。語訖空中刀劍飛下。長戟短兵相繼而落。王復語言。干戈矛槊雖爲戰器。何必是天阿修羅也。龍樹答曰。雖若虚言當驗以實。作是語已修羅耳鼻從空而下。王始驚悟稽首爲禮。恭敬尊重受其道化。（三一八a一九～b〇八） （中略） 其所教化無量衆生。緣盡捨命弟子悲感。收聚舍利起塔供養。（三一四b二五～二七）	
9 脇比丘	在昔尊者佛陀蜜多。化緣既訖將欲捨壽。告一弟子名脇比丘。汝當於後廣敷聖教。化諸衆生令得解脱。白言大師。敬承尊教。我當至心守護正法。彼脇比丘由昔業故。在母胎中六十餘年。既生之後鬚髮皓白。厭惡五欲不樂居家。往就尊者佛陀蜜多。稽首禮足求在道次。即度出家爲説法要。譬如鮮淨白氎易受染色。便於座上得羅漢道。三明照徹六通無礙。勤修苦行精進勇猛。未曾以脇至地而臥。時人即號爲脇比丘。善説法要。化諸衆生。所作已訖。便入涅槃。收集舍利。起塔供養。（三一四b二七～c〇九）	第九代付法藏人聖者脇比丘 在昔聖者伏陀蜜多。化緣既訖將欲捨壽。告一弟子名脇比丘。汝當於後廣敷聖教。化諸有情令得解脱。白言大聖。敬承尊教。我當至心守護正法。彼脇比丘昔由業故。在母胎六十餘年。既生之後鬚髮皓白。厭惡□□不樂居家。□就尊者伏陀蜜多。稽首禮足求在道次。即度出家爲説法要。如鮮淨白氎易受染色。便於座上得羅漢道。三明照徹六通無礙。勤修苦行精進勇猛。未曾以脇至地而臥。時即號爲脇比丘。善説法要化諸有情。所作已訖。便入涅槃。人天悲□。收取舍利。起塔供養。（P四九六八）
10 富那奢	彼脇比丘垂當滅度。告一比丘名富那奢。長老當知。佛法	第十代付法藏人聖者富那奢

微妙有大功德。是故諸聖頂戴奉持。我受付囑守護斯法。今欲涅槃用彙於汝。汝宜至心擁護受持。時富那奢答曰。唯然。於是演暢微妙勝法。其所化度無量衆生。（三一四c〇九～一四）

（中略）

如是尊者以善方便度諸衆生。所應作已。入於涅槃。四衆感戀起塔供養。（三一五a一〇～一二）

昔聖者脇比丘臨當滅度。告一比丘名富那奢。具受當知。佛法微妙有大功德。是故諸聖頂戴奉持。我受付囑守護斯法。今欲涅槃用彙於汝。汝宜至心擁護受持。時富那奢答曰。唯然。於是演暢微妙勝法。其所化度無量有情。所應作已。入於涅槃。四衆感戀。［門徒悲泣。］收取舍利。起塔供養。［聖者馬鳴菩薩從尊者富那奢受一代教時。］（P二七七五）（P三三五五）（P三七二七）

11 馬鳴菩薩

後於一時在閑林下。結跏趺坐寂然思惟。有一大士名曰馬鳴。智慧淵鑒超識絶倫。有所難問靡不摧伏。譬如猛風吹拔朽木。起大憍慢草芥群生。計實有我甚自貢高。聞有尊者名富那奢。智慧深邃多聞博達。言諸法空無我無人。懷輕慢心往詣其所。而作是言。一切世間所有言論。我能毀壞如雹摧草。此言若虚而不誠實。要當斬舌以謝其屈。富那奢言。佛法之中凡有二諦。若就世諦假名爲我。第一義諦皆悉空寂。如是推求我何可得。爾時馬鳴心未調伏。自恃機慧猶謂己勝。富那語曰。汝諦思惟無出虚語。我今與汝定爲誰勝。於是馬鳴卽作是念。世諦假名定爲非實。第一義諦性復空寂。如斯二諦皆不可得。既無所有云何可壞。我於今者定不及彼。便欲斬舌以謝其屈。富那語言。我法仁慈不斬汝舌。宜當剃髮爲吾弟子。爾時尊者度令出家。心猶愧恨欲捨身命時富那奢得羅漢道。入定觀察知其心念。尊者有經先在闇室。尋令馬鳴往彼取之。白言。大師。此室闇冥云何可往。告曰但去。當令汝見。爾時尊者卽以神

第十一代付法藏人聖者馬鳴菩薩

昔［時］聖者富那奢在閑林下。結跏趺座寂然思惟。有一大士名曰馬鳴。智惠淵鑒超識殊絶。靡不摧伏。譬如猛風吹拔樹木。起大憍慢草芥群生。計實有我甚自貢高。聞有尊者名富那奢。智惠深邃多聞博達。言諸法空無我無人。懷輕慢心往詣其所。而作是言。一切世間所有言論。我能毀壞如雹摧草。此言若虚而不誠實。要當斬舌以謝其屈。富那奢言。佛法之中凡有二諦。若就世諦假名爲我。第一義諦皆悉空寂。如是推求我何可得。爾時馬鳴心未調伏。自持機惠猶謂己勝。富那語曰。汝諦思惟無出虚語。我今以汝定爲誰勝。於是馬鳴卽作是念。世諦假名定爲非實。第一義諦性復空寂。如斯二諦皆不可得。既無所有云何可壞。我於今者定不及彼。便欲斬舌以謝其屈。富那奢語言。我法仁慈不斬汝舌。宜當剃髮爲吾弟子。爾時尊者廣令出家。心由懷恨欲捨身命。富那奢得羅漢道。入定觀察知度心念。尊者有經先在闇室。尋令馬鳴往彼取之。白言。

力。遙申右手徹入屋內。五指放光其明照曜。室中所有皆悉顯現。爾時馬鳴心疑是幻。凡幻之法知之則滅。而此光明轉更熾盛。盡其技術欲滅此光。爲之旣疲了無異相。知師所爲卽便摧伏。勤修苦行更不退轉。如是尊者以善方便度諸衆生。所應作已入於涅槃。四衆感戀起塔供養。昔富那奢臨涅槃時。以法付囑弟子馬鳴。而告之曰。譬如闇室燃大明炬。所有諸物皆悉照了。法之明燈亦復如是。流布世間能滅癡闇。是故如來演斯正法。普令一切皆悉修行。諸賢聖人常加守護。共相委囑乃至於我。我以勝眼持用付汝。汝當於後至心受持。令未來世普得饒益。馬鳴敬諾當受尊敎。於是頒宣深奧法藏。建大法幢摧滅邪見。於華氏城遊行敎化。⑭欲度彼城諸衆生故。作妙伎樂名賴吒啝羅。其音淸雅哀婉調暢。宣說苦空無我之法。所謂有爲如幻如化三界獄縛無一可樂。王位高顯勢力自在。無常旣至誰得存者。如空中雲須臾散滅。是身虛僞猶如芭蕉。爲怨爲賊不可親近。如毒蛇篋誰當愛樂。是故諸佛常呵此身。如是廣說空無我義。令作樂者演暢斯音。時諸伎人不能解了。曲調音節皆悉乖錯。爾時馬鳴。著白氎衣入衆伎中。自擊鍾鼓調和琴瑟。音節哀雅曲調成就。演宣諸法苦空無我。時此城中五百王子。同時開悟厭惡五欲出家爲道。（三一四c一四～三一五b〇二）

（中略）

如是馬鳴以大行願演甘露味。爲罽昵吒王興大饒益。其所

大師。此室闇冥云何往。告曰。但去。當令時汝見。爾時尊者卽以神力。遙身右手徹入室中。五指放光其明照曜。室中所有皆悉顯現。爾時馬鳴心疑是幻。凡幻之法知之則滅。而此光明轉更熾盛。盡其技術欲滅此光。爲之旣疲了無異相。知師所爲卽便摧伏。勤修苦行更不退轉。尊者富那奢臨涅槃時。以法付囑弟子馬鳴。而告之曰。譬如闇室然大明燈。所有諸物皆悉照了。法之明燈亦復如是。流布世間能滅癡闇。是故如來演斯正法。普令一切皆悉修行。諸賢聖人常加守護。共相委囑乃至於我。我以勝眼持用相付汝。當於後至心受持。令未來世普得饒益。馬鳴敬諾。當受尊敎。於是須宣深奧法藏。建大法幢摧滅邪見。於花氏城遊行敎化［無量億人。］廣度群品。所應作已。便捨命行。［人天悲感］集其舍利。［門徒四修見］七寶塔。種種供養。［聖者比羅從尊者馬鳴菩薩受付囑時。］（P二七七五）（P三七二七）

	度脱無量億人。所應作已便捨命行。集其舍利起塔供養。（三二七a二六～二八）	
12 比羅比丘	馬鳴菩薩臨欲捨命。告一比丘名曰比羅。長老當知。佛法純淨能除煩惱垢。汝宜於後流布供養。比羅答言。善哉受教。從是已後廣宣正法。微妙功德而自莊嚴。巧說言辭智慧淵遠。外道邪論無不摧伏。於南天竺興大饒益。造無我論足一百偈。此論至處莫不摧靡。譬如金剛所擬斯壞。臨當滅時便以法藏付一大士。名曰龍樹。然後捨命。（三二七a二八～b〇七）	第十二代付法藏人聖者比羅 [昔] 馬鳴菩薩臨欲捨命。告一比丘名曰比羅。具壽當知。佛法純淨能徐煩垢。汝宜於後流布供養。比羅答言。善哉受教。從是已後廣宣正法。微妙功德而自莊嚴。巧於言詞智慧淵遠。外道邪論無不摧伏。於南天竺興大饒益。造無我論滿足百偈。經論至處莫不摧靡。譬如金剛所疑斯壞。化緣將終入般涅槃。收取舍利。起塔供養。[聖者龍樹菩薩從尊者比羅受付囑時。]（P二七七五）（P三三五五）（P三七二七）（P四九六八）
13 龍樹菩薩	龍樹於後廣爲衆生流布勝眼。以妙功德用自莊嚴。天聰奇悟事不再問。建立法幢降伏異道。如是功德不可稱説。今當隨順顯其因緣。託生初在南天竺國出梵志種大豪貴家。始生之時在於樹下。由龍成道因號龍樹。少小聰哲才學超世。本童子時處在襁抱聞諸梵志誦四韋陀。其典淵博有四萬偈。偈各滿足三十二字。皆卽照了達其句味。弱冠馳名擅步諸國。天文地理星緯圖讖。及餘道術無不綜練。有友三人天姿奇秀。相與議曰。天下理義開悟神明。開發幽旨增長智慧。若斯之事吾等悉達。更以何方而自娯樂。復作是言。世間唯有追求好色。縱情極欲最是一生上妙快樂。然梵志道勢非自在。不爲奇策斯樂難辦。宜可共求隱身之藥。事若得果此願必就。咸曰。善哉。斯言爲快。卽至術	第十三代付法藏人聖者龍樹菩薩 聖者毘羅臨當滅時。便與法藏付一大士名曰龍樹。而告之曰。佛以正法付大迦葉。如是展轉至於我所。我欲涅槃。汝當於後廣宣正法。令不斷絶。龍樹敬諾。唯然受教。從是已後。廣爲有情。流布勝眼。以妙功德用自莊嚴。天聰奇悟。事不再問。建法幢。降伏異道。如是功德不可稱說。託生初在南天竺國出梵志衆大豪貴家。始生之時在於樹下。由龍成道因號龍樹。小少聰哲英才超世。本童子時處襁褓聞諸梵志誦四韋陀典。其典淵博有四萬偈。偈各滿足三十二字。皆卽照了達其句味。弱冠馳名擅妙諸國。天文地理星韋圖辰及餘道術。無不綜練。有三人天姿奇秀。相與議曰。天下理議開神明。開發□□增長智惠。若斯事吾等悉

家求隱身法。術師念曰。此四梵志才智高遠。生大憍慢草芥群生。今以術故屈辱就我。然此人輩研窮博達。所不知者唯此賤法。若授其方則永見棄。且與彼藥使不知之。藥盡必來師諮可久。卽便各授青藥一丸。而告之曰。汝持此藥以水磨之用塗眼瞼。形當自隱。尋受師敎各磨此藥。龍樹聞香卽便識之。分數多少錙銖無失。還向其師具陳斯事。此藥滿足有七十種。名字兩數皆如其方。師聞驚愕問其所由。龍樹答言。大師當知。一切諸藥自有氣分。因此知之。何足爲快。師聞其言。歎未曾有。卽作是念。若此人者聞之猶難。況我親遇而惜斯術。卽以其法具授四人。四人依方和合此藥自翳其身。遊行自在卽共相將入王後宮。宮中美人皆被侵掠。百餘日後懷妊者衆。尋往白王庶免罪咎。王聞是已心甚不悅。此何不祥爲快乃爾。召諸智臣共謀斯事。時有一臣卽白王言。凡此之事應有二種。一是鬼魅。二是方術。可以細土置諸門中。令人守衞斷往來者。若是方術。其迹自現。設是鬼魅。入必無迹。人可兵除。鬼當呪滅。王用其計備法爲之。見四人迹從門而入。時防衞者驟以聞王。王將勇士凡數百人。揮刀空中斬三人首。近王七尺刀所不至。龍樹斂身依王而立。於是始悟欲爲苦本。敗德危身汚辱梵行。卽自誓曰。我若得脫免斯厄難。當詣沙門受出家法。既出入山至一佛塔。捨離欲愛出家爲道。於九十日誦閻浮提所有經論皆悉通達。更求異典都無得處。遂向雪山見一比丘。以摩訶衍而授與之。讀誦愛樂恭敬供

達。更以何方如自娛樂。復作是言。世間唯有追求好色。縱情極欲最是一生上妙快樂。然梵志道勢非自在。不爲其策斯樂難辦。宜可共求隱身之藥。事若斯果此願必就。咸曰。善哉。斯言爲快。卽至術家求隱身法。術師念曰。此四梵志智才高遠。生大憍慢草□群生。今以術故屈辱就我。然此人輩研窮博達。所不知者爲此賤術。若受其方則□見棄。且以彼藥使不知之。藥盡必來師資可求。卽便各受精藥一丸。而告之曰。汝持此藥以水磨之用塗眼瞼上。形當自隱。尋受師敎各磨此藥。龍樹聞香卽便識之。分數多少錙謬無失。還向其師具陳斯事。此藥滿足有七十種。名字量數皆有其方。師驚愕問其所由。龍樹答言。大師當知。一切藥自有氣分。因此知云何足爲怪。師聞其言歎［未］曾有。卽作是念。若此人者聞之由難。況我親遇而惜斯術。卽以其法具受此人。四人於方和合此藥自翳其身。由行卽共相將入王後宮。宮中宮人皆被侵掠。百餘日後懷妊者衆。尋往白王□免罪咎。王聞是已。心大不悅。此何不祥爲怪乃爾。召諸智臣共謀斯事。時有一臣卽白王言。凡此之事今有二種。一是鬼魅。二是方術。可以細土置之門中。令人守護斷往來者。若是方術。其蹤自現。若是鬼魅。必入無跡。人可兵除。鬼當呪滅。王所用其計備法爲之。見四人從後門而入。防術者驟以尙王。王將勇士凡數百人。揮刀空中斬三人首。近王七尺刀所不及。龍樹斂身依王而立。於是始悟欲爲苦本。敗德危身惡辱梵行。卽自誓曰。我若

養。雖達實義未獲道證。辯才無盡善能言論。（三一七b〇七～c二四）

（中略）

是時有一小乘法師。見其高明常懷忿嫉。龍樹菩薩所作已辦將去此土。問法師言。汝今樂我久住世不。答曰。仁者。實不願也。⑮卽入閑室。經日不現。弟子咸怏。破戶看之。遂見其師蟬蛻而去。天竺諸國竝爲立廟。種種供養敬事如佛。（三一八c〇九～一四）

得脱免斯厄難。當□沙門受出（下缺）（P二七七五）

14 提婆菩薩

龍樹菩薩臨去此世。告大弟子迦那提婆。善男子聽。佛以大悲愍傷衆生。演甘露味利益來世。次第相付乃至於我。我欲去世囑纍於汝。汝當流布至心受持。提婆敬諾當承尊敎。於是宣說眞法寶藏。以智慧力摧伏異學。博識淵覽才辯超絕。擅名天下獨步諸國。其初託生南天竺土婆羅門種。尊貴豪勝。由毀神眼遂無一目。因是號曰迦那提婆。智慧深遠機明內發。顧目觀察無愧於心。唯以其言人未信受。道化不行夙夜憂念。於彼國中有一天神。鍛金爲形立高六丈。咸皆號曰大自在天。有求願者令現獲報。提婆詣廟求入拜觀。主廟者言天像至神。人有見者不敢正視。又令退後失魂百日。汝今但當詣門乞願。更復何求而欲見耶。提婆答言。神審若斯吾乃願見。設不如是非我所欲。時人聞之咸奇其意。追入廟者數千萬人。提婆既至稽首爲禮。天動其眼怒目視之。提婆語曰。天實神矣。然今相觀甚大卑劣。夫爲神者。當以精靈偃伏群類。而假黃金頗梨爲飾。

第十四代付法藏人聖者提婆菩薩

龍樹菩薩臨去此世。告大弟子迦那提婆。善男子。佛以大悲愍傷有情。演甘露味利益來世。次第相付乃至於我。我欲去世囑纍於汝。汝當流布至心受持。提婆敬諾當承尊敎。於是宣說眞法寶藏。以智慧力摧伏異學。博識淵覽辯才超絕。擅名天下獨步諸國。其初託生南天竺土婆羅門種。尊貴豪勝。猶以神眼遂無一目。因是號曰迦那提婆。智慧深遠機明內發。顧白觀察無愧於心。唯以其言人未信受。道化不行宿夜憂念。於彼國中有一天神。鍛金爲形立高六丈。咸皆號曰大自在天。有求願者令現獲報。提婆詣廟求入拜觀。主廟者言天像至神。人有見者不敢正視。有令退後失魂百日。汝今但當詣門乞願。更復何求而欲見耶。提婆答言。神容超絕吾乃欲見。設不如是非我所欲。時人聞之咸奇其意。追入廟者數千萬人。提婆既至稽首爲禮。天動其眼怒目視之。提婆語言。天實神矣。然今相觀甚大卑劣。

熒惑民物何期小也。卽登高梯鑿出其目。時諸觀者咸有疑意。大自在天威德高遠。云何爲此小婆羅門之所毀辱。將無彼神名過其實。爾時提婆曉衆人曰。神明遠大近事試我。我深達彼心所念故。登金山聚出頗梨珠。咸令一切皆悉了知。精靈純粹不假形質。吾既非慢。神豈辱也。作是語已從廟而出。卽於其夜求諸供備。明日清旦敬祀天神。迦那提婆名德素著智與神會。其所發言無不響應。一夜之中供具斯備。大自在天作一肉形。高數四丈。左眼枯涸徐步安詳而來就坐。遍觀餚膳歎未曾有。嘉其德力能有所致。而告之曰。善哉大士。深得吾心以智見供。汝今眞是敬信我者。世人愚癡唯得吾形。以食奉獻畏而誣我。今汝供饌。美味具足我之左眼宜當垂給。若能見與眞上施也。提婆答言善哉受教。卽以左手出眼與之。天神力故出而隨生。索之不已。出眼數萬。天神讚曰。善哉摩納。眞上施也。欲求何願必滿汝意。是時提婆白天神曰。我索明識不假於外。唯恨吾教人莫信受。正願我言後必流布。神曰甚善。卽便起退。於是提婆詣龍樹所。剃除鬚髮受出家法。周遊揚化廣濟群生。南天竺⑯王總御諸國。懷貢高心信用邪道。沙門釋子一不得見。國人遠近咸受其化。提婆念曰。樹不伐本枝條難傾。人主不化道豈流布。其國政法王家出錢雇人宿衛。爾時提婆應募爲將荷戟前馳。整勒部曲威德恩仁物樂其政。王嘉其意問曰。何人侍者。答言。此人應募。既不食稟。又不取賈。在事恭謹性好閑習。未達其心何求何

夫爲神者。當以精靈偃伏群類。而假黃金頗梨爲飭。熒惑人物何期命耶。卽登高梯鑿出其目。時諸觀者咸有疑意。大自在天威德高遠。云何爲此小婆羅門之所毀辱。將無彼神名過其寶。爾時提婆曉衆人曰。神明遠大近事試我。我深達彼心所念故。登金山藂出頗梨珠。咸令一切皆悉了知。精令純粹不假形質。吾既非慢。神豈辱耶。作是語已。從廟而出求諸俱備。明日清旦敬祠天神。迦那提婆名德素著智與神會。其所發言無不響應。一夜之中供具其備。大自在天實一肉形。高數四丈。左眼枯涸徐步安詳而來就座。遍觀餚膳歎未曾有。加其德力能有所致。而告之曰。善哉大士。深得吾心以智遍供。汝今眞是敬信我者。世人愚癡唯得吾形。以食奉獻畏而誣我。汝今供饌。美味具足我之左眼宜當垂給。若能見與眞是上施。提婆答言。善哉受教。卽以左手出眼與之。天神力故出而隨生。索之不已。出眼數萬。天神讚曰。善哉摩納。眞上施也。欲求何願必滿汝意。是時提婆白天神曰。我素明識不假於外。唯恨吾教人莫信受。正願我言後必流布。神曰。奇哉。甚善。卽便起退。於是提婆菩薩詣龍樹所。剃除鬚髮受出家法。周遊揚化廣濟群生。南天竺國。造百論等以破耶見群迷。由是之故。外道弟子執刀破腸。五藏出外。因茲遂乃捨壽。諸門徒等［悲感交切。燒香虔仰］起塔供養。［聖者以神通力隨其而衆於諸墟壁山等往來無礙。化利有情。］［聖者羅睺羅從尊者提婆菩薩付屬［一代教法］時。］（S二二六四V）

（S一〇五三V）

欲。王卽召之具問其意。答言大王。我是智人善於言論。
欲於王前而求試驗。卽便許之爲建論座。爾時提婆卽立三
義。一切聖中佛最殊勝。若於諸法佛法無比。救世福田衆
僧第一。八方論士能壞斯語。我當斬首以謝其屈。所以者
何立理不明是爲愚癡。若斯之頭非吾所惜。八方論士咸來
雲集。亦各言曰。我若有屈斬首相謝。愚癡之頭非吾甘樂。
提婆語言。我所修法仁活萬物。要不如者當剃汝髮以爲弟
子。不斬頭也。立此要已便共論義。諸外道中情智淺者。
適至一言尋便屈滯。智慧勝者遠至二日。辭理俱匱。悉剃
其髮度令出家。爾時有一外道弟子。兇頑無智恥其師屈。
形雖隨衆心結怨忿。含毒熾盛嚙刀自誓。彼口勝我我刀伏
汝。作是語已持挾利刀。常於日夜伺求其便。爾時提婆出
在閑林。造百論經以破邪見。弟子分散樹下思惟。提婆菩
薩起定經行。外道弟子往至其所。執刀窮之。汝昔曾以智
伏吾師。我於今者刀破汝腹。卽便決之。五藏出外。命猶
未絕。愍其狂愚而告之曰。我有衣鉢在吾坐所。汝可取之
急上山去。我諸弟子未得道者。若脫遇汝必當相執。或送
於王困汝不少。夫身名者衆患根本。汝今迷惑愛惜情重。
是故宜當好自防護。時諸弟子有先來者。覩見其師發聲悲
哭。合諸門徒競各雲集。驚怖號咷宛轉于地。其中或有狂
突奔走。共相分衞追截要路。爾時提婆語衆人曰。諸法本
空無我我所。無有能害亦無受者。誰親誰怨孰爲惱害。汝
等今者愚癡所覆。橫生妄見種不善業。彼人所害害吾往報。

	非殺我也。於是放身蟬蛻而去。（三一八c二一～三一九c一四）	
17 羅漢比丘	（傳記なし）	第十七代［付法藏人］聖者羅漢比丘 昔［者］僧伽難提臨涅槃時。告［一］羅漢比丘。善男子。佛以正法付大迦葉。如是展轉乃至於我。我欲涅槃。以正［法］眼付［囑於］汝。汝當守護。無令斷絶。羅漢答言。唯然受敎。於後羅漢廣宣正法。化利有情。所作已畢。［現種種相］而捨命。［門徒悲感］。收集舍利。起塔供養。［聖者僧伽耶舍從尊者羅漢比丘受付囑時。］（P二七七四V）（P三三五五V）
18 僧伽耶舍	僧伽難提捨身已後。有羅漢名僧伽耶舍。次受付囑流布法眼。廣化衆生拯諸苦惱。有大智慧言辭清辯。（三二〇a二三～二五） （中略） 如是尊者廣爲佛事。敎化已訖便入涅槃。收集舍利起塔供養。（三二〇b二八～二九）	第十八代付法藏人聖者僧伽耶舍 羅漢比丘垂滅度時。告［一］羅漢名僧伽耶舍。佛薄伽梵以正法眼付大迦葉。如是展轉乃至於我。我欲涅槃。以勝法眼纍囑於汝。汝當精勤廣宣流布。耶舍敬諾。敬順尊敎。耶舍於後。廣宣法眼化利有情。拯諸苦惱。有大智惠。言詞清辯。如是尊者廣爲佛事。敎化已訖。便入涅槃。收取舍利。起塔供養。［聖者羅漢比丘從尊者僧伽難提承受付囑時。］（P二七七四V）（P三三五五V）
23 鶴勒那夜奢	於是已後次有尊者名鶴勒那夜奢出興於世。受付囑法廣宣流布。福德深遠才明淵博。化世迷惑令就正路。所作已訖然後捨身。（三二一c一一～一四）	第廿三代付法藏人聖者鶴勒那夜奢 昔尊者磨奴羅臨滅度時。告鶴勒那夜奢言。佛以妙法付大迦葉。如是展轉乃至於我。我今取滅。以相委囑。汝當宣化。無令隱沒。鶴勒那夜奢答言。受敬尊敎。於是已後。

	24 師子比丘	25 舍那婆斯
	復有比丘名曰師子。於罽賓國大作佛事。時彼國王名彌羅掘。邪見熾盛心無敬信。於罽賓國毀壞塔寺殺害衆僧。即以利劍用斬師子。頂中無血唯乳流出。相付法人。於是便絕。如此之法爲大明燈。能照世間愚癡黑闇。是故如上諸賢聖人。皆共頂戴受持守護。更相付囑常轉法輪。爲諸衆生起大饒益。斷塞惡道開人天路。逮至最後斯法衰殄。賢聖隱沒無能建立。世間闇冥永失大明。造作惡業行十不善。命終多墮三惡八難。是故智者宜當觀察。無上勝法有大功德。微妙淵遠不可思議。（三二一c一四～二五）	（傳記なし）
鶴勒尊者。福德深遠。才明淵博。化世迷惑。令就正路。[現種種相。度脫衆生。] 所作已訖。然後捨身。衆人悲歎。起塔供養。[聖者師子比丘從尊者鶴勒那夜奢付囑一代敎時。]（S三六六V）（P二一六八〇）	第廿四代付法藏人聖者師子比丘 [昔] 尊者鶴勒那夜奢臨當滅度。告一比丘名 [曰] 師子。佛以勝法付大迦葉。如是展轉乃至於我。我今欲滅。纍囑於汝。汝當勤心。流通於世。師子答言。唯然受教。師子比丘於罽賓國作大佛事。[化度衆生自悟。末代傳法命如懸絲。應有佛敎流易。舍那波斯心生誡形。] 時彼國王彌羅掘。邪見熾盛。心無敬信。於罽賓國。毀塔壞寺。殺害衆僧。即以利劍。用斬師子。頭中無血。唯乳流出。相付法人。於是便絕。如此之法。爲大明燈。能照世間愚癡黑闇。是故如上諸賢聖人。皆共頂戴。受持守護。更相付囑。常轉法輪。爲諸有情。起大饒益。斷塞惡道。開人天 [道] 路。近至最後。斯法衰彌。賢聖隱沒。無能建立。世間闇冥。永失大明。造作惡業。行十不善。命終多墮三惡八難。是故志者。直當觀察。無上勝法有大功德。微妙淵遠。不可思議。[其王生悔故。請舍那波斯再興正法。外道宗典。驅令出國。因茲師子比丘敎法更傳四代。] 聖者舍那波斯從尊者師子比丘受付囑一代 [時敎]。（P二一六八〇）（P二七七六V）	第廿五代付法藏人聖者舍那婆斯

		昔者。師子比丘罽賓國盛行佛教。有一羅漢名舍那波斯。從中天竺來向此國。於師子比丘受一代教時。師子比丘言。佛以正法付大迦葉。如是轉展。乃至於我。我今在世難期。遠劫一代時敎。將付於汝。汝當守護。莫令法眼斷絶。舍那波斯受此法已。深生頂禮。却歸［中天］竺國。其罽賓國王名彌多羅掘。不信佛法。毀塔壞寺。殺害衆僧。奉事外道末曼尼及彌沙訶等。其師子比丘故來化此國王。其王無道。自手持斬。立於師子比丘之前。口云。若是聖人諸師等。惣須誡形。師子比丘稱言。但殺貧僧一人。驗取凡聖。何要諸師誡形。其王別無收劍之計。卽斫師子比丘。節節惣流白乳。更殺外道末曼尼及彌師訶等。流血遍地。其王心生悲悔。再崇佛敎。卽於中天竺國命此師子比丘弟子舍那波斯於南天竺國廣行佛敎。其外道宗主數十餘人。於朝堂立架懸首。遣擧國人射之。其王出敕告令天下。有人行此外道敎法。罪同此例。因兹師子比丘敎法。舍那波斯再以興建。廣度衆生。舍那波斯所作已畢。付囑優婆掘須婆蜜。優婆掘須婆蜜付囑僧伽羅［叉］。僧伽羅叉付囑菩提達摩多羅。前後相付廿八代事有本傳。聖者優婆掘須［婆］蜜從尊者舍那波斯受付囑一代敎時。（P二七七六V）

兩者を對照すると、摩訶迦葉から師子比丘に至る傳記については、『付法藏人聖者傳』は、ほとんど『付法藏因緣傳』に基づきつつ、付法の部分を中心に拔粹したものにすぎないことが分かる。もちろん、對應しない部分も存

在するが、その多くは先に本書の傳記の特徴として擧げた、

・各傳記の冒頭に「第△△代付法藏人聖者○○○○」という標題を有する（「△△」は世代、「○○○○」はその傳記の祖師名）。
・付法に關する內容が傳記の中心に置かれており、一般に「××××當滅度時告○○○○曰。佛以正法付大迦葉。如是展轉至於我。我欲涅槃。汝於後廣宣正法。令不斷絕。○○○○敬諾」、あるいはこれに類する定型句によってその事實が强調されている（「××××」は先代の祖師名）。
・各傳記の末尾は、一般に「入於涅槃。收取舍利。起塔供養」、あるいはそれに類する定型句で締め括られている。
・各傳記の末尾に「聖者◎◎◎◎從尊者○○○○［受］付囑一代敎時」（「◎◎◎◎」は次代の祖師名）、あるいはそれに類する附記が附されている場合が多いが、それがない場合もある。

という四點に關係する部分であって、特に記述に當たって特別の資料を必要とせず、本書による加上と見て問題ない。特に新たに第十七代の祖師として立てられた「羅漢比丘」については、ほとんど上の四つの要素を組み合わせただけのものとなっている。

また、最後の舍那婆斯の傳記については、その中間部は「師子比丘傳」の內容の繰り返しに過ぎず、冒頭と末尾に舍那婆斯の傳記と舍那婆斯から菩提達摩多羅に至るまでの系譜が創作され加上されているが、その分量は多くはない。特に舍那婆斯の後の祖師については、全く傳記が述べられておらず、彼らについては、具體的な傳記內容の

創作がいまだ行われていなかったことを窺わせる。

第5節　『付法藏人聖者傳』と『血脈譜』『圓覺經大疏鈔』との關係

上に見たように、『付法藏人聖者傳』は、『付法藏因緣傳』の拔粹に作爲を加えたものであったが、これと同様に『付法藏因緣傳』の傳記を拔粹したものに『血脈譜』の「天台法華宗相承師師血脈譜」と『圓覺經大疏鈔』卷三之下の西天の系譜を擧げることができる。しかも、極めて興味深いことに、「天台法華宗相承師師血脈譜」と『圓覺經大疏鈔』の文章は、一部の例外を除いて、『付法藏因緣傳』だけでなく、『付法藏人聖者傳』とも一致するのである。今、このことを示すために、『付法藏人聖者傳』と「天台法華宗相承師師血脈譜」と『圓覺經大疏鈔』の三者を對照させた一覽を掲げよう。

次の一覽では、『付法藏人聖者傳』と「天台法華宗相承師師血脈譜」に共通する部分については傍點を、『付法藏人聖者傳』と『圓覺經大疏鈔』に共通する部分については傍線を引いてある。また、『圓覺經大疏鈔』では、一部、割註の形で書かれた部分があるが、その部分は〈　〉で示した。

なお、第十七代の「羅漢比丘」、第十八代の「僧伽耶舍」、第二十三代の「鶴勒那夜奢」については、『付法藏人聖者傳』の傳記は知られるものの、「天台法華宗相承師師血脈譜」は龍樹菩薩までの傳記しか示さないので、言及すらもない。また、『血脈譜』の「達磨大師付法相承師師血脈譜」、ならびに『圓覺經大疏鈔』には祖師として列名はされているものの（もちろん、「羅漢比丘」は除く）、傳記への言及はないから、比較の對象とはなり得ない。

また、參考のために、釋迦と師子比丘の傳記については、『血脈譜』の「達磨大師付法相承師師血脈譜」に引かれる『西國佛祖代代相承傳法記』の文章を、また、達磨の傳記については、同じく『西國佛祖代代相承傳法記』の文章と、それに重なる內容を含む宗密の『禪源諸詮集都序』の文章を併載した。なお、『血脈譜』と『圓覺經大疏鈔』とにあって、『付法藏人聖者傳』にはない部分には破線を附した。

表4　『付法藏人聖者傳』『血脈譜』『圓覺經大疏鈔』等對照表

祖師	『付法藏人聖者傳』（擬題、敦煌本）	最澄撰『血脈譜』（『傳教大師全集』第一卷）	宗密撰『圓覺經大疏鈔』（卍續藏一－一－一四－三）『禪源諸詮集都序』（鎌田茂雄、一九七一年）
0 釋迦		『西國佛祖代代相承傳法記』 昔有大師名瞿曇。第一祖名尼樓羅王。第二祖名烏頭羅王。第三祖名瞿頭羅王。第四祖名尼休羅王。尼休羅王有四子。第一名淨飯王。第二名白飯王。白飯王有二子 一名調達。破僧。是佛従兄。二名阿難。出家成阿羅漢。第三名斛飯王。斛飯王有二子 一名釋摩男。出家。二名阿那律。出家得天眼。第四名甘露飯王。甘露飯王有二子 一名娑婆出家。二名跋提出家。淨飯王有二子。一名悉	

1 摩訶迦葉

釋迦大師滅度之後。第一代付法藏大迦葉。化□等□□出見於世。成登正覺終至涅槃。化緣將畢臨當滅。告摩訶迦葉。汝等當知我於無量劫。爲諸有情懃修□行。一心專求無上勝法。如我昔願今已滿足。迦葉譬如密雲充滿世界。降注甘雨生長萌芽。無上法雨亦復如是。能令

達多。號爲佛。二名難陀。出家。悉達太子。十九出家。三十成道。身長一丈六尺。有三夫人。各領二萬釆女圍繞。第一夫人。名曰瞿夷。生優波摩那。出家。第二夫人。名曰耶輸陀羅。生羅睺羅。出家。第三夫人。名曰鹿野。生善星比丘。出家。委出十二遊經。瑞應經及大智度論等矣。垂迹釋迦大牟尼尊。謹案周書云。佛是姫周第五帝昭王在位時。癸丑歲七月十五日。降神母胎。甲寅之歳四月八日。遊迦毘羅衛國林微園。在母右脇而生。壬申年二月八日夜。踰城出家。至周第六帝穆王在位時。癸未歳二月八日。三十成道。壬申歳二月十五日。於拘尸那城。年七十九。入般涅槃。（二〇〇〜二〇二）

「天台法華宗相承師師血脈譜」

摩訶迦葉

謹案付法藏傳云。垂當滅度。告大弟子摩訶迦葉。汝今當知。我於無量阿僧祇劫。爲衆生故。勤修苦行。一心專求無上勝法。如我昔願。今已滿足。迦葉當知。譬如密雲充遍世界。降注甘雨。生

『圓覺經大疏鈔』

佛滅度後。摩訶迦葉當第一代。付法藏經云。〈或云付法藏傳。是西域賢聖所集。藏中有數本。今引四卷者。取意擦略。不備其文。法門祖宗。如世間家譜。不可及知。故爲依賢聖傳記擦略十四節要處。敍於別卷。亦不代代錄之。可撥

有情增善法。吸所諸佛常加守護恭敬讚歎禮拜供養。如我今者臨般涅槃。用囑累汝。汝當於後敬順我意。廣宣流布無令斷絕。迦葉白言。善哉受教。奉持正法。使未來世饒益衆生。唯願世尊不以爲慮。如來滅後。摩訶迦葉次宣正教。集佛法藏化諸有情。其所度脫永不退轉。彼迦葉智惠淵廣。名稱普聞功德具足。不可具述。聖者迦葉化緣已畢。向鷄足山。山自開闢。見在其中。全身付散。持於釋迦如來袈裟。待於慈氏來至授。慈氏成登正覺。將諸徒衆九十六億至此山下過。見於迦葉。時諸衆會皆作是念。迦葉弟子身形果滿若此。比佛亦當與斯無異。（下略）

長萌牙。無上法雨。亦復如是。能令衆生增善根子。所以諸佛常加守護。恭敬讚歎。禮拜供養。如我今者。將般涅槃。以此深法。用囑累汝。汝當於後敬順我意。廣宣流布。無令斷絕。（二一六）

之令知。久講者須宣之於後輩。或講時或餘時皆得。今欲於此敍之。恐初學智力不逮。故且銷文略敍。引講時不得引說。但且擦略取意銷疏文。不妨餘時細話也。〉①昔婆伽婆。於無量劫。爲衆生故求最勝道。成就種種難行苦行云云。②破魔軍已。成最正覺云云。③降伏外道。立最勝幢。閉惡趣門。開涅槃道。化緣將畢。垂當滅度。告大弟子摩訶迦葉。汝今當知。我於無量阿僧祇劫。爲衆生故。勤修苦行。一心專求無上勝法。如我昔願今已滿足。我於今者。將般涅槃。以此深法。用囑累汝。汝於當後。敬順我意。廣宣流布。無令斷絕。迦葉白言。善哉受教。我當如是奉持正法。使未來現在等蒙饒益。唯願世尊不以爲慮。是故。如來滅度之後。摩訶迦葉。次宣正教。集佛法藏。化諸衆生。其所度脫。求不退轉云云。即迦葉當第一。（二七五d）

2 阿難陀

第二代付法藏人聖者阿難陀
聖者大迦葉臨涅槃時。以最勝法付囑阿難。而作是言。其受當知。昔婆伽梵以

「天台法華宗相承師師血脈譜」
阿難陀
謹案付法藏云。摩訶迦葉垂涅槃時。以

『圓覺經大疏鈔』
阿難第二。故付法藏經云。迦葉垂涅槃時。以最勝法。付囑阿難。而作是言。

	3 商那和修
法付我。我年老朽將欲涅槃。世間勝眼今欲相付。汝可精勤守護斯法。阿難曰諾。唯然受敎。於是阿難宣唱妙法化諸有情。然其宿世有大功德。智慧淵廣多聞博達。佛所咨嗟總持第一。悉能聽受諸佛法藏。譬如大海百川悉納。名稱高遠。衆所知識。是如功德可窮盡。聖者阿難化緣將畢。踊身虛空作十八變。入風奮迅三昧。分身爲四。一分同忉利天爲釋提丸因。一分與大海莎伽龍王。一分與波毗舍利子。一分□與阿闍世王。如是四處各起寶塔。燒香散花。供養舍利。	第三代付法藏人聖者商那和修 摩訶迦葉垂涅槃時。告阿難曰。今以法寶用相委纍。長老於後若入涅槃。王舍城有一長者名商那和修。高才勇猛有大智惠。已於過去深種善根。發意入海採取珍寶。迴還願作般遮于瑟。爲佛如來造經行處。復當建立高門樓屋。所爲既訖。可度出家。如來法藏悉囑之。是故阿難陀臨當滅度告商那和修曰。佛以法
最勝法。付囑阿難。而作是言。長老當知。昔婆伽婆。以法付我。我年老朽。將欲涅槃。世間勝眼。今欲相付。汝可精勤守護斯法。（二一六）	「天台法華宗相承師師血脈譜」 商那和修 謹案付法藏云。摩訶迦葉垂涅槃時。告阿難曰。今以法寶。用相委纍。長老於後若入涅槃。王舍大城有一長者。名商那和修。高才勇猛。有大智慧。已於過去。深種善根。發意入海。採取珍寶。回還願作般遮于瑟。爲佛如來。造經行處。復當建立高門樓屋。所爲既訖。可
長老當知。昔婆伽婆。以法付我。我年老朽將欲涅槃。世間勝眼。今欲相付囑。汝可精勤守護斯法。阿難曰。諾。唯然受敎云云。阿難演暢妙法。化諸衆生。④化緣將畢。先度罽賓比丘名末田提。（二七六a）	『圓覺經大疏鈔』 ［阿難第二］ 又念迦葉垂涅槃時。告云。長老於後若入涅槃。王舍城有一長者。名商那和修。高才勇猛。有大智慧。可度出家以法付之。阿難臨般涅槃。告曰。佛以法眼。付大迦葉。迦葉付我。我今付汝。汝可守護度諸衆生。答曰奉敎。我當擁護。普爲一切作大明炬。（二七六a）

		4 優婆毱多
	眼付大迦葉。以法囑纍於我。如我今者涅槃時至。以法寶藏用付於汝。汝可精勤守護斯法。令諸有生服甘露味。商那和修答言。奉敎。我當擁護如妙法。普爲一切作大明燈。（下略）	第四代付法藏人聖者優波毱多 爾時世尊住舍衛國告衆會曰。我滅度後滿一百年。有長者子。名優婆毱多。於我法中出家習道。得羅漢果。三明六通具八解脫。智惠囑照廣化有情。其使度脫不可稱數。衆會聞已生願敎集。佛涅槃後。摩突羅國有一長者名爲毱多。其子號曰優波毱多。聖者商那和修度令出家。證羅漢果。商那和修臨涅槃時。告優波毱多曰。佛以王法付大迦葉。迦葉以付吾師阿難。阿難以法囑纍於我。我當滅度以法付□汝。汝當精勤擁護世間。憂波毱多言。唯然受敎。於是演暢無上妙法。光宣正敎濟諸群生。其德淵廣難可限量。亦難比度。悉獲得羅漢果者一人一籌長四寸滿一石室。室高六丈縱廣
「天台法華宗相承師師血脈譜」	度出家。如來法藏。悉付囑之。是故。阿難臨當滅度。而告之曰。佛以法眼付大迦葉。迦葉以法囑纍於我。如我今者涅槃時至。以法寶藏。用付於汝。汝可精勤守護斯法。令諸衆生服甘露味。商那和修答曰。奉敎。（二一七）	優婆毱多 謹案付法藏云。⑥尊者阿難以法付囑商那和修而告之曰。世尊昔遊摩突羅國。顧命我言。於此國中。當有長者名爲毱多。其子曰優婆毱多。⑦於禪法中。最爲第一。雖無相好。化度如我。我滅度後興大饒益。其所敎化無量衆生。皆悉解脫。得阿羅漢。汝當於後度令出家。若涅槃者。付其法藏。商那和修臨涅槃時。告毱多曰。佛以正法付大迦葉。迦葉次付吾師阿難。阿難以法囑纍於我。我當滅度。以付於汝。汝可精勤擁護妙法。光宣正敎。濟諸群生。（二一七～二一八）
『圓覺經大疏鈔』	商那和修第三〈和修親稟阿難。不稟末田提。故當第三〉⑤於是次宣無上法藥。療煩惱病。濟度群生。其德高遠。辨才無盡。（二七六a）	［商那和修第三］ 〈第二卷云〉⑧阿難以法付和修時。而告之曰。世尊昔遊摩突羅國。顧命我言。於此國中。當有長者。名爲毱多。其子號曰憂波毱多。⑨於禪法中最爲第一。雖無相好。化度如我。我滅度後。與大饒益。其所敎化無量衆生。皆悉解脫。得阿羅漢。汝當於後度令出家。（二七六a～b） 優婆掬多第四 商那和修臨涅槃時。告毱多曰。佛以正法。付大迦葉。次付吾師阿難。阿難以法屬纍於我。我當滅度。以法付汝。汝可精勤擁護世眼。優婆毱多言。唯然受

	亦爾。於是名滿閻浮提世皆號爲無相好佛。化縁已訖便自思惟。我今以法供養佛境。利安快樂。同梵行者使之四輩獲大饒益。紹隆正法令不斷絶。涅盤時至宜應滅度。告諸大衆。却後七日我當涅盤。爾時則集十方羅漢及諸學人。淨持戒者不可稱數。諸優婆塞無量百千。聖者於是飛身虚空現十八變。使諸四衆生大信心。以無餘涅盤而取滅度。以室中籌而用耶旬。十方羅漢亦入涅盤。人天悲泣涕哭傷感。皆修舍利起塔供養。聖者提多迦從尊者付優波毱多時。		敎。〈毱多化縁極盛。事數極多。略如別卷。餘在本傳。〉（二七六b）
5 提多迦	第五代付法藏人聖者提多迦 昔商那和修臨滅度時。以法付囑憂波毱多。而作是言。汝若於後欲涅槃者。摩突羅國有善男子。當出于世。名提多迦。久修願行辯才無盡。汝當於後度令出家。可以法眼悉囑累之。憂波毱多言。唯然受敎。毱多後時獲得師言。敎度令出家。年滿二十爲受具戒。初白之時斷見諦結得預流果。第一羯磨薄婬怒癡獲一來果。第二羯磨欲界結盡證不還果。第三羯磨尋時斷除三界煩惱。建立梵行成阿羅漢。	「天台法華宗相承師師血脈譜」 提多迦 謹案付法藏云。⑩商那和修以法付於我。如是相續。常轉法輪。灑甘露味。療煩惱渇。然我今者。所作已辨。涅槃時至。滅度不遠。以此法寶。持用付汝。汝可於後受持頂戴。勤加守護。無令漏失。提多迦言。敬受尊敎。我當擁護如斯正法。爲未來世。作不請友。於是。次宣無上法味。其所化度。甚大弘廣。（二一八）	『圓覺經大疏鈔』 ［商那和修第三］ 若涅槃者。付其法藏。（二七六b） 卽毱多付囑提多迦。當其第五〈久修行願。辨才無盡。未生時。商那已授記。令毱多尋覓度之。乃至得阿羅漢。〉（二七六c）

	（前頁より続く）	6 彌遮迦	7 伏陀難提
	三明遠照六通具足。遊歩隱顯自在無礙。憂波毱多垂涅槃時。告提多迦曰。然我今者所作已辨。涅槃時至。滅度不遠。以此法寶持用付法。汝可於後頂戴受持。勤加守護無令漏失。演法光明照愚癡闇。提多迦言。敬受尊教我當擁護如斯正法。爲未來世作不請友。次則於是宣無上法味。其所化度甚大弘廣。□□已訖。人天悲感。卽收舍利起七寶塔。燒香散華種種供養。（下略）	第六代付法藏人聖者彌遮迦 昔提多迦臨滅度時。以法付囑最大弟子。名彌遮迦。多聞博達有大辯才。而告之曰。佛以正法付大迦葉。如是展轉乃至於我。我將涅盤用付於汝。汝當於後流布世間。彌遮迦言。善哉受教。於是宣流正法寶藏。令諸有情開涅槃道。化緣既竟。當般涅槃人天悲感。門徒弟子收取舍利。起塔供養。［聖者伏陀難提從尊者彌遮迦受付囑一代教時。］	第七代付法藏人聖者伏陀難提
「天台法華宗相承師師血脈譜」		彌遮迦 謹案付法藏云。昔提多迦臨滅度時。以法付囑最大弟子名彌遮迦。多聞博達。有大辯才。而告之曰。佛以正法付大迦葉。如是展轉。乃至於我。我將涅槃。用付於汝。汝當於後流布世眼。彌遮迦言。善哉受教。（二一八）	佛陀難提 謹案付法藏云。化緣已竟。（二一九）
『圓覺經大疏鈔』		彌遮迦第六〈多聞博達〉（二七六c）	

	［昔］聖者彌遮迦臨當滅度。復以正法次付伏陀難提。而告之曰。佛以正法付大迦葉。如是展轉乃至於我。我今涅槃。付囑於汝。汝當於後流通法眼令不斷絕。伏陀難提答言。受教。於是難提轉大法輪。摧伏魔怨。化緣將畢當般涅槃。人天悲念。收取舍利。建立寶塔。種種供養。［聖者伏陀密多從尊者伏陀難提受付囑一代教時。］	［佛陀難提］臨當滅度。復以正法。次付尊者佛陀難提。⑪令其流布勝甘露味。（二一九） 佛陀蜜多 謹案付法藏云。難提於後廣宣分別。轉大法輪。摧伏魔怨。（二一九）	佛陀難提第七（二七六c）
8 伏陀蜜多	第八代付法藏人聖者伏陀蜜多 昔聖者伏陀難提臨滅度時。以法囑累最大弟子伏陀蜜多。而告之言。佛以正法付大迦葉。如是展轉乃至於我。我將涅槃。以付於汝。汝當於後廣宣流布。答言。受教。其人功德甚深無量。善巧方便化諸有情令離惡見趣最勝道。以大智慧而自莊嚴。演清淨味摧滅異學。如是功德不可窮盡。化緣將畢而般涅槃。弟子悲感。［收取舍利。］起［七寶］塔。［種種］供養。	［天台法華宗相承師師血脈譜］ ［佛陀蜜多］ 然後付囑佛陀蜜多。其人德力。甚深無量。善巧方便化諸衆生。令離惡見。⑫佛陀蜜多。作是念言。吾師難提。以法付我。（二一九）	『圓覺經大疏鈔』 佛陀蜜多第八〈德力甚深。又多善巧。⑬國王邪見。密多十二年。持赤幡在王前行。乃至王改邪心。受三歸依。〉（二七六c）
9 脇比丘	第九代付法藏人聖者脇比丘 在昔聖者伏陀蜜多。化緣既訖將欲捨壽。	［天台法華宗相承師師血脈譜］ 脇比丘	『圓覺經大疏鈔』 脇比丘第九〈六十年在胎。生即皓首。

		10 富那奢
告一弟子名脇比丘。汝當於後廣敷聖教。化諸有情令得解脱。白言大聖。敬承尊教。我當至心守護正法。彼脇比丘昔由業故。在母胎六十餘年。既生之後鬚髮皓白。厭惡□□不樂居家。□就尊者伏陀蜜多。稽首禮足求在道次。卽度出家爲説法要。如鮮淨白氎易受染色。便於座上得羅漢道。三明照徹六通無礙。勤修苦行精進勇猛。未曾以脇至地而臥。時卽號爲脇比丘。善説法要化諸有情。所作已訖便入涅槃。以人天悲□。收取舍利。起塔供養。		第十代付法藏人聖者富那奢 昔聖者脇比丘臨當滅度。告一比丘名富那奢。具受當知。佛法微妙有大功德。是故諸聖頂戴奉持。我受付囑守護斯法。今欲涅槃用纍於汝。汝宜至心擁護受持。時富那奢答曰。唯然。於是演暢微妙勝法。其所化度無量有情。所應作已。入於涅槃。四衆感戀。［門徒悲泣。］收取舍利。起塔供養。［聖者馬鳴菩薩從尊者富那奢受一代教時。］
謹案付法藏云。昔尊者佛陀蜜多。化緣既訖。將欲捨壽告一弟子名脇比丘。汝當於後廣敷聖教。化諸衆生。令得解脱。白言大聖。敬承尊教。我當至心守護正法。（二一〇）	「天台法華宗相承師師血脈譜」	富那奢比丘 謹案付法藏云。彼脇比丘垂當滅度。告一比丘名富那奢。長老當知。佛法微妙有大功德。是故諸聖頂戴奉持。我受付囑。守護斯法。今欲涅槃。用纍於汝。汝宜至心擁護受持。時富那奢答曰。唯然。於是演暢微妙勝法。其所化度無量衆生。（二一〇）
出家勤苦。脇不至席。〉（二七六c）	『圓覺經大疏鈔』	富那奢第十（二七六c）

11 馬鳴菩薩

第十一代付法藏人聖者馬鳴菩薩
昔［時］聖者富那奢在閑林下。結跏趺座寂然思惟。有一大士名曰馬鳴。智惠淵鑒超識殊絕。靡不摧伏。譬如猛風吹拔樹木。起大憍慢草芥群生。計實有我甚自貢高。聞有尊者名富那奢。智惠深邃多聞博達。言諸法空無我無人。懷輕慢心往詣其所。而作是言。一切世間所有言論。我能毀壞如雹摧草。此言若虛而不誠實。要當斬舌以謝其屈。富那奢言。佛法之中凡有二諦。若就世諦假名爲我。第一義諦皆悉空寂。如是推求我何可得。爾時馬鳴心未調伏。自恃機惠猶謂已勝。富那語曰。汝諦思惟無出虛語。我今以汝定爲誰勝。於是馬鳴卽作是念。世諦假名定爲非實。第一義諦性復空寂。如斯二諦皆不可得。既無所有云何可壞。我於今者定不及彼。便欲斬舌以謝其屈。富那奢語言。我法仁慈不斬汝舌。宜當剃髮爲吾弟子。爾時尊者廣令出家。心由壞恨欲捨身命時。富那奢得羅漢道。入定觀察知度心念。尊者有經先在闇室。尋令馬鳴往彼取之。白

「天台法華宗相承師師血脈譜」

馬鳴菩薩
謹案付法藏云。昔富那奢臨涅槃時。以法付囑弟子馬鳴。而告之曰。譬如闇室燃大明燈。所有諸物皆悉照了。乃至馬鳴敬諾。當受尊教。（二一〇～二一一）

『圓覺經大疏鈔』

［富那奢第十］〈立二諦義。降伏得馬鳴爲弟子。〉（二七六c）
馬鳴菩薩第十一〈⑭以妙伎樂。其音清雅。哀婉調暢宣說苦空無我。五百王子。聞悟出家。廣著述諸論也。〉（二七六c）

12 比羅比丘

言。大師。此室闇冥云何往。告曰。但去。當令時汝見。爾時尊者卽以神力。遙身右手徹入室中。五指放光其明照曜。室中所有皆悉顯現。爾時馬鳴心疑是幻。凡幻之法知之則滅。而此光明轉更熾盛。盡其技術欲滅此光。爲之旣疲了無異相。知師所爲卽便摧伏。勤修苦行更不退轉。尊者富那奢臨涅槃時。以法付囑弟子馬鳴。而告之曰。譬如闇室然大明燈。所有諸物皆悉照了。法之明燈亦復如是。流布世間能滅癡闇。是故如來演斯正法。普令一切皆悉修行。諸賢聖人常加守護。共相委囑乃至於我。我以勝眼持用相付汝。汝當於後至心受持。令未來世普得饒益。馬鳴敬諾。當受尊敎。於是須宣深奧法藏。建大法幢摧滅邪見。於花氏城遊行敎化〔無量億人〕。廣度群品。所應作已。便捨命行。〔人天悲感。〕集其舍利。〔門徒四修見〕七寶塔。種種供養。〔聖者比羅從尊者馬鳴菩薩受付囑時。〕

第十二代付法藏人聖者比羅

〔昔〕馬鳴菩薩臨欲捨命。告一比丘名

「天台法華宗相承師師血脈譜」

比羅比丘

『圓覺經大疏鈔』

毗羅尊者第十二〈造無我論。所至摧

曰比羅。具壽當知。佛法純淨能徐煩垢。汝宜於後流布供養。比羅答言。善哉受教。從是已後廣宣正法。微妙功德而自莊嚴。巧於言詞智慧淵遠。外道邪論無不摧伏。於南天竺興大饒益。造無我論滿足百偈。經論至處莫不摧靡。譬如金剛所疑斯壞。化緣將終入般涅槃。收取舍利。起塔供養。［聖者龍樹菩薩從尊者比羅受付囑時。］

謹案付法藏云。馬鳴臨欲捨命。告一比丘名曰比羅。長老當知。佛法純淨。能除煩惱垢。汝宜於後流布供養。比羅答言。善哉受教。從是以後。廣宣正法。微妙功德。而自莊嚴。（二二一）

伏。〉（二七六c）

13 龍樹菩薩

第十三代付法藏人聖者龍樹菩薩

聖者毘羅臨當滅時。便與法藏付一大士名曰龍樹。而告之曰。佛以正法付大迦葉。如是展轉至於我。我欲涅槃。汝當於後廣宣正法。令不斷絕。龍樹敬諾。唯然受教。從是已後。廣爲有情。流布勝眼。以妙功德用自莊嚴。天聰奇悟。事不再問。建法幢。降伏異道。如是功德不可稱說。託生初在南天竺國出梵志衆大豪貴家。始生之時在於樹下。由龍成道因號龍樹。少小聰哲英才超世。本童子時處襁褓聞諸梵志誦四韋陀典。其典淵博有四萬偈。偈各滿足三十二字。

「天台法華宗相承師師血脈譜」

［比羅比丘］

乃至臨當滅時。便以法藏付一大士名曰龍樹。然後捨命。（二二一）

『圓覺經大疏鈔』

龍樹菩薩第十三〈天聰奇悟。事不再問。降伏異學。不可稱說。⑮度人無數。造論甚多。悉如別卷。⑯臨終入房閉戶。經日不出。弟子破戶見之。蟬蛻而去。諸國立廟敬事如佛也。〉（二七六c）

皆卽照了達其句味。弱冠馳名擅步諸國。天文地理星韋圖辰及餘道術。無不綜練。有三人天姿奇秀。相與議曰。天下理議開神明。開發□□增長智惠。若斯事吾等悉達。更以何方如自娛樂。復作是言。世閒唯有追求好色。縱情極欲最是一生上妙快樂。然梵志道勢非自在。不爲其策斯樂難辦。宜可共求隱身之藥。事若斯果此願必就。咸曰。善哉。斯言爲快。卽至術家求隱身法。術師念曰。此四梵志才智高遠。生大憍慢草□群生。今以術故屈辱就我。然此人輩研窮博達。所不知者爲此踐術。若受其方則□見棄。且以彼藥使不知之。藥盡必來師資可求。卽便各受精藥一丸。而告之曰。汝持此藥以水磨之用塗眼瞼上。形當自隱。尋受師教各磨此藥。龍樹聞香卽便識之。分數多少錙謬無失。還向其師具陳斯事。此藥滿足有七十種。名字量數皆有其方。師驚愕問其所由。龍樹答言。大師當知。一切藥自有氣分。因此知云何足爲快。師聞其言歎［未］曾有。卽作是念。若此人者聞之由難。況我親遇而惜斯術。

14 提婆菩薩	
第十四代付法藏人聖者提婆菩薩 龍樹菩薩臨去此世。告大弟子迦那提婆。善男子。佛以大悲愍傷有情。演甘露味利益來世。次第相付乃至於我。我欲去世囑累於汝。汝當流布至心受持。提婆敬諾當承尊敎。於是宣說眞法寶藏。以智慧力摧伏異學。博識淵覽。辯才超絕。	卽以其法具受四人。四人於方和合此藥自翳其身。由行卽共相將入王後宮。宮中宮人皆被侵掠。百餘日後懷妊者衆。尋往白王□免罪咎。王聞是已。心大不悅。此何不祥爲怪乃爾。召諸智臣共謀斯事。時有一臣卽白王言。凡此之事今有二種。一是鬼魅。二是方術。可以細土置之門中。令人守護斷往來者。若是方術。其蹤自現。若是鬼魅。必入無跡。人可兵除。鬼當呪滅。王所用其計備法爲之。見四人從後門而入。防術者驟以尚王。王將勇士凡數百人。揮刀空中斬三人首。近王七尺刀所不及。龍樹斂身依王而立。於是始悟欲爲苦本。敗德危身悪辱梵行。卽自誓曰。我若得脱免斯厄難。當□沙門受出（下缺）
「天台法華宗相承師師血脈譜」 龍樹菩薩 謹案付法藏云。龍樹菩薩臨去此世。告大弟子迦那提婆。善男子聽。佛以大悲愍傷衆生。演甘露味利益來世。次第相付乃至於我。我欲去世囑累於汝。汝當流布至心受持。提婆敬諾。當承尊敎。	
『圓覺經大疏鈔』 迦那提婆第十四〈才辨超絕。擅名天下。獨步諸國。⑱迴國王邪心。又多著述。因降外道。外道弟子。以刀決五臟而終也。〉（二七六c）	

擅名天下獨步諸國。其初託生南天竺土婆羅門種。尊貴豪勝。猶以神眼遂無一目。因是號曰迦那提婆。智慧深遠機明內發。顧白觀察無愧於心。唯以其言人未信受。道化不行宿夜憂念。於彼國中有一天神。鍛金爲形立高六丈。咸皆號曰大自在天。有求願者令現獲報。提婆詣廟求入拜覲。主廟者言天像至神。人有見者不敢正視。有令退後失魂百日。汝今但當詣門乞願。更復何求而欲見耶。提婆答言。神容超絕吾乃欲見。設不如是非我所欲。時人聞之咸奇其意。追入廟者數千萬人。提婆既至稽首爲禮。天動其眼怒目視之。提婆語言。天實神矣。然今相觀甚大卑劣。夫爲神者。當以精靈偃伏群類。而假黃金頗梨爲餝。熒惑人物何期命耶。卽登高梯鑿出其目。時諸觀者咸有疑意。大自在天威德高遠。云何爲此小婆羅門之所毀辱。將無彼神名過其實。爾時提婆曉衆人曰。神明遠大近事試我。我深達彼心所念故。登金山蘗出頗梨珠。咸令一切皆悉了知。精令純粹不假形質。吾既非慢。神豈辱耶。

⑰又案龍樹傳云。廣明摩訶衍。製作提舍論・佛道論・方便論・中論・無畏論等。（二二一）

作是語已。從廟而出求諸俱備。明日清旦敬祠天神。迦那提婆名德素著智與神會。其所發言無不響應。一夜之中供具其備。大自在天實一肉形。高數四丈。左眼枯涸徐步安詳而來就座。遍觀餚膳歎未曾有。加其德力能有所致。而告之曰。善哉大士。深得吾心以智遍供。汝今眞是敬信我者。世人愚癡唯得吾形。以食奉獻畏而誣我。汝今供饌。美味具足我之左眼宜當垂給。若能見與眞是上施。提婆答言。善哉受教。卽以左手出眼與之。天神力故出而隨生。索之不已。出眼數萬。天神讚曰。善哉摩納。眞上施也。欲求何願必滿汝意。是時提婆白天神曰。我素明識不假於外。唯恨吾教人莫信受。正願我言後必流布。神曰。奇哉。甚善。卽便起退。於是提婆菩薩詣龍樹所。剃除鬚髮受出家法。周遊揚化廣濟群生。南天竺國。造百論等以破耶見群迷。由是之故。外道弟子執刀破腸。五藏出外。因茲遂乃捨壽。諸門徒等［悲感交切。燒香虔仰。］起塔供養。［聖者以神通力隨其而衆於諸墟壁山等

		『西國佛祖代代相承傳法記』	『圓覺經大疏鈔』
	往來無礙。化利有情。」〔聖者羅睺羅從尊者提婆菩薩付蜀〔一切教法〕時。〕		
24 師子比丘	第廿四代付法藏人聖者師子比丘 〔昔〕尊者鶴勒那夜奢臨當滅度。告一比丘名〔曰〕師子。佛以勝法付大迦葉。如是展轉乃至於我。我今欲滅。累囑於汝。汝當勤心。流通於世。師子答言。唯然受教。師子比丘於罽賓國作大佛事。〔化度衆生自悟。末代傳法命如懸絲。應有佛教流易。舍那波斯心生誡形。〕時彼國王彌羅掘。邪見熾盛。心無敬信。於罽賓國。毀塔壞寺。殺害衆僧。即以利劍。用斬師子。頭中無血。唯乳流出。相付法人。於是便絕。如此之法。爲大明燈。能照世間愚癡黑闇。是故如上諸賢聖人。皆共頂戴。受持守護。更相付囑。常轉法輪。爲諸有情。起大饒益。斷塞惡道。開人天〔道〕路。近至最後。斯法衰彌。賢聖隱沒。無能建立。世間闇冥。永失大明。造作惡業。行十不善。命終多墮三惡八難。是故志者。直當觀察。無上勝法有大功德。微妙淵遠。不	菩提達磨 謹案傳法記云。其師子尊者。至罽賓國。⑲提王問。大師從彼國來。要得諸法空否。大師云。已得不謬。提王問云。既得法空。生死有懼否。大師答云。已離生死。提王問。既離生死。今欲損師。計應無恐。大師言。一任。提王遂揮劍斬大師首落。白乳湧高一丈。⑳其提王右臂便落地。王遂驚怖。弟子舍那婆斯㉑見師被損。奔向南天竺國。（二〇二～二〇三）	師子比丘第二十三〈師子受付囑後遊行教化。至罽賓國廣度衆生。化緣將畢。遂令弟子舍那婆斯付法云云。時遇罽賓國王。名彌羅掘。邪見熾盛。毀塔壞寺。殺害衆僧。㉒尊者告衆曰。王有惡念。諸人可散。後王問師子。師所得法。豈非一切空乎。答曰。如是。王曰。夫證法空。於一切都無所惜。可施我頭。師子曰。身非我有。何況於頭。言訖。王卽斬師子首。斷已無迴。香乳流地。又云。王驚默悔。㉓後心又再發惡念滅佛法也。其弟子舍那婆斯㉔遂奔南天。〉（二七六c～d）

可思議。[其王生悔故。請舍那波斯再興正法。外道宗典。驅令出國。因茲師子比丘教法更傳四代。]聖者舍那波斯從尊者師子比丘受付囑一代[時教]。

25 舍那婆斯

第廿五代付法藏人聖者舍那婆斯
昔者。師子比丘罽賓國盛行佛教。有一羅漢名舍那波斯。從中天竺來向此國。於師子比丘受一代教時。師子比丘言。佛以正法付大迦葉。如是轉展。乃至於我。我今在世難期。遠劫一代時教。將付於汝。汝當守護。莫令法眼斷絕。舍那波斯受此法已。深生頂禮。却歸[中天]竺國。其罽賓國王名彌多羅掘。不信佛法。毀塔壞寺。殺害衆僧。奉事外道末曼尼及彌沙訶等。其師子比丘故來化此國王。其王無道。自手持斬。立於師子比丘之前。口云。若是聖人諸師等。物須誡形。師子比丘稱言。但殺貧僧一人。驗取凡聖。何要諸師誡形。其王別無收劍之計。即斫師子比丘。節節惣流白乳。更殺外道末曼尼及彌師訶等。流血遍地。其王心生悲悔。再崇佛教。即於中天竺國命此師子比丘弟子舍那波斯

『圓覺經大疏鈔』
舍那婆斯第二十四
罽賓即師子比丘遇難之處也。罽賓王。既毀塔壞寺。殺害衆僧。事不異於坑儒。勢必焚於經論。由是師子比丘。但密以心法潛教。婆斯或隱山林閑僻私語。或變儀式。混跡竊言。但示心宗。不傳文字。問。師子雖受戮於罽賓〈意以乳流而顯法也〉婆斯已免難於南竺。免難之後。何不傳經。答。所顯心性。雖離念照之。分明對境。覺之委細。然能詮經論。隨器千差。理趣雖明。章句寧備。既非積習。奚爲具傳。自此已來。例之可見。亦是因罽賓焚除之難。覺文字非其必固。尤切意於心宗故也。亦是大道有數。興替有時。故如此也。(二七六d)

	菩提達摩多羅
於南天竺國廣行佛教。其外道宗主數十餘人。於朝堂立架懸首。遣擧國人射之。其王出敕告令天下。有人行此外道教法。罪同此例。因茲師子比丘教法。舍那婆斯再以興建。廣度衆生。舍那波斯所作已畢。付囑優婆掘須婆蜜。優婆掘須婆蜜付囑僧伽羅［叉］。僧伽羅叉付囑菩提達摩多羅。前後相付廿八代事有本傳聖者優婆掘須［婆］蜜。從尊者舍那波斯受付囑一代教時。	（散逸？）
	『西國佛祖代代相承傳法記』 菩提達磨 〈傳法記又云。〉達磨大師。謂弟子佛陀耶舍云。汝可往振旦國。傳法眼看彼國信如此事否。弟子耶舍。奉師付囑。便附舶來此土。耶舍到秦中見。大德數千餘人。坐禪加行精進。忽聞耶舍所說。無有一人信者。皆言何有此事。妖訛之說。遂殯。耶舍向廬山東林寺。其時遠大師。見耶舍來。遂請問。大德從西國來。將何佛法流傳此土。遂被殯耶。其時耶舍。答遠大師曰。已手作拳。以拳作手。是事疾否。遠大師便悟。將知煩
	『圓覺經大疏鈔』 達磨多羅第二十八〈達磨是南天國王第三子。少小出家。依師言下悟如來禪。三乘三藏無不曉達。然志在妙理冥心虛寂。於南天大作佛事。觀此土有大乘種。又作是念。東晨旦國。佛記。後五百歲。般若智燈。連光於彼。遂屬弟子般若密多羅。住天竺傳法不絕。而來漢國。〉 （二七六d） 達磨至北。方當其第一〈初至梁朝云云。後至魏遇慧可。蒙示安心。授以袈裟。以定宗旨。云。觀漢地。入聖位者與金

		惱與菩提。本性不二也。後時。耶舍無常。達磨大師。知弟子無常。遂自泛船。渡來此土。初至梁國。武帝迎就殿內。問云。朕廣造寺度人。寫經鑄像。有何功德。達磨大師答云。無功德。武帝問曰。以何無功德。達磨大師云。此是有爲之事。不是實功德。不稱帝情。遂發遣勞過。大師杖錫。行至嵩山。逢見慧可志求勝法。遂乃付囑佛法矣。漢地相承。祖師六代。傳達磨衣爲信。至能大師。息不傳。今現在曹溪塔所。乾元年中。奉孝義皇帝索此衣。入內供養。嶺南不安。節度使張休奏索衣。敕依奏還衣本處。其塔所放光明。使司重奏。有敕詞耀讃大師道德矣。（二〇三～二〇四）	剛楞伽相當。傳我法至六代後。命如懸絲。百五十歲終。留一隻履墓中。脚著一隻西歸。乃至。碑傳敕謚等悉在別卷也。〕」（二七六d）
			『禪源諸詮集都序』 又廬山遠公與佛陀耶舍二梵僧所譯達磨禪經兩卷。具明坐禪門戶。漸次方便。與天臺及侁秀門下意趣無殊。（一一六～一一七）

ここで注目すべきは、『血脈譜』の「天台法華宗相承師師血脈譜」や『圓覺經大疏鈔』の文章は、ほとんど『付法藏人聖者傳』に見ることができるということである。これは決して偶然ではなく、最澄が依據した文獻と宗密が依據した文獻が基本的に同じものであり、それが『付法藏人聖者傳』と同系統の著作であったことを強く示唆する。宗密については、自らが依據したものを「祖宗傳記」と呼んでいるが、問題は最澄が「天台法華宗相承師師血脈譜」を書くに當たって用いた文獻が何であったかという點である。

最澄は「達磨大師付法相承師師血脈譜」を書くに當たって『西國佛祖代代相承傳法記』（逸書）を用いたが、この書名から判斷すれば、西天の祖師たちの傳記を記したものと考えられるのに、最澄は、釋迦、師子比丘、菩提達磨の傳でしか用いておらず、他の祖師についてはその祖師名を示すに止めている。ところが、「天台法華宗相承師師血脈譜」では、摩訶迦葉から龍樹菩薩に至る各祖師の傳記を記している。ここから判斷すると、「達磨大師付法相承師師血脈譜」に各祖師の傳記を載せなかったのは、「天台法華宗相承師師血脈譜」との重複を避けるためであったと考えることができる。つまり、「天台法華宗相承師師血脈譜」を書くに當たって用いた資料も、『西國佛祖代代相承傳法記』であったと考えられるのである。

もっとも、最澄自身は、「天台法華宗相承師師血脈譜」において、「付法藏云」として引用を行っているのであるが、これは基づいた資料が『付法藏因緣傳』そのものであったことを示すのではなくて、彼のいわゆる『西國佛祖代代相承傳法記』が「付法藏經」という名稱も有していたためと見るべきであろう。宗密が『圓覺經大疏鈔』巻三之下の摩訶迦葉の傳記の割註において、「付法藏經云」として引用を行っていること、更には、後に論ずるように、この古形のテキストを引用する『歴代法寶記』も同じ名前で呼んでいることから見て、このことはほぼ間違いないものと思われる。つまり、宗密が『裴休拾遺問』や『圓覺經大疏鈔』において「祖宗傳記」、あるいは「賢聖傳記」等と呼ぶものの西天の祖統に關する部分、竝びに最澄が「西國佛祖代代相承傳法記」と呼ぶものは、この「付法藏經」の一異本であったと考えられるのである。この「付法藏經」という名稱は、『付法藏因緣傳』の異本と見せかけることで、その由緒正しさを示そうとしたのであろう。宗密が『付法藏因緣傳』に諸本があることに言及したのは、この意味においてであろうと推察される。

ここで注意すべきは、宗密のいう「祖宗傳記」「賢聖傳記」は、東土の祖師の傳記を含むものであったという點

であり、従って、實は、そのような固有名詞を持つ文獻があったわけではなく、これらは、

1　西天の祖統と祖師の傳記を記した何らかの文獻（恐らく、神會撰の『付法藏經』の發展形態の異本で、最澄の言う「西國佛祖代代相承傳法記」に近いもの）

2　東土の六祖、あるいは神會を加えた七祖の祖師の傳記を綴った何等かの文獻（恐らく、神會撰の『師資血脈傳』の發展形態の異本で、最澄の言う「達磨系圖」、あるいはそれに含まれていたと考えられる「付法簡子」に近いもの）

という二篇の書籍の總稱、あるいは假稱であって、單に「荷澤宗で傳わっている祖師傳」という意味の普通名詞であったと考えるべきである。

一方、最澄の言う「西國佛祖代代相承傳法記」は、承和九年（八四二）に入唐して同十四年（八四七）に歸朝した惠運（七九八～八六九）の將來目錄である『惠運禪師將來敎法目錄』にも、「西國仙祖代相承傳法記一卷」と記載があるので[37]、假稱等ではなく、そのような名稱の著作が現に存在したと見ねばならない。最澄は、これからの引用を「付法藏云」として述べているので、「付法藏經」という名稱も併用されていたと見られるが、慧運の時代には、「西國佛祖代代相承傳法記」に一元化されていた可能性も考えられる。

ただ、このように考えた場合、『血脈譜』や『圓覺經大疏鈔』には、『付法藏因緣傳』には存在しながら、『付法藏人聖者傳』には對應部分が見られない箇所が二十四箇所存在するが（破線部を參照）、これらについては、どうしてそうした例がありうるのかを説明する必要が生じる。そこで、以下、これら各所について檢討を加えていこう。

先ず、③④⑤⑩⑪⑫⑭等は、『付法藏因緣傳』では『付法藏人聖者傳』の文に接續する箇所に位置する。『付法藏人聖者傳』の祖本である『付法藏經』は、當初、『付法藏因緣傳』の拔粹によって成立したが、その際には、本文は『付法藏因緣傳』とほとんど完全に一致していたと考えられる。より古い異本からの引用と見られる『血脈譜』や『圓覺經大疏鈔』の文章の方が基本的に『付法藏因緣傳』と近いのはそのためであろう。從って、敦煌本『付法藏人聖者傳』の本文に『付法藏因緣傳』とは異なる點が多く見られるのは、その後に本文が改變された結果と見ることができる。從って、その改變の際に『付法藏因緣傳』から採用された文章の前後の文で必ずしも重要でない文が省かれるなどして除かれた可能性が考えられるから、その多くは、『付法藏人聖者傳』の古い祖本には存在したであろう。そして、『血脈譜』や『圓覺經大疏鈔』はそれに基づいて引用を行ったと考えることができるのである。

しかし、①②⑬については、『付法藏因緣傳』では、『付法藏人聖者傳』で採用された文章からかなり離れた部分にあるため、『付法藏經』では、成立の當初からなかった可能性が考えられる。これらは『圓覺經大疏鈔』のみに引かれる文章であるから、宗密が『付法藏因緣傳』に基づいて補った可能性が考えられるが、現に宗密は、摩訶迦葉の傳記の割註で『付法藏因緣傳』について「藏中有數本。今用四卷者」と述べ、「祖宗傳記」以外に四卷本『付法藏因緣傳』を參照したことを示唆する發言をしている。

『血脈譜』の⑥と⑦、『圓覺經大疏鈔』の⑧と⑨は、『付法藏人聖者傳』には見えない記述であるが、⑥と⑧、⑦と⑨は一致し、兩者が同じものに基づいたのであれば、『付法藏人聖者傳』の古い祖本に存在し、それを兩者が個別に引用したのであろう。從って、現存する『付法藏人聖者傳』に存在しないのは、後に改編した際に除かれたためと考えるべきである。また、『圓覺經大疏鈔』の⑮は宗密の言う「別卷」の內容で、彼が基づいた「祖宗傳記」(卽ち、『付法藏人聖者傳』の祖本)にない記述を獨自に補ったものと見られる。實際、『付法藏因緣傳』の「龍樹傳」

には、その著作に關する記述が見られず、補わざるを得ないと判斷したのであろう。このことは、「天台法華宗相承師師血脈譜」の⑰についても全く同様に言いうることであり、最澄も龍樹の著作を『龍樹菩薩傳』によって補っている。ただし、最澄や宗密が基づいた本に龍樹の著作についての記載が存在した可能性も否定できず、二人の據ったテキストの親縁性を示すものとも見做し得る。

『圓覺經大疏鈔』の⑯については、敦煌本『付法藏人聖者傳』の「龍樹傳」の末尾が失われているため確認できないが、恐らくは存在したであろう。また、同じく⑱についても、現存する『付法藏人聖者傳』の本文が「南天竺國。造百論等。以破邪見群迷」となっているのは甚だ不自然であって、もともとは「南天竺國」の後に國王が邪見の持ち主であったとする『付法藏因縁傳』のごとき記述が續いていたと考えるべきである。

⑲⑳㉑㉒㉓㉔についても『付法藏人聖者傳』、『西國佛祖代代相承傳法記』、『圓覺經大疏鈔』に共通する原資料があったことは間違いない。ただし、師子比丘と舍那婆斯の傳記については、三文獻の間で出入りが多く、短期間にかなりの發展があったことが推察せられる。

以上のように見てくると、『付法藏人聖者傳』になく、『圓覺經大疏鈔』のみに見られる記述については、當初の『付法藏經』にはなかったものを宗密が『付法藏因緣傳』によって補った可能性が考えられる場合もあるが、大部分は依據したテキストに基づいてそのまま引用を行ったものと見てよい。更に、『血脈譜』に至っては、「又案龍樹傳云」として書名を明示して引用を行う部分（⑰）には問題が殘るが、その外は基本的に全て現行の敦煌本『付法藏人聖者傳』の祖本に存在した文章であったと考えることができるのである。

以上によって、最澄と宗密が西天の祖師の傳記を敍述する際に依據した文獻が特定されたことになる。卽ち、最澄が基づいた『西國佛祖代代相承傳法記』や宗密の言う「祖宗傳記」の西天の祖師の傳記の部分は、敦煌本として現在に傳わる『付法藏人聖者傳』の異本と見てよいのである。ここで注目すべきは、先に拙稿で明らかにしたように[38]、最澄は『血脈譜』の「達磨大師付法相承師師血脈譜」を書くに當たって『西國佛祖代代相承傳法記』や『達磨系圖』などの初期禪宗文獻を用い、その強い影響を受けたのであったが、それに止まらず、「天台法華宗相承師師血脈譜」を書くに當たっても『西國佛祖代代相承傳法記』を用いたことが明らかになったという點である。このことは最澄の思想形成に與えた初期禪宗の影響がいかに大きかったかを示すものと言える。

しかし、當面の課題について言えば、上の敍述によって明らかなように、最澄や宗密の引用では、ほぼ完全に『付法藏因緣傳』の拔粹であるのに、現存する『付法藏人聖者傳』は、先に述べたように、一部、祖師の列名に相違が見られ、また、本文にも改變が加えられているという點は重要である。つまり、現行の敦煌本の形になるまでに、かなりの變化があったことが窺えるのである。それらの變化の中でも注目すべきものの一つが各傳記の末尾に附されている「聖者◎◎◎◎從尊者○○○○付囑一代敎時」等の附記である。『付法藏人聖者傳』においても、テキストによっては、これが附されてい

P2774V	P2775	P2776V	P3355V	P3727	P4968

ないものもあり、これが元來のものなのか、あるいは後に附されたものなのかは大きな問題である。次にこの問題について考えてみたい。

第6節　『付法藏人聖者傳』の傳記末の附記について

先に言及したように、『付法藏人聖者傳』（擬）の各傳記の末尾には、多くの場合、「聖者◎◎◎◎從尊者○○○○受付囑一代教時」、あるいはそれに類する附記が見られる。ただし、その內容はおおむね一致するものの、様々な形態のものがあり、また、これが附されていないものもある。そこで、その有無や形態の相違を較べてみると次の表5のようになる。

なお、S二七六Vについては、「摩訶迦葉傳」を有し、傳末に割註の記載があることは確認できるものの、文字が殆ど讀めないため、ここには記さなかった。また、文中〈　〉で圍んだ部分は、原寫本が割註に作ることを示す。

表5において、當該部分が失われた、あるいは判讀不能のため、その有無を判定できないもの（P二七七五（龍樹菩薩）、P三三五五

表5　寫本別『付法藏因緣傳』傳記末附記一覽

	付法藏因緣傳	S264V	S366V	S1053	P2680
2 阿難陀	阿難念曰。佛記罽賓當有比丘名摩田提。於彼國土流布法眼。卽便以法付摩田提。踊身虛空作十八變。入風奮迅三昧。分身爲四分。一分向忉利天與釋提桓因。一分與大海娑伽龍	聖者阿難化緣將畢。踊身虛空作十八變。入風奮迅三昧。分身爲四。一分向刀利天爲釋提丸因。一分與大海莎伽龍王。一分與波毗舍利子。一分授與阿闍世王。如是四處各起寶塔。			

				聖者於是飛身虚空現十八變。使諸四衆生大信心。以無餘涅盤而取滅度。以室中籌而用耶旬。十方羅漢亦入涅盤。人天悲泣涕哭傷感。皆修舎利起塔供養。聖者提多迦從尊者付優波毱多時。	
				次則於是宣無上法味。其所化度甚大弘廣。化緣已訖。人天悲感。即收舎利起七寶塔。燒香散華種種供養。（以下、讀めず）	
			於□宣流正法	於是宣流正法	

	王。一分與彼毘舍離子。一分授與阿闍世王。如是四處各起寶塔。燒香散華。供養舍利。(303b04-10)	燒香散花。供養舍利。			
3 商那和修	爾時尊者商那和修。於諸衆生所應作已。飛騰虛空作十八變。還就本座而入涅槃。憂波毱多與諸眷屬積諸香木。以火耶旬。收取舍利起塔供養。(304c11-14)	聖者商那和修於諸有情所應作已。飛騰虛空作十八變。還就本坐而入涅槃。優波毱多白諸眷屬。積諸香木。以火□□收取舍利。起塔供養。			
4 優波毱多	尊者於是飛身虛空現十八變。使諸四衆生大信心。於無餘涅槃而取滅度。以室中籌而用耶旬。十方羅漢亦入涅槃。人天悲泣號哭傷感。皆收舍利起塔供養。(313a27-b02)				
5 提多迦	於是次宣無上法味。其所化度甚大弘廣。緣訖涅槃人天悲感。卽收舍利起七寶塔。燒香散華種種供養。(313c23-25)				
6 彌遮迦	於是宣流正法				

			寶藏。令□有情開涅盤道。化緣□竟。當般涅盤人天悲□。收取舍利。起塔供養。	寶藏。令諸有情開涅槃道。化緣既竟。當般涅槃人天悲感。門徒弟子收取舍利。起塔供養。聖者伏陀難提從尊者彌遮迦受付囑一代教時。	
			於是難提轉大法輪。摧魔怨。化緣將畢。當般涅槃。人天悲念。取收舍利。建立寶塔。重重供養。	於是難提轉大法輪。摧伏魔怨。化緣將畢。當般涅盤。人天悲念。收取舍利。建立寶塔。種種供養。　聖者伏陀密多從尊者伏陀難提受付囑一代教時。	於是難提轉大法輪。摧伏魔怨。化緣將畢。當般涅槃。人天悲念。收取舍利。建立寶塔。種種供養。
	如是功德不可窮盡。化緣將畢而般涅槃。弟子悲感。起塔供養。			如是功德不可窮盡。化緣將訖而般涅槃。弟子悲感。收取舍利。起塔供養。	如是功德不可窮盡。化緣將畢而般涅槃。弟子悲感。收取舍利。起七寶塔。種種供養。
					善說法要化諸有情。所作已訖。便入涅槃。以人天悲□。收取舍利。起塔供養。
	於是演暢微妙勝法。其所化度無量有情。所應作已。入於涅槃。四衆感戀。收取舍利。起塔供養。		於是演暢微妙勝法。其所化度無量有情。所應作已。入於涅槃。四衆感戀。起塔供養。聖者馬鳴菩薩從尊者富那奢	於是演暢微妙勝法。其所化度無量有情。所應作已。入於涅槃。四衆感戀。門徒悲泣。收取舍利。起塔供養。聖者馬鳴菩薩	

	寶藏。令諸衆生開涅槃道。化緣已竟。臨當滅度。(314a01-02)				
7 伏陀難提	難提於後廣宣分別轉大法輪摧伏魔怨。(314a03-04)				
8 伏陀蜜多(伏陀密多)	其所敎化無量衆生。緣盡捨命弟子悲感。收聚舍利。起塔供養。(314b25-27)				
9 脇尊者	善說法要。化諸衆生。所作已訖。便入涅槃。收集舍利。起塔供養。(314c07-09)				
10 富那奢	如是尊者以善方便度諸衆生。所應作已。入於涅槃。四衆感戀。起塔供養。(315a10-12)				

			承受付囑時。	從尊者富那奢受一代敎時。	
	於是須宣深奧法藏。建大法幢摧滅邪見。於花氏城遊行敎化。廣度群品。所應作已。便捨命行。集其舍利。起七寶塔。種種供養。			於是須宣深奧法藏。建大法億摧滅邪見。於花氏城遊行敎化。廣度群品。無量億人。所應作已。便捨命行。人天悲感。集其舍利。門徒四衆見七寶塔。種種供養。聖者比羅從尊者馬鳴菩薩受付囑時。	
	從是已後廣宣正法。微妙功德而自莊嚴。巧於言詞智惠淵遠。外道邪論無不摧伏。於南天竺興大饒益。造無我論足一百偈。經論至處莫不摧靡。譬如金剛所疑斯壞。化緣將終入般涅槃。收取舍利。起塔供養。		從是已後廣宣正法。微妙功德而自莊嚴。巧於言詞智惠淵者。外道邪論無不摧伏。於南天竺興大饒益。無我論足□偈。經論至處莫不摧靡。譬如金剛所疑（以下、讀めず）	從是已後廣宣正法。微妙功德而自莊嚴。巧於言詞智慧淵遠。外道邪論無不摧伏。於南天竺興大饒益。造無我論滿足百偈。經論至處莫不摧靡。譬如金剛所疑斯壞。化緣將終入般涅槃。收取舍利。起塔供養。聖者龍樹菩薩從尊者比羅受付囑時。	（當該部分を缺く）
	（當該部分を缺く）				

11馬鳴菩薩	於是頒宣深奧法藏。建大法幢摧滅邪見。於華氏城遊行敎化。欲度彼城諸衆生故（中略） 如是馬鳴以大行願演甘露味。爲罽昵吒王興大饒益。其所度脱無量億人。所應作已。便捨命行。集其舍利。起塔供養。 （315a19-317a28）				
12比羅比丘（毘羅比丘）	從是已後廣宣正法。微妙功德而自莊嚴。巧説言辭智慧淵遠。外道邪論無不摧伏。於南天竺興大饒益。造無我論足一百偈。此論至處莫不摧靡。譬如金剛所擬斯壞。臨當滅時便以法藏付一大士。名曰龍樹。然後捨命。 （317b02-07）				
13龍樹菩薩	是時有一小乘法師。見其高明常懷忿嫉。龍樹菩薩所作已辦將去此土。問法師言。汝今樂我久住世				

於後羅漢廣宣正法。化利有情。所作以畢。現種種相而捨命。門徒悲感。收集舍利。起塔供養。			於後羅漢廣宣正法。化利有情。所作已畢。而捨命行。收集舍利。起塔供養。聖者僧伽耶舍從尊者羅漢比丘受付囑時。		
如是尊者廣爲佛事。敎化已訖。便入涅槃。收取舍利。起塔供養。			如是尊者廣爲佛事已訖。便入涅槃。收取舍利。起塔供養。聖者羅漢比丘從尊者僧伽難提承受付囑時。		

	不。答曰。仁者。實不願也。⑮即入閑室。經日不現。弟子咸怏。破戶看之。遂見其師蟬蛻而去。天竺諸國竝爲立廟。種種供養敬事如佛。(318c09-14)				
14提婆菩薩	外道弟子往至其所。執刀窮之。汝昔曾以智伏吾師。我於今者刀破汝腹。卽便決之。五藏出外。命猶未絕。(中略)彼人所害害吾往報。非殺我也。於是放身蟬蛻而去。(319b29-c14)	外道弟子執刀破腸。吾藏出外。因資捨壽。諸門徒等。起塔供養。聖者羅睺羅從尊者提婆菩薩承受一代敎法時。		外道弟子執刀破腸。五藏出外。因茲遂乃捨壽。諸門徒等。悲感交切。燒香虔仰。起塔供養。聖者以神通力隨其而衆於諸墟壁山等往來無礙。化利有情。聖者羅睺羅從尊者提婆菩薩受付屬時。	
17羅漢比丘	(傳記なし)				
18僧伽耶舍	如是尊者廣爲佛事。敎化已訖便入涅槃。收集舍利。起塔供養。(320b28-29)				
23鶴勒那夜奢	於是已後。次		於是已後。鶴		於是已後。鶴

		是故智者宜當觀察無上勝法。有大功德微妙淵遠不可思議。其王生悔故。請舍那波斯再興正法。外道宗典。驅令出國。因玆師子比丘教法更傳四代。〈聖者舍那波斯從尊者師子比丘受付囑一代教時。〉			
		因玆師子比丘教法。舍那婆斯再以興建。廣度衆生。舍那波斯所作已畢。付囑優婆掘須婆蜜。優婆掘須婆蜜付囑僧伽羅[叉]。僧伽羅叉付囑菩提達摩多羅。前後相付廿八代事有本傳〈聖者優婆掘須［婆］蜜。從尊者舍那波斯受付囑一代教時。〉			

	有尊者名鶴勒那夜奢。出興於世。受付囑法。廣宣流布。福德深遠。才明淵博。化世迷惑令就正路。所作已訖然後捨身。(321c11-14)		勒尊者。福德深遠。才明淵博。化世迷惑。令就正路。現種種相。度脱衆生。所作已訖。然後捨身。衆人悲歎。起塔供養。		勒尊者。福功深遠。才明淵博。化世迷惑。令就正路。所作已訖。然後捨身。衆人悲歎。起塔供養。聖者師子比丘從尊者鶴勒那夜奢付囑一代敎時。
24師子比丘	是故智者宜當觀察。無上勝法有大功德。微妙淵遠不可思議。(321c24-25)				是故志者宜當觀察無□勝法。有大功德微妙淵遠不可思議。聖者舍那波斯從尊者師子比丘受付囑一代敎時。
25舍那婆斯	(傳記なし)				

Ｖ（比羅）、Ｐ三七二七（提多迦）、Ｐ四九六八（比羅比丘））を除いて、末尾を確認できる傳記の記述を整理すると、およそ次のように分類できる。

Ⅰ　附記のあるもの（附記が本文の形のものと割注の形のものと二種類がある）

ａ　その形式が「聖者◎◎◎◎從尊者○○○○〔受〕付囑一代敎時」となっている（「敎時」が「時敎」になっている例もある）。

ｂ　その形式が「聖者◎◎◎◎〔從〕尊者○○○○〔承〕受付囑時」となっている。

ｃ　その形式が「聖者◎◎◎◎從尊者付○○○○時」となっている。

Ⅱ　附記のないもの

今、現存する『付法藏人聖者傳』の各傳記を、この範疇に沿って整理すると次の表６のようになる。

表６　傳記末附記別敦煌寫本一覧

Ⅰ		
ａ	本文	Ｓ二六四Ｖ（提婆菩薩）、Ｐ二六八〇（鶴勒那夜奢・師子比丘）、Ｐ三七二七（彌遮迦・伏陀難提・富那奢）
	割註	Ｐ二七七六Ｖ（師子比丘・舍那婆斯）
ｂ	本文	Ｓ一〇五三（提婆菩薩）、Ｐ二三五五Ｖ（富那奢・羅漢比丘・僧伽耶舍）、Ｐ三七二七（馬鳴菩薩・比羅比丘）
ｃ	本文	Ｐ三七二七（優波毱多）

Ⅱ	S二六四V（阿難陀・商那和修）、S三六六V（鶴勒那夜奢）、P二七七四V（羅漢比丘・僧伽耶舍）、P二七七五（伏陀蜜多・富那奢・馬鳴菩薩・比羅比丘）、P三三五五V（彌遮迦・伏陀難提）、P三七二七（伏陀密多）、P四九六八（伏陀難提・伏陀蜜多・脇尊者）

これを見ると、多くの寫本は形式的に統一されているが、

S二六四V（Ⅰ-a、Ⅱ）
P三七二七（Ⅰ-a、Ⅰ-b、Ⅰ-c、Ⅱ）
P三三五五V（Ⅰ-b、Ⅱ）

等の三つの寫本は、種種の形式が混在していることが知られる。この場合、附記の全くない寫本、卽ち、S三六六V、P二七七四V、P二七七五等が附記が加えられる以前の形態を留めている可能性も皆無とは言えないものの、元來はⅠ-aの形式で統一されていたのが、書寫の過程で、一部が脱落したり、省略されたり、あるいは、その全部が省かれたりしたと見るのが穩當なようである。従って、少なくともこの點から見た場合、Ⅰ-aの形式で統一された寫本、P二六八〇、P二七七六Vは比較的よく原型を止めていると考えることができる。

しかし、この附記については、一つ大きな疑問がある。それは、附記とそれが附された傳記とが合致しないという問題である。例えば、P二六八〇を見ると、「鶴勒那夜奢傳」に「聖者師子比丘從尊者鶴勒那夜奢付囑一代教時」という附記があり、「師子比丘傳」に「聖者舍那波斯從尊者師子比丘受付囑一代教時」という附記がある。しかし、

「鶴勒那夜奢傳」には、摩拏羅から鶴勒那夜奢への傳法しか述べられておらず、師子比丘への言及は全く見られない。また、同樣に「師子比丘傳」にも鶴勒那夜奢から師子比丘への傳法は述べられているものの、舍那婆斯への言及はない。つまり、この附記は、内容上、一つずつずれており、「鶴勒那夜奢傳」の附記は、本來、次の「師子比丘」傳に關するもの、「師子比丘傳」の附記は、本來、次の「舍那婆斯傳」に關するものなのである。

思うに、これは、もともと次の傳記の冒頭に標題、あるいは注記のように附されたものが、後に前の傳記の附記に誤られ、更に附記であるからという理由で、後に割註の形に改められた寫本も生まれたのであろう。從って、一部の寫本に見られるように、この附記の直前で改行されているのが元來の形態であったと推測される。

從って、恐らく、先ず傳記ごとに分節化された後に、各傳記の冒頭に、

Ⅰ「第△△代付法藏人聖者○○○○」

という標題を附したテキストが成立し、更に一定の時を置いた後に、更にその標題の前に、

Ⅱ「聖者◎◎◎◎從尊者○○○○［受］付囑一代教時」

という標題、あるいは注記を附したテキストが成立したのであろう。これがわざわざ附された理由は、祖師と祖師の連續性を强調する點にあったと思われる。

ところがこの形式が餘りに不自然で、標題が二重になっているように見えるため、後の人がⅡを前の傳記の附記

と誤解し、前の傳記の後に連續して書寫するようになり、現行の諸本のような形態が一般化したものと考えられる。

次に、これまでの論述を踏まえたうえで、その變化の跡を辿ってみたい。

第7節　『付法藏經』から『付法藏人聖者傳』へ

a　原本

荷澤宗において創唱された「西天二十九祖說」を具現化するために、『付法藏因緣傳』を抜粋するとともに、師子比丘の後に、『達摩多羅禪經』から取り込んだ舍那婆斯から菩提達摩多羅に至る祖師の名前を繋ぐことで成立したのが、本書の原本である。元來、本書が「西天二十九祖說」であったことは、『付法藏人聖者傳』と『歷代法寶記』の「師子比丘」、「舍那婆斯」の傳記を比較することで明らかになる。

表7　『付法藏人聖者傳』『歷代法寶記』對照表

祖師	『付法藏人聖者傳』（敦煌文書）	『歷代法寶記』（柳田聖山『初期の禪史Ⅱ』）
師子比丘	第廿四代付法藏人聖者師子比丘 昔尊者鶴勒那夜奢臨當滅度。告一比丘名師子。佛以勝法付大迦葉。如是展轉乃至於我。我今欲滅。纍囑於汝。汝當勤心。流通於世。師子答言。唯然受敎。師子比丘於罽賓國大作佛事。化度衆生。自悟末代傳法命如懸絲。應有佛教流易。舍那波斯心生誡形。時彼國王彌羅掘。邪見熾	案付法藏經云。釋迦如來滅度後。法眼付囑摩訶迦葉。迦葉付囑阿難。阿難付囑末田地。末田地付囑商那和修。商那和修付囑優波掬多。優波掬多付囑提多迦。提多迦付囑彌遮迦。彌遮迦付囑佛陀難提。佛陀難提付囑佛陀蜜多。佛陀蜜多付囑脇比丘。脇比丘付囑富那耶奢。富那耶奢付囑馬鳴。馬鳴付囑毘羅長老。毘羅長老付囑龍樹。龍樹付

	舍那婆斯
盛。心無敬信。於罽賓國。毀塔壞寺。殺害衆僧。即以利劍。用斬師子。頭中無血。唯流白乳。相付法人。於是便絕。如此之法。爲大明燈。能照世間愚癡黑闇。是故如上諸賢聖人。皆共頂戴。受持守護。更相付囑。常轉法輪。爲諸有情。起大饒益。斷塞惡道。開人天路。近至最後。斯法衰殊。賢聖隱沒。無能建立。世間闇冥。永失大智。造作惡業。行十不善。命終多墮三惡八難。是故智者。宜當觀察。無上勝法有大功德。微妙淵遠。不可思議。其王生悔故。請舍那波斯再興正法。外道宗典。驅令出國。因玆師子比丘教法更傳四代。	第廿五代付法藏人聖者舍那婆斯 昔者。師子比丘罽賓國盛行佛教。有一羅漢名舍那波斯。從中天竺來向此國。於師子比丘受一代教時。師子比丘言。佛以正法付大迦葉。如是轉展。乃至於我。我今在世難期。遠劫一代時教。將付於汝。汝當守護。莫令法眼斷絕。舍那波斯受此法已。深生頂禮。却歸［中天］竺國。其罽賓國王名彌多羅掘。不信佛法。毀塔壞寺。殺害衆僧。奉事外道末曼尼及彌沙訶等。其師子比丘故來化此國王。其王無道。自手持斬。立於師子比丘之前。口云。若是聖人諸師等。物須誡形。師子比丘稱言。但殺貧僧一人。驗取凡聖。何要諸師誡形。其王別無收劍之計。即斫師子比丘。節節惣流白乳。更殺外道末曼尼及彌師訶等。流血遍地。其王心生悲悔。再崇佛教。即於中天竺國命此師子比丘弟

囑迦那提婆。迦那提婆付囑羅侯羅。羅侯羅付囑僧迦那提。僧迦那提付囑僧迦耶舍。僧迦耶舍付囑鳩摩羅馱。鳩摩羅馱付囑闍夜多。闍夜多付囑婆修槃陀。婆修槃陀付囑摩拏羅。摩拏羅付囑鶴勒那。鶴勒那付囑師子比丘。師子比丘付囑舍那婆斯已。故從中天竺國來向罽賓國。王名彌多羅掘。其王不信佛法。毀塔壞寺。殺害衆生。奉事外道末曼及彌師訶等。時師子比丘故來化此國。其王無道。自手持利劍。口云。若是聖人。諸師等總須誡形。時師子比丘示形。身流白乳。末曼彌師訶等被刑死。流血灑地。其王發心歸佛。即命師子比丘弟子付囑舍那婆斯已。入南天竺國。廣行敎化。度脫衆生。王即追尋外道末曼弟子。及彌師訶弟子等。得已。於朝堂立架懸首。擧國人射之。罽賓國王告令諸國。若有此法。驅令出國。因師子比丘佛法再興。舍那婆斯付囑優婆掘。優婆掘付囑須婆蜜多。［須婆蜜多］付囑僧迦羅叉。［僧迦羅叉］付囑菩提達摩多羅。西國二十九代。除達摩多羅二十八代也。」（五九）

子舍那波斯於南天竺國廣行佛教。其外道宗主數十餘人。於朝堂立架懸首。遣擧國人射之。其王出敕告令天下。有人行此外道教法。罪同此例。因玆師子比丘教法。舍那婆斯再以興建。廣度衆生。舍那波斯所作已畢。付囑優婆掘須婆蜜。優婆掘須婆蜜付囑僧伽羅。僧伽羅叉付囑菩提達摩多羅。前後相付廿八代事有本傳。

兩者を較べると共通する點が多く、同じものに基づいたことは明らかである。にも拘わらず、最後の部分を見ると、『付法藏人聖者傳』が「西天二十八祖說」であるのに對して、『歷代法寶記』は「西天二十九祖說」となっている。『付法藏因緣傳』の「西天二十四祖」に『達摩多羅禪經』から五祖を加えて「西天二十九祖說」が成立し、それを整理することで成立したのが「西天二十八祖說」であることは既に定說となっているから、『歷代法寶記』の方が古い形のものに基づいたと考えるべきである。つまり、『付法藏人聖者傳』も當初は、『歷代法寶記』と同樣の「西天二十九祖說」を採用していたが、後に後世の常識に合わせて「西天二十八祖說」へと變化したのである。そして、その內容は、『血脈譜』や『圓覺經大疏鈔』から知られるように、末田地を傍系として除くというものであったであろう。

本章第4節で揭げた『付法藏因緣傳』と『付法藏人聖者傳』の對照表（表3）に見るように、「師子比丘傳」や「舍那婆斯傳」では、兩者はかなり近い關係にあるが、他の傳記においては、むしろ、『血脈譜』の「天台法華宗相承師師血脈譜」や『圓覺經大疏鈔』の方が遙かに『付法藏因緣傳』に近い。それらは事實上、完全な拔粹に近いのである。成立當初の原本の本文としては、こちらの方が相應しいので、現存する敦煌本『付法藏人聖者傳』の特徵、卽ち、各傳記の標題の附加、定型句による付法の强調、同じく定型句による傳記末尾の舍利塔の建立等の形態は後の改編と見做すべきである。成立當初の原本に各傳記の標題がなかったことは、敦煌本『付法藏人聖者傳』、「天台法華宗相承師師血脈譜」、『圓覺經大疏鈔』の三本で、各傳記の區切り方に相違が見られることからも裏づけられる。

また、この原本の名前が「付法藏經」であったことも、『歷代法寶記』や『圓覺經大疏鈔』がこの名前で呼んでおり、（二重傍線部を參照）「天台法華宗相承師師血脈譜」も「付法藏」と呼んでいることからほぼ間違いない。恐らく、これは、『付法藏因緣傳』からの拔粹によって成立したことが最も大きな理由であろうが、『付法藏因緣傳』と紛らわしい名前を付すことで、そこに盛られた師子比丘から達磨に至る系譜の信憑性を高めうると考えたことも關わっているであろう。つまり、故意に『付法藏因緣傳』の異本に見間違えることを狙ったのである。先に言及したように、宗密は『付法藏經』を「付法藏傳」とも呼ぶとし、『付法藏因緣傳』について種々の異本があると論じていたのであるが、恐らくこれは、荷澤宗で傳持されていた『付法藏經』を異本の一つと見做したものであって、編者の意圖に沿うものであったと考えられる。

この原本の目的は、如來の正法が達摩によって中國に傳えられ、現に傳わっているということを明らかにするところにあったため、迦葉から師子比丘までの傳記に關しては、『付法藏因緣傳』の文章を付法に關する部分を中心に拔粹し、『付法藏因緣傳』では師子比丘が殺されることで正法が途絶えたとされていたのを、『達摩多羅禪經』を用いて達摩まで繫ごうとした。ただし、舍那婆斯以降の傳記を新たに創作するところまではいかなかったため、師子比丘の傳記を一部書き換えるとともに、舍那婆斯については、その傳法のみを强調し、その後は、歷代の祖師の名前を列擧するに止めていた。敦煌本『付法藏人聖者傳』が、一應、「舍那婆斯傳」を立てるものの、ほとんど「師子比丘傳」の言い換えに過ぎないのはそのためである。また、最澄や宗密が舍那婆斯以降の祖師の名前に言及しつつ、その傳記について一切語らないのもそのためと見ることができる。

一方、『付法藏人聖者傳』の「師子比丘傳」には、波線部のように法が途絶えたとする『付法藏因縁傳』の記載をそのまま殘した部分が存在するが、これらは明らかに不備であって、編輯當初の粗忽な形態を留めるものと言える。恐らく、『歴代法寶記』の編者が見たテキストにもこれがあったであろうが、あまりに酷い不備なので編輯に際して改めたのであろう。

『付法藏人聖者傳』の「菩提達摩多羅傳」は今のところ未發見であるが、『付法藏人聖者傳』の祖本、『付法藏經』を參照していたことが確實視される『歴代法寶記』に見られる達摩への言及は、『付法藏經』に基づく可能性が強い。注目すべきは、『歴代法寶記』の「菩提達摩多羅傳」に、

「時觀見漢地衆生有大乘性。乃遣弟子佛陀耶舍二人。往秦地。說頓悟法。秦中大德乍聞狐疑。都無信受。被擯出。逐於廬山東林寺。時有法師遠公。問曰。大德。將何法來。乃被擯出。於是二婆羅門申手告遠公曰。手作拳。拳作手。是事疾否。遠公答曰。甚疾。二婆羅門言。此未爲疾。煩惱卽菩提。此卽爲疾。遠公深達。方知菩提煩惱本不異。卽問曰。此法彼國復從誰學。二婆羅門答曰。我師達摩多羅。遠公深信已。便譯出禪門經一卷。具明大小乘禪法。西國所傳法。具引禪經序上。二婆羅門譯經畢。同日滅度。葬于廬山。塔廟見在。(39)」

のように、達摩が自らが東來する前にインドから弟子の佛陀と耶舍を派遣したとする記載が含まれているが、表4の「菩提達摩多羅」の項で示したように、その內容が『血脈譜』で最澄が引く『西國佛祖代代相承傳法記』に近く、また、宗密の『禪源諸詮集都序』の記載とも一致するという點である。

ただし、達摩が派遣した人物を、『西國佛祖代代相承傳法記』が「佛陀耶舎」という一人の人物とするのに対して、『歴代法寶記』と『禪源諸詮集都序』が「佛陀」と「耶舍」の二人とするのは異説であり、基づいたテキストに多少の相違があったことが窺えるが、いずれにせよこの點から判斷すると、少なくともこの説話については、『付法藏經』の「菩提達摩多羅傳」にあったと見てよいであろう。

この原本の成立時期は、「西天二十九祖説」を採っていることから、荷澤神會が洛陽に入った天寶四載（七四五）以後と見てよい。神會の貶逐中に書かれたと見られる李華撰「故左溪大師碑」に「西天二十九祖説」が見えるのは、神會の貶逐（七五三年）以前に既に「西天二十九祖説」が廣く行われていたことを證するものと言える（本書第八章第1節「李華撰「故左溪大師碑」に見る知識人の神會認識」を參照）。一方、『歴代法寶記』（七八〇年頃）が本書に基づくのは、無住（七一四〜七七四）が天寶八載（七四九）頃に中原で入手したことによるものと考えられるから（本書第八章第2節「神會の活躍・貶逐・復權と保唐宗の成立」を參照）、本書の成立はそれに先立つ天寶六載（七四七）前後と見られる。『歴代法寶記』は、このテキストに基づいて「西天二十九祖説」を採用しつつも、「菩提達摩多羅を除けば西天二十八祖となる」とわざわざ注記のように述べているが[40]、これは、『歴代法寶記』が編輯された七八〇年頃には「西天二十八祖説」が一般化しており、それとの調整を考えたものと見られる。實際、七六五〜七七〇年頃に成立したと見られる敦煌本『六祖壇經』は既に「西天二十八祖説」に移行しており、荷澤宗が「西天二十八祖説」を採るようになったのは、神會歿後間もない七六〇年前後であったと考えられるから、當時、この説は既に時代遅れになっていたのである。

その後、この原本『付法藏經』も「西天二十八祖説」に改められ、更に、本文にも改編が行われて新たなテキストが作られ流布した。その中で、ある系統のテキストに寫誤が生じ、それを補正する試みが行われた結果、今日傳わる敦煌本『付法藏人聖者傳』が出現したと考えることができる。以下、その經緯について論じてみたい。

b　二十八祖說本祖本

最澄の『血脈譜』や宗密の『圓覺經大疏鈔』が基づいたテキストは、本文自體はほぼ完全に『付法藏因緣傳』からの抜粋となっている。その點で原本の形態を髣髴させるが、ただ、原本とは異なり、「西天二十八祖說」に改められている。つまり、末田地の傳記を取り除くことによって「西天二十八祖說」を採る異本が成立したと見られるのである。末田地の傳記を省くだけの改編であったわけであるから、荷澤宗で「西天二十八祖說」が定說化していた七六五年頃には既に成立していたであろう。ただし、最澄や宗密が見たのは、このテキストそのものではなく、その發展型のものと考えられる。彼らが基づいたテキストの祖本を假に「改編本A祖本」と呼ぼう。

c　改編本A祖本

最澄や宗密が見たテキストは「二十八祖說本祖本」そのものではない。その理由は、現存する『付法藏人聖者傳』の師子比丘の傳記において、彌羅掘が師子の殺害を反省して佛教信者となり、舍那婆斯に南天竺國での布教を命じたとなっているが、一方で『血脈譜』所引の『西國佛祖代代相承傳法記』や『圓覺經大疏鈔』では、師が殺されたのを見て、舍那婆斯が自ら南天竺國に逃れたことになっているからである。つまり、最澄や宗密が見たテキストには共通の祖本が存在し、しかも、それは『付法藏人聖者傳』とは別系統の異本であったと考えられるのである。恐らく、「西天二十八祖說本祖本」の發展形態のものが複數存在し、最澄や宗密は、それぞれその中の一本に據ったが、それらの祖本は『付法藏人聖者傳』の祖本とは別系統のものであったということであろう。

d　改編本B祖本

「改編本A祖本」が成立する一方で、同じく「西天二十八祖說本祖本」をベースにしつつ、本文に様々な改編を施した異本が成立した。それを假に「改編本B祖本」と呼ぶ。具體的には、先に述べたように傳記ごとに分節化された後、

1　各傳記の標題、「第△△代付法藏人聖者○○○○」の附加
2　定型句による付法の强調
3　定型句による傳記の結末の整理

等が行われたのである。これが現存する敦煌本『付法藏人聖者傳』の祖本である。

この本の正式名稱は不明であるが、田中良昭が付けた擬題に相應しい形式のものとなったのは、これ以降のことである。このテキストの成立時期は不明であるが、「改編本A祖本」の成立と竝行してのことであったであろう。

e　改編本A系統の異本の展開

先に述べたように、最澄や宗密は、自らが基づいたテキストを「付法藏」「付法藏經」と呼んでおり、それらのテキストにおいてもその名稱は「付法藏經」であったと考えられる。ただ、最澄はこれを「西國佛祖代代相承傳法記」という固有の名稱でも呼んでおり、こうした名を冠した異本が存在し、最澄はそれに基づいたと考えられる。最澄の後に入唐した惠運もこの名稱の異本を日本に齎しており、この本は九世紀前半には廣く流布したようである。

一方、別に論じたように、宗密の敍述には、『血脈譜』よりも『歴代法寶記』や『曹溪大師傳』等に近い點が多いため、(41)これらが共通に據った異本も別に存在したと見られるが、宗密はこれを「祖宗傳記」とも呼んでいる。この名稱は、その內容が『付法藏因緣傳』とは異なるために、それを明示する必要を感じて假に命名したもので、このような名稱の異本が存在したわけではないようである。

これらのテキストは、最澄や宗密が入手し、參照していたのであるから、八〇〇年前後には廣く流布していたはずである。また、その內容に『歴代法寶記』（七八〇年前後）や『曹溪大師傳』（七八一年）と共通する點があり、また、『歴代法寶記』が「西天二十八祖說」に言及するのが、その異本の一つを參照した結果と考えるなら、これらの異本の成立は、『歴代法寶記』や『曹溪大師傳』に先立つ七六五〜七七五年頃と見てよいと思われる。

最澄に據れば、『西國佛祖代代相承傳法記』には釋迦の家系等に關する詳しい記述が存在したようである。『周書（異記）』等を引くのは、元來の『付法藏因緣傳』とは異質であるから、恐らく、これも『付法藏經』の「原本」や「二十八祖說本祖本」にはなかったものであろう。つまり、この本において釋迦傳の增補等が行われた可能性が考えられるのである。また、「師子比丘傳」において、師子比丘が殺される前に罽賓國王との閒で行われた會話が記されているが、これも恐らくは、この際に禪思想を表現するために行われた加上であろう。ただ、罽賓國王の名前を一般に「彌羅掘」とするのに對して、なぜ『西國佛祖代代相承傳法記』が「提王」とするのかは不明である。いずれにせよ、これによって『西國佛祖代代相承傳法記』にも宗密らが基づいた異本とは異なる獨自の改編が行われていたことを窺い得るのである。

f　現存敦煌本

改編本B系統の諸本が流布する中で、寫誤のために、優婆崛と須婆蜜を「優婆崛須婆蜜」という一人と見誤り、「西天二十八祖說」との齟齬を解消するために、新たに第十八祖として「羅漢比丘」を西天の祖師に加えるという特異なテキストが生まれた。これが現存する敦煌本『付法藏人聖者傳』の祖本である。その正式名稱は不明であり、また、その成立時期も不明であるが、異本成立の經緯から見て、その成立は遲く、九世紀以降と見るべきであろう。また、このような奇怪な說が問題視されなかったことから見て、局地的な異本であったと見られ、敦煌での成立であった可能性も考えるべきであろう。

この系統のテキストでは、各傳記の冒頭に新たに「聖者◎◎◎従尊者○○○〔受〕付囑一代教時」という標題、あるいは注記のごときものが附され、更にそれが前の傳記の末尾の附記と誤られ、これを割註とするテキストも現われた。現存する敦煌本は、ほぼ全てこの系統に屬すると見ることができる。

小結

以上の考察に基づいて想定される神會原撰の『付法藏經』のテキストの變化を圖示すると、およそ次頁の圖「『付法藏經』の變遷」のようになる（右端の年代は大體の目安である）。

むすび

本章で論じたように、田中良昭によって紹介された『付法藏人聖者傳』（擬題）と同系統であり、かつ、その祖

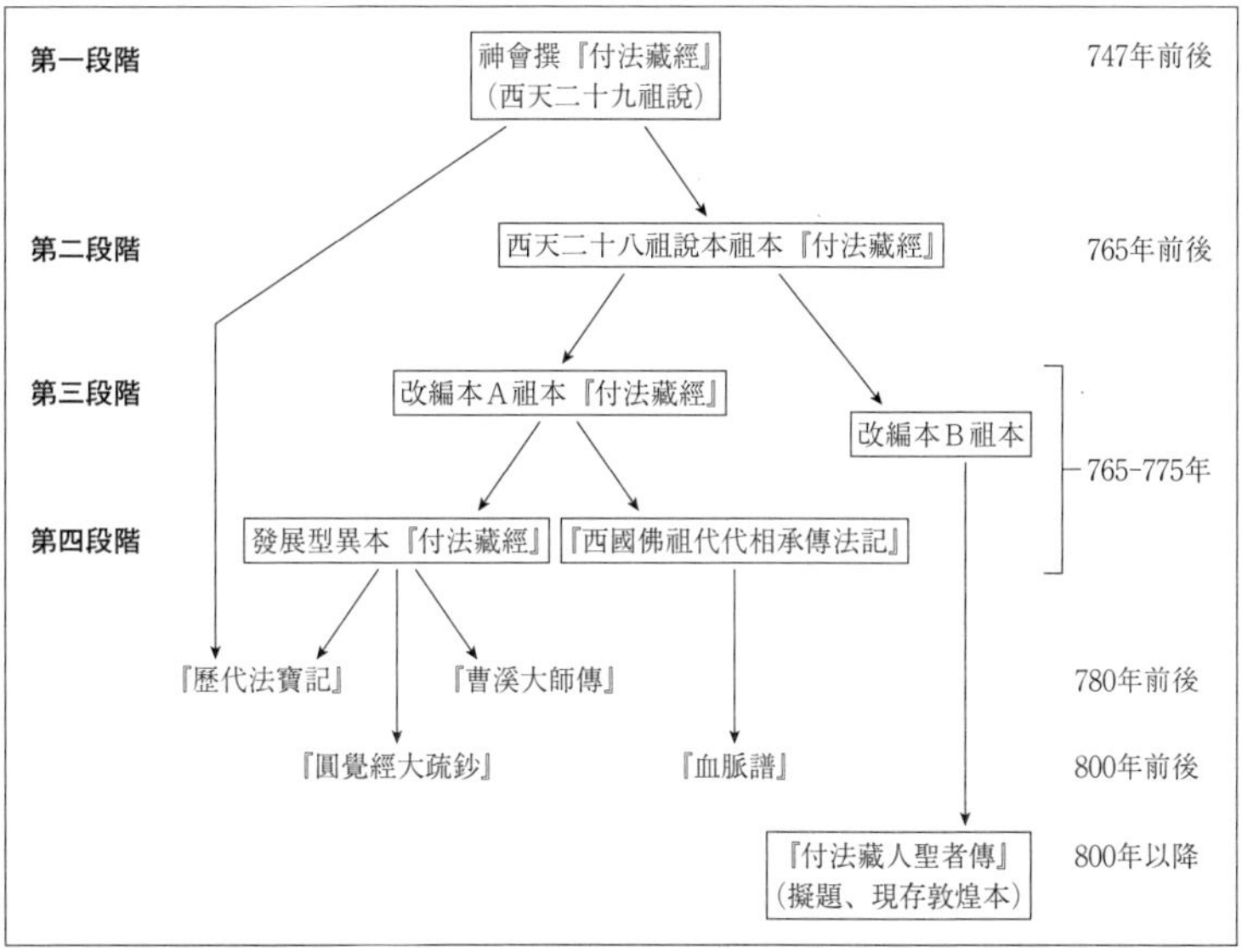

『付法藏經』の變遷

本となった文獻として、かつて『付法藏經』なるものが存在し、それこそが最澄の言う『西國佛祖代代相承傳法記』、宗密の言う「祖宗傳記」の中の西天祖師の傳記を記した部分の祖本であったと考えることができる。そして、それが元來は「西天二十九祖説」を説いていたと考えられることによって、從來、答えが見つからなかった『歷代法寶記』や李華の「故左溪大師碑」が何に基づいて「西天二十九祖説」を説いたのかといった問題にも一應の回答を見出すことができた。また、李華が「故左溪大師碑」を書いたのが神會の最晩年であったことを考えれば（これについては、本書八章第1節「李華撰「故左溪大師碑」に見る知識人の神會認識」を參照）、『付法藏經』は、神會が洛陽に進出した後に、その指示のもとで弟子たちが編輯したものと考えるのが自然である。このことは、從來、全く指摘されていない事柄であり、荷澤神會の著作活動を考えるうえで、極めて重要である。

　祖統説は、禪宗を佛教として正統化するための獨特の教義であると言えるが、これを最初に提起したのは、法如系の人々で、『達摩多羅禪經』の「西天八祖說」をそのまま採用していたのであるが、荷澤神會は、それを杜朏の『傳法寶紀』を介して取り入れただけでなく、これを『付法藏因緣傳』の「西天二十四祖說」と結合させ、「西天二十九祖說」を生み出し、その弟子の時代には「西天二十八祖說」を唱えるまでになったのであるが、西天の二十八祖の各祖師の傳記を創作するところまでは行かず、ほとんど『付法藏因緣傳』の記載をそのまま受け入れていた。また、舍那婆斯以降の祖師の重複、卽ち、第三祖の商那和修と第二十四祖の舍那婆斯との重複、第四祖の優波毱多と第二十五祖の優婆掘との重複にも氣づいていなかった。恐らくその理由は、當時の荷澤宗の人々は、先ずは六祖慧能の傳記（敦煌本『六祖壇經』、『法寶記壇經』）や七祖神會の語錄（『雜徵義』）を整備することに注力せねばならず、そこまでは力が及ばなかったためであろう。

しかし、それらは禪宗の祖統を確立するためには何としても修正しなければならないことであった。そして、それを行ったのが、洪州宗の燈史、『寶林傳』だったのである。『寶林傳』では、「西天二十八祖說」を維持しつつ、上記のような不備を改め、

1大迦葉―2阿難―3商那和脩―4優波毬多―5提多迦―6彌遮迦―7婆須蜜―8佛陀難提―9伏駄蜜多―10脇尊者―11富那夜奢―12馬鳴菩薩―13毗羅尊者―14龍樹菩薩―15迦那提婆―16羅睺羅多―17僧伽難提―18伽耶舍多―19鳩摩羅多―20闍夜多―21婆修盤頭―22摩拏羅―23鶴勒尊者―24師子比丘―25婆舍斯多―26不如密多―27般若多羅―28菩提達摩

という矛盾のない系譜を提示しただけでなく、それらの西天の各祖師の傳記をほとんど完全に無から創造し、禪宗の祖師として相應しいものにした。これが後世の禪宗史の定說となるのであるから、『寶林傳』の編輯は、禪宗史

上における洪州宗の非常に大きな功績であると言える。要するに、この點でも、荷澤宗による禪思想の革新を承け繼いでそれを完成に導いたのは洪州宗であったのである。

註

（1）佛陀跋陀羅譯『達摩多羅禪經』：大正藏一五、三〇一ｃを參照。
（2）吉迦夜・曇曜共譯『付法藏因緣傳』：大正藏五八、二九七ａ～三二一ｂ。
（3）神會撰・獨孤沛編『定是非論』：楊曾文『神會和尚禪話錄』（中華書局、一九九六年）三三頁を參照。
（4）編者未詳『歷代法寶記』：柳田聖山『初期の禪史Ⅱ』（禪の語錄3、筑摩書房、一九七六年）五九頁を參照。
（5）これについては、本書第八章第1節「李華撰「故左溪大師碑」に見る知識人の神會認識」を參照。
（6）宗密『圓覺經大疏鈔』：續藏一－一四－三、二七五ｃ～二七六ｄを參照。
（7）田中良昭『敦煌禪宗文獻の研究』（大東出版社、一九八三年）七七～九八頁を參照。
（8）神會『師資血脈傳』「達摩傳」：前揭『神會和尚禪話錄』一〇四頁。
（9）敦煌本『六祖壇經』：楊曾文『敦煌新本　六祖壇經』（上海古籍出版社、一九九三年）一三頁。
（10）前揭『敦煌禪宗文獻の研究』八五～八六頁を參照。
（11）前揭『敦煌禪宗文獻の研究』七七頁。
（12）田中良昭『敦煌禪宗文獻の研究　第二』（大東出版社、二〇〇九年）三四八～三四九頁。
（13）最澄『血脈譜』：比叡山專修院附屬叡山文庫編『傳敎大師全集　卷一』（世界聖典刊行協會、一九八九年）二〇二頁を參照。なお、［　］は東京國立博物館所藏の平安寫本による附加である。また、この平安寫本では、第七祖の「佛陀難提」を「佛陀難陀提」とするが、恐らくは寫誤と見てよいであろう。
（14）伊吹敦「荷澤宗としての神照・宗密の正統性――胡適の主張の問題點と南印傳の再構成」（『印度學佛教學研究』

七一‐一、二〇二二年）を參照。

(15) 伊吹敦「『六祖壇經』の成立に關する新見解――敦煌本『壇經』に見る三階教の影響とその意味」（『國際禪研究』七、二〇二一年）を參照。

(16) 敦煌本『六祖壇經』：前揭『敦煌新本 六祖壇經』六六頁。

(17) 前揭『敦煌禪宗文獻の研究 第二』三四八頁。

(18) 最澄『傳教大師將來越州錄』：大正藏五五、一〇五九a。

(19) 伊吹敦「『付法簡子』と『西國佛祖代代相承傳法記』の史的意義」（『東洋學研究』五九、二〇二二年）を參照。

(20) これについては伊吹敦「『內證佛法相承血脈譜』の編輯過程について――初期禪宗文獻が最澄に與えた影響」（『東洋思想文化』九、二〇二二年）を參照。

(21) 前揭「『付法簡子』と『西國佛祖代代相承傳法記』の史的意義」一九四～一九二頁を參照。

(22) 宗密『裴休拾遺問』：石井修道「眞福寺文庫所藏の『裴休拾遺問』の翻刻」（『禪學研究』六〇、一九八一年）七七～七八頁。

(23) 同上：前揭「眞福寺文庫所藏の『裴休拾遺問』の翻刻」七九頁。

(24) 同上：前揭「眞福寺文庫所藏の『裴休拾遺問』の翻刻」八〇頁。なお、（ ）內は筆者による補足である。

(25) 宗密『圓覺經大疏鈔』「付法藏經」に對する註釋：續藏一‐一‐一四‐三、二七五d。ただし、「＊」を附した「不」は原文の「及」を文意によって改めたものである。

(26) 同上「優婆毱多第四」の註釋：續藏一‐一‐一四‐三、二七六b。

(27) 現行本の『付法藏因緣傳』は六卷本であるが、經錄にはしばしば四卷本にも言及しているから、これに據ったと考えられる。恐らく、これは單なる調卷の違いに過ぎないであろう。『圓覺經大疏鈔』には、一箇所だけであるが、「第二卷云」として、「阿難以法付和修時」云々に言及するが、この文章は現行の六卷本では第三卷の冒頭部に當たる。だとすれば、六卷本を四卷本に調卷し直せば第二卷になる道理であり、矛盾はない。

(28) 宗密『圓覺經大疏鈔』「迦葉當第一」：續藏一－一－一四－三、二七五d〜二七六a。
(29) 同上「神會第七」：續藏一－一－一四－三、二七七b。
(30) 鎌田茂雄『宗密教學の思想史的研究』(東京大學東洋文化研究所、一九七五年) 八五〜八六頁、八九〜九〇頁、九一頁を參照。
(31) 鎌田茂雄『禪源諸詮集都序』(禪の語錄9、筑摩書房、一九七一年)「解說」三五七〜三五八頁を參照。
(32) 吉川忠夫「裴休傳──唐代の一士大夫と佛敎」(『東方學報』六四、一九九二年) 一四〇〜一四一頁、竝びに冉雲華「黑水城殘卷『承襲圖』研究」(『慶祝潘石禪先生九秩華誕敦煌學特刊』文津出版社、一九九七年) 七九頁を參照。
(33) 前揭「裴休傳──唐代の一士大夫と佛敎」一四〇〜一四一頁。
(34) 宗密『圓覺經大疏鈔』「達磨至北方。當其第二」：續藏一－一－一四－三、二七六c。
(35) 同上「師子比丘第二十三」：續藏一－一－一四－三、二七六c〜d。
(36) 前揭『敦煌禪宗文獻の研究』七七〜八〇頁、九九〜一〇〇頁。
(37) 惠運『惠運禪師將來敎法目錄』：大正藏五五、一〇八八c。なお、「仙祖代」は、當然、「佛祖代代」の誤りと見るべきである。また、圓仁 (七九四〜八六四、八四七年歸朝) の『入唐新求聖敎目錄』に揭げられる「西國付法藏傳一卷」(大正藏五五、一〇八四a) も、本著作の異本であった可能性が強い。
(38) 前揭「『內證佛法相承血脈譜』の編輯過程について──初期禪宗文獻が最澄に與えた影響」を參照。
(39) 編者未詳『歷代法寶記』「菩提達摩多羅傳」：柳田聖山『初期の禪史Ⅱ』(筑摩書房、一九七六年) 六八頁。
(40) 『歷代法寶記』では、西天の二十九祖の系譜を擧げた後に、「西國二十九代。除達摩多羅二十八代也」と述べられている (前揭『初期の禪史Ⅱ』五九頁)。
(41) 前揭「『付法簡子』と『西國佛祖代代相承傳法記』の史的意義」の第二節「『西國佛祖代代相承傳法記』と他文獻との比較檢討」を參照。ただし、本論文は、『付法藏經』という神會撰の著作があったとする本章の主張に思い至る前に書かれたものであるから、現時點からすると不備な點が多い。

第七章　慧能の實像と神會による「六祖」化

先行研究と問題の所在

慧能の傳記に言及する文獻は多いが、時代が降るほど、後世の創作を多く含み、史實からほど遠いものとなってしまっている。從って、その眞の傳記を知ろうとするのであれば、できるだけ古い資料に基づく必要がある。唐代成立の比較的古い資料としては、以下のものを擧げることができる(1)。

1　荷澤神會（六八四～七五八）撰『師資血脈傳』（七三二年前後）
2　王維（六九九～七五九／七〇一～七六一）撰「六祖能禪師碑銘幷序」（七四五年前後、以下、「六祖能禪師碑銘」と略稱）
3　（傳）慧能撰・法海編『南宗頓敎最上大乘摩訶般若波羅蜜經六祖慧能大師於韶州大梵寺施法壇經』（七六五～七七〇年頃、以下、「敦煌本『六祖壇經』」と略稱）
4　（傳）法才（生歿年未詳）撰「光孝寺瘞髮塔記」（成立時期未詳、『曹溪大師傳』以前、以下、「瘞髮塔記」と略稱）
5　編者未詳『歷代法寶記』（七八〇年前後）

6　編者未詳『唐韶州曹溪寶林山國寧寺六祖惠能大師傳法宗旨幷高宗大帝敕書兼賜物改寺額及大師印可門人幷滅度時六種瑞相及智藥三藏懸記等傳』（七八一年、以下『曹溪大師傳』と略稱）

7　李舟（七四〇～七八七）撰『能大師傳』（七八五年前後）

8　圭峰宗密（七八〇～八四一）撰『圓覺經大疏鈔』（八三一年前後）巻三之下「慧能第六」

これら諸文獻の相互關係については、かつて幾度か論じたことがあるが、[2]要するに、1の『師資血脈傳』と2の「六祖能禪師碑銘」が根本資料であり、他は、その繼承、あるいは發展と見做すことができる。從って、慧能の傳記を知るためには、何としても、この二つの資料を考察の基礎に据えなくてはならないのである。ところが、ここには一つ大きな問題がある。それは、これらのいずれもが荷澤神會の影響下に成立したものだという點である。

周知のように、神會は、「南頓北漸」說を唱えて、全盛を極めた北宗を排擊し、遂には慧能を正統の地位につけてしまった張本人である。彼は大變な策略家であり、慧能と自分が正統であることを人々に受け入れさせるために様々な策を弄した。そして、場合によっては、「傳衣」のように虛誕といってよいような說を唱えることも敢えて憚らなかったのであるから、彼が說く慧能傳も、自分の主張に都合のよいように改められている可能性が非常に高いのである。從って、これらの二つの資料を扱う場合も、愼重な對應が必要であり、そこに含まれた神會の創作を析出し、その意圖を探ることで、神會によって再構成される前の慧能の傳記を明らかにしなくてはならないのである。

第1節　『師資血脈傳』と「六祖能禪師碑銘」の成立について

神會の著作や神會に關聯する碑銘等については、既に本書第一章「神會の生涯と著作の概要」で觸れたが、ここでは特に『師資血脈傳』と「六祖能禪師碑銘」に絞って、その成立について、もう少し詳しく考えてみたい。

『師資血脈傳』が『傳法寶紀』をベースとし、『傳法寶紀』が『菩提達摩南宗定是非論』（以下、『定是非論』と略稱）において批判されていること等から、その成立は、『定是非論』とほぼ同時期にまで遡らせることができると考えられるが、『定是非論』の成立はいつか。冒頭の獨孤沛の附記には、その編輯の經緯が、

「弟子於會和上法席下見與崇遠法師論諸義便修。從開元十八・十九・廿年。其論本竝不定。爲修未成。言論不同。今取廿載一本爲定。後有師資血脈傳一卷。亦在世流行。」(3)

と記されるが、ここに不可解なところが見られるため、從來からしばしば『定是非論』の性格と成立が問題視されてきた。卽ち、この序文からすると、ほぼ同樣の法論が開元十八年から二十年にかけて少なくとも三度行われたかのごとくに見えるのである。そこで胡適は、『定是非論』で對論者とされている崇遠を神會が雇った「配角」（相手役）とし、これらの法論を芝居と見なそうとまでしている。(4)しかし、筆者は、印順の說に從って、(5)次のように理解してよいのではないかと考える――開元十八年（七三〇）以降、荷澤神會はしばしば「北宗」の人々と論諍を繰り返し、その內容が弟子たちによってメモとして多數書き殘されていた。それらの論諍の中でも最も有名なものが開

元二十年（七三二）の滑臺における崇遠との法論であったので、その時のメモを中心として、他の法會における内容も盛り込んで、神會の「北宗批判の書」として纏められたのが『定是非論』である。

神會は、この後、激しい「北宗」批判が問題視され、『圓覺經大疏鈔』巻三之下によると、天寶十二載（七五三）、盧奕（生歿年未詳）の讒言により弋陽（江西省上饒市）に移されるのであるが、『定是非論』の流布がこの一つの原因となったということは十分に考えられることであるから、こうした理解に基づけば、『定是非論』は開元年間（七一三～七四一）の末か、天寶年間（七四二～七五六）の初め頃には、既に定本の形で成立していたと考えてよいだろう。

胡適は、上に引いた序文に「廿載一本」とあり、「年」に替えて「載」を用いたのは、天寶三年（七四四）正月から乾元元年（七五八）正月までに限られるから、『定是非論』の本文が定まったのは天寶年間であろうと論じているが(6)。後世、書寫の際に誤って書き換えた可能性も考えられるから確實とは言えない。しかし、神會がこうしたものをわざわざ編纂させたのは、自らの主張を廣汎な人々に對して、より明瞭な形で傳えようという意圖をもってのことであろうから、天寶四載の神會の上洛を契機とするということは十分に考えられるところである。

獨孤沛の序文によれば、『定是非論』の本文を定めた後に、世に行われていた『師資血脈傳』を後ろに附したと解されるから、『師資血脈傳』の成立はこれに先立つはずであるが、恐らくは、開元十八年以降に展開された「北宗」批判の中で、その一環として編纂されたものであろう。『定是非論』には、

「又今普寂禪師在嵩山竪碑銘。立七祖堂。修法寶記。排七代數。不見著能禪師處。能禪師是得傳授付囑人。爲人天師。蓋國知聞。卽不見著。如禪師是秀禪師同學。又非是傳授付囑人。不爲人天師。天下不知聞。有何承稟。

充爲六代。普寂禪師爲秀和上豎碑銘。立秀和上爲第六代。今修法寶記又立如禪師爲第六代。未審此二大德各立爲第六代。誰是誰非。請普寂禪師仔細自思量看。[7]」

のように、神秀や法如を六祖とする祖統を普寂が說いているとして批判している文章があるが、「北宗」批判を展開するに當たっては、これに對抗する新たな祖統を立てる必要があったはずであるし、ここで批判している「法寶記」とは、杜朏の『傳法寶紀』に外ならないが、『師資血脈傳』がベースとして用いたのは、正しくこれであったのであるから、この點から見ても、その成立の時期は開元二十年（七三二）前後と見て大過ないものと考えられる。

慧能の弟子である神會にとってみれば、慧能を「六祖」とすることは、むしろ當然のことである。從って、こうした祖統を主張することが、必ずしも「北宗」批判を前提とするわけではない。否、むしろ、こうした祖統意識こそが「北宗」批判の前提となったと考えるべきである。從って、『師資血脈傳』に說かれる祖統や慧能傳は、「北宗」批判を展開する以前から神會の腦裏にあったものに違いない。それゆえ、ここに說かれる慧能傳は、基本的には史實に基づくものと考えてよいが、「北宗」批判の展開に伴って、この祖統の正統性を强調するために、後で故意の改變が施された可能性は十分に考えられるのである。

一方、「六祖能禪師碑銘」は、その文中に、

「弟子曰神會。遇師於晚年。聞道於中年。度量出於凡心。利智踰於宿學。雖末後供。樂最上乘。先師所明。有類獻珠之願。世人未識。猶多抱玉之悲。謂餘知道。以頌見託。[8]」

とあることによって、神會の委囑によって書かれたことが知られる。王維と神會の交流については、『南陽和尚問答雜徵義』（以下、『雜徵義』と略稱）に、

「門人劉相倩。於南陽郡見侍御史王維。在臨湍驛中。屈神會和上及同寺僧惠澄禪師。語經數日。」（石井本、胡適本もほぼ同様）(9)

と見えている。ただ、本書第二章第5節「『雜徵義』の成立と史的意義」で論じたように、この問答そのものが後代の創作であってみれば、その官名に過度の信頼を置くのは危險である。ただし、王維は頻繁に官を移っているから、ここで特に「侍御史」の官名が用いられていることについては、王維と神會とが交渉を持っていたときの官名を踏襲している可能性は確かに考えられる。これについて、柳田聖山は次のように述べている。

「殿中時御史は、王維の開元末年頃の官であり、神會の南陽時代に當たる。(10)」

つまり、「侍御史」を「殿中侍御史」とし、南陽時代には面識があったとし、この時期の撰述であろうとするのである。(11)確かに、陳鐵民の「王維年譜」によれば、王維がこの官に著いていたのは、開元二十八年（七四〇）から天寶元年（七四二）にかけてのことである。(12)しかし、陳が明らかにしたように、この後、王維は更に「侍御史」にもなっているのだから、(13)ここに「侍御史」というのは、むしろ、これを指すと考えるべきであろう。

これに關して、楊曾文は「神會及其禪法理論」において、

「南陽和尚問答雜徵義稱「侍御史王維」、可能是在任監察御史之後。據舊唐書職官志載。御史臺有監察御史（正八品上）、侍御史（從六品下）、王維當是從監察御史升任侍御史、時閒當在開元中期（公元七二七年前後）。」[14]

と述べ、開元中期の七二七年頃に、王維は「監察御史」から「侍御史」に昇任したとする。ただし、その根據は何ら明示されておらず、單なる臆測の域を出ないようである。

陳鐵民は、王維が「侍御史」の任にあったのを、天寶四載（七四五）から天寶五載（七四六）にかけてのこととするが、王輝斌は、天寶元年（七四二）には既に「侍御史」になっていたと說く。いずれが正しいか判斷できかねるが、「六祖能禪師碑銘」の本文中に、

「至某載月日。忽謂門人曰。吾將行矣。[15]」

という一節が見られ、先にも言うように、「年」に替えて「載」を用いるようになったのが天寶三年（七四四）正月からであるから、この點も考慮すれば、「六祖能禪師碑銘」の撰述は天寶四載か五載頃（七四五〜七四六）と見るのが穩當と思われる。[16]

なお、柳田聖山は、安史の亂後、神會と王維が洛陽で舊交を溫めた可能性を指摘するが、[17]近年發見された神會の塔銘、慧空撰「大唐東都荷澤寺歿故第七祖國師大德於龍門寶應寺龍首腹建身塔銘幷序」（七六五年、以下、「第七祖國師身塔銘」と略稱）によれば、晩年に再び洛陽に迎えられたという『宋高僧傳』の說は認めがたい。また、陳盛港は、天寶十二載（七五三）の貶逐以降、特に天寶十四載の安史の亂勃發以降は、當時、二人が置かれた狀況等から

見て、こうしたものが撰述されることはまずなかっただろうとし、一方で、碑銘の本文には貶逐が近いことを察知した語氣が感じられるとして、貶逐の直前の撰述だと論じている[18]。確かに晩年の歸京が叶わなかったのであれば、天寶十二載以降は撰述の機會はなかったであろう。しかし、碑銘の語氣から撰述時期を推測しようとするのはどうであろうか。そうした語氣が感じられるかどうかも既に問題であるが、碑文の撰述を委託された王維が、神會自身の感情をそこまで深く理解し、それを反映させて文章を書いたというのも極めて疑わしい。

第2節　二種の根本資料に見られる慧能傳

次に我々は、この二種の根本資料の中から、史實と認めて差し支えないものと、神會による改變、あるいは創作と見做すべきものとを分離しなくてはならないわけであるが、その方法として、慧能の傳記の重要なトピックごとに、二つの根本資料に見られる記述を掲げ、その内容について、逐一、比較檢討してゆくことにしたい。

なお、現在傳わる『師資血脈傳』には、本書第二章第2節「現行本『師資血脈傳』の改換箇所と原形の推定」で論じたように、後代の改變部が存在するので、ここでは、そこで復元した原形に基づいて議論を進めることとしたい。

a　出自

◯『師資血脈傳』

「俗姓盧。先祖范陽人也。因父官嶺外便居新州(19)。」

○「六祖能禪師碑銘」

「禪師俗姓盧氏。某郡某縣人也。名是虛假。不生族姓之家。法無中邊。不居華夏之地。善習表於兒戲。利根發於童心。不私其身。臭味於耕桑之侶。苟適其道。羶行於蠻貊之鄉(20)。」

『師資血脈傳』によれば、慧能は、もともと范陽の盧氏であったが、父親が嶺南で官に著いたため、新州で生まれたという。「六祖能禪師碑銘」は具體的な內容を缺くが、少なくとも『師資血脈傳』の記述と矛盾する內容は見られない。

b　入門と得法

○『師資血脈傳』

「年廿二。東山禮拜忍大師。忍大師謂曰。汝是何處人也。何故禮拜我。擬欲求何物。能禪師答曰。弟子從嶺南新山故來頂禮。唯求作佛。更不求餘物。忍大師謂曰。汝是嶺南獦獠。若爲堪作佛。能禪師言。獦獠佛性與和上佛性有何差別。忍大師深奇其言。更欲共語。爲諸人在左右。遂發遣令隨衆作務。遂卽爲衆踏碓經八箇月。忍大師於衆中尋覓。至碓上見共語。見知眞了見性。遂至夜間密喚來房內。三日三夜共語。了知證如來知見。更無疑滞。既付囑已便謂曰。汝緣在嶺南。卽須急去。衆人知見必是害汝。能禪師曰。和上若爲得去。忍大師謂曰。我自送汝。其夜遂至九江驛。當時得船渡江。大師看過江。當夜却歸至本山。衆人並不知覺。去後經三日。忍大師言曰。徒衆將散。此間山中無佛法。佛法流過嶺南訖。衆人見大師此言。咸共驚愕不已。兩兩相顧無色。乃相謂曰。嶺南有誰。遞相借問。衆中有潞州法如云言。此少慧能在此。各遂尋趁。衆有一四品將軍捨官入道。俗姓陳。字慧明。久久在大師下。不能契悟。卽大師此言。當卽曉夜倍程奔趁。卽大庾嶺上相見。能禪師怕急。恐畏身命不存。所將袈裟過與慧明。慧明禪師謂曰。我本來不爲袈裟來。大師發遣之日。有命言教。願爲我解說。能禪師具說正法。明禪師聞說心法已。合掌頂禮。遂遣急過嶺。以後大有人來相趁。(21)」

○「六祖能禪師碑銘」

「年若干。事黄梅忍大師。願竭其力。卽安於井臼。素刳其心。獲悟於稊稗。每大師登座。學衆盈庭。中有三乘之根。共聽一音之法。禪師默然受敎。曾不起豫。退省其私。迥超無我。其有猶懷渴鹿之想。尙求飛鳥之跡。香飯未消。弊衣仍覆。皆曰。升堂入室。測海窺天。謂得黄帝之珠。堪受法王之印。大師心知獨得。謙而不鳴。天何言哉。聖與仁豈敢。子曰。賜也。吾與汝不如。臨終遂密授以祖師袈裟。謂之曰。物忌獨賢。人惡出己。豫且死矣。汝其行乎。(22)」

『師資血脈傳』は、二十二歳で弘忍に入門したとし、その時の問答も記す。しかし、この問答の內容は、慧能が宗教的な天才であったことを示すために神會が創作したものと見做すべきである。慧能は、その後、八箇月間、大衆とともに作務に従事したが、弘忍は慧能が見性していることを確認すると、付囑を行い、他の弟子の嫉妬を畏れ、自ら慧能を九江まで送り、竊かに嶺南に去らせたという。その後、大衆が後を追い、大庾嶺で追いついた慧明に對して慧能は法を説いたとされる。これらの多くも、慧能の「頓悟」が際だったものであったことを示す意圖が感じられ、多くは創作と見える。

一方、「六祖能禪師碑銘」は、例によって意味が分明ではないが、「願竭其力。卽安於井臼。素刳其心。獲悟於稊稗」というから、慧能が作務に従ったことを認めているのである。しかし、「皆曰。升堂入室。測海窺天。謂得黃帝之珠。堪受法王之印」というのは、弘忍門下で慧能が他の弟子に認められていたというのであろうから、弘忍のみが慧能の能力を認めたという『師資血脈傳』と內容を異にする。更に、弘忍が自分の死が近いことを告げて祖師の袈裟を授けて去らせたというのは、明らかに『師資血脈傳』と矛盾している。

c　隱遁と出世

○「六祖能禪師碑銘」

「禪師遂懷寶迷邦。銷聲異域。衆生爲淨土。雜居止於編人。世事是度門。混農商於勞侶。如此積十六載。南海有印宗法師講涅槃經。禪師聽於座下。因問大義。質以眞乘。既不能酬。翻從請益。乃歎曰。化身菩薩。在此色身。肉眼凡夫。願開慧眼。遂領徒屬。盡詣禪居。奉爲挂衣。親自削髮。於是大興法雨。普灑客塵。(23)」

「六祖能禪師碑銘」は、得法の後、慧能が十六年に亙って農民や商人とともに勞働に従事したとする。そして、その後、南海郡（廣東省）で印宗法師によって見出され、出家を遂げたという。『師資血脈傳』には、このような隱遁と出世に關する記載は全く見られない。

d　曹溪での布教

○『師資血脈傳』

「能禪師過嶺至韶州居漕溪。來住四十年。師開佛知見。四方道俗雲奔雨至。猶如月輪處於虛空。頓照一切色像。亦如秋十五夜月。一切衆生莫不瞻覩。(24)」

○「六祖能禪師碑銘」

「旣而道德遍覆。名聲普聞。泉館卉服之人。去聖歷劫。塗身穿耳之國。航海窮年。皆願拭目於龍象之姿。忘身於鯨鯢之口。駢立於戶外。趺坐於牀前。林是栴檀。更無雜樹。花惟薝蔔。不嗅餘香。皆以實歸。多離妄執。(25)」

『師資血脈傳』も「六祖能禪師碑銘」も、名聲が高まって多くの人が慧能のもとを訪れ、その教導に從ったとする。『師資血脈傳』は、曹溪での布教期間を「四十年」とし、四方から集った道俗に佛知見を開かせたとするが、これはもとより概數を擧げたものであろう。なお、現行本の『師資血脈傳』では、布教に際して、『金剛經』を用いたとするが、これが後世の改變であることは本書第二章第2節「現行本『師資血脈傳』の改換箇所と原形の推定」で論じた通りである。

e　皇帝からの敕召と崇拜

○「六祖能禪師碑銘」

「九重延想。萬里馳誠。思布髮以奉迎。願叉手而作禮。則天太后孝和皇帝竝敕書勸諭。徵赴京城。禪師子牟之心。敢忘鳳闕。遠公之足。不過虎溪。固以此辭。竟不奉詔。遂送百衲袈裟及錢帛等供養。天王厚禮。獻玉衣於幻人。女后宿因。施金錢於化佛。尙德貴物。異代同符。(26)」

「六祖能禪師碑銘」によれば、則天武后と中宗が敕書を遣わして都に來るよう諭したが、慧能は頑として應じなかった。そこで、百衲の袈裟と錢帛等を送って供養したという。一方の『師資血脈傳』には、これに相當する記述は見られない。

f　入滅

○『師資血脈傳』

「至景雲二年。忽命弟子玄楷智本。遣於新州龍山故宅建塔一所。至先天元年九月。從漕溪歸至新州。至先天二年八月三日。忽告門徒曰。吾當大行矣。弟子僧法海問曰。和上。以後有相承者否。有此衣何故不傳。和上謂曰。

汝今莫問。以後難起極盛。我緣此袈裟幾失身命。汝欲得知時。我滅度後二十年外。豎立宗者卽是。其夜奄然坐化。大師春秋七十有六。是日山崩地動。日月無光。風雲失色。林木變白。別有異香氳氳。經停數日。漕溪溝澗斷流。泉池枯竭。經餘三日。其年於新州國恩寺迎和上神座。十一月葬於漕溪。是日百鳥悲鳴。蟲獸哮吼。其龍龕前有白光出現。直上衝天。三日始前頭散。殿中丞韋據造碑文。至開元七年被人磨改。別造文報鐫。略敍六代師資相授及傳袈裟所由。其碑今見在漕溪。[27]」

○「六祖能禪師碑銘」

「至某載月日。忽謂門人曰。吾將行矣。俄而異香滿室。白虹屬地。飯食訖而敷坐。沐浴畢而更衣。彈指不留。水流燈滔。金身永謝。薪盡火滅。山崩川竭。鳥哭猿啼。諸人唱言。人無眼目。列郡慟哭。世且空虛。某月日。遷神於曹溪。安坐於某所。擇吉祥之地。不待青烏。變功德之林。皆成白鶴。[28]」

『師資血脈傳』に據れば、景雲二年（七一一）に、弟子の玄楷と智本に新州の舊宅に塔を建てさせ、先天元年（七一二）の九月に曹溪から新州へと移った。そして翌二年八月三日、弟子たちに自らの死を告げ、後繼者と傳衣を止める理由を問う法海に對して、傳衣を授けられた者の身體に危險が及ぶことを避けるために傳衣を止めると述べたうえで、「滑臺の宗論」における神會の活躍を豫言して、その夜、七十六歳で坐化した。遺體は新州國恩寺に迎えられたが、十一月に曹溪に葬られ、殿中丞の韋據が碑文を造った。しかし、その碑文は開元七年（七一九）に削られ、別の文が彫りつけられたため、現在の碑文には、慧能を六祖とする記述や袈裟の由來については何も書かれていないという。

『師資血脈傳』は、入滅に際して、慧能と法海との間で交わされた問答を載せるが、その內容は全て神會を慧能の後繼者とし、その主張を正當化するもので神會の創作であることは明らかである。また、入滅や葬儀にあたって種々の神異が見られたとするが、これは偉人の傳記を書く場合の常套手段であるから、特に取り上げる必要もなかろう。

更に言えば、上記のように『師資血脈傳』では、慧能が新州の故宅に塔を立てさせた弟子を「玄楷智本」とし、慧能の懸記を引き出す筆頭弟子の地位を「法海」に與えているが、『歴代法寶記』の相當する部分では、前者を「玄楷」一人とし、後者を「曹溪僧玄楷智海」とし、「法海」という僧そのものが出てこない。「法海」は敦煌本『六祖壇經』では、『六祖壇經』を編輯し、その傳授を始めた人とされているから、この設定のためには一番弟子でなくてはならなかったはずで、『六祖壇經』が後世の僞撰であり、その傳授も假託と見ざるを得ない以上、『歴代法寶記』の方が原型で、「法海」そのものが「智海」という僧名から考案された架空の人物であった可能性が強い。

一方、「六祖能禪師碑銘」は、具體的な日時を缺くが、慧能が入寂に先立って、弟子らに自らの死を告げたこと、餘所で入寂して遺體が曹溪に運ばれたこと等、『師資血脈傳』と符合する內容となっている。

第3節　神會が想定していた慧能傳

以上によって、二種の根本資料の內容と相違點は、ほぼ明らかになったと思われる。これらの記述の中で、兩者に矛盾がなく、かつ、神會の意圖的な改變を窺わせる點のないものについては、基本的には史實と認めてよいはずである。いま、それらを列擧すれば、以下のごとくである。

Ⅰ-1　貞觀十二年（六三八）、新州（廣東省雲浮市）に生まれる。俗姓は盧。一歳。
Ⅰ-2　黄梅（湖北省黄岡市）の東山に赴いて弘忍の弟子となり、大衆とともに作務に勵んだ。
Ⅰ-3　曹溪（廣東省韶關市）での布敎によって名聲が高まり、遠方から入門するものも多かった。
Ⅰ-4　景雲二年（七一一）、弟子の玄楷と智本に、新州（廣東省雲浮市）の舊宅に塔を建てさせた。七十四歳。
Ⅰ-5　先天元年（七一二）九月、曹溪から新州に移った。七十五歳。
Ⅰ-6　先天二年（七一三）八月三日に入寂した。七十六歳。
Ⅰ-7　先天二年八月六日、新州の國恩寺に神座を迎えた。
Ⅰ-8　先天二年十一月、曹溪に葬った。

これらについては、史實であるとともに、神會もそれをそのまま認めていたと考えてよい。これに對して、『師資血脈傳』のみに見られるものとして、次のごときを擧げることができる。

Ⅱ-1　二十二歳で弘忍に師事した（上記の生歿年代に從えば、その年は顯慶四年（六五九）となる）。
Ⅱ-2　八箇月間、人知れず作務に從事した後、弘忍の印可と袈裟を得た。弘忍は大衆の嫉妬を恐れ、自ら慧能を九江（江西省九江市）まで送り、竊かに嶺南へと去らせた。
Ⅱ-3　慧能が去って三日後に弘忍は大衆に對して、佛法は嶺南へと去ったと告げたが、それを聞いた弟子の中で、いち早く法如が慧能の得法に氣づいた。
Ⅱ-4　大衆は慧能の後を追い、先ず慧明が大庾嶺で追いついたが、慧能の說法を聞いて心服し、他の者が來る前に慧能を去らせた。
Ⅱ-5　曹溪では「佛知見」を開くよう指導し、多くの僧俗の弟子が集まった。
Ⅱ-6　曹溪での布敎期間は四十年前後に及んだ。
Ⅱ-7　入寂に先立ち、後繼者と傳衣を止める理由を問う法海（元來は、玄楷と智海の二人であった可能性が強い）に對して、傳衣を授けられた者の身體に危険が及ぶことを避けるために傳衣を止めると述べたうえで、「滑臺の宗論」における神會の活躍を豫言した。
Ⅱ-8　韋據が碑文を撰述したが、開元七年（七一九）になって、その碑文が削られて別の文が彫りつけられ、慧能を「六祖」とする記述や袈裟の由來に關する記述が失われた。

これらのうち、Ⅱ-5で用いられる「開佛知見」という言葉は、神會が『傳法寶紀』から取り入れたもので、慧能自身がそうした言葉を用いたとは考えにくい。Ⅱ-2は、明らかに、慧能の「頓悟」と、弘忍との親密な關係を强調しようとする意圖に基づいて創作されたものであり、神會の所爲と見られる。慧能の存在が弘忍門下で全く知られていなかったとされるのは、恐らくは、神會の時代、慧能が兩京で神秀ほどには知られていなかったという事實を投影したものに他なるまい。

Ⅱ-3とⅡ-4は、本書第三章第2節「『師資血脈傳』「慧能傳」に見る神會の思想」で論じたように、弘忍門下で慧能と同學であった法如と慧明に對する感情を投影したものと見られるから、明らかに神會の創作である。

Ⅱ-7についても、先天二年（七一三）の慧能の入滅から二十年後というのは、開元二十年（七三二）の「滑臺の宗論」を指すに違いないから、豫言の形で神會を慧能の後繼者として提示せんとするもので、神會自身による創作に違いない。また、Ⅱ-8が神會の虚誕であり、曹溪の弟子たちが最初に建てた慧能の碑文が武平一撰のものであり、それに神秀を「六代」と認める文言があったことを隱蔽するための策略であったことは、既に論じた通りであるから（第三章第2節「『師資血脈傳』「慧能傳」に見る神會の思想」を參照）、上の七つのうち、史實である可能性が殘るのは、Ⅱ-1とⅡ-6の二つのみとなる。

一方、「六祖能禪師碑銘」のみに見られるものに、以下のごときがある。

Ⅲ-1　弘忍門下において、慧能は他の弟子たちにも一目置かれる存在であった。

Ⅲ-2　弘忍は慧能に袈裟を授けて、人の嫉妬に氣を付けるよう注意し、自らの死が近いことを告げたうえで去らせた。

Ⅲ-3　嶺南に歸着した後、慧能は庶民と生活を共にし、その存在は全く人に知られていなかった。

Ⅲ-4　十六年の隱遁生活の後、南海（廣東省）で『涅槃經』の學者、印宗に見出されて出家を遂げ、布教を開始した。

Ⅲ-5　武則天・中宗から敕召があったが、赴かなかったので、皇帝は袈裟や錢帛を贈って供養した。

このうち、Ⅲ-1は、弘忍門下において慧能が全く注目されていなかったとする『師資血脈傳』の說と明確に矛盾する。また、Ⅲ-2～Ⅲ-4は、相互に關聯する內容を持ち、一連のものと見做しうるが、ここにも『師資血脈傳』との矛盾が存在する。

先ず、後者から考えてみよう。神會の系統では、弘忍の入寂は上元二年（六七五）と見做されていたから、「六祖能禪師碑銘」が述べるように、弘忍の入滅の直前に慧能が得法したとすれば、それは、當然、得法はその年のこととなり（時に慧能、三十八歳）、その後、十六年に亙って隱遁生活をしたとすれば、それは、上元二年（六七五）から天授二年（六九一）にかけてのこととなり（三十八歳から五十四歳）、曹溪での布教期間は、天授二年以降の二十二年前後となる。

これに對して、『師資血脈傳』では、慧能の弘忍への入門を二十二歳の時とするから、顯慶四年（六五九）のこととなり、その後、八箇月して弘忍の印可を得たとすれば、それは翌顯慶五年（六八〇）のことと考えられていたであろう。一方、曹溪での布教期間が四十年に及んだとすれば、咸亨三年（六七二）、三十五歳の頃には曹溪での布教を開始していたことになり、顯慶五年から咸亨三年に至る十二年間の慧能の動静は不明となる。

このように、兩者の內容は全く異なっているが、では、どうしてこのような相違が生じたのであろうか。實は、この問題を解く鍵を『歷代法寶記』の記述の中に見出すことができるのである。

『歷代法寶記』には、慧能の傳記を述べて次のように言っている。

「忽有新州人。俗姓盧。名惠能。年二十二。禮拜忍大師。忍大師問。汝從何來。有何事意。惠能答言。從嶺南來。亦無事意。唯求作佛。大師知是非常人。也大師緣左右人多。汝能隨衆作務否。惠能答。身命不惜。何但作務。遂隨衆踏碓八箇月。大師知惠能根機純熟。遂默喚付法。及與所傳信袈裟。卽令出境。後惠能恐畏人識。常隱在山林。或在新州。或在韶州。十七年在俗。亦不說法。後至南海制止寺。遇印宗法師講涅槃經。惠能亦在坐下。……法師下高座。迎惠能就房。子細借問。惠能一一具說東山佛法。及有付囑信袈裟。印宗法師見已。頭面禮足。歎言。何期座下有大菩薩。語已又頂禮。請惠能爲和上。印宗法師自稱弟子。卽與惠能禪師。剃髮被衣已。[29]」

この記述と『師資血脈傳』との間に共通點が多く認められるのは、『歴代法寶記』が古形の『師資血脈傳』に基づいているからである。しかし、よく見ると大きな違いがあることに氣づく。卽ち、ここでは、二十二歳での參問という『師資血脈傳』の說、印宗による出家と十六年間の隱遁という「六祖能禪師碑銘」の說を共に認めつつ、二十二歳で參問して八箇月後に法を得た後に、十六年の隱遁と印宗による出家を置いているのである。もっとも、『歴代法寶記』は、隱遁期間を「十七年」とするなど、多少の相違を見せているが、『圓覺經大疏鈔』巻三之下の「慧能第六」や柳宗元（七七三～八一九）撰「曹溪第六祖賜諡大鑒禪師碑幷序」（八一七年。以下、「大鑒禪師碑」と略稱）においても、

「在始興南海二部。得來十六年。竟未開法。」（『圓覺經大疏鈔』[30]）

「遁隱南海上。人無聞知。又十六年。度其可行。」（「大鑒禪師碑」[31]）

とされているから、「十七年」は『歴代法寶記』の改變と見てよいであろう。

この考えに從えば、顯慶五年（六六〇）、二十三歳の時から、儀鳳元年（六七六）、三十九歳に至る十六年間が隱

遁期間となり、儀鳳元年以降の三十七年間が曹溪での布教期間となる。『圓覺經大疏鈔』巻三之下の「慧能第六」には、

「能大師說法三十七年。年七十六。先天二年八月三日滅度。[32]」

とする記述があるが、ここにいう「三十七年」とは、正しくこれに當たるのである。「六祖能禪師碑銘」が「四十年」とするのには合致しないが、概數を擧げたと見れば矛盾とまでは言えないであろう。

このように、この說は極めて整合的なものであるうえに、「六祖能禪師碑銘」や『師資血脈傳』は、それぞれ、この一部を傳えたものと見做しうるのである。[33]恐らく、これこそが神會が當初考えていた「慧能傳」なのである。ところが、「六祖能禪師碑銘」は、この元來の「慧能傳」にない要素を導入したがゆえに、その整合性が崩れてしまった。卽ち、慧能が弘忍の臨終の直前に得法したとする、いわゆる「臨終密授說」の導入である。

この說さえ採らなければ、慧能の傳記の年代論に大きな矛盾は生じなかったはずなのであるが、それにも拘わらず、なぜ「六祖能禪師碑銘」は、敢えてこれを採用したのであろうか。思うに、慧能が弘忍の後繼者であることを明示するには、『師資血脈傳』のように、弘忍の入滅の翌年に印宗によって見出されて祖師の位を引き繼いだとするよりも、師の臨終の際に付囑を受けたとした方が單刀直入かつ效果的であったためであろう。そこで神會は、王維に碑銘の撰述を委囑するに際して、この新たな說を提示し、王維はそれに沿って碑銘を撰述したのである。

慧能が弘忍門下で人望を集めていたとする「六祖能禪師碑銘」の記述についても、これと同樣に考えうるのではないだろうか。『師資血脈傳』では、弘忍門下で全く無名であった慧能が付囑を得たために大衆がその法と袈裟を

奪いに追いかけたとされる。これでは、慧能以外の弘忍の弟子は、精神的に極めて卑しい人ばかりであったことになってしまう。王維がそのような説をそのまま受け入れるとは考えにくい。そのような記述をするよりも、弘忍のもとで既に頭角を現していたとした方が、慧能を顯彰するうえで遙かに分かりやすかったのではなかろうか。つまり、「六祖能禪師碑銘」にみられる『師資血脈傳』との矛盾點は、王維に碑銘の撰述を賴むための便宜として改められたものと見てよいのである。だとすれば、神會が想定していた慧能傳の骨子は、次のようなものであったと考えることができる。

Ⅳ－1　貞觀十二年（六三八）、新州（廣東省雲浮市）に生まれる。俗姓は盧。一歲。
Ⅳ－2　顯慶四年（六五九）、黃梅（湖北省黃岡市）の東山に赴いて弘忍の弟子となり、大衆とともに作務に勵んだ。二十二歲。
Ⅳ－3　顯慶五年（六六〇）、入門から八箇月後、弘忍の印可と袈裟を得た。弘忍は大衆の嫉妬を恐れ、自ら慧能を九江まで送り、竊かに嶺南に去らせた。二十三歲。
Ⅳ－4　弟子の中で、いち早く法如が慧能の得法に氣づき、大衆が慧能の後を追った。その中で先ず慧明が大庾嶺で追いついたが、慧能の說法を聞いて心服し、慧能を去らせた。二十三歲。
Ⅳ－5　嶺南に歸着しても、十六年間は隱遁生活を送り、全く知られていなかった。二十三歲～三十九歲。
Ⅳ－6　儀鳳元年（六七六）、南海（廣東省）で『涅槃經』の學者、印宗に見出されて出家を遂げ、布教を開始した。三十九歲。
Ⅳ－7　曹溪（廣東省韶關市）での布教によって名聲が高まり、遠方から入門するものも多かった。

Ⅳ-8　武則天・中宗から敕召があったが、赴かなかったので、皇帝は袈裟や錢帛を送って供養した。七十四歳。
Ⅳ-9　景雲二年（七一一）、弟子の玄楷と智本に、新州の舊宅に塔を建てさせた。七十五歳。
Ⅳ-10　先天元年（七一二）九月、曹溪から新州に移った。七十五歳。
Ⅳ-11　入寂の當日、後繼者と傳衣を止める理由を問う法海（元來は、玄楷と智海の二人であった可能性が強い）に對して、傳衣を授けられた者の身體に危險が及ぶことを避けるために傳衣を止めると述べたうえで、「滑臺の宗論」における神會の活躍を豫言した。七十六歳。
Ⅳ-12　先天二年（七一三）八月三日、入寂。七十六歳。
Ⅳ-13　曹溪での布教期間は三十七年に及んだ。三十九歳〜七十六歳。
Ⅳ-14　先天二年八月六日、新州の國恩寺に神座を迎えた。
Ⅳ-15　先天二年十一月、曹溪に葬った。
Ⅳ-16　韋據が碑文を撰述したが、開元七年（七一九）になって、その碑文が削られて別の文が彫りつけられ、慧能を「六祖」とする記述や袈裟の由來等に關する記述が失われた。

第4節　神會による改變と史實としての慧能傳

既に檢討したように、上に掲げた「慧能傳」には問題とすべき點が多い。具體的に言えば、Ⅳ-3、Ⅳ-4、Ⅳ-11、Ⅳ-16は明らかに神會の創作である。これに對して、Ⅳ-1、Ⅳ-2、Ⅳ-7、Ⅳ-9、Ⅳ-10、Ⅳ-12、Ⅳ-14、Ⅳ-15については、二つの根本資料の間で矛盾する點がなく、しかも何らの作爲性も感じられないから、そのまま史實と認めてよいであろう。

問題は殘るⅣ-5、Ⅳ-6、Ⅳ-8、Ⅳ-13の四つである。このうち、Ⅳ-5、Ⅳ-6、Ⅳ-13の三つは相互に密接な關係にある。卽ち、Ⅳ-5、Ⅳ-6に說くように、二十三歲で嶺南に歸著した後、十六年にして印宗に見出されて布敎を開始したとすると、それから慧能の入寂までは、必然的に、Ⅳ-13の說くように三十七年となるのである。從って、ここでその史實性を確認すべきは、次の二點であることになる。

A　嶺南に歸った後、十六年間隱遁生活を送り、印宗に見出されて布敎を開始した（Ⅳ-5、Ⅳ-6、Ⅳ-13）。

B　武則天・中宗から敕召があったが、赴かなかったので、皇帝は袈裟や錢帛を送って供養した（Ⅳ-8）。

これらは、二つの根本資料のうち、成立の新しい「六祖能禪師碑銘」にしか載せられていないうえに、Aは、十六年の隱遁生活という、常識では考えられないような內容を含み、Bは、明らかに慧能を顯彰する內容となっており、神會の意向に沿うものであるために、容易には信じがたいのである。その史實性が嚴しく問われなくてはならない所以である。

先ず、Aから檢討しなくてはならないが、これについては旣に拙稿で私見を明らかにしたので[34]、ここではその概要を紹介するに止めよう。

私見に據れば、この說は全て神會の創作であり、こうした說が唱えられた經緯は、およそ以下のごとくである。

1　神會が東山法門の主宰者である「祖師」としての地位が五祖弘忍から六祖慧能に委讓されたということを

明示するために、慧能の出世を弘忍の入滅（神會はそれを上元二年〈六七五〉と考えていた）の翌年の儀鳳元年（六七六）、三十九歳の時に置いた。

2　一方で、慧能が宗教的な天才であることを示そうとする意圖から、弘忍に入門した後、わずか八箇月で悟りを開き、弘忍の印可を得たとした。

3　慧能が弘忍の弟子となったのは、顯慶四年（六五九）、二十二歳の時のことであるから、その次の年に印可を得たとしても、それから出世を遂げる儀鳳元年までは、十六年間もの空白期間があることになる。そこで、やむなく、この間を曹溪で人知れず修行していた隱遁の時期とした。

4　ところが、一方で、儀鳳元年には、それまで全く知られていなかった慧能が華々しく世間に登場する必要があった。そこで、その契機として、南方で活躍し、中原でも名聲が知られていた印宗を持ち出し[35]、偶然、彼によって見出されたという形にした。

つまり、私見に據れば、こうした說が立てられざるを得なかったのは、

①　史實に基づく「二十二歳參問」
②　思想的要請に基づく慧能の「頓悟」
③　宗教的要請に基づく「弘忍の入滅の次年の出世」

という三つの要素間の調整のためであったのである。

數年間ならばともかく、十六年もの間、隱遁生活を送ったというのは、いかにもありそうもない話である。もし、その間に慧能の身に何かあったら、傳法は途絶えてしまうではないか。これをもっと自然なものにしようとするのであれば、參問の時期を後にずらせばよいのであるが、それを敢えてしなかったのは、二十二歳參問説が史實に基づくものであったために、容易には改めにくかったためであろう。

慧能の頓悟と儀鳳元年出世がいずれも史實でないとすると、二十二歳で弘忍に參じた慧能は、いつ頃まで東山で修行を積み、いつ頃から曹溪で布敎を開始したのであろうか。これについては不明というほかないが、他の弟子の修行期間を見ると、神秀は六年間、法如は十六年間とばらつきがあるもの[36]、弘忍の入寂まで從った法如の例はむしろ例外と見るべきであろうから、數年から十年程度の修行の後、師の印可を得て、故鄕に歸ったのであろう。とすれば、顯慶四年（六五九）、二十二歳の時に弘忍の門下に投じたのであれば、乾封二年（六六七）、三十歳前後に曹溪に歸ったと見て大過ないはずである。

神秀や法如の場合では、得法後、どこかの寺に入り、他の寺僧と生活を共にする中で、次第に頭角を露し、その力量が認められて世に出るという經過を辿っているが、法如の例では、その期間は三年であった。慧能の場合も、ほぼ同樣であったとすると、三十代半ばには人々に知られるようになり、出家を遂げて布敎を開始したということになろう。

こうした想定が史實と大きく違わないとすると、『師資血脈傳』の「能禪師過嶺至韶州居漕溪。來住四十年」という記述に重大な意味を見出すことができるであろう。というのは、三十代半ば以降、曹溪で布敎を行ったとすれば、それから入寂までは、ほぼ四十年となるからである。だとすると、この「四十年」という數は、實は、神會が慧能の傳記を再構成する以前の史實をそのまま傳えるものなのではないかと疑われるのである。

次にBについて考えてみよう。この話は慧能を權威付けるのに非常に都合がよいものであるため、多くの學者がこれを神會の創作ではないかと疑っている。例えば、柳田聖山は、次のように述べている。

「入內した神秀・慧安が、則天武后に慧能を推薦したり、敕使が曹溪に遣わされるなどということはなかったと思われる。それらはすべて後章に考えるように、何らかの意圖による附會の說である。(37)」

これに對して、印順は、敕召の時期は問題であるが、敕召があったという事實自體は疑う必要がないとして、

「後の『歷代法寶記』や『曹溪大師傳』も、王維と同じ說を傳えている。年月には相違が見られ、どれが正しいかは決めかねるが、帝室が屈請し、供養したという事實については、實質的な違いはない。（中略）王維の『能禪師碑』によると、當時、則天と中宗（孝和皇帝）の二人に招聘されたと言われていたようである。あるいは、これが、『歷代法寶記』が長壽元年と景龍元年の二回に亙って六祖を招こうとしたという理由なのかも知れない。年月については、異說紛紛たる狀態で、決定のしようがないし、『別傳』の傳える、「招聘の敕命」や、慧能の「病のため辭する表」、「磨衲袈裟を下賜する敕書」等の表現には、潤飾の迹が認められるのであるが、その事實については、王維の碑銘がはっきり述べているので、虛構と見ることはできないのである。(38)」

と論じ、また、陳盛港も、これを承けてか、次のように論じて史實と見ている。

「「敕書勸諭」是否眞有其事？　禪史學者有不同意見、然僅就碑銘均得呈上審査的角度來看、在文字使用不當都可罹罪的情況下、若非眞有其事、神會授意造假竝擅用前皇帝及太后之敕爲由、表徵其師惠能有此榮耀之可能性不大。以撰此碑銘的王維爲例、他於安祿山叛變、長安陷落時被俘。七五七年釋放後、有謂因其被囚於菩提寺時曾作〈凝碧池〉詩一首、由於詩意有表達百姓對國破家亡之傷與百官不能朝拜天子之悲、方得倖免於通敵壬官之罪。可知在當時帝制環境下、文字使用之恰當與否都已攸關個人身家性命、惶論任意擅用皇室之名。(39)」

碑文が審査されたという説は信じがたいが、確かに、帝室に關する事柄に關して、そう輕々しく虚誕を述べることができたとは思えない。しかも、神秀や慧安の傳記を考える時、彼らが慧能を皇帝に薦めたということはあり得ないことではないのである。卽ち、別に論じたように、慧安は、久視元年（七〇〇）に、いったん「帝師」としての地位を神秀に讓ったが、神秀の體調が思わしくなくなった神龍元年（七〇五）以降、しばしば入内を求める敕召があり、翌神龍二年に再度の入内を果たしている(40)。しかし、慧安は神秀に劣らず高齢であり、神秀の代わりを求めるのであれば、慧能こそがふさわしかったはずである。神秀や慧安は、弘忍のもとで慧能と面識があったのであるから(41)、彼らが兄弟弟子として慧能の名前を擧げたということは、むしろ十分にあり得ることなのである。そして、實際のところ、『曹溪大師傳』や『圓覺經大疏鈔』卷三之下の「慧能第六」には、

「至神龍元年正月十五日。敕迎大師入內。表辭不去。」（『曹溪大師傳』(42)）

「神龍元年。敕請不入。兩度敕書云云。」（『圓覺經大疏鈔』(43)）

と、慧能に對して敕召が出されたのが神龍元年であることを明示する記述が見られるのである。從って、この年に、先ず慧能に對して再三入内を求める詔敕が出されたにも拘わらず、頑として應じなかったために、やむなく慧安が再び入内せざるをえなくなったというのは不自然ではない。

「六祖能禪師碑銘」は、慧能が敕召に應じなかったので、袈裟や錢帛を送って供養したと說く。『曹溪大師傳』が神龍三年（七〇七）四月二日付の高宗（時代的には、當然、中宗でなくてはならない）の敕命を掲げて、磨衲の袈裟一領と絹五百疋を賜ったとするのは、これに對應するがごとくであるが、ただ、その時期が二年後となっており、符合しない。『曹溪大師傳』は、更に、同じ年に慧能の住していた寺（『曹溪大師傳』は、これを「韶州曲縣南五十里曹溪村故寶林寺」とする）を敕命で修復し、「法泉寺」の額を賜ったとして、

「又神龍三年十一月十八日。敕下韶州百姓。可修大師中興寺佛殿及大師經坊。賜額爲法泉寺。[44]」

と述べているが、この記述は、既に指摘されているように[45]、淡海三船（七二二〜七八五）撰『唐大和上東征傳』（七七九年）に、海南島に漂著した鑑眞（六八八〜七六三）が、歸途、韶州を訪れた際のこととして、

「發向韶州。傾城送遠。乘江七百餘里。至韶州禪居寺。留住三日。韶州官人又送引入法泉寺。乃是則天爲慧能禪師造寺也。禪師影像今現在。[46]」

と述べるのとよく符合する。もっとも、慧能の住寺を整備して法泉寺としたのが神龍三年であったとすれば、それ

を行ったのは中宗のはずであるが、時代が降ると、則天武后と結びつけられるようになり、鑒眞がここを訪れた天寶九載（七五〇）には、このように言われるようになっていたのであろう。

『曹溪大師傳』の記載には信じがたい點も多く、上の敕命も本物かどうか極めて疑わしいが、『唐大和上東征傳』の撰述が『曹溪大師傳』以前であることを考えると、神龍三年に皇帝が慧能に對して種々の供養を行ったということ自體は史實として認めてよいであろう。しかし、それが二年も前の神龍元年の詔敕に關わるものだというのはありそうもないことである。上に掲げた『圓覺經大疏鈔』卷三之下の文に「兩度敕書云云」とあり、また、柳宗元（七七三〜八一九）撰の「曹溪第六祖賜謚大鑒禪師碑幷序」（八一五年、以下、「大鑒禪師碑」と略稱）にも、

「中宗聞名。使幸臣再徵。不能致。取其言以爲心術。其說具在。今布天下。[47]」

と記されていることを考えると、恐らく、慧能への敕召は一度ではなく、神龍三年にもあったが、再び斷ったために、こうした供養が行われたのであろう。[48]つまり、「六祖能禪師碑銘」の記述は、二度あった敕召を一括して表現したものと考えるべきなのである。

ここで注目すべきは、その時期である。慧安は景龍二年（七〇八）の二月三日に入寂したから、この神龍三年はその直前に當たっている。慧安も大變な高齢であったから、神秀と同樣、前年のうちから體調の不調を訴えていたということは十分にあり得ることである。從って、中宗は、この時期、慧安に代わる人物を必要としていたはずであり、神秀の入寂の際と同樣、慧能に再び白羽の矢が立ったとしてもおかしくはない。このように考えると、『曹溪大師傳』の說く神龍三年という時期は十分な信憑性を持つように思われる。

以上で論じたように、慧能が皇帝からかなりの厚遇を得ていたことは間違いないものと思われる。神會の活動に先立って成立した『楞伽師資記』が慧能を「十大弟子」の一人に數えているのはそのためであろうし、その一方で、法如とともに慧能を「此竝堪爲人師。但一方人物」とする弘忍の批評を掲げて二人への對抗意識を燃やすのも、これが理由であろう。しかし、もしそうであるなら、どうして神會は『師資血脈傳』や『定是非論』に、このことを書かなかったのであろうか。

『定是非論』には、次のような一節がある。

「遠法師問。秀禪師爲兩京法主。三帝門師。何故不許充爲六代。和上答。從達摩已下至能和上。六代大師。無有一人爲帝師者。」(49)

確かに、達摩を初め、慧可、僧璨、道信、弘忍といった歷代祖師たちは、いずれも山林佛教の傳統を重んじ、自らの存在を中央にアピールしようなどとは考えたこともない人々であった。その點で、神秀や普寂の行動は明らかに東山法門の傳統に反するものである。しかし、慧能は敕召に應じず、帝師にならなかったのであるから、むしろ大いに名譽ある行爲であったことになろう。從って、もしそうした事實があったのであれば、當然、神會もそれを强調したはずではないのか。

しかし、もし敕召に言及すれば、それが神秀の代役としてのものであったことが明らかとなり、慧能は自ずと神秀の後塵を拜さざるをえなくなったであろう。思うに、神會は、そうした考えから言及を避けたのである。ただ、この事實は、一般の人々に對しては、慧能を顯彰するのに非常に効果的なものであったから、王維に對しては、このことを敢えて告げたのであろう。つまり、これも王維に碑文の撰述を頼む際の配慮と見てよいのである。

しかし、先の『曹溪大師傳』や『圓覺經大疏鈔』巻三之下の文から知られるように、その後、慧能系の人々は、慧能の權威付けのために、この事實を積極的に擧揚するようになった。『歴代法寶記』が二度の敕召と慧能の拒絶に觸れているのも、これを證するものと言えるし（ただし、その內容は他と大いに異なる）[50]、『歴代法寶記』の道信や弘忍の傳記に、

「貞觀十七年。文武皇帝敕使於雙峰山。請信禪師入內。信禪師辭老不去。敕使迴見帝。奏云。信禪師辭老不來。敕又遣再請。使至信禪師處。使云。奉敕遣請禪師。禪師苦辭老不去。語使云。若欲得我頭。任斬將。我終不去。使迴見帝。奏云。須頭任斬將去。心終不去。敕又遣使封刀。來取禪師頭。敕云。莫損和上。使至和上處云。奉敕取和上頭。禪師去不去。和上云。我終不去。使云。奉敕云。若禪師不來。斬頭將來。信大師引頭云。斬去。使返刀一頃。信大師喝言。何不斬。更待何時。使云。奉敕不許損和上。信禪師大笑曰。教汝知有人處。」（「道信傳」[51]）

「顯慶五年。大帝敕使黃梅馮茂山。請忍大師。大師不赴所請。又敕使再請。不來。敕賜衣藥。就馮茂山供養。」（「弘忍傳」[52]）

と、皇帝による敕召とそれを拒んだ話が付け加えられているのも、慧能の行爲が東山法門の傳統に沿うものであると主張せんとする意圖に出たものであろう。

第5節　慧能傳に關する二、三の問題

以上、神會自身が撰述した『師資血脈傳』の「慧能傳」、ならびに神會の依頼によって王維が撰述した「六祖能禪師碑銘」に基づきつつ、神會の加えた虚僞を取り除くことで、慧能の本來の傳記を探ってきた。以上で、ほぼ本章の目的は果たし得たと言えるが、慧能の傳記に關しては、外にいくつかの問題が殘されているので、それについて論じておこう。

a　布教を行った寺院について

二種の根本資料には、慧能が韶州の曹溪に住したというのみで、その寺院の名前については言及するところがない。ただ、先に引いた『曹溪大師傳』の文章によると、神龍三年（七〇七）に敕命で韶州の百姓に「大師中興寺」を整備させ「法泉寺」という額を賜ったとされており、『唐大和上東征傳』の記載もこれを裏付けるから、少なくとも神龍三年以降、この寺が「法泉寺」と呼ばれたことは間違いないであろう。從って、敦煌本『六祖壇經』の末尾には、

「此壇經法海上座集。上座無常。付同學道際。道際無常。付門人悟眞。悟眞在嶺南漕溪山法興寺。現今傳授此法。[53]」

という附記があるが、ここにいう「法興寺」の「興」も、字形の類似による「泉」の誤りと見做すべきである。『曹溪大師傳』は、「法泉寺」と改める以前の寺を「大師中興寺」と呼ぶが、その名稱が「中興寺」であったというのか、あるいは單に「大師が中興した寺」の意味であるか明らかでない。「中興寺觀」は、神龍元年（七〇五）に定められたとされるから、[54]時期的によく合致する。しかも、先に見たように、慧能は皇帝に招かれるほど高名であったのであるから、「中興寺」に選ばれるような大寺の住持であったというのも必ずしも不可解ではない。従って、前者の意味に取るべきであろう。

『曹溪大師傳』は、更にその寺が梁代に智藥三藏が開いた「寶林寺」の故地であると、その由緒を強調するが、「寶林寺」という名稱は他の史料には全く見えないものであるから、恐らくは『曹溪大師傳』の創作に過ぎないであろう。

『曹溪大師傳』の冒頭には、その具題が、

「唐韶州曹溪寶林山國寧寺六祖惠能大師傳法宗旨竝高宗大帝敕書兼賜物改寺額及大師印可門人竝滅度時六種瑞相及智藥三藏懸記等傳。[55]」

と記されているから、『曹溪大師傳』が書かれた當時は、この寺の名稱が「寶林山國寧寺」と改められていたようである。『曹溪大師傳』の成立時期は、建中二年（七八一）を一應の目途とすることができるから、鑒眞がここを訪れた天寶九載（七五〇）以降、建中二年までのある時期に、この改名が行われたことが知られる。更に、敦煌本『六祖壇經』の成立が筆者の推定するように、七六五～七七〇年頃のことであれば、この改名は、『曹溪大師傳』の成立をそれほど遡るものではなかったであろう。

法泉寺（國寧寺）以外で、慧能が布教を行ったとされる寺としては、同じ韶州の大梵寺を擧げることができる。即ち、敦煌本『六祖壇經』の正式名稱が、

「南宗頓敎最上大乘摩訶般若波羅蜜經六祖慧能大師於韶州大梵寺施法壇經[56]」

であるように、ここで行った說法の記錄が『六祖壇經』だとされるのであるが、實際には、その最古形である敦煌本『六祖壇經』は神會の弟子の慧堅（七一九〜七九二）が中心となって、七六五〜七七〇年頃に長安で僞撰したものであり[57]、この韶州大梵寺における施法が事實であったとは考えられない。

ただ、同じ韶州の廣果寺については、それが慧能と有緣の寺と見られていたことは、『曹溪大師傳』が慧能の入滅の際の神異を述べるに當たって、

「大師新州亡。廣果寺寺西虹光三道。經於旬日。又寺前城頭莊有虹光經一百日。衆鳥悲鳴。泉水如稠泔汁。不流數日。[58]」

とわざわざ廣果寺に言及していることや、圓珍（八一四〜八九一）の『智證大師請來目錄』（八五八年）に、

「大唐韶州廣果寺悟佛知見故能禪師之碑文一本[59]」

が記載されていることから疑えない。

『唐大和上東征傳』には、法泉寺以外に、廣果寺への言及も認められるが、慧能との關係には言及しない(60)。しかし、いずれにしろ、これによって廣果寺と法泉寺とが別の寺であることは明らかである。恐らく、慧能は常には法泉寺で布教を行っていたが、廣果寺で說法を行ったこともあったのであろう。廣果寺も同じ韶州にあり、また、慧能と密接な關係を持っていたのであるから、大梵寺と廣果寺の間にも何らかの關係があったことは十分に考えられる。

韶州以外で慧能と關係の深い寺としては、慧能が入滅の直前に新州の生家に建てさせた國恩寺がある。『師資血脈傳』は、景雲二年（七一一）に慧能が新州の龍山の故宅に塔を建てさせたといい、慧能滅後の先天二年（七一三）に新州の國恩寺に和上の神座を迎えたというから、その寺の名前が「國恩寺」であることを認めているのである。ほぼ同樣の記述は、敦煌本『六祖壇經』や『曹溪大師傳』にも見えるから、これは事實と認められるが、『師資血脈傳』によると、慧能は先天元年の九月に國恩寺に移り、翌年の八月三日に入滅したのであるから、ここでの布敎は一年にも滿たなかったのである。

このほか、『曹溪大師傳』には、慧能が廣州の法性寺や制旨寺（當時は「龍興寺」と改名されていたという）等でも開法を行ったかのごとく記されているが、これらはいずれも史實とは認めがたい印宗による出世の物語に絡む話であるから、到底、信じることはできない。つまり、慧能の活動は、ほとんど完全に韶州に限られたと言ってよいのである。

b　弟子について

慧能の弟子としては、先ず荷澤神會（六八四～七五八）の名を擧げなくてはならない。ただ、神會の傳記や著作については、既に本書第一章「神會の生涯と著作の概要」で詳しく論じたので、ここでは再論しない。神會以外の慧能の弟子としては、嵩山淨藏（六七五～七四六）、南嶽懷讓（六七七～七四四）、太原自在（生歿年未詳）、范陽の到次山明禪師（生歿年未詳）、東陽玄策（生歿年未詳）、永嘉玄覺（六六五～七一三）等を擧げることができる。なお、後世、南嶽懷讓とともに禪の主流を形成する青原行思（六六〇～七二〇）も慧能の弟子だとされるが、それを確かめる古い記録がなく、ここでは論ずることができない。

淨藏は、その碑銘、撰者未詳「嵩山□□□故大德淨藏禪師身塔銘」によれば(61)、十九歳で出家した後、嵩山の慧安に弟子入りした。その後、久視元年（七〇〇）の慧安の入内に際して曹溪の慧能のもとに移ったが、慧安が荊州玉泉寺に入ると再びそのもとで五年間學んだ（七〇一頃～七〇六）。神龍二年（七〇六）に慧安が再度入内したのを契機に、再び慧能に學んで遂に印可を得た。その後は、北に歸り大雄山に三十年間住して布教の實を擧げ、晩年は嵩山の會善寺の西塔安禪師院に住した。大雄山は不明であるが、後に百丈懷海が住する大雄山（江西省奉新縣）のことであろうか。いずれにせよ、ここに三十年間住んだとすれば、慧能の寂後、間もなく入山したこととなろう。

淨藏が慧能に師事したのは二回であるが、最初は一年にも滿たなかったようであり、實質的には、神龍二年以降と見てよい。ここから慧能の入寂までは七年に過ぎないから、彼もその入寂近くまで從ったのであろう。從って、恐らくは、神會と面識があったものと思われる。

淨藏は慧能の印可を受けたが、終生、慧安への敬慕の念を忘れなかった。恐らく、嵩山で既に長期に亙って師事していたためであろう。慧能に師事したのは、修行上での都合に過ぎなかったようであり、その點からいえば、むしろ慧安の弟子と見做すべきである。

懷讓も、その碑文、張正甫（七五一～八三四）撰「衡州般若寺觀音大師碑幷序」（以下、「觀音大師碑」と略稱）によれば、慧安の入內に際して慧能に投じた一人である。從って、旣に嵩山において淨藏と面識があったであろう。曹溪に移った後の懷讓の行動について、「觀音大師碑」は次のように述べる。

「周法界以冥搜。指曹溪而遐擧。能大師方宏法施。學者如歸。涉其藩閫者十一二焉。躋其室堂者又十一焉。師以後學弱齡。分爲末席。虛中而若無所受。善閉而惟恐有聞。能公異焉。置之座右。會一音吹萬有。衍方寸彌大千。同焉而交暢。異焉而胳合。同授祕印。目爲宗師。[62]」

慧能門下にあっては若輩の部類に屬したが、慧能に一目置かれる存在で、その印可を得たというのであるが、具體的な內容を缺き、いつからいつまで慧能のもとで修行を積んだかは明らかでない。『宋高僧傳』の「唐南嶽觀音臺懷讓傳」も、慧能のもとで修行が完成したと述べるのみであるが、椎名宏雄によって見出された智炬（生歿年未詳）編『大唐韶州雙峯山曹侯溪寶林傳』（八〇一年、以下、『寶林傳』と略稱）の逸文は、次のような詳しい事跡を傳える。

「乃往曹溪。依近能大師。凡經經《（ママ）》一十三歲。至景雲二年辛亥之歲。拜辭大師。南遊羅浮。幷教化鐘銅。至三年二月十六日。再覲大師云云　讓在師左右。復經二載。能事畢矣云云[63]」

景雲三年（七一二）は、慧能が入寂する先天二年（七一三）の前年に當たる。従って、「讓在師左右。復經二載」とはいうものの、實質的には一年半に過ぎなかったことになるし、懷讓は慧能の入寂の際に侍していたことになる。靜・均二禪徳編『祖堂集』（九五二年）も、部分的にこれと一致するが(64)、しかし、『寶林傳』はいったい何に基づいたというのであろうか。景雲二年（七一一）に慧能のもとを辭して羅浮山に遊んだ等という話は、以前の文獻には全く見られなかったものである。特に懷讓が慧能のもとに戻った正確な日付、景雲三年二月十六日をいかにして知り得たというのであろうか。この説が『寶林傳』の勝手な創作に過ぎないことは疑う餘地がなかろう。

一方、道原編『景德傳燈錄』（一〇〇五年、以下、『傳燈錄』と略稱）の「南嶽懷讓章」によると、懷讓は慧能のもとで十五年修行した後に、先天二年に南嶽の般若寺に入ったという(65)。慧能の入寂を契機に曹溪から移ったというのであろうが、これも、「觀音大師碑」に、南嶽に入る前に、武當山で十年過ごしたとして、

「乃陟武當。窮棲十霜。竭來衡嶽。終焉是託。惟般若聖槃。有觀音道場。宴居斯宇。因以爲號(66)。」

というのと矛盾する。慧能のもとで十五年修學したというのは、先の『寶林傳』の説を承けるものであろうから、先天二年に南嶽に入ったというのも、恐らくは、『寶林傳』の虚誕を承けたものに他なるまい。

このように『寶林傳』の説は信ずるに値しないものであるが、懷讓が慧能の入寂まで従ったということ自體は、十分にあり得ることである。慧安の一回目の入内が契機となって懷讓が慧能に參じたとすれば、それは久視元年（七〇〇）頃のこととなるが、それから慧能の入寂までは十三年であるから、若い懷讓としては、そのくらいの修行は、當然、必要であったであろう。

淨藏と懷讓の經歷から見て、必ずや二人は相互に面識があったはずであるし、年齢的にも近かった。しかし、兩者の交流については知られるところはない。淨藏が慧安への強い敬慕を懷き續けたのに對して、懷讓は慧能の弟子に徹したためであろう。

太原自在については、先に引いた『歷代法寶記』の記述以外には、何らの事跡も知られない。ただ、無住（七一四～七七四）の師となったのであるから、荷澤神會とほぼ同世代の人と見てよいかと思われる。

到次山明禪師についても、柳田聖山は、「他に全くデータがなく、いかなる人かわからない」とするが(67)、實際には、慧安等に學んだ智力（六九四～七七四）のために書かれた良說（生歿年未詳）撰「唐北嶽慧炬寺建寺故禪師神道影堂紀德碑幷敍」（以下、「智力禪師紀德碑」と略稱）に、以下のような記述を認めることができる。

「開元八年。始爲嘆惋。念捨榮族。思去豪逸。則魚畏網以深鱗。鳥驚弦而上翼。乃步屣河朔。鑽仰幾猷。聞米梁山有天竺道人。可三百餘歲。不以波泛塗阻。北面師之。諮受本源。琢磨宗向。繁疑頓沃。猶商秋之卷霄。眞性自凝。譬黃金之陶冶。與到次山明禪師俱爲門下。後太史占曰。東北海中。望見一燈。邦之寶也。國詔范陽節度安公專使詢訪。以彰所在。爰□□島。見傳徒甚多。遯俗祕鋒。聿求既濟。故時人莫之覿也。具以表聞。尋制移居到次。先師遺明禪師洎禪師皆出化人。膏腴品物。或劫限有遠近。殊績有疏密。智顯及師於思大。多聞迴席於飲光。而禪師拜首明公。猶孔堂之顏氏也。明公獨之到次。禪師偏留□□。廣資檀福。拯給往來。殆廿年。庶隣投刃。復屆百丈山(68)」

これによって、智力と明禪師に關して以下のような史實を知ることができる。

1 開元八年（七二〇）、智力は、米梁山（未詳。恐らく、渤海灣にある島であろう）に三百餘歳のインドの道人を尋ね、明禪師とともに師事した。
2 彼らの存在は全く知られていなかったが、太史が東北の海に國の寶があると占ったため、范陽節度使の安祿山（七〇五〜七五七、七四四年に范陽節度使を兼ねる）に探させたところ、その存在が明らかになり、到次山に移した。
3 先師（インド僧のことか）は、明禪師や智力に山を出て布教させた。智力が明禪師を尊ぶこと、顏回の孔子に對するがごときであった。
4 その後、明禪師は到次山に戻ったが、智力は二十年間「□□」に留まった後、百丈山へと移った。

「智力禪師紀德碑」は、明禪師のその後については言及するところがないが、智力に關しては、百丈山（これが百丈懷海の住んだ大雄山であるとすると、浄藏の後を襲ったか）で頭陀行を行った後、定州の中山で刺史の張南容（生歿年未詳）の供養を受け、更に恆山（河北省曲陽縣）に移って、ここに伽藍を築き、大曆九年（七七四）に「慧炬寺」の敕額と度僧十人を賜り、その年に八十一歲、僧臘五十七で寂したという。

この碑銘は、慧能との關係には全く觸れないが、恐らく、明禪師は慧能に學んだ後に、更にインドの道人に學んだのであろう。明禪師を神會と同世代とすれば、慧能入寂の先天二年（七一三）の時點では三十歲ほどとなるが、當時、智力はまだ二十歲であり、兩者の年齢差は十歲程度と考えられる。三十歲前後というのは、假に慧能の印可を得ていたとしても更なる修行が必要な年齢といえる。明禪師が、曾て慧安に學んだ智力とともにインドの道人に學んだというのも納得がいく。

明禪師の歿年については、趙明誠（一〇八一〜一一二九）撰『金石錄』巻七に、

「第一千二百五十　唐明師禪院石塔臺頌　正書。無書撰人姓名。天寶六載六月[69]」

「第一千二百九十三　唐明禪師碑　鄭炅之撰。徐浩正書。天寶十載七月[70]」

を載せているのが參考となる。恐らく、「唐明禪師碑」が建てられた天寶十載（七五一）、あるいはその少し前に入寂したのであろう。神會とほぼ同世代とすれば、七十歳前後であったことになる。

更に、『曹溪大師傳』に慧能の弟子として名前が擧げられる東陽玄策（生歿年未詳。ただし、『曹溪大師傳』では「大榮」に誤っている）と、彼の盟友であった永嘉玄覺（六六五〜七一三）の存在も注目される。[71]彼らはもともと左溪玄朗（六七四〜七五四）とともに天宮慧威（六三四〜七一三）の門下で同學であったが、玄策と玄覺の二人のみは天台の教義に滿足できずに求法のための行脚に出て慧能のもとで悟りを開いたのである。玄覺については、『宋高僧傳』『傳燈錄』等に傳記があり、[72]「一宿覺」の逸話で知られるが、玄策が慧能門下で一系統を成したこと、また、その影響下に『曹溪大師傳』が編輯されたことは注目されるべきである。[73]

上記以外にも慧能の弟子として名前の知られる人は多い。宇井伯壽は、諸資料を涉獵して三十五人を數えているほどであるが、[74]唐代の資料によって傳記が知られるものは、ほとんど上記で盡きているといってよい。[75]

むすび

以上、最も古い二つの「慧能傳」、卽ち、神會撰『師資血脈傳』の「慧能傳」と、王維撰の「六祖能禪師碑銘」とに基づいて、神會が想定していた傳記を明らかにするとともに、そこから神會の作爲を除くことで、慧能の本來の傳記を明らかにしようと試みた。その結果、歷史的人物としての慧能の傳記は、おおよそ以下のようなものであったであろうという結論を得た。

1　貞觀十二年（六三八）、新州に生まれる。俗姓は盧。一歲。
2　顯慶四年（六五九）、東山に赴いて弘忍に師事し、作務に勵んだ。二十二歲。
3　乾封二年（六六七）前後、弘忍の印可を得て故鄉に歸った。三十歲前後。
4　咸亨三年（六七二）前後、得度・受戒を遂げ、布敎を開始した。三十五歲前後。
5　四十年に及ぶ布敎活動のため名聲が高まり、遠方から入門するものも多かった。
6　神龍元年（七〇五）と神龍三年（七〇七）に入內を求める敕召があったが、病と稱して赴かなかった。六十八歲・七十歲。
7　景雲二年（七一一）、弟子の玄楷と智本に、新州の舊宅に塔を建てさせた。七十四歲。
8　先天元年（七一二）九月、曹溪から新州に移った。七十五歲。
9　先天二年（七一三）八月三日、入寂。七十六歲。

10 先天二年八月六日、遺體が新州の國恩寺に運ばれ、十一月に曹溪に葬られた。
11 神秀を「六祖」と認める記載のある武平一撰の慧能の碑文が曹溪に建てられた。

これは、弘忍の主要な弟子の一人としては、極く一般的な傳記であったと言ってよいであろう。しかし、慧能を唯一の「第六祖」に仕立てたかった神會にとっては、十分なものではなかった。そこで、「頓悟」の體現者として慧能の機根が特別優れており、師の弘忍に愛されたことを示すために、

12 慧能は、入門後、わずか八箇月で印可と傳衣を得た。
13 弘忍は大衆の嫉妬を恐れ、自ら九江まで送り、竊かに嶺南に去らせた。

等の創作を加え、更に、祖師の地位が弘忍から慧能へと移ったことを明示するために、五祖弘忍の入寂の翌年に六祖慧能が華々しく出世したことにしようとして、

14 嶺南に歸着しても、十六年間は隱遁生活を送り、全く知られなかった。
15 儀鳳元年（六七六）、南海で『涅槃經』の學者、印宗に見出されて出家を遂げ、布教を開始した。

等の説話を揑造し、更に、自らの法如や慧明に對する個人的な感情を投影させて、

16 慧能の得法に最初に氣づいたのは法如である。
17 大衆が傳衣を求めて慧能を追いかけた際に、大庾嶺で最初に追いついたのは慧明であったが、慧能は説法して悟らせ、北地で布教させた。

等の説話を創作した。また、神會にとって非常に都合の悪い武平一の碑文についても、
18 最初に曹溪に建てられたのは「傳衣」について記した韋據の碑文であり、開元七年（七一九）にその文が削られた上に掘られたのが現在の武平一の碑文である。

という虚誕を説き、更に、自身を慧能の後繼者であると認めさせるために、
19 入寂に際して、後繼者を問う弟子に對して、後繼者の生命を慮って傳衣を止めることを告げるとともに、「滑臺の宗論」における神會の活躍を豫言する「二十年外懸記」を説いた。

とする創作を加えたのである。

これが神會が自分の都合に合わせて改めた「六祖慧能傳」であったのであるが、かくして、「六祖慧能傳」の基礎が定まると、その後は、本章の冒頭に掲げた種種の傳記へと承け繼がれ、神會を慧能の後繼者とするなどの一部の説話を除いて、やがて禪宗史の常識となっていったのである。この點だけでも禪宗史に與えた神會の影響は極め

て大きかったと言えるのである。

註

（1）この他、慧能關聯の資料として、「召曹溪惠能入京御札」（『全唐文』一七）が傳わっており、宇井伯壽や印順は、これを根據に、慧安や神秀は皇帝に對して、慧能を入內供養するよう勸めたと論じているが（宇井伯壽『第二禪宗史研究』岩波書店、一九三五年、二二二～二二三頁、印順著・伊吹敦譯『中國禪宗史——禪思想の誕生』山喜房佛書林、一九九七年：原書『中國禪宗史——從印度禪到中華禪』正聞出版社、一九七一年）二五二～二五三頁、既に柳田聖山が指摘するように（『初期禪宗史書の研究』法藏館、一九六七年、二三八頁）、『全唐文』は『傳燈錄』巻五の「慧能章」からの拔粹であり、資料としての價値は皆無といってよい。
（2）本書第一章「神會の生涯と著作の概要」、竝びに伊吹敦「『曹溪大師傳』の成立をめぐって」（『東洋の思想と宗教』一五、一九九八年）、伊吹敦「李舟撰『能大師傳』の內容とその歷史的意義」（『國際禪研究』七、二〇二一年）、「三たび『曹溪大師傳』の成立を論ず」（『東洋思想文化』一一、二〇二四年）等を參照。
（3）神會撰・獨孤沛編『定是非論』：楊曾文『神會和尚禪話錄』（中華書局、一九九六年）一七頁。
（4）胡適「新校定的敦煌寫本神會和尚遺著兩種」：『神會和尚遺集——附胡先生晚年的研究』（胡適記念館（臺北）、一九八二年）三六九～三七〇頁。
（5）前揭『中國禪宗史——禪思想の誕生』三五九頁。
（6）前揭『神會和尚遺集——附胡先生晚年的研究』三七〇頁。
（7）神會撰・獨孤沛編『定是非論』：前揭『神會和尚禪話錄』三一～三二頁。
（8）王維「六祖能禪師碑銘」：前揭『初期禪宗史書の研究』五四二頁。
（9）劉澄集『雜徵義』：前揭『神會和尚禪話錄』八五頁。
（10）前揭『初期禪宗史書の研究』一九四頁。

（11）柳田以外にも、この碑文の成立を七四〇年頃とする人は多い。次の諸論攷を參照。
Philip Yampolsky, *The Platform Sutra of the Sixth Patriarch*, Columbia University Press, 1967, p66.
John R. McRae, *The Northern School and the Formation of Early Ch'an Buddhism*, Honolulu, University of Hawai'i Press, 1986 p.285.
葛兆光『中國禪思想史――從6世紀到9世紀』（北京大學出版社、一九九五年）一三〇頁
（12）陳鐵民『王維新論』（北京師範學院出版社、一九九〇年）一三～一七頁。
（13）前掲『王維新論』一八～一九頁。
（14）楊會文「神會及其禪法理論」：前掲『神會和尚禪話錄』一七五頁。
（15）王維「六祖能禪師碑銘」：前掲『初期禪宗史書の研究』五四一頁。
（16）これについては、既に入谷仙介『王維研究』（創文社、一九七六年）二五八～二五九頁に指摘がある。
（17）前掲『初期禪宗史書の研究』九七頁、一八六～一八七頁。
（18）陳盛港「從〈六祖能禪師碑銘〉的觀點再論荷澤神會」（『中華佛學學報』第六期、二〇〇二年）一七六～一七九頁。
（19）神會『師資血脈傳』「慧能傳」：前掲『神會和尚禪話錄』一〇九頁。
（20）王維「六祖能禪師碑銘」：前掲『初期禪宗史書の研究』五四〇頁。
（21）神會『師資血脈傳』「慧能傳」：前掲『神會和尚禪話錄』一〇九～一一〇頁。
（22）王維「六祖能禪師碑銘」：前掲『初期禪宗史書の研究』五四〇頁。
（23）同上：前掲『初期禪宗史書の研究』五四〇頁。
（24）神會『師資血脈傳』「慧能傳」：前掲『神會和尚禪話錄』一一〇頁。
（25）王維「六祖能禪師碑銘」：前掲『初期禪宗史書の研究』五四一頁。
（26）同上：前掲『初期禪宗史書の研究』五四一頁。
（27）神會『師資血脈傳』「慧能傳」：前掲『神會和尚禪話錄』一一〇～一一一頁。

(28) 王維「六祖能禪師碑銘」：前掲『初期禪宗史書の研究』五四一〜五四二頁。
(29) 編者未詳『歷代法寶記』：柳田聖山『初期の禪史Ⅱ』（筑摩書房、一九七六年）一二二〜一二三頁。
(30) 宗密『圓覺經大疏鈔』「慧能第六」：續藏一-一四-三、二七七a。
(31) 柳宗元「大鑒禪師碑」：『全唐文』五八七。
(32) 宗密『圓覺經大疏鈔』「慧能第六」：續藏一-一四-三、二七七b。
(33) 『歷代法寶記』は、兩者の記載を綜合して辻褄合わせをしたわけではないであろう。王維の碑銘が建てられた形跡はないから、それを見たとは思えないし、王維の碑銘の流布が限られたのであれば、わざわざ辻褄合わせをする必要もなかったはずであって、『歷代法寶記』は、むしろ、神會の元來の說を繼承していると見るべきである。この點で『歷代法寶記』の各祖師の傳記に、『金剛經』の傳授という後世の改變が含まれていないことは注目すべきである。また、『圓覺經大疏鈔』が荷澤宗の古い說を傳えるものであることは、神會の生歿年を唯一正しく傳えていたことによって證明されたといえるが、この點でも『圓覺經大疏鈔』の說は古い傳承を傳えているのである。
(34) 前掲「『曹溪大師傳』の成立をめぐって」を參照。
(35) 左溪玄朗（六七四〜七五四）の碑文、李華撰「故左溪大師碑」（『全唐文』三二〇）に次のようにいう。

「如意年中薙度。隸義烏清泰寺。尋光州岸律師受具戒。就會稽印宗禪師商律部。重山深林。怖畏之地。獨處巖穴。凡三十年。」

「如意年中」は六九二年に當たるから、これによって七〇〇年頃、印宗が會稽で活躍していたことが知られる。また、『宋高僧傳』の「唐會稽山妙喜寺印宗傳」に次のように述べられている。

「釋印宗。姓印氏。吳郡人也。母劉氏始娠。隣家咸見一沙門端雅徐步入印舍。白劉曰願爲子焉。母夢同此。再三陳讓不克。父夢有饋栴檀香木童子。跪授付劉。劉頓厭葷羶。俗閒食味隔在脣吻之外。及生而長。從師誦通經典。末最精講者涅槃經。咸亨元年在京都盛揚道化。上元中敕入大愛敬寺居。辭不赴請。於蘄春東山忍大師諮受禪法。復於番禺遇慧能禪師。問答之閒深詣玄理還鄉地。刺史王胄禮重殊倫。請置戒壇。命宗度人。可數千百。

續敕召入內。乃造慈氏大像。所著心要集。起梁至唐。天下諸達者語言總錄焉。又奉敕江東諸寺院天柱報恩各置戒壇度人。又纂百家諸儒士三教文意表明佛法者。重結集之。手筆逾高著述流布。至先天二年二月二十一日示終。囑循輪王法葬之。年八十七。會稽王師乾立塔銘焉。」（大正藏五〇、七三一b）

これによって、咸亨、上元の頃（六七〇～六七六年）、印宗が既に中原で有名であったことが窺い知られる。

(36) 伊吹敦「東山法門の人々の傳記について（中）」（『東洋學論叢』三五、二〇一〇年）九頁、ならびに伊吹敦「東山法門の人々の傳記について（上）」（『東洋學論叢』三四、二〇〇九年）二四頁を參照。

(37) 前掲『初期禪宗史書の研究』一一一～一一二頁。なお、ベルナール・フォールも、これを全くの作り話としている。これについては次の論攷を參照されたい。

Bernard Faure, *The Will to Orthodoxy : A Critical Genealogy of Northern Chan Buddhism*, Stanford University Press, 1997, p103.

(38) 前掲『中國禪宗史――禪思想の誕生』二七五～二七六頁。

(39) 前掲「從〈六祖能禪師碑銘〉的觀點再論荷澤神會」一九五頁。

(40) 前掲「東山法門の人々の傳記について（中）」八〇～八三頁を參照。

(41) 伊吹敦「東山法門の人々の傳記について（上）」（『東洋學論叢』三四、二〇〇九年）一四～一五頁を參照。

(42) 編者未詳『曹溪大師傳』：駒澤大學禪宗史研究會『慧能研究――慧能の傳記と資料に關する基礎的研究』（大修館書店、一九七八年）四四頁。

(43) 宗密『圓覺經大疏鈔』「慧能第六」：續藏一‐一四‐三、二七七b。なお、『歷代法寶記』は、長壽元年（六九二）と萬歲通天二年（六九七）に敕召があったとするが、これは、慧能が傳えた達摩の袈裟を智詵に賜る伏線であり、袈裟の傳授自體が事實と認められない以上、史實としては採るに足らぬ説である。

(44) 編者未詳『曹溪大師傳』：前掲『慧能研究――慧能の傳記と資料に關する基礎的研究』四八頁。

(45) 前掲『初期禪宗史書の研究』二三四頁、二三六頁、前掲『中國禪宗史――禪思想の誕生』二五三～二五四頁、二七一～二七三頁、二七六頁等を參照。
(46) 藏中進『唐大和上東征傳の研究』（櫻楓社、一九七六年）六〇三頁。
(47) 柳宗元「大鑒禪師碑」：『全唐文』五八七。
(48) 葛兆光も、これらに基づいて、皇帝からの入内要請が神龍元年と神龍三年の二度あったことを承認している（前掲『中國禪思想史——從6世紀到9世紀』一三三頁）。
(49) 神會撰・獨孤沛編『定是非論』：前掲『神會和尚禪話錄』二九頁。
(50) 編者未詳『歴代法寶記』「慧能傳」：前掲『初期の禪史Ⅱ』一二九頁。
(51) 同上「道信傳」：前掲『初期の禪史Ⅱ』八六頁。
(52) 同上「弘忍傳」：前掲『初期の禪史Ⅱ』九二頁。
(53) 敦煌本『六祖壇經』：楊曾文『敦煌新本　六祖壇經』（上海古籍出版社、一九九三年）七三頁。
(54) 劉昫等『舊唐書』卷七「中宗本紀」神龍元年二月の條に「丙子。諸州置寺觀一所。以中興爲名」とある（『舊唐書』中華書局、一九七五年、五六頁）。
(55) 編者未詳『曹溪大師傳』：前掲『慧能研究——慧能の傳記と資料に關する基礎的研究』二八頁。
(56) 敦煌本『六祖壇經』：前掲『敦煌新本　六祖壇經』四頁。
(57) 伊吹敦「『六祖壇經』の成立に關する新見解——敦煌本『六祖壇經』に見る三階敎の影響とその意味」（『國際禪研究』七、二〇二一年）を參照。
(58) 編者未詳『曹溪大師傳』：前掲『慧能研究——慧能の傳記と資料に關する基礎的研究』五一頁。
(59) 圓珍『智證大師請來目錄』：大正藏五五、一一〇六c。
(60) 前掲『中國禪宗史——禪思想の誕生』二七二～二七三頁を參照。
(61) 撰者未詳「嵩山□□□故大德淨藏禪師身塔銘」：『全唐文』九九七。
(62) 張正甫「觀音大師碑銘」：『全唐文』六一九。

(63) 椎名宏雄「『寶林傳』逸文の研究」(『駒澤大學佛教學部論集』一一、一九八〇年)二四八頁。

(64) 靜・均二禪德『祖堂集』:孫昌武・衣川賢次・西口芳男點校『祖堂集 上』中華書局、二〇〇七年)一九〇～一九一頁。

(65) 道原『傳燈錄』「懷讓章」:大正藏五一、二四〇c。

(66) 張正甫「觀音大師碑銘」:『全唐文』六一九。

(67) 前掲『初期の禪史Ⅱ』一八五頁。

(68) 良說「智力禪師紀德碑」:介永强『隋唐僧尼碑誌塔銘集錄』(上海古籍出版社、二〇二二年)二五〇頁。

(69) 趙明誠『金石錄』:『石刻史料新編　第一輯』一二、八八四一頁。

(70) 同上:『石刻史料新編　第一輯』一二、八八四三頁。

(71) 宇井伯壽は、淸晝(生歿年未詳)撰「唐湖州佛川寺故大師塔銘」(『全唐文』九一七)に、

「第六祖曹溪能公。能公傳方巖策。策公乃永嘉覺荷澤會之同學也。方巖卽佛川大師也。大師諱惠明。俗姓陳氏。」

とあることよって、佛川惠明(六九七～七八〇)も慧能の弟子だとするが、この後の文章に、惠明について「西のかた方巖に詣で、頓に心地を開いた」とあるから、この文章の「方巖卽佛川大師也」は「方巖卽佛川大師之師也」等の誤りと見るべきであり、惠明の師、方巖策こそが慧能の弟子であったと見るべきである。しかも、方巖山は現在の浙江省金華市に屬する山で、當時は婺州に屬した。從って、方巖策は、明らかに『曹溪大師傳』『祖堂集』『宗鏡錄』『傳燈錄』等にいう「(婺州、または東陽)大榮(智策・玄策)」と同一人物である。この問題については、伊吹敦「三たび『曹溪大師傳』の成立を論ず」(『東洋思想文化』一一、二〇二四年)を參照されたい。

ちなみに『歷代法寶記』には、惠明の弟子という義淨、處默、唐蘊と無住との對論を載せるが(二三二～二三三頁)、佛川惠明は無住(七一四～七七四)の少し先輩に當たるから、年代的にはよく合致する。恐らく、この惠明であろう。

(72) 贊寧『宋高僧傳』「玄覺傳」：大正藏五〇、七五八a～b。道原『傳燈錄』「玄覺章」：大正藏五一、二四一a～b。
(73) これについても、前揭「三たび『曹溪大師傳』の成立を論ず」を參照。
(74) 前揭『第二禪宗史研究』所收の「六祖の諸弟子」を參照。
(75) 宇井伯壽は、『全唐文』九一二に揭げられる忽雷澄撰「曉了禪師塔碑」に基づいて曉了を慧能の弟子と認定しているが（この點は柳田聖山も同樣である。前揭『初期禪宗史書の研究』一九〇～一九一頁を參照）、『全唐文』は明らかに『傳燈錄』卷五を資料とするものであるから、この「塔碑」が唐代の撰述かどうかは疑わしい。
また、敦煌本『六祖壇經』では、法海等の弟子の名が見えるが、ほとんど傳法や傳衣、『六祖壇經』の傳授に關わる形で登場しており、しかも、そもそも『六祖壇經』そのものが神會の弟子による僞撰であるから、彼らが實在したかどうか疑わしい。神會と同時期に慧能門下にそのような名前の弟子が存在し、神會からの傳聞によって、彼らを登場人物に仕立てた可能性は十分にあるが、少なくとも、その事跡等については、到底、信じられない。

また、『曹溪大師傳』では、慧能の弟子の行滔の事跡にしばしば觸れられているが、その多くが傳衣の奉納に關わるもので、その信憑性については十分な檢討が必要である。傳衣自體は史實ではないが、神會の活躍により、八世紀後半には史實と見られるようになり、實際に「傳法の袈裟」とされるものが出現したということは十分にあり得ることであるから、行滔の事跡が全て史實でないとは言い切れない。しかし、いずれにせよ、彼の事跡は慧能の傳記を明らかにするうえでは益するところは皆無といってよい。

第Ⅳ部　神會出現の史的意義

第八章　神會の活動が佛教界に與えた影響

先行研究と問題の所在

荷澤神會（六八四～七五八）の生涯は、その激しい「北宗」批判といい、その結果としての貶逐といい、全てが衆目を集めるものであった。『圓覺經大疏鈔』は、「北宗」の人々が神會を貶逐に追い込んだことを次のように表現している。

「天寶四載兵部侍郎宋鼎請入東都。然正道易申。謬理難固。於是曹溪了義。大播於洛陽。荷澤頓門。派流於天下。然北宗門下。勢力連天。天寶十二年。被譖聚衆。敕黜弋陽郡。又移武當郡。至十三載恩命量移襄州。至七月又敕移荊州開元寺。皆北宗門下之所致也。(1)」

ここに神會の罪を「聚衆」と述べていることは注目すべきである。神會は洛陽において、そのような嫌疑をかけられるほどに人氣を博していたのである。そして、實際のところ、第一章第4節「塔銘・碑銘に見る神會の事跡」で述べたように、彼の弟子たちの多くは、洛陽における神會の活動と思想に惹かれて弟子入りしたのであったし、神會の貶逐によって、彼らは離散を餘儀なくされたのである。「荷澤宗」の消滅は、正しく「北宗」の人々の狙った當のものであったはずである。

神會の布教活動が華々しいものであっただけに、その貶逐も大きな爪痕を佛教界に殘した。批判者を排除した「北宗」の人々は安心したであろうが、都で注目を浴びていた人物が、突如、犯罪者として追放されたのであるから、多くの人々が當惑し、神會についてどう語ってよいのか分からなくなったというのは當然の反應である。また、弟子でなくとも、神會の活動に共感し、自らの行動のモデルとしていた僧侶も多くいたであろうが、彼らにとって神會の貶逐は自らの將來、今後の活動を見直す重要な契機ともなったはずなのである。

このような視座に立った考察は、神會の活動が當時の佛教界、更に言えば、當時の社會にどのような影響を與えたかを明らかにする上で極めて重要なものであると考えるが、從來、そのような研究が行われたことはなかった。本章では、當時を代表する文豪の一人であった李華（七一五?～七七四）、竝びに、神會の強い思想的影響を受けつつ、蜀に新たな禪の一派、「保唐宗」を創始した無住（七一四～七七四）を取り上げることで、當時生きていた知識人の視座から神會の影響を考えてみたい。

第1節　李華撰「故左溪大師碑」に見る知識人の神會認識

李華撰の「故左溪大師碑」の成立時期は明らかでないものの、左溪玄朗（六七四～七五四）の歿後、數年の間に書かれたと考えられている(2)。玄朗は天台宗の中興者として知られる荊溪湛然（七一一～七八二）の師であり、しかも、そこに天台宗の分派として、いわゆる「玉泉天台」に關する記載が見られることから、天台宗史を研究する上で重要な資料と見做され、これまでもしばしば論究されてきた。(3) しかし、この碑文が有する資料價値はそれに止まるものではない。その中に釋迦以來の禪宗の系譜、竝びに、當時における禪宗の分派に關する記述が含まれており、禪宗史研究に對しても格好の材料を提供しており、この面からも注目を集めてきたのである。(4)

この碑文で特に興味深いのは、天台宗の左溪玄朗の碑文であるにも拘わらず、天台宗と禪宗の系譜を竝列的に敍述するばかりか、禪宗の系譜の方が先に、しかも、より詳しく書かれており、今日的な視點から見ると、甚だしく不可解な印象を與えるという點である。これは特に天台宗の研究者にとっては大きな問題であって、ここに記されている天台宗と禪宗に關する認識が李華だけのものではなく、玄朗も共有するものであったかどうかがしばしば問題にされてきた。(5) 李華がこの碑文を書くに當たって、玄朗自身から直接聞いた內容、あるいは弟子たちから提供された情報を用いたということは充分にありうることである。しかし、假にそうであったとしても、今となっては、それが碑文のどの部分に表現されているかを明らかにすることはできないのであるから、これ以上、この問題を論ずることに意味があるとは思えない。(6) ただ、ここで重要なことは、玄朗の認識がどうであれ、この碑文の內容が唐代を代表する知識人の一人である李華の佛教認識を示すものであり、それだけで資料として非常に高い價値を持つという點である。

一方、この碑文は、禪宗史研究の面からも注目されてきたわけだが、それは、この碑文に、いわゆる「西天二十九祖說」が說かれており、また、「南宗」と「北宗」以外に牛頭法融（五九四～六五七）から徑山法欽（七一四～七九二）に至る一派（「牛頭宗」）が分派として認められていることなどが、西天の系譜の形成や普及、初期禪宗各派の分派とその確立の過程を明らかにするに當たって重要な情報を傳えるものだからである。

禪宗史研究の立場からの研究では、天台宗研究とは異なり、單にその記述內容が初期禪宗史構築のための素材として用いられてきたといえるが、一方で、その中の用語、あるいは概念が取り上げられるのみで、その認識の主である李華の立場が問題にされることは少なかった。しかし、この碑文が書かれた時期は禪宗史における大きな轉換期、卽ち、荷澤神會（六八四～七五八）の貶逐（七五三年）から遷化に至る閒に當たっており、神會が知識人たちに與えた影響の大きさと、神會の貶逐が彼らに與えた波紋等を探るに當たって重要な資料となりうるものなのであるが、從來、この點はあまり問題にされてはいない。

本拙稿では、上記のような研究狀況を踏まえて、「故左溪大師碑」を李華という當代きっての知識人の佛教認識を示す文獻として扱い、これによって、知識人たちの眼に映じた、當時の佛教、特に禪宗や天台宗がどのようなものであったかを明らかにしようとするものである。

a「故左溪大師碑」が提起する問題

先ず、「故左溪大師碑」の問題となる箇所を揭げると次のようになる。


「如來諸大弟子。皆菩薩僧。大迦葉之頭陀。舍利弗之智慧。羅睺羅之密行。須菩提之解空。由此四者。皆最上乘。同趣異名。分流合體。舍利佛先佛滅度。佛以心法付大迦葉。此後相承凡二十九世。至梁魏閒。有菩薩僧菩提達摩禪師。傳楞伽法。八世至東京聖善寺宏正禪師。今北宗是也。

又達摩六世至大通禪師。大通又授大智禪師。降及長安山北寺融禪師。蓋北宗之一源也。

又達摩五世至璨禪師。璨又授能禪師。今南宗是也。

又達摩四世至信禪師。信又授融禪師。住牛頭山。今徑山禪師承其後也。

至梁陳閒。有慧文禪師。學龍樹法。授惠思大師。南嶽祖師是也。思傳智者大師。天台法門是也。智者傳灌頂大師。灌頂傳縉雲威大師。縉雲傳東陽威大師。左溪是也。又宏景禪師得天台法。居荊州當陽。傳眞禪師。俗謂蘭若和尙是也。左溪所傳。止觀爲本。祇樹園內。常聞此經。然燈佛前。無有少法。因字以詮義。因義以明理。因理以同如。定慧雙修。空有皆舍。此其略也。(7)」

ここでは、如來＝釋迦の弟子が全て「菩薩僧」であったとし、四人の佛弟子（大迦葉、舍利弗、羅睺羅、須菩提）にはそれぞれに特長があったが、皆な「最上乘」であることに變わりはなく、それを分かち傳えたものに過ぎないとする論から出發して、釋迦の心法は迦葉に傳えられ、「二十九世」にわたって相承されて「梁魏の閒」の菩提達摩に至ったとする。そして、達摩は『楞伽』の教えを傳えたとし、それ以降の「南宗」、「北宗」、（後世に言うところの）「牛頭宗」等の禪宗の分派について説明している。一方、達摩とほぼ同じ頃、「梁陳の閒」に慧文禪師が現れて龍樹の教えを學び、それが惠思、智者へと傳えられて「天台法門」となったとする。そして、その後の分派について、智者から左溪玄朗へと傳えられた系統の外に、智者から眞禪師（惠眞、蘭若和尙）に至る系譜があると説明し、最後に左溪玄朗の教えの要點を述べている。

一見して明らかなように、李華は、禪宗と天台宗を竝列させて論述するとともに、それぞれの宗派における分派について詳細に論じている。われわれは、その敍述を通して、李華が二つの宗派の關係について、また、各宗派の正系と傍系の關係について、どのように考えていたかを窺うことができる。また、李華は敍述に當たって「最上乘」「二十九世」「南宗」「北宗」等の概念を用いているが、實は、これらは全て荷澤神會に由來するものであり、また、「道信」であるべき四祖の名を「璨」と誤っているが、そこにも神會の活動との關聯を指摘することができるのである。このように李華は神會の強い影響を受けているにも拘わらず、「南宗」の系譜に關する說明に「神會」の名は見られない。李華は、明らかにその名を擧げることを憚っているのであるが、そこには、當時の禪宗における情勢の變化が密接に關係していたと見られるのである。本拙稿では、以上の諸點について、

1　天台宗と禪宗の關係についての理解
2　禪宗・天台宗內における正系と傍系の認識
3　碑文の敍述に見える荷澤神會の影響
4　荷澤神會への言及の忌避

の各項目ごとに、「故左溪大師碑」の敍述に沿いつつ明らかにしてゆくことにしたい。

b　天台宗と禪宗の關係についての李華の理解

「故左溪大師碑」を讀んで先ず注意されるのは、天台宗の左溪玄朗の碑文であるにも拘わらず、天台宗の系譜について述べる前に禪宗の詳細な系譜を提示しているということである。この兩者を併擧する理由を考えてみると、これに先だって、玄朗の傳記に言及して、受戒の後、印宗（六二七〜七一三）のもとで戒律を學んだとして、「就會稽印宗禪師商律部」と述べていることが注目される。いわゆる「風幡問答」によって慧能が印宗に見出されて出家受戒を遂げたとする『景德傳燈錄』等の有名な話は、史實としては認めがたいものであるが、ここで印宗を「禪

師」と呼んでいることは、印宗と慧能との間に何らかの交渉があった、或いは、そのように考えられていたことを暗示するものである。

前章で論じたように、王維の「六祖能禪師碑銘」には、この「風幡問答」と印宗による出世を前提としたような記述が見られるが、この碑銘の成立は天寶四載か五載頃（七四五～七四六）と見られるから、王維の碑銘を介してかどうかは不明ながら、當時、少なくとも神會の周圍では、慧能と印宗の關係はよく知られていたと考えられる。李華が、この説話を知っていたのであれば、若年の頃、印宗と關係をもったという、この玄朗の經歷が、李華に天台宗と禪宗の共通性に思いを致させ、兩者を結びつける契機を與えたということは充分にありうることである。

次に注目すべきは、禪と天台の系譜に言及するに當たって、

「如來諸大弟子。皆菩薩僧。大迦葉之頭陀。舍利弗之智慧。羅睺羅之密行。須菩提之解空。由此四者。皆最上乘。同趣異名。分流合體。」

と述べているということである。ここから窺えるのは、佛教の理解にそれぞれ違いがあっても、結局のところ、「最上乘」という唯一の教えの一部を成すものにすぎないと李華が考えていたということである。ここで直接問題にされているのは佛弟子たちの個性の問題であるが、後世の天台と禪の佛教理解についても、當然、同様に言いうるはずであり、こうした考えから、李華は、天台法門の相承者である玄朗に關する碑文であっても、その系譜を論ずるに當たって、それと對比する形で禪の系譜を述べることに躊躇を感じなかったのであろう(8)。

ここで佛弟子を「菩薩僧」とし、彼らの思想を「最上乘」と呼ぶのはいかにも不可解であるが、これは、この後

で述べられる禪宗と天台宗が「最上乘」であり、その繼承者が「菩薩僧」であるという認識を、上記の思想に基づいて、ブッダの教えや佛弟子に遡らせて論述した修辭上の問題に過ぎず、李華が大乘や小乘の別を理解していなかったということを示すものではあるまい。なお、ここで兩宗の人々を「菩薩僧」という言葉で呼んでいることには、當時、「菩薩戒」が廣く流布しており、この兩宗がこれを布敎に積極的に活用していたことが密接に關係しているであろう。

また、文章表現の點から見ると、禪宗に關しては、「至梁魏間。有菩薩僧菩提達摩禪師。傳楞伽法」と言い、天台宗に關しては、「至梁陳間。有慧文禪師。學龍樹法」と對照させる形で論述しており、兩者がほぼ同時期に源を發し、しかも習禪を中心に置くという點で、種々の共通點があるという認識を李華が持っていたものと推測できる。ただ李華は、一方で、兩者の違いもよく理解していたようである。それは、「傳楞伽法」と「學龍樹法」の對比にも窺われるが、本碑文中、左溪玄朗が傳承した教えの要點を、

「止觀爲本。祇樹園內。常聞此經。然燈佛前。無有少法。因字以詮義。因義以明理。因理以同如。定慧雙修。空有皆舍。」

と示している點に最も明瞭に窺うことができる。というのは、ここの「因字以詮義。因義以明理。因理以同如」という言葉は、禪宗が「字」や「義」を重んじないのに對して、天台宗の特色が、これらを重んじ、段階を歴て「理」や「如」に至ろうとする點にあることを示そうとしたものと見做すことができるからである。

なお、ここで注意が必要なのは、禪宗を「楞伽法」を傳承する宗派だと見ているという點である。これは、淨覺

（生歿年未詳）の『楞伽師資記』に見るような極端な楞伽主義を言っているのではなく、『續高僧傳』「達摩傳」「僧可傳」に見える、達摩が慧可に『楞伽經』を授けたとする傳承に基づくものだと考えねばならない。『楞伽師資記』の成立は八世紀の初めと考えられるが、その公開はかなり遲かったようである。この碑文が書かれた頃には、『楞伽師資記』が世に出ていた可能性はあるものの、少なくともまだ一般化はしていなかったと考えられる。[9]もともと東山法門では、必ずしも『楞伽經』を特別視するようなことはなかったが、法如（六三八〜六八九）、慧安（?〜七〇八）、神秀（六〇六?〜七〇六）らが兩京に進出して、『續高僧傳』の「達摩傳」「僧可傳」や『後集續高僧傳』の「法沖傳」の內容を知るに及んで、自らの權威づけのため、東山法門と『楞伽經』の結びつきを强調する傾向を生んだ。神秀の碑文、張說（六六七〜七三一）撰「唐玉泉寺大通禪師碑銘幷序」（以下、「大通禪師碑銘」と略稱）において、その教えの概要を述べて、

「爾其開法大略。則慧念以息想。極力以攝心。其入也品均凡聖。其到也行無前後。趣定之前。萬緣盡閉。發慧之後。一切皆如。持奉楞伽。近爲心要。過此以往。未之或知。[10]」

と言い、その弟子、普寂（六五一〜七三九）の碑文である李邕（六七八〜七四七）撰「大照禪師塔銘」において、神秀が普寂に『思益經』と『楞伽經』を讀ませ、

「此兩部經。禪學所宗要者。且道尙祕密。不應眩曜。[11]」

と語ったとするのは、蓋し、これに據るのである。「故左溪大師碑」の立場も、基本的にそれと同じ位相にあると見てよく、淨覺のような『楞伽經』の絶對視の影響と見られるものは窺えず、まして、それへの反撥としての荷澤神會の弟子たちによる『金剛經』宣揚の影響は認められない（これについては、本書第二章第3節「『師資血脈傳』の改變の時期と理由」を參照）。

このように、李華が天台宗と禪宗を種々の面から相い通ずるものと見ていたにしても、天台宗の玄朗の碑文において、禪宗の詳細な系譜を天台のそれに先んじて掲げるということについては、そこに何らかの意圖が含まれていたと考えねばならない。恐らく、それは、當時、禪宗各派の人々の活動が知識人たちの耳目を集めており、彼らの間で、かなりの程度、それに關する知識が共有されていたため、それを提示することで、天台宗内の分派を理解する絲口としようとしたと考えるべきであろう。この點から見て、當時の知識人たちにとって、禪宗の方が天台宗よりも遙かに大きな存在であったことが推せられるのである。

c　禪宗・天台宗における正系と傍系についての李華の認識

この碑文で注意すべき第二の點は、そこに提示された禪宗と天台宗の系譜から、それぞれの宗派における正系と傍系についての李華の認識を窺いうるという點である。先ず、碑文の敍述に從って、禪宗の系譜を示すと次のようになる。

（梁魏閒。傳楞伽法）
菩提達摩――○―○―信禪師―璨禪師―大通禪師―○―東京聖善寺宏正禪師（北宗）

┌大智禪師……長安山北寺融禪師（北宗之一源）
├能禪師（南宗）
└融禪師（牛頭山）……徑山禪師

李華は、この系譜を言葉で表現するに當たって、先述のごとく、

「至梁魏閒。有菩薩僧菩提達摩禪師。傳楞伽法。八世至東京聖善寺宏正禪師。今北宗是也。又達摩六世至大通禪師。大通又授大智禪師。降及長安山北寺融禪師。蓋北宗之一源也。又達摩五世至璨禪師。璨又授能禪師。今南宗是也。又達摩四世至信禪師。信又授融禪師。住牛頭山。今徑山禪師承其後也。」

と述べ、「北宗」の「宏正禪師」を達摩の第八世とした上で、その他、「北宗之一源」の「融禪師」、「南宗」の「能禪師」、「徑山禪師」の源流をなす「信禪師」を、それぞれ、達摩から數えて第六世下、第五世下、第四世下の分派としている。ここから見ると、李華の理解では、當時の主流である宏正門下を正統とし、それから何世代前に分派したかによって、その傍系としての度合いが強まると考えていたようである。

これは極めて興味深い事實である。例えば、牛頭宗が派祖として法融を取り上げ、四祖道信（五八〇～六五一）の弟子と位置づけた理由は、「南宗」と「北宗」の對立が五祖弘忍（六〇一～六七四）門下における分派であったのに對して、自派がそれ以前の道信に由來するとすることで、より高い正統性を主張しようとしたところにあったと

考えることができる。弘忍の弟子で、江蘇の牛頭山に據った法持（六三五～七〇二）の一派は、當地では、これによって「東南の正法」[12]としての充分な權威を維持することができたであろう。しかし、李華のような中原の知識人たちは、實際に兩京で勢力を維持している「北宗」を正統と見做し、系譜上、それから最も早くに分派した牛頭宗を最も正統から遠い傍系と見做していたのである。

因みに、ここで「北宗」の宏正を正統とするのが、荷澤神會の貶逐という當時の禪宗における一大事件を受けてのことである點は注意されねばならない。そして、後に論ずるように、これこそが、この碑文において當時の「南宗」の指導者の名を缺いている理由なのである。

一方、この碑文では、天台宗の系譜を、

「至梁陳閒。有慧文禪師學龍樹法。授惠思大師。南嶽祖師是也。思傳智者大師。天臺法門是也。智者傳灌頂大師。灌頂傳縉雲威大師。縉雲傳東陽威大師。左溪是也。又宏景禪師得天台法。居荊州當陽。傳眞禪師。俗謂蘭若和尚是也。」

と述べており、これを圖に示すと次のようになる（ただし、「左溪是也」を「左溪之師是也」の誤まりと解す）。

（梁陳閒。學龍樹法）
慧文禪師―惠思大師―智者大師―灌頂大師┬縉雲威大師―東陽威大師―左溪大師
└〇―宏景禪師―（惠）眞禪師（蘭若和尚）

もっとも、宏景（弘景、六三四～七一二）の世代は、この碑文では明らかでないが、同じく李華が撰した宏景の弟子、惠眞（六七三～七五一）の碑文、「荊州南泉大雲寺故蘭若和尙碑」（以下、「蘭若和尙碑」）に、「昔智者大師受法於衡嶽祖師。至和尙六葉」[13]とあるので、天台智顗（五三八～五九八）の玄孫弟子であると知られる。なお、李華は、宏景の師承を知らなかったようであるが、灌頂（五六一～六三二）の弟子の玉泉道素（生歿年未詳）の弟子であったと見られている[14]。

李華自身は、天台宗の正系・傍系について何も語っていないが、この系譜の示し方を先の禪宗の系譜と對比すれば、これが智顗―灌頂から左溪玄朗（六七四～七五四）に至る系譜を正統とするものであることが分かる。しかし、客觀的に見れば、中原で高い評價を得ていたのは、入內した宏景―惠眞の師弟であったであろうから[15]、これは左溪玄朗の碑文であることに配慮した結果であったと考えられる。

そもそも、李華は、この「故左溪大師碑」に先だって、上記の「蘭若和尙碑」を書いているが[16]、そこには禪宗への言及もなければ、智顗から玄朗に至る系譜への言及も見られない。つまり、當時は、天台宗に左溪玄朗に至る系譜が存在することを知らなかったのである。しかし、その後、この「故左溪大師碑」を書くに際して、初めて天台宗內に分派があることを知り、以前からよく知っていた禪宗內の分派と對比させる形でそれを理解し、また、表現しようと考えたのであろう。この點からも、李華の佛教認識においては、天台宗よりも禪宗の占める割合が大きく、天台宗の中では、宏景―惠眞の系統を中心に捉えていたものと推測される。

d　碑文の敍述に見える荷澤神會の影響

先に觸れたように、この碑文に見える「最上乘」「南宗」「北宗」等の概念や、いわゆる「西天二十九祖說」等は、荷澤神會が用いたものである。

先ず、「最上乘」について言えば、李華は本碑文において、佛教の教えそのものが究極のものであることを示すために、この言葉を用いている。李華は、普寂の弟子の法雲（?〜七六六）の碑文、「潤州天鄉寺故大德雲禪師碑」（以下、「法雲禪師碑」と略稱）[17]や、牛頭宗の鶴林玄素（六六八〜七五二）の碑文、「潤州鶴林寺故徑山大師碑銘」[18]でもこの言葉を用いているが、これらの場合も、彼らの禪がそのまま究極の佛教であるという意味に用いているのであろう。しかし、もとを質せば、この言葉は、荷澤神會が自身の奉ずる禪の立場そのものを指すために用いたことに始まるものである。例えば、『師資血脈傳』に、

「第一代魏嵩山少林寺有婆羅門僧。字菩提達摩。南天竺國王之第三子。少小出家。悟最上乘。於諸三昧證如來禪。附船泛海。遠涉潮來至漢地。[19]」

と見えるのがそれである。もっとも、神會自身の著作では、この一例のみしか見えないようであるが、神會の歿後に劉澄が編輯した『南陽和尚問答雜徵義』（以下、『雜徵義』）では、

「禮部侍郎蘇晉問。云何是大乘。何者是最上乘。
答曰。菩薩卽大乘。佛卽最上乘。問曰。大乘最上乘有何差別。
答曰。言大乘者。如菩薩行檀波羅蜜。觀三事體空。乃至六波羅蜜亦復如是。故名大乘。最上乘者。但見本性空寂。卽知三事本來自性空。更不復起觀。乃至六度亦然。是名最上乘。[20]」

などと强調されており、基本的には、その意味や用法も一致する。

次に「南宗」「北宗」という概念については、『菩提達摩南宗定是非論』（以下、『定是非論』と略稱）に、

「遠法師問曰。何故不許普寂禪師稱爲南宗。

和上答。爲秀和上在日。天下學道者號此二大師爲南能北秀。天下知聞。因此號。遂有南北兩宗。普寂禪師實是玉泉學徒。實不到韶州。今日妄稱南宗。所以不許。」(21)

等と言うように、「南宗」とは、もともと南インド出身の達摩によって中國にもたらされた禪宗そのものを指す言葉で、東山法門の人々が等しく自らの立場を示すのに用いていたものであったが、これを荷澤神會が中國の南方で布教を行った曹溪慧能の一派の意味に轉用し、北方の兩京で教線を延ばした神秀系の人は、「北宗」であって、「南宗」を名乘る資格はないと主張したことに始まるのであって、正しく神會の思想的枠組みに沿った概念なのである。

更に、「西天二十九祖說」については、本碑文が初出とされ、神會の『定是非論』では、

「遠法師問。唐國菩提達摩既稱其始。菩提達摩西國復承誰後。又經幾代。

答。菩提達摩西國承僧伽羅叉。僧伽羅叉承須婆蜜。須婆蜜承優婆崛。優婆崛承舍那婆斯。舍那婆斯承末田地。末田地承阿難。阿難承迦葉。迦葉承如來付。唐國以菩提達摩而爲首。西國以菩提達摩爲第八代。西國有般若蜜多羅承菩提達摩後。唐國有慧可禪師承後。自如來付西國與唐國。總有十四代。

遠法師問。據何知菩提達摩在西國爲第八代。

答。據禪經序中具明西國代數。又可禪師親於嵩山少林寺問菩提達摩西國相承者。菩提達摩答一如禪經序所說。[22]」

のように、いまだ『達摩多羅禪經』に基づく「西天八祖說」に止まっており、神會の著作そのものには認めることができないのであるが、既に本書第五章第1節「神會による「如來禪」と西天の祖統の提唱」でも論じたように、神會の晩年の思想を繼承する『歷代法寶記』に、

「案付法藏經云。釋迦如來滅度後。法眼付囑摩訶迦葉。迦葉付囑阿難。阿難付囑末田地。末田地付囑商那和修。商那和修付囑優波掬多。優波掬多付囑提多迦。提多迦付囑彌遮加。彌遮加付囑佛陀難提。佛陀難提付囑佛陀蜜多。佛陀蜜多付囑脇比丘。脇比丘付囑富那耶奢。富那耶奢付囑馬鳴。馬鳴付囑毘羅長老。毘羅長老付囑龍樹。龍樹付囑迦那提婆。迦那提婆付囑羅睺羅。羅睺羅付囑僧迦那提。僧迦那提付囑僧迦耶舍。僧迦耶舍付囑鳩摩羅駄。鳩摩羅駄付囑闍夜多。闍夜多付囑婆修槃陀。婆修槃陀付囑摩拏羅。摩拏羅付囑鶴勒那。鶴勒那付囑師子比丘。師子比丘付囑舍那婆斯已。……舍那婆斯付囑優婆掘。優婆掘付囑須婆蜜多。（須婆蜜多）付囑僧迦羅叉。（僧迦羅叉）付囑菩提達摩多羅。西國二十九代。除達摩多羅二十八代也。[23]」

等と述べられ、また、貶逐の直前まで神會に從った弟子、靈坦（七〇九～八一六）の碑文、賈餗（？～八三五）撰「揚州華林寺大悲禪師碑銘幷序」（以下、「大悲禪師碑銘」）に、

「自大迦葉親承心印。二十九世傳菩提達摩。始來中土。代襲爲祖。[24]」

等と見えることを考えると、晩年の神會は既に「西天二十九祖說」に移行していたと考えることができる。[25] つまり、李華がこの「西天二十九祖說」を採用したということは、彼が神會の晩年の說をよく知っていたことの證據となるのである。

以上、李華の用いる概念に荷澤神會に特有のものが認められることを指摘したが、これと關聯して注目すべきは、李華が第五祖の名を「璨」に誤っているという點である。なぜなら、これは、神會が先鞭を付けた三祖僧璨の顯彰運動に關係する錯誤と見做しうるからである。[26]

智炬編『大唐韶州雙峯山曹侯溪寶林傳』（以下、『寶林傳』と略稱）に載せられている房琯（六九七～七六三）撰の三祖僧璨の碑文は、天寶五載（七四六）に河南少尹から同安郡の別駕に左遷された李常（生歿年未詳）が、舒州峴公山の山谷寺において、僧璨の遺體を荼毘に付して舍利を得、塔を建立したことを記念して書かれたものである。その文中に、

「自迦葉至大師。西國有七。中土三矣。[27]」

のように、迦葉から始まる「西天八祖說」が述べられているが、これは神會が初期に『傳法寶紀』から採用したものである。更に、達摩から相傳した袈裟に言及して、

「可公將還鄴。謂大師曰。吾師有袈裟一領。隨法傳豫。法在汝躬。今將付汝。[28]」

とも述べているが、周知のように、この「傳衣説」は神會が慧能を「六祖」と位置づけるために創唱したものであるから(29)、この李常の行動、竝びに房琯による三祖の碑文の撰述が神會と密接な關係を有するものであることが推せられるが(30)、實際、『寶林傳』では、この碑文を掲げた後、次のように、その閒の事情を説明しているのである。

「有人云。此大師不還者悞也。何以。今於韶州清遠縣禪居寺現有三祖大師堂。隋甲子年末而屆于此。住得一年。便往羅浮。游諸名聖。至隋大業二年。却歸山谷而示遷奄。於天寶五載乙酉之歲。有河南少尹李常。特往荷澤寺問神會和尙。三祖大師墓在何所。弟子往往聞說入羅浮而不還。虛實耶。會和尙答曰。夫但取文佳合韻。讃大道而無遺。若據實由。墓在舒州山谷寺北。是時李尹雖知所止。心上懷疑。其年七月十三日。奉玄宗敕。貶李尹爲舒州別駕。至任三日。僧道等參李尹。李尹問曰。此州有山谷寺不。三綱答。有。李尹問曰。承寺後有三祖大師墓。虛實。上座僧惠觀答。實有。其年十一月十日。李尹與長史鄭公及州縣官寮等。同至三祖墓所。焚香稽白。發棺而看。果有靈骨。便以闍維。光現數道。收得舍利三百餘粒。李尹旣見此瑞。遂捨俸祿。墓所起塔供養一百餘粒。現在塔中。使人送一百粒。與東荷澤寺神會和尙。和尙於浴堂院前。起塔供養一百粒。李尹家中自請供養。至天寶十載庚寅之歲　玄宗至道大聖大明孝皇帝。謚號鏡智禪師。敕覺寂之塔(31)。」

ここでは、李常の建塔が神會との交流の中で行われたものであること、僧璨が羅浮山に去って還らなかったという世に流布している說(32)が誤りであり、實際は皖公山に戻り、山谷寺で遷化したという神會の主張が正しいものであることが李常によって確認されたこと等が述べられているが、この內容は、神會の著作である『師資血脈傳(33)』の「僧璨傳」において、

「璨大師與寶月禪師及定公同往羅浮山。于時信禪師亦欲隨璨大師。璨大師言曰。汝不須去。後當大有弘益。璨大師至羅浮山。三年却歸至峗山。所經住處。唱言。汝等諸人。施我齋糧。道俗咸盡歸依。無不施者。安置齋。人食訖。於齋場中有一大樹。其時於樹下立。合掌而終。葬在山谷寺後。寺内有碑銘形像。今見供養。(34)」

と述べられているのと基本的に一致するから（なお、ここには樹下で立ったまま遷化したと述べられているが、房琯撰の三祖の碑文にも同様な記述が見られる）、恐らく、そのまま事實と認めてよいはずである。ただし、上の『寶林傳』の文章については、いくつかの問題點を指摘できる。卽ち、先ず、紀年上の錯誤として、

1　李常が荷澤神會のもとを訪れたのを「天寶五載乙酉」とするが、天寶五載（七四六）の干支は丙戌であって「乙酉」ではない。もし「乙酉」が正しいのなら、それは天寶四載（七四五）でなくてはならない。

2　玄宗が諡號や塔號を賜ったのを「天寶十載庚寅」とするが、天寶十載（七五一）の干支は辛卯であって「庚寅」ではない。もし「庚寅」が正しいのなら、それは天寶九載（七五〇）でなくてはならない。

等が指摘できるが、こうした誤りは、この文章が、これらの事件があった後、かなりの時間を經た後に書かれたものであることを證するものと言える。

また、この文章では、この李常による建塔後、間もない天寶十載に玄宗皇帝によって「鏡智禪師」という諡號と「覺寂之塔」という塔號が下賜されたとし、それがあたかも神會の功績のように書かれているが、實際には、これらは神會歿後十四年の大曆七年（七七二）に代宗によって下賜されたものであり、しかも、直接的には、神會を貶

逐した側の宏正の弟子たちの働きかけによるものであったのである。[35] 従って、この文章の成立は、大暦七年以降となるが、上に引いた文章の後には、史實とは思えない内容が續いており、それよりもかなり後になって、荷澤宗の内部で、神會による僧璨顯彰活動を世に知らしめる目的で書かれたものであると考えるべきであろう。

いずれにせよ、李華がこの「故左溪大師碑」を撰述した乾元元年（七五八）頃は、『師資血脈傳』の流布、李常による僧璨の舍利塔の建立、房琯による僧璨の碑文の撰述、神會の貶逐等によって、佛教に心を寄せる知識人の間で、神會の三祖顯彰運動がよく知られていたのであって、ここから、神會が同じく顯彰に努めた自分の師、慧能との密接な關係が想起されるようになり、慧能の傳法の師を僧璨とする誤解が生じたものと考えられるのである。

e　荷澤神會への言及の忌避

上に見たように、この「故左溪大師碑」には、荷澤神會の影響を隨處に看て取ることができるのであるが、それにも拘わらず、そこに神會の名前はない。この碑文では、禪宗の現在する四派に言及して、それぞれ、「東京聖善寺宏正禪師。今北宗是也」、「長安山北寺融禪師。蓋北宗之一源也」、「能禪師。今南宗是也」、「今徑山禪師承其後也」等と述べているが、この內、徑山法欽は七一四～七九二年の一生であり、當時、正しく生存中であった。「今徑山禪師」とはその意味に外ならない。

一方、宏正の生歿年は不明であるが、別に論じたように七四九年に歿した可能性が強く、[36] 當時は、その遷化後、間もない時期であったと考えられる。従って、「今北宗」とは、宏正の弟子たちが現に活動していたことを示すものと見てよいのである。また、山北寺融禪師については、外に一切知られるところがないが、大智禪師義福（六六一～七三六）の門流であるというのであるから、その歿年は八世紀半ばと見て差し支えなく、當時は、生存中であったか、あるいは、その遷化後間もない時期であったと考えてよい。

これらに較べると南宗の慧能（六三八～七一三）の歿年のみが飛び抜けて古いことが注意される。しかも、「今南宗是也」とは、「北宗」の宏正の場合と同様に考えれば、慧能の後繼者が現在も活動していることを念頭に置いた表現と見ざるを得ない。そして、上に見たように、李華は荷澤神會の創始した「南宗」「北宗」「二十九祖」等の概念を用いているのであるから、「南宗」の領袖としての神會の名前を知らないはずがないのである。

つまり、李華は明らかに神會の存在を知りつつ、その名前を擧げることを憚っているのであるが、その理由が、長年の「北宗」批判の結果、神會が罪を負わされて貶逐されていたことにある(37)ことは明白である。當時は、國家權力によって宏正の系統（神會の言う「北宗」）が正統と認められていたのであって、彼らを「傍系」と批判し、慧能系の「南宗」こそが正統の教えだとした神會の主張は公式に退けられていたのであるから、禪宗の系譜の中に神會の名前を擧げることができなかったのである。

しかし、ここで注意せねばならないことは、そのような狀況にあっても、「南宗」「北宗」という神會が創唱し流布せしめた宗派的・思想的枠組みがそのまま受け入れられているということであって、貶逐前における知識人に對する神會の影響力の强さを物語っている。この碑文では、「南宗」と「北宗」は五祖下の分派とされるだけで、その間の優劣については言及がない。しかし、神會の主張をよく知っていたはずの李華が、「北宗」という言葉が貶稱であり、その理由が「漸悟」に止まるものだという點にあることを知らなかったはずがない。ただ、神會の貶逐という大事件の最中であったため、それを仄めかすようなことを書くことができなかったのである。この點から見て、當時の知識人たちは、「南宗」「北宗」の區分のみでなく、そうした價値判斷も含めて神會の思想を受け入れていたと考えるべきであろう。そして、恐らくは、これこそが神秀系の人々に危機感を抱かせ、神會を貶逐へと導いた當のものであったのである。

最後に一言しておきたいのは、晩年の李華の心情と彼の牛頭宗への信奉の關係である。先に見たように、彼は禪宗の中では牛頭宗は傍系であると認めていた。にも拘わらず、彼は、「潤州鶴林寺故徑山大師碑銘」において「弟子嘗聞道於徑山。猶樂正子春之於夫子也」と述べ、徑山法欽の弟子であると自稱している。これは安史の亂のさなか、賊軍に囚われて「鳳閣舍人」の官職を受けたことについて、亂後に罪に問われ「杭州司功參軍」に左遷されたという彼の經歷と密接に關係するものと考えられる。それは、地域的な面から禪宗の正系たる「北宗」に近づけなかったということでは決してなかったであろう。というのは、彼が碑文を撰した法雲も鶴林玄素と同じ潤州に住みながら、「北宗」の普寂の法を江南に傳えた立役者であったからである(38)。

思うに、地方に追いやられ、中央政界に對する失望の中で佛敎に心を寄せていた李華は、自身の境涯と照らし合わせて、中央で權勢を誇り、荷澤神會を貶逐へと追い込んだ「北宗」よりも、一地方勢力に過ぎなかった牛頭宗に對して、より強い親近感を抱いたのではなかったか。そして、それは、中央で華々しい活躍をした玉泉天台よりも左溪の系統を正統とする「故左溪大師碑」の記述にも言えるのではないだろうか。更に言えば、神會が罪に問われた後も、彼の用語を好んで使用したところにも、神會と境遇を同じくする李華の心情が反映されていた可能性も考えなくてはならないであろう。

小結

以上、本節では、李華の「故左溪大師碑」を資料として取り上げ、そこから、八世紀中葉の知識人たちが、佛敎、特に天台宗と禪宗に對していかなる認識を持っていたかを探ってきた。その結果、

1　當時の知識人たちは、天台宗よりも禪宗の方により強い關心を抱いており、特に禪宗内の分派がその活潑な活動を示すものとして注目されていて、天台宗理解にも影響を與えるようになった。

2　禪宗内における分派に關しては荷澤神會が提出した「南宗」「北宗」の區分が、また、インドの傳法の系譜についても神會が晩年に說いた「西天二十九祖說」が廣く知識人たちに受け入れられていた。更に、それに伴って、神會のいわゆる「南頓北漸」の思想も受け入れられていたと考えられ、それが「北宗」の人々に危機感を抱かせ、神會の貶逐へと繫がった。

3　荷澤神會の貶逐によって、知識人たちは、國家權力によって神秀系を正統とする認識を強いられたが、それでも、「南宗」「北宗」という枠組みは捨て去られることはなかった。

等の事實を明らかにすることができた。

當時、神會は貶逐の地、荊州の開元寺にあり、乾元元年（七五八）にそこで遷化したが、その後、弟子たちの顯彰活動の結果、復權を果たし、遂には「第七祖」と公認されるに至った。貶逐中でさえ、「南宗」「北宗」という枠組みは生き續けていたのであるから、神會の復權によって、これは不動のものとなり、更には、「南頓北漸」という思想的位置づけが定說となっていったのも當然と言えよう。かくして、後世の主流となる馬祖道一（七〇九～七八八）、石頭希遷（七〇〇～七九〇）の一派は、自らの系譜を慧能に結びつけざるをえなくなったのである。

「故左溪大師碑」は、佛教史研究の貴重な資料として、これまでもしばしば論及されてきたが、本拙稿で論じたような視點からの研究はなかったように思う。特に、神會の貶逐という佛教界の一大事件の進行中に書かれた本碑文は、當時の天台宗や禪宗に對する知識人の認識や理解を示すだけでなく、佛教と國家權力との關係等についても示唆する點が多いという點は注意されるべきである。

第2節　神會の活躍・貶逐・復權と保唐宗の成立

無住（七一四〜七七四）の歿後、間もなく編輯されたと見られる保唐宗の燈史、『歴代法寶記』には、荷澤神會（六八四〜七五八）への言及や彼の著作からの引用をしばしば認めることができる。また、無住がしばしば强調した「無念」の思想も神會を承けたものと見るべきであって、無住が神會の影響を受けつつ思想形成を行ったことは否定すべくもない。

もっとも、『歴代法寶記』に語られる無住の生涯によると、彼は、修行時代に慧能（六三八〜七一三）の弟子、太原自在（生歿年未詳）に師事することで慧能系の思想に觸れたものの、神會については、「滑臺の宗論」や洛陽における布教等によって、當時、人々の注目を集めていたことを知りつつも、傳え聞いたその言葉から特に學ぶべきものがあるようには思えなかったため、面會しようとはしなかったという[39]。しかし、『歴代法寶記』そのものに上記のように强い影響が窺えるのであるから、實際には、この言葉は事實とは裏腹であって、師事しなかったのは、何らかの形でその思想を十分に理解しうる情況にあったためと見るべきであろう。

その後、無住は蜀に入り、そこから出ることはなかった。『歴代法寶記』の内容から見ても、無住と中原の荷澤宗との關係は、ここでいったん途絶えたようである。しかし、後に論ずるように、無住の晩年には、新たに荷澤宗文獻が蜀に流入するようになったようであり、その影響を『歴代法寶記』に認めることができるが、この時代に無住が荷澤宗の著作から學んだものは初期とは全く異なるものであったようである。

しかし、いずれにせよ、無住は生涯を通じて神會と荷澤宗から絶大な影響を受け續けたのであって、それを端的に示すものが、『歴代法寶記』の冒頭に、本書の異名として掲げられる「師資血脈傳」、「定是非摧邪顯正破壞一切心傳」、「最上頓悟法門」の三つである。(40) 第一の「師資血脈傳」は、『定是非論』の序者の獨孤沛が、神會撰の東土の六祖の傳記を呼ぶ際に用いた名稱、第二も神會の著作『定是非論』を念頭に置いたもの、第三は神會思想の重要タームである「最上乘」と「頓悟」を結合させたものに外ならないのである。

しかし、『歴代法寶記』は、無住の正統化に當たって、神會や荷澤宗の立場だけでなく、蜀で權威を確立していた智詵系の淨衆宗の思想と系譜、布教法をも採用している。この二重性が『歴代法寶記』の最大の特徴となっているのであるが、どうしてこのような二重構造が生じたのか。これは大きな問題である。本拙稿では、荷澤宗文獻の影響が無住の若年と晩年の二度あったとする上記の認識に基づき、無住の生涯を神會や荷澤宗が辿った盛衰の歴史と結びつけることでこの問題を解明し、神會や荷澤宗の活動と思想が禪宗一般に與えた影響の一端を窺おうと思う。

從って、以下においては、時間系列に沿って、無住の生涯と荷澤宗文獻の受容を中心に次の各節に分けて論述することとしたい。

a　無住による中原での荷澤宗文獻の受容
b　無住の入蜀と中原の荷澤宗との關係の途絶
c　無住晩年における荷澤宗文獻の流入と受容

a　無住による中原での荷澤宗文獻の受容

『歴代法寶記』には、次のような無住の前半生が記されている。

「和上鳳翔郿縣人也。俗姓李。法號無住。年登五十。開元年代父朔方展效。時年二十。膂力過人。武藝絶倫。當此之時。信安王充河朔兩道節度使。見和上有勇有列。信安王留充衙前遊奕先鋒官。和上每日自歎。在世榮華。誰人不樂。大丈夫兒。未逢善知識。一生不可虛棄。遂乃捨官宦。尋師訪道。忽遇白衣居士陳楚章。不知何處人也。時人號爲維摩詰化身。說頓教法。和上當遇之日。密契相知。默傳心法。和上得法已。一向絶思斷慮。事相並除。三五年間。白衣修行。

天寶年間忽聞范陽到次山有明和上。東京有神會和上。太原府有自在和上。並是第六祖師弟子。說頓教法。和上當日之時。亦未出家。遂往太原。禮拜自在和上。自在和上說。淨中無淨相。卽是眞淨佛性。和上聞法已。心意快然。欲辭前途。老和上共諸師大德。苦留不放。此眞法棟梁。便與削髮披衣。

天寶八載具戒已。便辭老和上。向五臺山淸涼寺經一夏。聞說到次山明和上蹤由・神會和上語意。卽知意況。亦不往禮。

天寶九載夏滿出山。至西京安國寺崇聖寺往來。

天寶十載從西京至北靈州。居賀蘭山二年。忽有商人曹瓌。禮拜問。和上到劍南。識金和上否。答云。不識。瓌云。和上相貌一似金和上。鼻梁上有靨。顏狀與此閒和上相似。更無別也。應是化身。和上問曹瓌。居士從劍南來。彼和上說何教法。曹瓌答。說無憶無念莫忘。……遂乃出賀蘭山。至靈州出行文。往劍南禮金和上。遂被留。後姚嗣王不放。大德史和上辯才律師惠莊律師等諸大德並不放來。

至德二載十月從北靈出。向定遠城及豐寧。軍使楊含璋處出行文。……和上漸漸南行至鳳翔。又被諸大德苦留不放。亦不住。又取太白山路。入住太白山。經一夏。夏滿取細水谷路。出至南梁州。諸僧徒衆。苦留不住。乾元二年正月到成都府淨衆寺。初到之時。逢安乾師。引見金和上。金和上見非常歡喜。……(41)」

この内容を要約すると、以下の通りである。――無住は鳳翔（陝西省寶鷄市）の人で、姓は李、若い頃に官に就いたが後に職を辭し、在俗のまま慧安（?～七〇八）の在家の弟子、陳楚章（生歿年未詳）に學んだ。天寶年間（七四二～七五六）に到次山明（生歿年未詳）・東京神會・太原自在（生歿年未詳）らの慧能の弟子の噂を耳にし、太原で自在に師事してその推擧のもとで出家した。その後、天寶八載（七四九）に五臺山（山西省忻州市）の清涼寺で夏を過ごし、翌年、長安に行き、安國寺、崇聖寺等に止住した後、天寶十載（七五一）に北靈州（山西省忻州市）の賀蘭山に入って二年間修行したが、その時、曹瓌（生歿年未詳、ソグド人と見られる）という商人から容貌が淨衆寺無相（六八四～七六二）に似ていると聞き、また、その法語に動かされて無相に師事しようと決心した。しかし、姚嗣王（生歿年未詳）らに引き留められ、すぐには出立できなかった。至德二年（七五七）に至って北靈を出發し、諸處で多くの人に引き留められながら、鳳翔、太白山（陝西省）、南梁州（湖南省郡陽市）等を經て、乾元二年（七五九）に成都（四川省）の淨衆寺に入って無相との相見を果たした。

神會の言葉を傳え聞き、師事する必要を感じなかったというのは、上記の傳記に見るように、天寶八載に五臺山で夏を過ごした時のことであるが、一方で『歷代法寶記』は、これ以前から、到次山明、東京神會、太原自在らの評判を聞いていたというのであるから、この記述は、この年に何らかの形でその主張を正確に知る方途を得たことを暗示するものと見てよい。そして、これより前の部分で、開元二十年（七三二）前後に行われたとされる「滑臺

の宗論」の問答をこの天寶八載に繫げて、

「天寶八載中。洛州荷澤寺亦定宗旨。被崇遠法師問。禪師於三賢十聖修行。證何地位。會答曰。涅槃經云。南無純陀。南無純陀。身同凡夫。心同佛心。……」(42)

と引用していることから判斷して、それが『定是非論』等の著作を入手したことを暗示するものであること、また、その時に得た著作の中に『南陽和上頓教解脱禪門直了性壇語』(以下、『壇語』)も含まれていたであろうことは、本書第二章第6節「『壇語』の成立について」で論じた通りである。

獨孤沛が現行本の祖本である『定是非論』を編輯したのは、天寶四載(七四五)の神會の荷澤寺入寺を契機とするものであったと考えられ(本書第二章第1節「『師資血脈傳』の成立と初期の傳承」を參照)、その時期から判斷して、無住が入手したのは、その獨孤沛本『定是非論』であったと考えられる。獨孤沛本『定是非論』は、末尾に附錄として神會撰『師資血脈傳』(現行の石井本『雜徵義』に附載されているものの原本)が附されていたようであるから(第二章第1節「『師資血脈傳』の成立と初期の傳承」を參照)、無住が天寶八載に得た『定是非論』にも、これがあった可能性が強い。

現在傳わる『定是非論』には、文脈を無視して『金剛經』等の般若經典の功德を讃歎する記載が列擧される部分が存在するが、それらは後代の附加と見られている。また、現存する『師資血脈傳』にも、これと呼應するように東土の六祖が傳法に際して『金剛經』を說いたとする記載が見られるうえに、神會の活躍を豫言する慧能の懸記が「滅後四十年外」となっており、滑臺の宗論の時期と合致しないため、これらも後代の書き換えと見られる(本書

第二章第2節「現行本『師資血脈傳』の改換箇所と原形の推定」を參照）。しかし、『歴代法寶記』では、そもそも『金剛經』を特別視するような記載は皆無であり、また、それが掲げる東土の六祖の傳記の中の慧能の懸記も「滅後二十年外」となっていて、「滑臺の宗論」と一致する。[43] 少なくともこれらの點は古形を保つものと言え、『歴代法寶記』が基づいた『定是非論』と『師資血脈傳』が、現行本が成立する以前の古い異本に基づくものであることを示している。このことも無住自身が中原で獨孤沛本『定是非論』を得たとする推定と合致する。

もっとも、後に述べるように、『歴代法寶記』の東土の六祖の傳記には、『師資血脈傳』に見えない新たな説話が大量に書き込まれているが、その中には、最澄（七六七～八二二）や宗密（七八〇～八四一）が傳える各祖師の傳記と共通する點が多いため、その全てを蜀で無住らが新たに創作したとは考えにくい。つまり、これらは、中原の荷澤宗の人々が創作した説話を八世紀後半になって取り込んだと見るべきなのである。つまり、無住は若い頃、中原で『師資血脈傳』の原型に近いものを得ていた可能性が強いが、それだけでなく、晩年、蜀においても、東土の六祖の傳記に關する何らかの荷澤宗文獻を得ていたと考えられるのである。

以上、無住が中原で修行していた時期に、『定是非論』と『師資血脈傳』がセットになったものと『壇語』とを入手していたと見られることを明らかにしたが、それ以外にも、神會の指示で纏められたと見られる『付法藏經』も入手していた可能性が強い。次にこれについて論じよう。

ここでいう「付法藏經」とは、『歴代法寶記』の冒頭に、本書の撰述に際して用いた文獻を、

「案本行經・雜阿含經・普曜經・瑞應經・文殊師利涅槃經・清淨法行經・無垢光轉女身經・決定毘尼經・大佛頂經・金剛三昧經・法句經・佛藏經・瓔珞經・花嚴經・大般若經・禪門經・涅槃經・楞伽經・思益經・法華

經・維摩經・藥師經・金剛般若經・付法藏經・道教西昇經・釋法琳傳・釋虚實記・開元釋教目・周書異記・漢法內傳・尹喜內傳・牟子・列子・苻子・吳書・幷古錄及楊楞伽鄴都故事等。(44)」

と列擧する中に掲げられている「付法藏經」のことである。柳田聖山は、この「付法藏經」を曇曜(生歿年未詳)と吉迦夜(生歿年未詳)が翻譯したとされる『付法藏因緣傳』と同一視するが(45)、それは正しくない。そのことは、『付法藏因緣傳』が「西天二十四祖說」で、第二十四祖の師子比丘が罽賓で彌羅掘王によって殺されることで正法が斷たれたと說くものであるにも拘わらず、『歷代法寶記』は「付法藏經云」として「西天二十九祖說」を掲げていることからも明らかである(46)。實を言えば、第六章「『付法藏經』の編輯とその後の變化」で論じたように、この「付法藏經」とは、最澄が『內證佛法相承血脈譜』(以下、『血脈譜』と略稱)において「西國佛祖代代相承傳法記」と稱するもの、宗密が「祖宗傳記」等と呼ぶものの中の西天の傳記を記した部分、更には田中良昭によって敦煌文書中に發見され、「付法藏人聖者傳」と擬題されたものの原初形態の初期禪宗文獻に外ならないと見られるのである。

『定是非論』に、

「遠法師問。唐國菩提達摩既稱其始。菩提達摩西國復承誰後。又經幾代。答。菩提達摩西國承僧伽羅叉。僧伽羅叉承須婆蜜。須婆蜜承優婆崛。優婆崛承舍那婆斯。舍那婆斯承末田地。末田地承阿難。阿難承迦葉。迦葉承如來付。唐國以菩提達摩而爲首。西國以菩提達摩爲第八代。西國有般若蜜多羅承菩提達摩後。唐國有慧可禪師承後。自如來付西國與唐國。總有十四代(47)。」

とあるように、荷澤神會が初期に説いたのは「西天八祖説」であり、「西天二十九祖説」は晩年の主張であったはずであるが、天寶十二載（七五三）の貶逐前に流布していないと、貶逐中に書かれた李華（七一五～七七四）の「故左溪大師碑」に取り上げられるはずがない（この點については、本章第1節「李華撰「故左溪大師碑」に見る知識人の神會認識」を參照）。つまり、この「西天二十九祖説」はかなり早くに唱えられ、貶逐前には既に社會に廣く受け入れられていたのである。從って、これを體現するものとして作られた「付法藏經」も貶逐前に成立しており、「西天二十九祖説」の流布に寄與したと考えられる。卽ち、無住自身が中原での修行時代に入手し、蜀に持ち込んだ可能性が強いのである。だとすると、その成立は天寶八載（七四九）以前ということになるが、おおよそ天寶六載（七四七）前後と見れば、大過ないであろう。

『付法藏經』の形態は、『付法藏因緣傳』を傳法の部分を中心に抜粋した上で、第二十四祖の「師子比丘傳」において、師子比丘には舍那婆斯という弟子があったとし、師子比丘は彌羅掘王に殺されたが、王はそれを後悔し、舍那婆斯に佛法の再興を命じたとし、更に第二十五祖の「舍那婆斯傳」でもほぼ同様の內容を繰り返し記した上で、その後、教えが、

25舍那婆斯 ― 26優婆掘 ― 27須婆蜜 ― 28僧伽羅叉 ― 29菩提達摩

と傳承され、中國に來た菩提達摩は第二十九祖であると説く、極めて素朴なものであったようであり、『歷代法寶記』の「西天二十九祖説」は、これを受けているのである。

その後、「西天二十九祖説」が「西天二十八祖説」に改められるとともに、特に重要な祖師については、樣々な

増補が行われ、最澄の言う「西國佛祖代代相承傳法記」、宗密の言う「祖宗傳記」等の異本が成立し、その一方で、別の系統の異本において形態上の大きな改編が行われ、また、祖師の一部に變更が加えられて今日傳わる敦煌本『付法藏人聖者傳』が成立したようである。こうした變化については、本書第六章第7節「『付法藏經』から『付法藏人聖者傳』へ」を參照されたいが、このような大幅な改變にも拘わらず、本書は後々まで「付法藏經」と呼ばれたらしく、最澄の言う「西國佛祖代代相承傳法記」は、その異本の別稱、宗密の「祖宗傳記」等の呼稱は、『付法藏因縁傳』と區別するための假稱であったようである。

最澄は、『西國佛祖代代相承傳法記』について、釋迦の家系や傳記、達摩に關する種々の傳承、慧能の歿後における袈裟の入内供養等が記載されていたと説くが(48)、これらが『付法藏經』の原型に既に存在したかは極めて疑わしい。特に慧能に傳わった袈裟の入内に關する説話は、慧能の生前に、袈裟が武后に召し上げられ、入内した智詵に賜ったとする『歴代法寶記』に特徴的な説に發展するもので注目されるが、この説は後に述べるように、明らかに中原の荷澤宗の人々による後世の創作である。從って、これに基づいて成立した『歴代法寶記』の説話、卽ち、武后によって慧能の傳衣が召し上げられ、後年、智詵に下賜されたという説も、無住の最晩年、あるいは歿後の弟子による創作と見ねばならない。

b　無住の入蜀と中原の荷澤宗との關係の途絶

無住が中原で修行をしていたのは天寶年間（七四二～七五六）を中心とする時期であるが、これは正しく、荷澤神會が絶頂期を迎えた後、一轉して失脚し、失意のどん底にたたき落とされた時期に當たっている。卽ち、開元二十年（七三二）の「滑臺の宗論」で注目された神會が宋鼎の歸依を得て洛陽の荷澤寺に入って布教を開始したのが天寶四載（七四五）であり、盧奕の讒言により弋陽に貶逐されたのが天寶十二載（七五三）なのである。[49] こうした狀況から見て、神會の貶逐以前に、無住が神會の活動と思想に注目したのは當然であったと言える。特に注目すべきは、上に言及した無住の傳記において、天寶十載（七五一）に北靈州（甘肅省）の賀蘭山に入って二年間修行した後に、曹瓌の言葉を契機として無相に師事しようと決心したと述べられている點である。これが事實であれば、入蜀を決意したのは天寶十二載、つまり、神會が貶逐された正にその年に當たっている。更にこの年に無相への師事を決心したとしながら、實際に北靈を出發したのは至德二載（七五七）であったというが、安史の亂が勃發して洛陽が叛亂軍の手に落ちたのが天寶十四載（七五五）、長安が陷落したのが翌天寶十五載（七五六）であるから、これらのことを勘案すると、中原での修行中に神會の活動と思想に共鳴していた無住は、正統としての權威を確保しつつあった神會と自らを何らかの形で結びつけようと考えていたが、神會の失脚を機にそれを諦め、更に兩京が陷落し、荒廢する中で、中原に代わる新たな天地を求めて蜀に入ったと見るべきなのである。

神會や自在等の慧能の弟子との關係を利用して中原で自らの地位を確保しようとして果たせなかった無住は、今度は全く知己を持たない蜀において自身の正統化を行わなくてはならなくなった。そこで必要となったのは、當地で權威を確立していた淨衆宗との關係を强調することであった。かくして、無住は無相の後繼者を名乘るようになり、杜鴻漸（七〇八～七六九）との關係を利用するなどして、これを根據づけようとした。

この時點で中原における荷澤宗の動向は、無住にとってほとんど問題にする必要がなくなったようである。というのは、新たに出現した淨覺（生歿年未詳）の『楞伽師資記』に對する對應において、中原の荷澤宗とは全く異なるものが見受けられるからである。

神會の貶逐――つまり、犯罪者としての流刑――という形で指導者を失った荷澤宗の人々は、『楞伽師資記』が出現したことによって動搖し、これに對抗すべく新たな主張を説くに至った。というのは、淨覺は『楞伽師資記』において、神秀（六〇六？～七〇六）と淨覺自身が師事した玄賾（生歿年未詳）とを弘忍（六〇一～六七四）の正統の後繼者に位置付けただけでなく、『楞伽經』を特權化し、『楞伽經』の翻譯者、求那跋陀羅（三九四～四六八）を達摩の師とするなど、特異な主張を説いたからである。そこで、荷澤宗の人々は、これに對抗すべく『金剛經』の絶對化を試みた。先に言及した『定是非論』への『金剛經』等を讃歎する文章の附加、『師資血脈傳』の各祖師の傳記に書き加えられた『金剛經』による傳法の記事等がこれであり（本書第二章第3節「『師資血脈傳』改變の時期と理由」を參照）、また、『六祖壇經』で慧能が語る自敍傳において、弘忍に弟子入りする契機が『金剛經』であったとするのもこの影響である。(50) 更に言えば、敦煌本『六祖壇經』に見られる弘忍の唯一の後繼者としての慧能の强調や『六祖壇經』自體の絶對化もこの展開と見做すべきである。

ここで注目されるのは、中原の神會の弟子たちは、『楞伽師資記』に示された淨覺の立場に批判的な眼差しを向けていたにも拘わらず、それを名指しして批判することはなかったということである。これは指導者が貶逐された中で、皇帝權力が集中する中原において他者を批判すること、特に長安の大寺、大安國寺に住した著名な僧、淨覺を直接に批判することが憚られたためと考えられる。

中原の荷澤宗はこのように『楞伽師資記』に批判的な態度を採った一方で、それからの影響も蒙っていた。『師資血脈傳』の各祖師の傳記の冒頭に附された「承〇〇大師後」という句が『楞伽師資記』から導入されたものであることは既に論じた通りである（本書第二章第3節「『師資血脈傳』改變の時期と理由」を參照）。更にこれとは別に、敦煌本『六祖壇經』には、

「大師遂喚門人法海・志誠・法達・智常・智通・志徹・志道・法珍・法如・神會。大師言。汝等十弟子近前。汝等不同餘人。吾滅度後。汝［等］各爲一方師。吾教汝［等］説法。不失本宗。(51)」

というように、慧能に十大弟子があったとする主張が認められるが、これは明らかに『楞伽師資記』で初めて提起された、

「又曰。如吾一生。教人無數。好者竝亡。後傳吾道者。只可十耳。我與神秀論楞伽經。玄理通快。必多利益。資州智詵白松山劉主簿。兼有文性。華州惠藏隨州玄約。憶不見之。嵩山老安。深有道行。潞州法如韶州惠能揚州高麗僧智德。此竝堪爲人師。但一方人物。越州義方。仍便講説。又語玄賾曰。汝之兼行。善自保愛。吾涅槃後。汝與神秀。當以佛日再暉。心燈重照。(52)」

という「弘忍の十大弟子」の説の展開であって、彼らが『六祖壇經』を制作する頃、卽ち七六五～七七〇年頃には、(53)『楞伽師資記』の主張であっても、その中の魅力的な説については、それを採用する餘裕も出てきたことを示している。(54)ただ、「弘忍の十大弟子」そのものへの言及はなく、影響を蒙ったことを明示するのを避けているように見受けられる。

これに對して『歴代法寶記』の立場は全く異なるものであった。『歴代法寶記』では、次のように淨覺を名指しする形で『楞伽師資記』の問題點を糾彈している。

「有東都沙門淨覺師。是玉泉神秀禪師弟子。造楞伽師資血脈記一卷。妄引求那跋陀三藏爲第一祖。不知根由。惑亂後學云。是達摩祖師之師。求那跋陀自是譯經三藏。小乘學人。不是禪師。譯出四卷楞伽經。非開受楞伽經與達摩祖師。達摩祖師自二十八代首尾相傳。承僧伽羅叉。後惠可大師親於嵩高山少林寺。問達摩祖師承上相傳。自有文記分明。彼淨覺師妄引求那跋陀稱爲第一祖。深亂學法。法華經云。不許親近三藏小乘學人。求那跋陀三藏譯出四卷楞伽經。名阿跋陀寶楞伽經。魏朝菩提流支三藏譯出十卷。名入楞伽經。唐朝則天時。實叉難陀譯出七卷楞伽經。已上盡是譯經三藏。不是禪師。竝傳文字教法。達摩祖師宗徒禪法。不將一字教來。默傳心印。[55]」

その一方で、「弘忍の十大弟子」については、次に示すように二箇所でこれに言及しており、積極的に採用している。

「又云。吾一生教人無數。除惠能餘有十爾。神秀師。智詵師。智德師。玄賾師。老安師。法如師。惠藏師。玄約師。劉主簿。雖不離吾左右。汝各一方師也。[56]」

「忍大師當在黃梅憑茂山日。廣開法門。接引群品。當此之時。學道者千萬餘人。其中親事不離忍大師左右者。唯有十人。竝是昇堂入室。智詵。神秀。玄賾。義方。智德。惠藏。法如。老安。玄約。劉主簿等。竝盡是當官領袖。蓋國名僧。各各自言爲大龍象。言爲得底。乃知非底也。

忽有新州人。俗姓盧。名惠能。年二十二禮拜忍大師。忍大師問。汝從何來。有何事意。惠能答言。從嶺南來。亦無事意。唯求作佛。大師知是非常人。也大師緣左右人多。汝能隨衆作務否。惠能答。身命不惜。何但作務。

遂隨衆踏碓八箇月。大師知惠能根機純熟。遂默喚付法。及與所傳信袈裟。即令出境。[57]」

『歴代法寶記』は、無住が天寶九載（七五〇）に長安の安國寺に身を寄せたことを記すが、そこに住していたはずの淨覺については言及されない。このことから見て、その頃はまだ『楞伽師資記』は流布していなかったのであろう。私見に據れば、淨覺は『楞伽師資記』を早くに撰述したが、その內容があまりに特異であったため、批判を恐れて公開を憚り、その流布は八世紀半ばと見られる淨覺の死後に持ち越されたようである。[58]『歴代法寶記』に據れば、無住は天寶九載の內に長安を離れており、乾元二年（七五九）の正月に成都に入った後は、蜀を出なかったようであるから、これは無住自身が中原で得たものではなく、蜀に定住した後に中原から流入したものを參照したと考えるべきであろう。七六五～七七〇年頃に長安で成立したと見られる敦煌本『六祖壇經』に『楞伽師資記』の影響が窺える以上、その頃には『楞伽師資記』は中原では廣く流布していたはずであり、『歴代法寶記』が書かれた七八〇年頃には蜀でも流通していたと考えるのは不自然ではない。つまり、『歴代法寶記』の『楞伽師資記』への批判や、それに基づく敍述は無住の晩年以降の立場を示すものと見られるのである。中原の荷澤宗が淨覺への直接的な批判を避けたのに對して、『歴代法寶記』が淨覺を名指しで批判できたのは、時間的、空間的に生々しい現實から隔たっていたことが大きかったであろう。

要するに、指導者を失った中原の荷澤宗は『楞伽師資記』の出現によって動揺し、『定是非論』や『師資血脈傳』に『金剛經』に關わる書き込みや改變を施し、更には『六祖壇經』を生み出したのであったが、『歴代法寶記』にはそうした荷澤宗の動向の影響は全く窺えないのであって、このことは無住の入蜀以降、しばらくの間、中原の荷澤宗、あるいは荷澤宗文獻との關係が途絶えたことを示すものと見ることができる。先に述べたように、蜀では、中原で確たる地位を失った荷澤宗よりも、當地で教權を確立していた淨衆宗との關聯づけの方が急がれたのである。

c　無住晩年における荷澤宗文獻の流入と受容

このように神會の失脚によって無住と荷澤宗との關係はいったんは斷たれたのであったが、その後、中原では荷澤神會の復權という、無住の思いも寄らなかった事態が起こった。卽ち、乾元二年（七五九）、無住が成都に入った正にその年に李巨（?～七六二）が中心となって神會の遺體を荊州から龍門に運び、更に四年後の寶應二年（七六三）には神會の墓所に敕命で寶應寺が建てられ、大曆五年（七七〇）には寶應寺に「眞宗般若傳法之堂」の額を、大曆七年（七七二）には神會の墓塔に「般若大師之塔」の額を賜ったのである。その後も長安に進出した神會の弟子、慧堅（七一九～七九二）によって長安の招聖寺を中心に様々な形で慧能と神會の顯彰が行われ、慧堅の碑文、徐岱撰「唐故招聖寺大德慧堅禪師碑銘幷序」に據れば、貞元年間（七八五～八〇五）には經典翻譯に「鑒義」として參與し、また、德宗の誕生日に禁中で說法を行い、更に、敕命により佛法の邪正を論じ、南北兩宗の是非を定めたという。これは旣に無住の歿後のことであるが、『歷代法寶記』の編纂中も中原の荷澤宗によって嫡々と慧能と神會の正統化が推し進められていったことが分かる。(59)

この期に及んで、無住は、自己を正統化する方策として、入蜀以降、自らが强調してきた淨衆宗との關係だけでなく、自らを荷澤宗の傳統と接合する必要を感じたはずである。こうして慧能に傳わった傳衣が武則天によって召し上げられ、それが智詵に下賜され、その後、

資州德純寺智詵 ― 資州德純寺處寂 ― 成都府淨衆寺無相

という淨衆宗の系譜に沿って傳承され、更に無相から「成都府大暦保唐寺無住」へと與えられたとする說が唱えられるに至ったのである。

この說は、先に言及したように、これ以前に荷澤宗において慧能の歿後に傳衣が召し上げられたとする說が存在したことを前提としたものである。卽ち、『唐韶州曹溪寶林山國寧寺六祖惠能大師傳法宗旨幷高宗大帝敕書兼賜物改寺額及大師印可門人幷滅度時六種瑞相及智藥三藏懸記等傳』（以下、『曹溪大師傳』と略稱）においては、上元二年（七六一）に廣州の節度使の韋利見と僧行滔が袈裟の入内を奏上し、肅宗の敕許を得て乾元二年（七五九）に入内が實現し（この點、記年に混亂が見られる）、代宗の永泰元年（七六五）、敕命で曹溪に返却されたとされ[60]、また、最澄の『血脈譜』が引く『西國佛祖代代相承傳法記』が、

「漢地相承祖師六代。傳達磨衣爲信。至能大師息不傳。今現在曹溪塔所。乾元年中奉孝義皇帝索此衣。入內供養。嶺南不安。節度使張休奏索衣。敕依奏還衣本處。其塔所放光明。使司重奏。有敕詞耀讚大師道德矣[61]。」

と述べるのがそれである。

これらは、慧能の歿後に袈裟が召し上げられて宮中で供養された後、返却されたと說くものであるが、袈裟の入内が同じく乾元年間（七五八～七六〇）に置かれていることから判斷して、荷澤宗內で傳衣の入內が主張されるようになったのは、早くて七六〇年、恐らくは、それから數年は降るものと見るべきである。そして、『歷代法寶記』は、この入內供養の時期を慧能の生前に移し、更に、それが曹溪には返却されずに智詵に下賜されたと改めることで、袈裟によって證明される正統性が荷澤宗ではなくて淨衆宗に移行し、更にその正統性を承け繼ぐのが無住に外

ならないと主張するわけである。

ここには皇帝權力を自らの正統化に利用しようとする姿勢が窺われるが、『歴代法寶記』では、これ以外にも、しばしば六代の祖師と國家・皇帝との關係が强調されている。例えば、道信や弘忍は時の皇帝から敕召があったにも拘わらず、それを斷った等の說話がそれである。[62]この場合も、道信への敕召は、最澄が『血脈譜』で引く『付法簡子』に、

「敕請再三。辭疾不應。振刀刎首。劍折無創。令王仰信矣。[63]」

と見え、また、宗密の『圓覺經大疏鈔』巻三之下の「道信第四」の割註に、

「居雙峯敕召。雖病再取頭。任斫云云。[64]」

と見えるから、既に中原の荷澤宗内で行われていたものであるが、弘忍への敕召には言及がなく、『歴代法寶記』の段階で道信への敕召を眞似て新たに創作されたものと見られる。

傳衣の入內供養や道信への敕召等の說話は、皇帝權力によって東土の六祖を權威づけんとしたものであるが、こうした皇帝權力への接近は神會の復權と荷澤宗の正統化のために慧堅らの中原の荷澤宗の人々が積極的に行ったものであり、これらも彼らによる創作と見られるが、無住や弟子らによる傳衣說の改變や祖師傳の改變は、その延長線上にあるものと言える。このことは、無住の晩年以降、再び中原の荷澤宗の影響を受けるようになったことを示

すものである。

その影響は蜀に流入した荷澤宗文獻によるものと見られるが、その文獻が何であったかは明らかでない。『歴代法寶記』に、『曹溪大師傳』や『付法簡子』、『圓覺經大疏鈔』と重なる記述がしばしば見えることは既に指摘した。その外では、『歴代法寶記』の「達摩多羅傳」は、

インドからの佛陀耶舍派遣 ↓ 中國への渡來と武帝との問答 ↓ 北地にわたって後の菩提流支による殺害 ↓ 慧可・道育・尼總持の三人による得法 ↓ 隻履歸天說話 ↓ 武帝による碑文の撰述

という構成を採っているが[65]、菩提流支による殺害以外は『血脈譜』の「菩提達磨」、「後魏達磨和上」、「北齊慧可和上」の各項が引く『西國佛祖代代相承傳法記』と『付法簡子』の內容[66]とそのまま重なっていることは注目すべきである。また、『歴代法寶記』は慧能の傳記を前半生と後半生とに分けて述べるが、後半生の部分では、いわゆる「風幡問答」によって印宗に見出されて出世を遂げたとされている[67]。これについても、共通する內容を『曹溪大師傳』と『圓覺經大疏鈔』卷三之下に見ることができる[68]。

つまり、東土の六祖の傳記において、七八〇年前後に成立した『歴代法寶記』には、七八一年に成立した『曹溪大師傳』や、七七〇年前後に成立したと見られる『付法簡子』『西國佛祖代代相承傳法記』等の荷澤宗文獻と共通する點が多く認められるのである[69]。これは、それらに共通するソースがあったことを示すものであり、『歴代法寶記』のこれらの記述が、その成立をあまり遡らない頃に得た荷澤宗の何らかの文獻に基づいて書き込まれたことを示唆するものである。それがいかなるものであったかは不明である。ただ、東土の六祖の傳記全般に關わる記述を

有していたのであれば、それは荷澤神會原撰の『師資血脈傳』に荷澤宗で作られた各種の說を書き加えて增補したものであったのではないかと疑われる。

いずれにせよ、ここで注目すべきは、この時點で、蜀において十年以上にわたって自らを正統化するために利用してきた淨衆宗の系譜より、荷澤宗の系譜の方が上位に置かれたという點である。そのことは、上に引いた『歷代法寶記』の「弘忍の十大弟子」への言及において、淨衆宗の祖である智詵を十大弟子に含めつつ、荷澤宗の祖である慧能を弘忍の後繼者として、それとは別枠に扱っていることによって知ることができる。中央における國家による慧能の「六祖」公認への動きは、それほどにまで大きな意味を持ったのである。また、それは、若い頃から神會の活動と思想に注目していた無住にとってみれば、自らの思想のルーツを再確認する行爲でもあったのであろう。

小結

上に見たように、無住による荷澤宗文獻の受容は中原における修行時代と入蜀後の晩年の二度にわたって行われたが、それぞれが神會の全盛期と弟子による神會の復權期とに當たっていることは注意されるべきである。神會の全盛期に無住が神會の強い影響を承けたのは當然であり、それに基づいて無住は自らの獨自の思想を形成していったわけだが、その後、神會の貶逐によって荷澤宗が存立の基盤を失うと、荷澤宗との關係を完全に打ち棄て、蜀に入って當地を地盤とする淨衆宗との關係を構築することによって自らを正統化しようと努めた。しかし、その後、慧堅らの神會の弟子の活動によって慧能と神會が中央で復權を果たすと、蜀に流入した荷澤宗文獻に基づいて、その主張を新たに導入することによって、自身の正統性を搖るぎないものにしようとした。かくして、『歷代法寶記』では、荷澤宗の主張と保唐宗の主張とが複合され、しかも、荷澤宗の系譜が淨衆宗の系譜より上位に置かれることになったのである。

本拙稿によって無住の思想と行動そのものが中原における神會や荷澤宗の活動に左右されたものであったことが明らかになったが、このことは、安史の亂後の八世紀の後半においても、中央の禪宗の動向が、なおも地方に大きなインパクトを與えていたことを示すものと言える。その點から言えば、慧堅らの活動によって慧能が第六祖、神會が第七祖と公認された後、中原の荷澤宗の衰退に乘じて、神照（七七六～八三八）や宗密（七八〇～八四一）らの荷澤宗の別派が中央に進出し、また、馬祖道一（七〇九～七八八）や石頭希遷（七〇〇～七九〇）の一派が、自らの系譜を六祖慧能に結びつけ、その正統を承け繼いだと主張したのも、當時としては、當然の成り行きであったと言えるのである。

むすび

以上、李華と無住という同時代の著名人の眼に映じた神會の姿を探ってきた。取り上げたのは二人に過ぎないが、それでも神會の活動と貶逐が弟子たちのみでなく、社會に廣範な影響を與えたことを窺うことができた。

從來の禪宗史研究は、餘りに思想を重んじすぎており、文獻から窺われる思想の分析に終始し、人々が禪のような新しい思想や神會のような個性的な人物に對して感じた魅力、更には、そのような人物が國家から排除されたことに對する當惑、それを見据えての今後の自分の活動への再考など、當時の人々が當然抱いたであろう人間的な諸問題を十分に捉えようとしてこなかったように思える。

本章で試みたような研究を個別に繰り返すことで、當時の人々が禪をどのように捉えていたのかをヴィヴィッドな形で再構成することが、禪が次第に人々の支持を集め、遂には佛教界の覇者となりえた理由を明らかにするために重要であろう。

註

（1）宗密『圓覺經大疏鈔』巻三之下「神會第七」：續藏一-一四-三、二七七b。

（2）河内昭圓の「李華年譜稿」（『眞宗總合研究所紀要』一四、一九九七年）一三頁では、「この年に懸ける積極的な理由はない」としながらも、李華左遷直後の乾元元年（七五八）に配している。しかし、後に述べるように「蘭若和尚碑」の成立がこの碑に先だつとすれば、その成立時期はもう少し遅いのではないかと疑われる。

（3）天台宗史研究の立場から、この碑文に論及した主要なものとして、以下のものがある。
大久保良順「唐代に於ける天台の傳承について」（『日本佛教學會年報』一七、一九五二年）
關口眞大「禪宗と天台宗との交渉」（『大正大學研究紀要』四四、一九五九年）
長倉信祐「堪然の『金剛錍』撰述の背景をめぐる一試論——李華の『顥執狐記』を視點として」（『天台學報』特別號〈國際天台學會論集〉、二〇〇七年）
同　『左溪玄朗における初期禪宗諸師との交渉——李華の『故左溪大師碑』を中心に」（『佛教文化學會紀要』一七、二〇〇八年）
同　『李華撰『故左溪大師碑』をめぐる諸問題」（『印度學佛教學研究』七〇-一、二〇二一年）

（4）禪宗史研究の立場からの主要なものに以下がある。
柳田聖山『初期禪宗史書の研究』（法藏館、一九六七年）
同　『禪佛教の研究』（法藏館、一九九九年）
程　正「二十九祖説考（一）」（『駒澤大學大學院佛教學研究會年報』三六號、二〇〇三年）

（5）前掲「左溪玄朗における初期禪宗諸師との交渉——李華の『故左溪大師碑』を中心に」九六～九八頁を參照。

（6）本章の第1節は、既發表の論文、「李華撰「故左溪大師碑」に見る知識人の佛教認識」を改訂したものであるが、その原論文のこの主張に對する批判として書かれたのが長倉信祐の前掲論文、「李華撰『故左溪大師碑』をめぐる諸問題」である。筆者が、ここで述べているのは、李華の敍述が玄朗や弟子たちの認識をどの程度反映しているかを明示できない以上、その內容を直ちに天台宗の人々の思想として論じることは危險であるから、李華という當時の一知識人の佛教認識として把握するのが穩當だという意味であり、今から見ても、これは全く妥當な見解であると考える。もし、これを否定したいのであれば、長倉氏は「故左溪大師碑」が玄朗や弟子たちの思想に基づいて記載した箇所を明示すべきであるが、氏の論述は曖昧で要領を得ない。

氏は、自身の論文が「伊吹氏の重視されていない本碑銘のタームに着目し湛然の禪宗批判の視點から問題提起を行う」ものであると述べ、

①「李華が本碑銘に「傅大士を宣揚し、その六世の孫の玄朗を高く評價し」たこと。
②「楞伽の法を相傳した初期禪宗四派へ言及し」たこと。
③「禪師と大師の尊稱を意圖的に使い分けた」こと。

の三つによって、「李華は湛然の初期禪宗批判を知悉し本碑銘の撰述に反映させたと言える」と言う。しかしながら、

①碑銘においてその家系に言及し、その中に著名な人物がいればそのことに言及するのは、碑銘を書くときの常套手段であって、少しも珍しいことではない。
②そもそも禪宗が『楞伽經』に基づくとする認識は正しいものではないが、『續高僧傳』と『楞伽師資記』によって廣まり、當時、一般の知識人の共有するものとなっていた。
③「禪」という言葉に特別な意味を持たせた禪宗以外では、「大師」という尊稱の方が上位に置かれたのは當然であり、玄朗に連なる祖師たちを「大師」と呼ぶことには何の問題もない。

等のことを勘案すると、これらは佛教に關心を持つ知識人においては、特に取り上げるまでもない常識的なことで、どうしてこの三つから湛然の思想がそこに反映されていると主張できるのか全く理解に苦しむ。そもそも、この碑銘には多くの弟子の名前が列擧されており、湛然はその中の一人に過ぎない。本碑銘の性格は、神會の依頼によって王維が書いた慧能の碑文とは根本的に異なるのである。從って、假にその內容に玄朗やその門下の思想の反映が認められるとしても、それは彼らの總意、あるいは最大公約數的なものであって、湛然という一人の人物の思想の反映ではあり得ない。

更に氏は、李華が禪の系譜を天台の系譜に先立って掲げたこと等を根據に、筆者が「當時の知識人たちにとって、禪宗の方が天台宗よりも遙かに大きな存在であったことが推せられる」と述べたことに對しても批判的な態度を採っているようであるが、系譜の前後關係の意味についての自らの見解を十分に述べないままに、論點を「大師」「禪師」という呼稱の問題に移しており、筆者のこの見解のどこに問題があるというのか明確ではない。

(7)　李華「故左溪大師碑」:『全唐文』三二〇。
(8)　ここから窺える李華の思想は、最澄のそれに非常に近いと言えるが、最澄の弟子、光定（七七九～八五八）が『傳述一心戒文』の「承先師命顯菩薩僧文」において、この「故左溪大師碑」の「至梁魏間。有菩薩僧菩提達磨禪師」の部分を引用していることは（比叡山專修院附屬叡山學院『傳教大師全集 巻一』世界聖典刊行協會、一九八九年、五六七頁）、この碑文が最澄に與えた影響を窺わしめるものである。
(9)　伊吹敦「「東山法門」の人々の傳記について（下）」（『東洋學論叢』三六、二〇一一年）九八～一〇一頁を參照。
(10)　張說「大通禪師碑銘」:『全唐文』二三一。
(11)　李邕「大照禪師塔銘」:『全唐文』二六二。
(12)　下に引く鶴林玄素の碑文、「潤州鶴林寺故徑山大師碑銘」（『全唐文』三二〇）に見える言葉。
(13)　李華「蘭若和尙碑」:『全唐文』三一九。
(14)　前掲「唐代に於ける天台の傳承について」九〇頁、徐文明「天台宗玉泉一派的傳承」（『佛學研究』一九九八年期）を參照。

（15）　李華の「蘭若和尙碑」に、
　「中宗聞之。將以禮召。時宏景禪師在座。啓於上曰。此人遙敬則可。願陸下不之强也。」（『全唐文』三一九）
とあり、惠眞に先だって宏景の入内があり、それが惠眞の入内供養に繫がったことを推せしめる。

（16）　もっとも、この「蘭若和尙碑」の撰述年は全く不明であるが（前掲「李華年譜稿」三〇頁を參照）、もしも「故左溪大師碑」以降であれば、當然、左溪玄朗に至る天台の系譜に言及したはずである。

（17）　李華撰「法雲禪師碑」に次のように述べられている。
　「自菩提達摩降及大照禪師。七葉相乘。謂之七祖。心法傳示。爲最上乘。南方以殺害爲事。北方多豪右犯法。故大通在北。能公在南。至慈救滑。曲無不至。」（『全唐文』三二〇）
　この碑文の成立時期ははっきりしないが、河內昭圓は法雲の歿年の大曆元年（七六六）に配當している（前掲「李華年譜稿」一二五頁）。

（18）　李華撰「潤州鶴林寺故徑山大師碑銘」に次のように述べられている。
　「初達摩祖師傳法。三世至信大師。信門人達者曰融大師。居牛頭山。得自然智慧。信大師就而證之。且曰。七佛敎戒。諸三昧門。語有差別。義無差別。群生根器。各各不同。唯最上乘。攝而歸一。涼風旣至。百實皆成。汝能總持。吾亦隨喜。由是無上覺路。分爲此宗。」（『全唐文』三二〇）
　この碑文の成立について、河內昭圓は、法欽を「徑山長老」と呼んでいるから、大曆の初めに代宗の入內供養を受け、「國一大師」の稱號と「徑山寺」の寺號を賜った後、つまり、大曆二年（七六七）以降と見ている（前掲「李華年譜稿」一二六頁）。しかし、これは國家から正式に寺號を認められたことをいうのみで、この時に初めて「徑山」という名稱が用いられたというわけではないであろう。李吉甫（七五八〜八一四）による法欽の碑文「杭州徑山寺大覺禪師碑銘幷序」では、法欽がここに住したのは、師の鶴林玄素の「逢徑則止。隨汝心也」という言葉に從ったものとされているのであって、彼が、ここから自分の住地を「徑山」と呼んだというのは自然である。また、もしこの河内の主張を認めるなら、河内自身が乾元元年（七五八）に配する「故左溪大師碑」にも「今徑山禪師承其後也」とあるから、その成立も大曆二年以降と見なくてはならなくなるはずである。

(19) 神會『師資血脈傳』「達摩傳」：楊曾文『神會和尙禪話錄』（中華書局、一九九六年）一〇三頁。

(20) 劉澄集『雜徵義』：前掲『神會和尙禪話錄』六七頁。

(21) 神會撰・獨孤沛編『定是非論』：前掲『神會和尙禪話錄』三一頁。

(22) 同上：前掲『神會和尙禪話錄』三三～三四頁。

(23) 編者未詳『歷代法寶記』：柳田聖山『初期の禪史Ⅱ』（禪の語錄3、筑摩書房、一九七六年）五九頁。

(24) 賈餗「大悲禪師碑銘」：『全唐文』七三一。

(25) これは、伊吹敦「敦煌本『壇經』の形成――惠能の原思想と神會派の展開」（『アジアの思想と文化』四、一九九五年）一七〇～一七二頁、同「最澄が傳えた初期禪宗文獻について」（『禪文化研究所紀要』二三、一九九七年）一九四頁等において、筆者が夙に主張していたものであるが、近年發見された、民國四十八年（一九五九）の胡適の手稿「記曹溪寶林傳的僧璨大師章裏的房琯碑文」においても既に同樣の主張が述べられている。

(26) 柳田聖山は、前掲の『初期禪宗史書の研究』において、このことについて次のように述べている。

「南宗を擧げるのに、特に璨禪師を數えるのは、天寶時代に於ける神會の墓塔顯彰運動を反影するものと思われ、璨を五世として直ちに能禪師に至るとするのも、此の運動の重みを示すもののようである。」（一三七頁）

具體性を缺くが、これは、恐らく、筆者が以下に述べようとすることを意圖したものであろう。

(27) 智炬『寶林傳』「僧璨章」：田中良昭『寶林傳譯注』（內山書店、二〇〇三年）四三二頁。

(28) いわゆる「傳衣說」が荷澤神會の創唱であることはよく知られている。一方、「禪經序」に基づいて西天の系譜を說くことは、神會以前に杜朏の『傳法寶紀』にも見え、荷澤神會はこれに觸發されて『定是非論』で「西天八祖說」を唱導したと考えられるが、『傳法寶紀』が、釋迦―阿難―末田地という系譜を說くものだったのに對して（柳田聖山『初期の禪史Ⅰ』禪の語錄2、筑摩書房、一九七一年、三三六頁）、神會は『定是非論』で、釋迦―迦葉

―阿難―末田地という系譜を説いた（前掲『神會和尚禪話録』三三～三四頁）。この相違の理由は、前者が『達摩多羅禪經』の「慧遠序」に據り、後者は本文中の敍述に據ったところにあったのであるが、何故か神會も「禪經序」に據るとしてこの系譜を擧げている。これについて、田中良昭は『敦煌禪宗文獻の研究　第二』（大東出版社、二〇〇九年、三一八～三二一頁）において、後者を本文内の序文に當たるとして「本文序」と呼び、その相違を基づいた序文の相違に歸している。しかし、神會が本文中の系譜に關する部分を「序文」と認識していたかは疑問であって、それよりは、『傳法寶紀』に倣って「據禪經序中具明西國代數」、あるいは「一如禪經序所説」と記したものの、「慧遠序」の記載が十分でなかったために、實際には本文中の系譜を引いたと考える方が穩當であろう。そして、このことは、神會の思想がいかに多く『傳法寶紀』に依存するものであったかを示すものでもある（これについては本書第四章第1節「東山法門を正統な佛教と位置づける言説」も參照）。いずれにせよ、この三祖の碑文の説は明らかに後者と一致しており、神會の主張に沿ったものである。

(29) 智炬『寶林傳』「僧璨章」：前掲『寶林傳譯注』四三五頁。

(30) 『雜徵義』に荷澤神會と「給事中房綰」との問答が載せられているが（前掲『神會和尚禪話録』九四頁）、この「房綰」は「房琯」の誤りであろうから、問答の內容が事實かどうかは問題であるものの、少なくとも兩者の間に何らかの交流があったことは認めてよいはずである。

(31) 智炬『寶林傳』「僧璨章」：前掲『寶林傳譯注』四四〇～四四一頁。

(32) これは明らかに杜朏撰『傳法寶紀』に、

「璨定惠齊朗。深學日至。緣化既已。顧謂弟子道信曰。自達摩祖。傳法至我。我欲南邁。留汝弘護。因更重明旨極。遂與定公南隱。後覺不知其所終矣。」（前掲『初期の禪史Ⅰ』三七二頁）

とあるのを念頭に置いたものである。神會の『師資血脈傳』が基本的には『傳法寶紀』をベースにするものであることについては、本書第三章第1節「『師資血脈傳』「達摩傳」～「弘忍傳」の編輯過程」を參照されたい。

(33) 現行本の『師資血脈傳』は、石井本『雜徵義』の末尾に附載されているが、もともと獨立した文獻として別行していたと考えられる。しかも、現行本には神會歿後の改變が含まれており、原形のままではない。これについては、本書第二章第2節「現行本『師資血脈傳』の改換箇所と原形の推定」、第3節「『師資血脈傳』改變の時期と理由」を參照されたい。

(34) 神會『師資血脈傳』「僧璨傳」：前揭『神會和尙禪話錄』一〇六〜一〇七頁。

(35) これについては、獨孤及撰「舒州山谷寺上方禪門第三祖璨大師塔銘」(『全唐文』三九二)、竝びに「舒州山谷寺覺寂塔隋故鏡智禪師碑銘幷序」(『全唐文』三九〇) 等を參照。特に、後者には、

「其後信公以敎傳宏忍。忍公傳惠能神秀。能公退而老曹溪。其嗣無聞焉。秀公傳普寂。寂公之門徒萬人。升堂者六十有三。得自在慧者。一曰宏正。正公之廊廡。龍象又倍焉。或化嵩洛。或之荊吳。自是心敎之被於世也。與六籍侔盛。」

と述べられており、荷澤神會への對抗心が露骨に現れている。

(36) 伊吹敦「神秀の受戒をめぐって」(『禪文化硏究所紀要』三一、二〇一一年) 六七頁。

(37) 神會の貶逐については、本章の冒頭に引いた宗密 (七八〇〜八四一) の『圓覺經大疏鈔』卷三下「神會第七」の文章によって、天寶十二載 (七五三) に弋陽郡に移された後、同年中に武當郡に、更に翌年には襄州へと移されたことが知られる。また、一九九二年にその存在が報告された神會の塔銘、「大唐東都荷澤寺歿故第七祖國師大德於龍門寶應寺龍首腹建身塔銘幷序」(「第七祖國師身塔銘」) によって乾元元年 (七五八) の五月十三日に「荊府開元寺」で遷化したことが知られる (これは、正しく李華が左遷された年に當たる)。一方、左溪玄朗が遷化したのは、「故左溪大師碑」によって、天寶十三載 (七五四) の九月十六日と知られ、李華がこの碑文を書いたのは、それから數年内のことであろうから、李華がこの碑文を書いた時、神會は配流先の荊州の開元寺にいたか、そこで遷化した直後のことであったと考えられる。神會が完全に復權を遂げるのは、寶應二年 (七六三) に敕命で神會の墓所に寶應寺を建てた時と見做すことができるが、「故左溪大師碑」は神會の名前を憚って擧げないのであるから、それ以前の撰述と考えるべきであろう。

(38) 李華撰「法雲禪師碑」（『全唐文』三二〇）には、「與鶴林絢律師偕往嵩潁。求法於大照和尙。以心眼視。徹見無邊界。果在掌中。隨心舒卷。喩菴羅熟。終當自知。此其端也。道其兼愛。故無棄物。有志於道來問。長老曰。飮甘露者。當淨其身。有涉道未宏來問。長老曰。菩提爲寶耶。無知無德。涅槃爲空耶。常樂我淨。由是江表禪教有大照之宗焉」と記されている。
(39) 編者未詳『歷代法寶記』「無住傳」：前揭『初期の禪史Ⅱ』一六八頁。
(40) 同上「標題」：前揭『初期の禪史Ⅱ』三七頁。
(41) 同上「無住傳」：前揭『初期の禪史Ⅱ』一六八～一六九頁。
(42) 同上：前揭『初期の禪史Ⅱ』一五五頁。なお、これは前揭『神會和尙禪話錄』の『定是非論』で言えば、二四頁以下の取意による引用である。
(43) 同上「慧能傳」：前揭『初期の禪史Ⅱ』九九頁。
(44) 同上「冒頭」：前揭『初期の禪史Ⅱ』三九頁。
(45) 前揭『初期の禪史Ⅱ』四八頁の「付法藏經」に對する注。
(46) 編者未詳『歷代法寶記』：前揭『初期の禪史Ⅱ』五九頁。
(47) 神會撰・獨孤沛編『定是非論』：前揭『神會和尙禪話錄』三三～三四頁。
(48) 伊吹敦「『內證佛法相承血脈譜』の編輯過程について――初期禪宗文獻が最澄に與えた影響」（『東洋思想文化』九、二〇二二年）を參照。
(49) 神會の活躍と貶逐、歿後の復權に關しては、本書第一章第7節「神會の生涯に關するいくつかの問題點」、並びに伊吹敦「「東山法門」と國家權力」（『東洋學研究』四九、二〇一二年）四二三～四一六頁等を參照。
(50) 伊吹敦「『六祖壇經』の成立に關する新見解――敦煌本『壇經』に見る三階敎の影響とその意味」（『國際禪研究』七、二〇二一年）二六～二八頁を參照。
(51) 敦煌本『六祖壇經』：楊曾文『敦煌新本 六祖壇經』（上海古籍出版社、一九九三年）五六頁。

(52) 淨覺『楞伽師資記』「弘忍傳」：前掲『初期の禪史Ⅰ』二七三頁。
(53) 前掲「『六祖壇經』の成立に關する新見解――敦煌本『壇經』に見る三階敎の影響とその意味」を參照。
(54) 宗密の『圓覺經大疏鈔』には、弘忍の十大弟子への言及が認められるが、これをそれ以前に中原の荷澤宗の人々が『楞伽師資記』の說を取り入れていたのを承けたものと見做しうるかは問題である。というのは、宗密は、『圓覺經大疏鈔』の達摩傳で「金剛楞伽相當」と言い、兩者を總合しようとしているが、このような說を中原の荷澤宗が採用したはずはなく、宗密自身が直接『楞伽師資記』から影響を受けて新たに唱えた說である可能性が強いからである。從って、『圓覺經大疏鈔』の弘忍の十大弟子への言及についても、中原の荷澤宗の立場とは區別すべきであろう。
(55) 編者未詳『歷代法寶記』：前掲『初期の禪史Ⅱ』五九～六〇頁。
(56) 同上「弘忍傳」：前掲『初期の禪史Ⅱ』九二～九三頁。ここでは「義方」が脫落しているが、これは書寫の際の不備で、元來は含まれていたと考えるべきである。『初期の禪史Ⅱ』九七頁の柳田の註を參照。
(57) 編者未詳『歷代法寶記』「慧能傳」：前掲『初期の禪史Ⅱ』一二二頁。
(58) 本書第二章第3節「『師資血脈傳』改變の時期と理由」、並びに伊吹敦「「東山法門」の人々の傳記について（下）」（『東洋學論叢』三六、二〇一一年）九八～一〇一頁等を參照。
(59) 前掲「「東山法門」と國家權力」を參照。
(60) 編者未詳『曹溪大師傳』：駒澤大學禪宗史研究會『慧能研究――慧能の傳記と資料に關する基礎的研究』（大修館書店、一九七八年）五四～五七頁參照。
(61) 最澄『血脈譜』：前掲『傳敎大師全集　卷一』二〇四頁。
(62) 編者未詳『歷代法寶記』「道信傳」「弘忍傳」：前掲『初期の禪史Ⅱ』八六頁、九二頁。
(63) 最澄『血脈譜』：前掲『傳敎大師全集　卷一』三一〇頁。
(64) 宗密『圓覺經大疏鈔』「道信第四」：續藏一‐一‐一四‐三、二七七a。

(65) 編者未詳『歴代法寶記』「達摩多羅傳」：前掲『初期の禪史Ⅱ』六七～六九頁を參照。

(66) 最澄『血脈譜』「菩提達磨」「後魏達磨和上」「北齊慧可和上」：前掲『傳教大師全集　巻一』、二〇三～二〇七頁。

(67) 編者未詳『歴代法寶記』「慧能傳」：前掲『初期の禪史Ⅱ』一二二～一二三頁。

(68) 編者未詳『曹溪大師傳』：前掲『慧能研究―慧能の傳記と資料に關する基礎的研究』三七～四二頁。宗密『圓覺經大疏鈔』巻三之下「慧能第六」：續藏一―一―一四―三、二七七a～b。

(69) 『付法簡子』『西國佛祖代代相承傳法記』の成立時期については、伊吹敦「『付法簡子』と『西國佛祖代代相承傳法記』の史的意義」（『東洋學研究』五九、二〇二二年）を參照。

第九章　神會の「北宗」批判の史的意義

先行研究と問題の所在

神會の活動で最も重要なものは、もちろん、その「北宗」批判であるが、これをどのように理解すべきかについては、いまだコンセンサスが得られていない。そのため、その動機を普寂に對する神會の私憤に求めるというような極端な見解も一部で行われているが、そのような個人的感情に基づく行動であれば、「聚衆」と譏言されるほど多くの弟子を集め得たとは思えないし、貶逐先で歿した後も多くの人々の協力をによって復權を遂げるなどといったことが成し遂げられたりするはずがないのである。

もちろん神會は極めて個性的な人物であり、その人間的な魅力が人を動かしたということはあったであろう。しかし、いかに魅力的な人物であっても、その時、その場に相應しい行動を取らなければ大きな成果を得ることはできなかったに違いない。從って、神會個人の問題も重要ではあるが、それよりも先ず注目しなければならないのは、神會にそのような行動を取らせた、禪を中心とする當時の思想界の狀況であろう。つまり、私見によれば、この問題は、傳來以來、長年に亙って形成されてきた中國佛敎の性格、新たに出現した禪宗の特殊性、そして、その兩者の接觸による軋轢といった廣い視野から考えるべきものなのである。そのように考える時、神會の「北宗」批判は、正しくそうすべき人が、そうすべき時に、その使命を果たしただけだと言えるかもしれないのである。

こうした見方から初期禪宗史の展開を捉えようとした人は、これまで一人もいなかったように思う。恐らくそれは、客觀的な史實の解明ではなく、個人の「史觀」の投影に過ぎないと見られてきたからであろう。しかし、もともと禪思想や禪宗史の研究は價値觀という主觀的なものから逃れうるはずはないし、もし逃れ得たとしても、その時點でその研究は人間にとって無意味なものへと頽落してしまうであろう。そこで、筆者は、本書を締め括るに當たって、中國佛教一般の性格と「東山法門」の特殊性、禪宗の兩京への進出の意味、その後の「東山法門」の變化等に關する私見を明らかにしたうえで、それらと關係づけながら神會の「北宗」批判の史的意義について自分なりの考えを述べておくことにしたい。

第1節　「東山法門」の特質と中原進出

a　東山法門の立脚點、あるいは、「都市佛教＝國家佛教」vs.「山林佛教＝アウト・ロー佛教」

古代インドでは、歴史的に統一王朝が稀れであったこともあって、宗教は國家を超えた存在であった。佛教が宗教として高度の普遍性を持つのも、こうしたインド社會の反映と見做すことができる。一方、中國の社會はインドとは正反對といってよいほど違っている。古くから統一王朝が形成され、皇帝の權力は絶大であった。そのため、帝國の統治が最大の關心事であり、すべての思想は、これを中心に展開されたのである。

古代には「諸子百家」が輩出したが、漢代に最終的に國家理念として採用されたのは孔子に始まる儒敎であった。その特色は、皇帝權力をそのまま肯定した上で、皇帝に倫理の遵守を求めるところにあった。特に孟子は、「天」

の思想を强調し、易姓革命の理論を說いて、皇帝の德の重要性を强調したが、漢代の「天人相關」思想の流行によって、皇帝權力は神祕化され、無限大にまで擴大されることになった。

從って、中國に佛敎が入ってきても、それをインドのような形で捉えることができなかったのは當然である。佛敎の布敎者たちは、自身、積極的に權力者に近づこうとしたし、一方、權力者たちも、その價値を認めつつも佛敎を國家體制の中に組み込もうとした。こうして、唐代には、道僧格、僧官制度、僧綱制度、試經度僧制度などによって、佛敎は完全に國家によって管理され、國家體制を補完するものとなっていたのである。

國家佛敎は必然的に帝都や各地の主要都市を中心に國家の庇護のもとで榮えたが、一方で、こうした國家佛敎に飽き足らない人々も數多くいた。彼らは山林を住みかとし、遊行生活を送りながら頭陀行を實踐し、命がけで「悟り」の獲得を目指した。私見によれば、こうした人々の傳統と價値觀を承け繼ぎつつ、一箇所に定住することで大敎團を形成したのが、道信（五八〇～六五一）・弘忍（六〇一～六七四）の師弟による「東山法門」なのである。[1]

東山法門では、「悟り」の獲得が絕對の目的とされ、そのために有效な生活規範と種々の修行法が案出され、獨自の修行生活が營まれていた。私見によれば、その內容は次のようなものであった。[2]

1　彼らの生活は、社會から隔絕された山林で營まれたため、傳統的國家佛敎において僧侶の地位を確保するために重要な意義を持つ度牒や戒牒の有無は、ほとんど問題にされず、「悟り」の有無だけが重視された。

2　彼らの間では、出家・在家の別がほとんど意味を成さなかったため、勞働を忌避するという發想そのものが存在せず、共同生活の基盤は、相互扶助の精神に基づく勞働（作務）に置かれていた。

3　敎團の修行生活を維持するためにも作務は不可缺であったため、その意義が强調され、日常の修行生活と

「悟り」とが不可分であるとする「頓悟」の思想を育んだ。

4 そのため、出家のみを對象とし、また、勞働を否定する「戒律」（小乘戒）はほとんど價値を失い、それに代えて出家・在家に通用する大乘戒（菩薩戒）が重んじられ、また、その精神に基づく、戒律とは異なる獨自の生活規範が定められた。

5 その生活規範は「悟り」を得ることを主眼としたし、また、修行法として、「念佛」や「坐禪」、「遠方を看る」等の觀法が實踐されたが、これらは、實際に弟子を指導する過程で有效性が確認されたものであったため、多くの修行者が容易に「悟り」を實體驗することができた。

6 そこで、弟子の「悟り」の程度を確認するための方法が必要となり、『楞伽師資記』に記載される「指事問義」等の方法が考え出され、その「悟り」が眞正なものと認められれば、弟子は印可を得て布教が許された。

こうした「東山法門」のあり方は、皇帝の庇護下にある「都市佛教＝國家佛教」の對極にあるものであり、正しく都を離れた湖北の「山林」においてのみ成り立ちうる、國家非公認の「アウト・ロー」的なものであったと言える。ところが、「東山法門」が「悟り」を得る「方便」に優れているという名聲が高まると、いつまでも僻地の山中にとどまることは許されなくなった。こうして、弘忍の弟子たちは、好むと好まざるとに關わらず、中原に進出することになったのである。

道信や弘忍の存在は既に道宣（五九六～六六七）の『續高僧傳』（正確には『後集續高僧傳』）によって中原でも知られていたが、彼らの思想が中原に知られるようになったのは弘忍門下の若き俊英、法如（六三八～六八九）が嵩山の少林寺で開法を行ったことに始まる。彼の存在と主張は多くの修行者の注目するところとなったが、その早すぎる死によって、その布教は終わりを告げた。その後、その空白を埋めるために、慧安（?～七〇八）や神秀（?～七〇六）らの弘忍門下の長老たちの入京が實現し、彼らは「帝師」として朝野の尊敬を集めることとなったのである。特に神秀は百歳に近い高齢であり、武則天から肩輿にのって入内を認められるなど、異例の扱いを受け、「兩京法主。三帝國師」と呼ばれて尊ばれた。こうした特別な處遇の前提として、兩京の在家の知識人たちが擧って「東山法門」の教えを高く評價し、禪師たちを皇帝に推薦したという事實があったことは間違いない。では、どうして中原の知識人たちは「東山法門」に飛びついたのであろうか。

b　中原における在家修行者の出現

中原の「東山法門」の信奉者たちは、基本的には全て弘忍の弟子たちの入京を契機として入門したと考えてよいが、彼らについて注意しなければならないのは、次の二つの類型を區別する必要があるということである。

第一類型：「東山法門」の傳統を承け繼ぐ非僧非俗の修行者

第二類型：中原で「禪ブーム」が起こった後に信奉者となった人々

兩者は、完全にその性格を異にしており、一緒に論ずることはできない。歴史的に見ても、第一類型の居士は、七世紀の末に中原に禪が流入した最初期に一時的に出現したもので、八世紀以降は第二類型の居士が主流となった。第一類型の代表は、侯莫陳琰（六六〇～七一四）と陳楚章（生歿年未詳）である。侯莫陳琰には、崔寬（生歿年未詳）撰「六度寺侯莫陳大師壽塔銘文幷序」（以下、「侯莫陳大師壽塔銘」と略稱）が残されており、また、彼の著作『頓悟眞宗金剛般若修行達彼岸法門要決』（以下、『要決』と略稱）の序文でもその生涯に觸れられており、それらによって彼の傳記の一端を知ることができる。それらによれば、姓は「侯莫陳」、諱は「琰」、或いは「琰之」で顯慶五年（六六〇）に長安で生まれた。永隆元年（六八〇）以降、二十年以上にわたって嵩山で修行生活を送り、慧安と神秀に師事し、神秀から印可と「智達」という法名を與えられた。その後は、洛陽、長安、山西、河北などで布教を行い、淨土教徒の改宗等も行ったようである。出家の弟子には、壽塔を建てた汲縣（河南省）六度寺の「比丘尼無上」、「比丘尼導師」という二人の尼僧のほか、「重瑩」という僧侶があり（いずれも生歿年、傳記等未詳）、在家の弟子としては、「侯莫陳大師壽塔銘」を撰述した崔寬、『要決』の序文を撰した劉無得のほか、裴炯、崔玄哲、田普光らがあった（いずれも生歿年、傳記等未詳）[3]。彼の著作『要決』は敦煌文書中に、チベット譯を含む多くの異本を傳え、かなり廣く流布したことが窺われ、その思想には荷澤神會と共通する點が確認でき、神會にも影響を與えたことが窺える[4]。

以上が侯莫陳琰の傳記の概要であるが、ここで注目すべきは、在家でありながら、

1　二十年以上にわたって嵩山で修行生活を送った。
2　神秀の印可を得て布教活動に從事し、僧俗の弟子を指導した。
3　弟子からは「大師」と呼ばれ、その墓も出家と同じく「塔」と呼ばれた。
4　『要決』という著作を殘し、神會を初めとして禪宗全體に大きな影響を與えた。

等の特異な活動を行ったということである。後世の禪宗では、こうしたことは到底ありえないことであるが、上記の「東山法門」の特質を考えれば、少しも不可解ではないことが知られよう。つまり、侯莫陳琰は、神秀や慧安が傳えた「東山法門」の傳統をそのまま承け繼いだに過ぎなかった。侯莫陳のあり方は、正しく湖北の「東山法門」に集まった修行者たちと何ら異ならないものであったのであるが、唯一、彼が異なるのは、「東山法門」の兩京への流入という新たな状況の中で、長安出身でその活動も中原が中心であったということのみなのである。

侯莫陳は第一類型の居士の典型と言えるが、同様のことは陳楚章（生歿年未詳）についても言える。彼については、『歴代法寶記』等によって、慧安の弟子であり、在家でありながら「頓教」を説き、「維摩詰の化身」と呼ばれて尊ばれ、保唐寺無住（七一四～七七四）の思想形成に大きな影響を與えた人物であったことが知られる[5]。彼の場合も、東山法門の修行者の本來のあり方を踏襲したものと見てよい。

弘忍の弟子たちの多くが正式の出家ではなかったことは、法如が嵩山の少林寺に入った時點ではいまだ得度受戒しておらず、人々にその存在が知られるに至って、洛陽の高僧、惠端（生歿年未詳）らによって得度受戒が行われ、その後に初めて開法を行ったことからも窺い得るが[6]、最も有名なのは慧能（六三八～七一三）の例であって、よく知られているように、慧能は、弘忍に入門後、東山法門において「行者」と呼ばれて脱穀に從事したとされ、また、印可を得た後も、一定の期間、隱遁生活を送り、印宗（六二七～七一三）に見出されて初めて得度受戒を遂げて開法を行ったとされている。ジョン・マクレー（John McRae, 一九四七～二〇一一）は、この傳承を逆説的に解釋して、慧能は無學で邊疆出身であったために作務を強いられたのであって、神秀のように教養のある他の修行者たちが勞働に從事していなかったことを逆に暗に示すものだと主張したが[7]、それは全く正しくない。何故なら、その神秀も「東山法門」において修行していた頃はいまだ正式な出家ではなかったと考えられるからである[8]。つまり、弘忍の弟子の多くも、開法のために正式な僧侶となる以前は、侯莫陳琰や陳楚章と全く同じ立場であったと見ることができるのである。

しかしながら、こうした事態は「都市佛敎＝國家佛敎」の立場から見れば、大變な問題であったであろう。なぜならそれは、「山林佛敎＝アウト・ロー佛敎」の中原への進出を許したことになるからである。このような佛敎が兩京で繁榮することは、やがて「都市佛敎＝國家佛敎」の破壞を招きかねないと見られたとしても不思議ではない。かくして、「東山法門」の「都市佛敎＝國家佛敎」への取り込みが企てられることになるのである。

c　國家による「東山法門」の「國家佛敎」化とそれへの抵抗

中原に進出することによって、上に見たような「東山法門」のあり方は、當然のことながら變更を餘儀なくされた。つまり、兩京の巨大寺院に住むだけで、

1　立場を異にする僧侶たちと生活の場を同じくするため、從來の生活規範と修行法が維持できなくなった。
2　特に大乘戒中心の生活規範を小乘戒中心の生活規範に改める必要が生じた。
3　兩京に住む出家・在家の知識人を布敎の主な對象とすることになった。

といった變化を強いられたのである。

立場を異にする僧侶との協調への壓力は、皇帝の庇護のもとにある「都市佛敎＝國家佛敎」への同化を迫られたということを意味する。また、在家の知識人たちの多くは官人であり、儒敎的な國家觀を共有する人々であった。

從って、彼らの支持を得るためには、當然のことながら、そうした價値觀を認めざるを得なかった。また、出家であれ、在家であれ、彼らの多くは、「東山法門」に集った修行者とは異なり、その教えについての豫備的知識を持っておらず、彼らの從前からの佛敎觀を出發點として、東山法門の思想や實踐法を一から敎える新たな布敎法を考える必要もあった（これが、いわゆる「開法」である）。つまり、一言で言うなら、東山法門は、山中から出て社會化することによって、皇帝權力への協調を強いられたのである。

しかも、彼らが「帝師」として遇された點にも大きな問題點が含まれていた。先に述べたように、初めて「帝師」となったのは、慧安であったが、その後、皇帝は、東山法門の代表者を「帝師」として處遇するようになった。「帝師」の地位は、弘忍の直弟子の間で、神秀→慧安→玄賾と受け繼がれ、直弟子が全て入寂すると、今度は、神秀の弟子の普寂（六五一〜七三九）と義福（六五八〜七三六）によって引き繼がれた。彼らのうち、神秀は初めて「大通禪師」の諡號を受け、彼の弟子、普寂と義福も、それぞれ「大照禪師」「大智禪師」の諡號を賜った。いずれも「帝師」としての功績が前提となって諡號を授けられたのである。

法如・神秀・慧安の弟子たちは、師が入寂、あるいは入内等のために移住するたびに他の門下に移っている。これはこれまで通りの指導を行うことが不可能となったためと見られるが、法如の例に見られるように、弟子の移動に當たって、師が何らかの助言を行うといったことは、當然、あったはずである。

ここで注目されるのは、神秀や慧安の弟子が、しばしば慧能のもとに移っているという事實である（これについては本書第七章第5節「慧能傳に關する二、三の問題」を參照）。このことから見て、神秀や慧安が慧能を高く評價していたことは間違いないであろう。卽ち、神秀や慧能においては、後世言われるような南北二宗の對立などは全く存在しなかったのである。從って、慧能は、神秀や慧安とは異なり、敕召に應じようとしなかったが、それにはそれなりの意義があり、それを神秀や慧安も認めていたと考えるべきであろう。ではその意義とは何か。思うに、それは、國家權力から「東山法門」の立場を守るために慧能の存在が必要であったのである。

法如の中原進出によって、「東山法門」は兩京の知識人たちにあまねく知られるようになった。その結果、慧安や神秀は皇帝から敕召を受けることになった。このこと自體は、「東山法門」の權威を高からしめるものとして、必ずしも否定的に捉えるべきものではなかったが、「東山法門」を代表する指導者が、宮中、あるいは兩京に留め置かれることによって、弟子の指導に大きな支障をきたすことになったという點は大きな問題であった。

「東山法門」は、そもそも「山林佛敎＝アウト・ロー佛敎」として成立し、獨自の生活規範と修行法を持っていたため、都市の既存寺院では、それをそのまま行うことは困難であった。神秀や慧安の入内のたびに、修行途上の弟子が他の弘忍の弟子の門下に移ったのはそのためと見るべきである。更に、神秀の入内の後、慧安が宮中から身を引き、嵩山、次いで荊州に移ったのも、弟子の指導の場を確保するためであったと考えることができる。恐らく、神秀が「帝師」を努め、慧安が弟子の指導に當たるといった形で、二人の閒で役割分擔が決まっていたのである。つまり、彼らは、「帝師」として入内することの意義も、それに伴う問題點もよく理解していたのである。

こうした中で慧能が敕召を斷ったのは、彼が、神秀や慧安と同樣、「東山法門」の本質、入京が抱える問題をよく辨えていたためであろう。神秀や慧安にとっても、兄弟弟子がそうした立場を守ることは歡迎すべきことであったはずである。それ故、入内に際して自らの弟子を慧能のもとに行かせたのであろう。つまり、彼らの閒では、「山林佛敎＝アウト・ロー佛敎」に發する「東山法門」獨自の價値觀を維持しなければならないという強い意志が共有されていたのである。

入京や「帝師」となることが弟子の指導の支障となったにしても、皇帝による敕召がある一人の人物に對して行われた偶發的なものにとどまれば、さほど問題にはならなかったかもしれない。しかし、實際には、敕召は極めて計劃的に行われたと考えることができる。卽ち、（最初の偶發的な慧安の入内を除けば、）神秀の入寂が差し迫ると慧能に對して敕召が行われ、それを斷った慧能の代わりに慧安が入内し、慧安の入寂が差し迫ると再び慧能に敕召が行われ、慧能が再び拒絶したため、玄賾に對して敕召が行われている（これについては、本書第七章第4節「神會による改變と史實としての慧能傳」を參照）。つまり、

（慧安→）神秀→慧能（拒絶）→慧安→慧能（拒絶）→玄賾

と、弘忍の存命中の弟子のうち、年長のものから順に敕召が行われているのであって、東山法門の指導者を皇帝の身邊に置こうとする國家の意圖を、そこにはっきりと看て取ることができるのである。(9) 皇帝（國家）は、「東山法門」の指導者に對して敕召を行うことで、「東山法門」に對する人々の尊敬を自らに取り込もうとしたのであるが、「山林佛敎＝アウト・ロー佛敎」から出發した「東山法門」のあり方を考える時、その行爲は、「都市佛敎＝國家佛敎」から距離を置こうとする「東山法門」を體制内に組み込もうとする企てに他ならなかったと言うべきである。

つまり、弘忍の弟子たちは、高まる國家權力の壓力の中、協力して「東山法門」の思想的立場を守り抜こうとしたわけであるが、そうしたことが可能であったのは、彼らの思想の基礎に、「東山」、卽ち雙峰山で培った「山林佛敎＝アウト・ロー佛敎」の傳統があったためであろう（「東山」と「雙峰山」「憑茂山」との關係については、本書第三章第1節のｅ「弘忍傳」の項を參照）。しかし、彼らの弟子や孫弟子の時代になると、事情は替わらざるを得なかった。(10)

第2節　慈愍三藏慧日の禪宗批判と普寂の方針轉換

a 「禪ブーム」の興起

中原において禪の人氣がいよいよ高まり、「禪ブーム」と呼べるような狀況になったのは、普寂と義福の時代であったようである。慈愍三藏慧日（六八〇～七四八）は、『淨土慈悲集』において、その樣子を次のように描寫している。

「又諸禪師。勸諸道俗自內求佛。不假外佛爲善知識者。亦應不假禪師敎導。自解看心。然禪師者。卽是凡夫。都無證解。令諸道俗奔波奉事。愛過父母。悲泣雨淚。捨命求乞一言。何不令內求遣外求耶。設使得者。浮淺之言。不足可觀。」(11)

この意味は、

「また、禪師たちは道俗の弟子に「自分の內部に佛を求め、外部の佛を善知識とするな」と勸めているが、それならば、禪師の敎えも必要とせず、（弟子たちは）自分で看心の修行ができるはずではないのか。禪師たちは單なる凡夫で、悟りなど全く持ち合わせていない。それなのに道俗の弟子たちは爭うように禪師に奉事し、その愛情たるや父母にも優るほどである。彼らは淚を流して懇願し、命に代えても禪師の言葉を一言でも聞こうと望んでいるが、（禪師たちは）どうして內に求め、外に求めないように（彼らを）指導しないのか。たとえ（彼らが）禪師の言葉を聞き得たとしても、淺はかなものに過ぎず、取るに足らない。」

というもので、一般大衆が禪師たちをいかに熱狂的に崇拜していたかを窺うことができる。

ここには禪宗の信奉者たちを揶揄しようとする意圖が感じられるが、『淨土慈悲集』の彼らに對する描寫からは、彼らが熱心に禪修行を行っていたことを慧日自身がよく知っていたことが分かる。慧日に言わせれば、そのように熱心に修行しようと、その教えそのものが閒違っているから徒勞に終わるしかないというのである。

このように一般大衆から熱狂的な支持を得ることができたのは、東山法門の指導者を「帝師」として奉った國家政策が大いに關わっていたであろう。上の尊ぶものを下も尊ぶというのは、洋の東西を問わず、廣く見られることである。つまり、皇帝權力が「山林佛教＝アウト・ロー佛教」を國家の枠組みの中に取り込もうとして特別に處遇したことが、いよいよその人氣を高め、繁榮へと導いたのである。かくして、普寂や義福の時代に「東山法門」の權威の確立を告げる、『傳法寶紀』や『楞伽師資記』といった「燈史」が初めて編輯されることになったのである。特に杜胐（生歿年未詳）の撰述した『傳法寶紀』は成立と同時に廣く流布し、祖統による「東山法門」の正統化等の點で荷澤神會に大きな影響を與えた。

慧日の述べるような禪への熱狂は、信奉者たちの墓誌銘からも窺うことができる。[12] 例えば、慕容相の夫人（六八七～七四二）の墓誌銘には、師の普寂が入寂して嵩山に葬られたので、居ても立ってもいられず、塔を禮拜するために都と嵩山との閒を强行軍で往來したため、病を篤くして亡くなったと記されている。慧日の描寫が必ずしも揶揄でも誇張でもなかったことが知られよう。

更に墓誌銘からは、在俗の弟子たちが禪師の教えを守り、習禪に精進した樣子も窺うことができる。例えば、普寂に師事した眞如海（六七七～七四一）の墓誌銘には、

「夫人深悟因緣。將求解脫。頓味禪寂。克知泡幻。數年閒滅一切煩惱。故大照和上摩頂受記。號眞如海。徒然哉。非夫得明月珠不取於相。則何以臻此。(13)」

と述べられているが、この意味は、およそ次のように解することができよう。

「夫人は深く因果の理を理解し、解脱を求めようとした。そして、直ぐに禪體驗を得て、（世界が）泡や幻のごときものであると知った。數年の內に全ての煩惱を消し去ったため、故大照和上（普寂）は（夫人の）頭を撫でて記別を授けて、「眞如海」という法號まで授けられたのである。これは竝み大抵のことではない。明月珠（のような悟り）を得て、見せかけなどに囚われなくなったのでなければ、どうしてここまで至り得ようか。」

特に女性の場合、眞如海のように何年閒も熱心に禪の修行に勵み、その結果、師から「悟り」を認められ、法名を與えられる者も多かったようである。恐らく、その理由は、東山法門では、もともと出家在家を區別しなかったから、在家にも出家と同じように「悟り」の可能性を認めていたし、現實に「悟り」に關しては男女差が認められなかったためであろうが、こうしたことは從來の佛敎では考えられないことであった。

彼女らの禪理解が非常に深いものであったことは確かである。現に、墓誌銘からは、彼女らが修行によって陶冶

された人格によって家人を氣遣い、また、自らの得た「悟り」によって、子供や夫の死などの直面する困難を克服し、自らの死をも當然のものとして靜かに受け入れていった様子を窺うことができる。女性信者が特に目立ったのは、彼女らの視野がほぼ家庭内に限られており、人間關係に由來する感情的問題がその關心の中心を占めていたが、その苦惱の解決を禪が與えたためと見ることが出來る。また、習禪に專念する時間を確保することが比較的容易であったことも關係していたであろう。

b　慈愍三藏慧日の禪宗批判と普寂の方針轉換

このように「禪ブーム」が盛り上がる中で、當代を代表する高僧によって、禪を嚴しく批判する書物が著わされた。それが慧日の『淨土慈悲集』である。問題はその成立時期であるが、本書第四章第5節「神會の修正主義的主張と「北宗」批判の由來」で論じたように、開元二十年（七三二）に行われた「滑臺の宗論」の內容を中心に纏められた『菩提達摩南宗定是非論』（以下、『定是非論』と略稱）に『淨土慈悲集』の影響が窺えるので、その成立は、慧日の歸國した開元七年（七一九）から開元二十年の間と知られるが、普寂と義福が敕命で洛陽の敬愛寺と福先寺に住したのが開元十三年（七二五）で、これ以降が二人の全盛期となるから、『淨土慈悲集』の成立は、七二五～七三〇年の間であり、恐らくは、開元十四年（七二六）前後と見てよいであろう。

慧日は淨土教家であったため、自力によって悟り得ると主張し、極樂往生の價値を否定した禪宗が許せなかったのであるが、一方で、彼らの主張が傳統的な佛教からいかに逸脫しているかを强調して、他宗の人々の同意を得ようとしている。先に見たように、東山法門の存在は、國家が管理する舊來の佛教とは全く價値觀を異にするものであったから、傳統的佛教を奉ずる人々から批判が起こるのはむしろ當然であり、慧日の批判は、それを代辯するものでもあったのである。

『淨土慈悲集』の禪宗批判は、慧日がインドから歸國した後、中原で禪僧たちの様子を見聞し、また、普寂の影響下に制作された「北宗禪」の綱要書である『觀心論』を讀んで、その思想を理解したうえで書かれたものである。彼は、禪師たちの主張を、

Ⅰ-1　萬物を空虛で虛妄なものと觀ぜしめる「看淨」なる修行法を唱道する。

Ⅰ-2　それ故、經典や佛にすら執われてはならない（誦經や念佛も不要）と主張する。

Ⅰ-3　「禪定」によって「看淨」を實現することを究極の「悟り」と見做す。

Ⅰ-4　「禪定」のみが修行すべき「無爲法」であるとする。

Ⅰ-5　「禪定」以外の全て、例えば、波羅蜜行や寫經、造像、寺院の建立などは、執着に基づく「有爲法」に過ぎないから、解脱には全く役立たないと説く。

等と紹介したうえで、インド以來の正統的な佛敎思想に基づいて、以下のような批判を浴びせている。

Ⅱ-1　禪宗の人びとが「禪定」を「無爲」だと言っておきながら、その實踐を勸めるのは、「無爲」という言葉の意味からして矛盾であるし、「禪定」自體、「六波羅蜜」や「三學」の一部であるのに、他を無視して「禪定」のみを特權化せんとするのは理に合わない。

Ⅱ-2　禪定以外の修行法も、全て緣起的存在として存在しているのだから、假に有漏・有爲であっても、解脱

に近づくという結果を齎す。從って、その價値を否定するのは理に合わない。
Ⅱ-3 禪宗の人びとの說く「看淨」の境地など、單なる「無記心」に過ぎず、「悟り」などでは斷じてない。

更に、その批判は禪宗の人々の生活態度にも及び、

Ⅲ-1 戒律を保つことが嚴格でない。
Ⅲ-2 經典をしっかりと學ばないために、自分勝手な發言をする。
Ⅲ-3「禪定」を强調するのに、自らの禪修行もおざなりである。

等と批判している⑭。

慧日の批判は、インド佛敎以來の傳統的な立場からすれば全て正しいものであるが、問題は、「東山法門」がそうした傳統を乘り超えた新しい思想であり、それが當時の人々に熱狂的に受け入れられた理由であるという點である。慧日が今現に興起しつつある新しい思想潮流に氣づいていない以上、彼の批判を聞いても潮流のただ中で熱狂している人々は動かされることはなかったであろう。しかし、慧日の批判は、禪宗の當事者にとっては致命的な意味を持つものであった。當代を代表する高僧による批判であったからである。

しかし、普寂にこれに反論する術はなかった。慧日の主たる批判對象の『觀心論』は、普寂が自らの思想を纏めさせた綱要書であったから、その思想や用語に傳統的國家佛敎からの乖離があることついて言い逃れをすることはできなかったし、傳統的な佛敎の立場から見れば、彼らが戒律遵守や經典學習に對して眞摯でなかったことは事實

であった。しかし、「東山法門」の立場に立って自らを肯定する主張をすれば、國家の佛教管理政策を眞っ向から否定するものと見られても仕方がなかったのである。

そこで普寂は、禪の「悟り」を「無記心」に過ぎないとする批判や、「禪」のみを「無爲」とする理解に對する批判については、そのまま放置して反論せず、一方で、菩薩戒のみでなく戒律も重視するように方針を改め[15]、また、禪體驗に基づく特異な經典解釋（「心觀釋」[16]）を導入することによって經典尊重と禪思想との兩立を圖った。普寂の戒律觀については、弟子の道璿（七〇二～七六〇）が日本で撰述した『註菩薩戒經』に、菩薩戒を究極としつつも、小乘戒もその一部として同等の價値を持つという主張が述べられていることから窺うことができるし[17]、「心觀釋」の進展は、『大乘無生方便門』系の諸本から窺うことができる[18]。また、彼らは、兩京の巨大寺院で布教を行う一方で、長安郊外の終南山、洛陽郊外の嵩山にも據點を構え、自分と弟子たちの修行の場を確保するようになったが、これは兩京では「都市佛教＝國家佛教」に從い、終南山と嵩山では「山林佛教＝アウト・ロー佛教」の傳統に從うという形で兩立を圖ったものと見ることができる。

第3節　神會の「北宗」批判とその挫折

本節での議論の基礎となる事實認識等については、既に第一章の第7節「神會の生涯に關するいくつかの問題點」や第四章「「北宗」との對比に見る神會説の獨創性とその由來」において述べたので、そちらを參照して頂くこととし、ここでは本章で問題にしている「都市佛教＝國家佛教」vs.「山林佛教＝アウト・ロー佛教」という視點に基づいて、神會の思想形成、「北宗」批判、洛陽に入った後の思想的變化、貶逐等の意味について私見を明らかにすることとしたい。

a　神會の思想形成と「北宗」批判

本書で論じたように、神會の思想形成については、

Ⅰ-1　神會の思想は、禪體驗等の認識において『傳法寶紀』『要決』『大乘無生方便門』などと重なる點が多い。從って、その基本思想は「東山法門」の傳統を受けたもので、神秀や慧能の門下において修得したものである（本書第四章「「北宗」との對比に見る神會説の獨創性とその由來」を參照）。

Ⅰ-2　しかし、「西天・東土の祖統」によって「東山法門」や「南宗」を正統化しようとする思想や「一代は一人に限られる」という思想、「頓悟」の强調等は、神秀や慧能に由來するものではなく、北地に移住した後、『傳法寶紀』や『要決』等から取り込んだものである（本書第三章「『師資血脈傳』に見る『傳法寶紀』の影響」、第四章「「北宗」との對比に見る神會説の獨創性とその由來」、第五章「神會による「如來禪」「西天八祖説」の提唱とその後の變化」等を參照）。

Ⅰ-3　神會が唱えた獨創的な主張の多くは、「傳衣説」や「慧能の碑文の磨改」等、「南宗」を「東山法門」の正統と位置づけるために唱えられた虛誕であって、多くの人が神會に魅了された理由は、それが非常に新鮮なものに見えたところにあった（本書第四章「「北宗」との對比に見る神會説の獨創性とその由來」を參照）。

Ⅰ-4　「一代は一人に限られる」という思想を採用したのは、弘忍門下で達摩以來の正しい教えを承け繼ぐ者

は慧能一人であるという主張を正當化するためであったが、それには慧能自身がそれに相應しい人物であることを示す傳記がなければならなかった。こうして「第六祖」としての慧能傳が創作された（本書第七章「慧能の實像と神會による「六祖」化」を參照）。

Ⅰ-5　神會が唱えた新説の一つとして、「西天二十九祖説」があるが、これは『傳法寶紀』等で用いられた「西天八祖説」に『付法藏因緣傳』の「西天二十四祖説」を參照しつつ整備したものであり、『付法藏經』という著作によって流布が企てられた。この説は、神會歿後、弟子たちによって「西天二十八祖説」に改められて、禪宗における祖統の基盤となった（本書第五章「神會による「如來禪」「西天八祖説」の提唱とその後の變化」、第六章「『付法藏經』の編輯とその後の變化」等を參照）。

等の事實が明らかになった。これによって、「北宗」と異なる神會の主張は、基本的には全て師の慧能とは無關係で、北地に移住してから、當時の中原における社會情勢の中で、「北宗」の文獻や言説（神會は法如系の著作である『傳法寶紀』を神秀系の「北宗」から區別していない）に基づいて自ら考え出したものであることが判明した。つまり、神會は「北宗」の思想を學びながら、その「北宗」を批判したことになるわけであるが、その動機は、主に次の二點に求めることができる。

Ⅱ-1　弘忍の弟子の中で唯一、「帝師」になることを拒んだ師の慧能を持ち上げることで、「都市佛教＝國家佛教」化した「北宗」の在り方を改めようとした（本書第一章第7節「神會の生涯に關するいくつかの問題點」を參照）。

Ⅱ-2　慈愍三藏慧日の禪宗批判が、「東山法門」全體の否定に繋がりかねないものであったため、慧日の「無記」批判を、「慧」から分離された「定」を主張する「北宗」に對する正當な批判と認めるとともに、そのような「北宗」のあり方は「東山法門」の傳統からの逸脱であり、「東山法門」の正統を承け繼いで「定慧等」を說く「南宗」には當て嵌まらないと主張せんとした（本書第四章第5節「神會の修正主義的主張と「北宗」批判の由來」を參照。）。

これは、つまり、「東山法門」本來の「山林佛教＝アウト・ロー佛教」の立場から「北宗」の「都市佛教＝國家佛教」化を批判するとともに、慧日の禪宗批判が「東山法門」の存立を危機に曝しているにも拘わらず、それに反論することのできない「北宗」をスケープゴートにすることで「東山法門」を守ろうとするものであった。神會は自らが中原では「北宗」より後發であり、しかも、「東山法門」において別系統であったという自己の利點を十分に活用して「北宗」批判を展開したと言えるのである。

ただ、本章の視點から見た場合、Ⅱ-2には、慧日が基づく「都市佛教＝國家佛教」の立場への配慮が既に窺われるということは注意すべきである。つまり、この時點で神會は普寂と同じ課題に直面せざるを得なくなっていたのである。先に述べたように、『淨土慈悲集』の成立は、七二五～七三〇年頃と見られるが、神會が南陽の龍興寺に住したのは、慧日が歸國した翌年の開元八年（七二〇）であり、また、神會が北宗の人と論諍するようになったのは開元十八年（七三〇）頃からと見られるから、『淨土慈悲集』が著わされ、注目を集めている中で「北宗」批判が開始されたことになる。當時は、どうしても慧日の禪宗批判に配慮せざるを得ない狀況にあったのである。

b　洛陽への進出と思想の變化

この「都市佛教＝國家佛教」との妥協という問題は、天寶四載（七四五）に洛陽に入ると、いよいよ喫緊の課題となった。洛陽は大唐帝國の兩京の一つであり、「都市佛教＝國家佛教」の中樞であったことが大きな意味を持ったことはもちろんであるが、もう一つ重大な問題があった。それは、既に晩年ではあったが、慧日がまだ帝都（恐らく、長安の同德興唐寺）において存命中であったということである。[19]かくして、帝都洛陽に入ることで、いよいよ神會は「都市佛教＝國家佛教」への妥協を強いられることになったのである。

洛陽に入って後の神會の思想を示すのが『南陽和上頓教解脱禪門直了性壇語』（以下、『壇語』と略稱）であるが、『壇語』では北宗への批判は處所に鏤められているものの、『定是非論』に見られたような、「北宗」を名指しで批判して刺激するようなことは控えられている。また、本書では、「定」は「無作」（＝「無爲」）でないと價値がないが、「戒」や「慧」は「有作」（＝「有爲」）であっても價値がある等と主張して、戒律の遵守、經典の學習等も必須の修行であると說いている。これは、それ以前の神會の著作にはなかったもので、「禪僧は戒律を守らず、經典を學ばない」とする慧日の批判に對處せんとしたものと見做すことができる。特に「北宗」において不用意に用いられて慧日の批判を招いた「無爲」「有爲」という言葉の使用をことさら避けて「無作」「有作」という不自然な概念を用いているところに慧日の批判への配慮を窺うことができる（これについても、本書第四章第5節「神會の修正主義的主張と「北宗」批判の由來」を參照）。

このように洛陽時代の神會には、「東山法門」以來の「山林佛教＝アウト・ロー佛教」としての價値觀と「都市佛教＝國家佛教」の價値觀との矛盾を和らげ、事を荒立てることを避けようとする姿勢を窺うことができるが、一方で、弟子に『定是非論』を編輯させ、自著の『師資血脈傳』とともに流布させようとしていることを考えれば、それは單なるポーズに過ぎなかったと言える。神會が貶逐の憂き目を見たのは、それが事の眞相であったからであろう。

c　神會の挫折とその後の展開

これまで見てきた視座に基づけば、神會が盧奕に「聚衆」の罪で讒言され、弋陽郡等に貶逐されたのは、「都市佛教＝國家佛教」がそれと相い容れない神會を排除したことを意味するのである。ただ、ここで重要なのは、以前とは異なり、

「從來の佛教＝都市佛教＝國家佛教」vs.「東山法門＝山林佛教＝アウト・ロー佛教」

という構圖ではなくなっているという點である。盧奕に依賴して神會を排除させたのは、宗密の『圓覺經大疏鈔』の說によれば、「北宗門下の致す所」であったとされる。[20] つまり、これは「東山法門」の一派が他の一派を排除したのである。既に「北宗」は完全に國家佛教化しており、國家權力を利用して邪魔者を排除したのであるが、一方の排除された側の神會も帝都洛陽で活動しており、少なくとも見た目は「都市佛教＝國家佛教」化の道を歩みつつあったのである。從って、ここでの問題の中心は、上記のような對立ではなく、要するに「都市佛教＝國家佛教」內の對立だったということなのである。「北宗」の人々にとって、根も葉もない虛誕によって批判してくる神會の存在は確かに好ましからざるものであったであろう。しかし、國家にしてみれば、神會の批判內容の當否以前に、「都市佛教＝國家佛教」に對して故意に分斷を齎そうとしていること自體が問題であったのである。

従って、國家にとって神會の貶逐によって弟子たちが離散し、神會が貶逐先で死亡した時點で、この問題は解決し、「都市佛教＝國家佛教」に再び安泰がもたらされるはずであった。しかし、實際には、そうは行かなかった。というのは、弟子たちの顯彰活動によって、歿後に神會の復權が實現してしまったからである。このこと自體、中央の貴顯たちの間で神會が廣汎な支持を得ていたことを物語るものと言えようが、いずれにせよ、これによって、再び「都市佛教＝國家佛教」の中に矛盾と對立を抱えることになってしまったのであり、この問題をどう解決するかが、神會歿後の中央の佛教界の喫緊の課題となったわけであるが、これについては、續いて刊行される豫定の『荷澤宗研究――慧堅の活動と禪宗史の再編』が扱うべき課題であり、詳細はそちらに譲ることにしたい。

むすび

以上、中國の佛教を「都市佛教＝國家佛教」と「山林佛教＝アウト・ロー佛教」とに二分したうえで、「東山法門」を後者の代表として捉え、そうした特質を持つ「東山法門」が中原や兩京に流入したことの意味や、それによって「東山法門」がいかなる變化を蒙ったかについて統一的な視點から論じてきた。そして、このような視點に立った場合、神會の「北宗」批判や思想的變化、貶逐はどのような意味を持つかということについても論じた。

このような形での初期禪宗史の說明や評價は、これまで一度も行われたことがなかったように思う。筆者がここに提出したのは、「最初の試論」、というよりも單なる「捨て石」に過ぎない。重要なのは最初の一歩を踏み出すことであり、これを契機に、後代の人がこの私見の當否について自由に討論し、より普遍的な理解に到達することを心から望んでいる。

これまで、こうしたことが全く行われてこなかったため、研究者の閒では、「史實を明らかにすれば十分」、あるいは「自分の價値觀を交えて論ずべきではない」と思われている節がある。しかし、それは決して正しいことではないであろう。この點において新たに一歩を踏み出して、そのような因襲的な學問的態度を打破することも本章の狙いの一つである。

もちろん、「こんなものは、ただの思い込みに過ぎない」とし、論ずる價値もないと思う人もいるであろう。無論、そうした批判を受けることも覺悟しているが、自らの價値觀を棚上げにして思想史を論じることなど、そもそも不可能であり、むしろ、積極的に自らの史觀を述べるべきであるというのが筆者の立場である。どんな批判も甘んじて受けるつもりであるが、一歩を踏み出した人を批判するのであれば、その人も新たな一歩を踏み出すべきことは當然である。

註

（1）東山法門の由來についての私見は、次の拙稿を參照されたい。
IBUKI Atsushi, Translated by Eric M. Greene, "Vinaya and the Chan School: Hīnayāna precepts and bodhisattva precepts, Buddhism in the city and Buddhism in the mountains, religion and the state" *Studies in Chinese Religions*, 1(2):1–26, 2015.
伊吹敦「都市佛敎と山林佛敎の交錯としての初期禪宗史——小乘戒と菩薩戒、經典學習と禪觀修行、國家と宗敎」（『東アジア佛敎學術論集』一二、二〇二四年）

（2）伊吹敦「「戒律」から「清規」へ——北宗の禪律一致とその克服としての清規の誕生」（『日本佛敎學會年報』七四、二〇〇八年）六五～六六頁を參照。

（3）伊吹敦「『頓悟眞宗金剛般若修行達彼岸法門要決』と荷澤神會」（三崎良周編『日本・中國 佛敎思想とその展開』山喜房佛書林、一九九二年）を參照。
（4）前掲「『頓悟眞宗金剛般若修行達彼岸法門要決』と荷澤神會」、竝びに本書第四章「「北宗」との對比に見る神會說の獨創性とその由來」を參照。
（5）本書第八章第2節「神會の活躍・貶逐・復權と保唐宗の成立」を參照。
（6）伊吹敦「「東山法門」の人々の傳記について（上）」（『東洋學論叢』三四、二〇〇九年）二六～三一頁。
（7）John R. McRae, *The Northern School and the Formation of Early Ch'an Buddhism*, Honolulu, University of Hawai'i Press, 1986, p41-43.
（8）伊吹敦「神秀の受戒をめぐって」（『禪文化研究所紀要』三一、二〇一一年）を參照。
（9）McRae, above, p90.
（10）伊吹敦「北宗における禪律一致思想の形成」（『東洋學研究』四七、二〇一〇年）を參照。
（11）慧日『淨土慈悲集』：大正藏八五、一二三七cの拙譯。
（12）以下の敍述については、伊吹敦「墓誌銘に見る初期の禪宗（上）（下）」（『東洋學研究』四五・四六、二〇〇八・二〇〇九年）を參照されたい。
（13）馬巽「大唐故李府君夫人嚴氏墓誌銘幷序」：羅振玉『芒洛遺文』3（『石刻史料新編 第一輯』一九）。
（14）伊吹敦「禪宗の登場と社會的反響――『淨土慈悲集』に見る北宗禪の活動とその反響」（『東洋學論叢』二五、二〇〇〇年）を參照。
（15）前掲「「戒律」から「清規」へ――北宗の禪律一致とその克服としての清規の誕生」五六～六一頁を參照。
（16）伊吹敦「初期註釋文獻に見る北宗禪の思想と實踐」（東隆眞博士古稀記念論集『禪の眞理と實踐』春秋社、二〇〇五年）を參照。
（17）伊吹敦「日本の古文獻から見た中國初期禪宗――大安寺道璿の『集註梵網經』を中心に」（『東洋思想文化』二、

二〇一五年）を參照。

(18) 伊吹敦「「大乘五方便」の諸本について――文獻の變遷に見る北宗思想の展開」（『南都佛教』六五、一九九一年）、同「「大乘五方便」の成立と展開」（『東洋學論叢』三七、二〇一二年）を參照。

(19) 『宋高僧傳』は、慧日を「唐洛陽罔極寺慧日」と呼んでいる（大正藏五〇、八九〇ａ）。罔極寺は太平公主が武則天の菩提を弔うために神龍元年（七〇五）に長安に建てた寺であって、洛陽の寺ではない。長安の罔極寺は、開元二十年（七三二）に「同德興唐寺」と改名されたから、天寶七載（七四八）に慧日が入寂した時には、既に罔極寺ではなかった。一方、普寂が住した洛陽の華嚴寺も開元二十一年（七三三）に「同德興唐寺」と改名されたため、『宋高僧傳』では、普寂の住地を長安とするなど、兩者が混同されている例が見られるから（伊吹敦「道璿は本當に華嚴の祖師だったか」『印度學佛教學研究』六〇-一、八一～八四頁を參照）、この場合も、何らかの混同があるものと見られるが、合理的な説明は難しいようである。ただ、『宋高僧傳』は、慧日が入寂した後に「葬于白鹿原成小塔焉」と述べており、「白鹿原」は長安郊外の地名であるから、晩年、長安の同德興唐寺、卽ち、かつての罔極寺に住んだことは確かなようである。

(20) 宗密『圓覺經大疏鈔』：續藏一-一四-三、二七七ｂ。該當する本文は、第八章の冒頭に引いたから、そちらを參照して頂きたい。

結論

本書において大量の紙幅を費やして、多くの資料を引きつつ様々な論述を行ってきた。そのため、筆者が本書全體で何を言おうとしているのか明確でないと感じておられる讀者も多いのではないかと危惧している。これは論述が上手ではない筆者の不德の致すところであるが、研究テーマそのものに由來する固有の問題も關係しているということをご理解頂きたい。それは本書が主に基づいたのが初期禪宗文獻であり、その性格に由來する問題として、

1　後代に制作されて宗祖に假託される例が多く、本當にその撰者とされる人物の著作と認めてよいかから問題にしなければならなかった。

2　撰者に問題がない場合でも、その成立時期は一般に明示されておらず、その內容や他の文獻との關係からそれを定める必要があった。

3　ある文獻がいったん成立した後にも增廣や改變が行われる場合が多く、その原型が容易には摑み難く、また、成立後の變化を丹念に追跡し、その意味を檢討せざるを得なかった。

等の作業が必要であったのである。

また、本書で扱った諸文獻は、當時を代表する思想家や知識人が、社會で最も注目される活動を行っている他の思想家たちに對して自身の見解を述べたものであるため、

4　相互に相手を意識しながらも、對象を明示せずに批判や言及を行っている場合がしばしばで、諸文獻を對照することによってその批判對象を明らかにせねばならなかった。

5　彼らは相互に批判をしながら、その相手の思想を取り入れることも多く、その影響關係は單純なものではなかった。

等の理由から、その分析には多くの時間と紙幅が必要であったのである。

このような數々の問題のため、煩瑣な議論が多くを占めることになってしまい、筆者が本書で一番言いたかったことが何であるかが分かりにくくなってしまった。そこで、以下に「結論」として、各章の要點を纏め、本書刊行の意圖を明らかにしておくこととしたい。

第Ⅰ部「神會の生涯と著作」

第Ⅰ部では、神會の生涯と著作について檢討を行ない、神會の活動の全貌を明らかにしようと努めた。

第一章「神會の生涯と著作の概要」では、神會の著作を概觀して、そこから知りうる事跡を確認したうえで、弟子たちの著作、他派の初期禪宗文獻、各種碑銘・塔銘、燈史・僧傳等の種々の資料の記載を參照しつつ、神會の生涯を可能な限り明らかにした。そして最後に、神會の生涯に關わるいくつかの重要な問題を取り上げ、私見を提示

した。

続く第二章「神會の主要著作の成立時期と相互關係」では、神會の著作とされてきたものについて全面的な検討を行い、『師資血脈傳』の成立と傳承、改變を突破口として、それとの關聯のもと、神會の著作の成立時期と相互關係の特定を行った。その結果、現在、『南陽和尙問答雜徵義』(以下、『雜徵義』と略稱)に附載される『師資血脈傳』が、かつては『菩提達摩南宗定是非論』(以下、『定是非論』と略稱)の附錄とされており、この兩者に見られる『金剛經』に關する後代の改變・增補と見られる記載は、その際に同時に行われたと考えられること、それが『楞伽經』を絕對視する『楞伽師資記』の流布に對抗する形で行われたものであること、『師資血脈傳』は南陽時代の著作、『定是非論』は纏められたのは洛陽の荷澤寺に入った後であるが、その内容は南陽時代のものと見てよいこと、『南陽和上頓教解脫禪門直了性壇語』(以下、『壇語』と略稱)は荷澤寺に入って後の著作であること等を明らかにした。また、從來、神會の著作とされてきた『雜徵義』が實は後代の創作・編輯であり、神會の著作とは認め得ないことも明らかにした。

第Ⅱ部「神會の思想形成」

第Ⅱ部では、神會の思想の特徴とされるものは、慧能のもとで育まれたものではなく、慧能の歿後に北上し、當時の中原の思想界の動向に接する中で自らが主體的に形成したものであったことを明らかにした。

第三章「『師資血脈傳』に見る『傳法寶紀』の影響」では、神會の初期の著作である『師資血脈傳』の達摩から弘忍に及ぶ傳記を杜朏の『傳法寶紀』や道宣の『續高僧傳』と仔細に比較することによって、神會は『定是非論』で『傳法寶紀』を批判しているにも拘わらず、實は、祖師の傳記の多くを『傳法寶紀』に據っていること、『傳法寶紀』や『續高僧傳』と『師資血脈傳』との相違箇所や「慧能傳」によって、「慧能」を「第六祖」としようとする神會の强い意思を知り得ること等を示した。

續く第四章「「北宗」との對比に見る神會思想の獨創性とその由來」では、神會の思想を構成する各要素が「北宗文獻」に見られるかどうかを一つ一つ檢討し、「南宗」を「東山法門」の正統と位置づけるための言說を除けば、神會の思想は基本的には決して新しいものではなく、「東山法門」以來の傳統、あるいは「北宗」の思想を取り込んだものであったことを明らかにした。また、洛陽の荷澤寺に入った後の著作である『壇語』には、それまでにない經典學習や戒律を重視すべきだとする主張が現れるが、それが國家權力への妥協の產物と見られること、更には、『定是非論』に慈愍三藏慧日の『淨土慈悲集』の影響が認められ、神會の「北宗」批判が、實は慧日の禪宗批判を念頭に置いたものであり、やはり、國家權力の問題と無緣ではないこと等を明らかにした。

第Ⅲ部「神會による祖統の改訂と慧能の「六祖」化」

第Ⅲ部では、神會の西天・東土の祖統說が『傳法寶紀』の說を受けつつも、それを大幅に改訂したものであり、西天の祖統を常識的に受け入れやすいものに改めるとともに、東土の「第六祖」を慧能と定め、その權威の確立を目指したものであったことを明らかにした。

第五章「神會による「如來禪」「西天八祖說」の提唱とその後の變化」では、神會が自身の禪を「如來禪」と呼んだ理由について、從來は『楞伽經』の「如來禪」、あるいは「如來清淨禪」に由來するものと見做されてきたが、彼の著作そのものからはその事實は確認されず、單に「如來から承け繼がれた究極の「禪」」という意味であったことを明らかにした。つまり、それは、「東山法門」、あるいは「南宗」を正當化しようとする營みの一環であって、神會が意を注いだ西天・東土の祖統の整備と密接に絡む問題であったのであるが、それにも拘わらず、そうした誤解が行われてきた經緯を歴史的に辿り、そこに神會の兒孫であった宗密の影響が大きかったことを明らかにした。また、「如來禪」という概念が既に「北宗」に存在したとする說を否定し、それが神會の獨創であったことの確認も行った。

續く第六章「『付法藏經』の編輯とその後の變化」では、神會が「西天二十九祖說」を唱え、禪宗における西天の祖統が確立されるうえで非常に大きな役割を果たしたことを明らかにした。具體的に言えば、神會は、當初、『傳法寶紀』から採用した「西天八祖說」で滿足していたが、晩年になって、纔か八人で釋迦から達摩に至る長大な時間を掩うことの不自然さに氣づき、新たに「西天二十九祖說」を唱えるようになった。そして、それを擴めるために、『付法藏因緣傳』に基づいて「付法藏經」という文獻を制作したという新說を提示するとともに、その『付法藏經』がその後に辿った變化、關聯する文獻の相互關係等について可能な限りの解明を行った。

更に第七章「慧能の實像と神會による「六祖」化」では、神會自身が著した『師資血脈傳』の「慧能傳」と、神會が王維に依賴して書かせた「六祖能禪師碑銘」とに基づきつつ、兩者の記載に見られる食い違いを緒口にして、神會が認識していた元來の「慧能傳」を再構成するとともに、『師資血脈傳』や「六祖能禪師碑銘」において、それと異なる敍述が行われた理由を探った。その結果、神會は慧能の傳記を「六祖」に相應しいものにするため、史實の改竄をも敢えて行ったことを明らかにした。また、「慧能傳」に關する二三の問題點を取り上げ、それについての私見も提示した。

第Ⅳ部「神會出現の史的意義」

第Ⅳ部では、李華と無住という、在家・出家の二人の知識人の神會認識を取り上げて、神會の活動とその貶逐が當時の社會に與えた影響の大きさを示したうえで、その「北宗」批判が初期禪宗史においていかなる意味を持つものであったかを重ねて明らかにした。

第八章「神會の活動が佛教界に與えた影響」では、先ず當時を代表する文人の一人であった李華の「故左溪大師碑」を取り上げ、李華が神會の存在をよく知りながら敢えて無視していることを明らかにした。これは、貶逐という罰の重さを反映するものであるが、それにも拘わらず、李華は本碑文において、「南宗」、「北宗」、「西天二十九祖說」等、神會が創始した概念や思想を當然のように用いており、神會の主張がいかに廣く社會に滲透していたかを知り得ることを示した。次に保唐宗の祖、無住を取り上げ、彼が中原での修行時代に神會の活躍に注目し、その著作も入手していたにも拘わらず、神會の貶逐を知ると中原を後にして蜀に入り、當地で強い影響力を持った淨衆宗の領袖、無相との關係を强調するようになり、また、その布敎方法を取り入れたこと、ところが、晩年になって、弟子たちの顯彰活動によって神會が歿後に復權を果たしたことを知ると、荷澤宗文獻の主張を再び積極的に取り入れるようになったこと等の事實を提示して、中原の荷澤宗の動向が地方でも注目の的であったことを明らかにした。

本書全體の最終章に當たる第九章「神會の「北宗」批判の史的意義」では、神會の「北宗」批判を中心にその史的意義を論じた。どうして神會が「北宗」批判をしたのかという點は、初期禪宗史の要に位置する極めて重要な問題であるが、從來、說得的な回答はほとんどなかった。本書がこの問題に對して示した新たな回答は、以下のようなものである。——禪宗に對する慈愍三藏慧日の批判は、「禪宗」vs.「淨土敎」といった宗派の立場の違いに止まらず、「都市佛敎＝國家佛敎」vs.「山林佛敎＝アウト・ロー佛敎」というより大きな立場の相違に基づく批判をも含むものであった。つまり、慧日の批判に應えなければ、「東山法門」は國家から排斥されてもしかたないという危機的な狀況にあったにも拘わらず、「北宗」の人々は口を閉ざし、何等の應答も示そうとしなかった。そうした狀況の中で、神會は、慧日の批判を是認しつつ、その批判を「東山法門」の異端である「北宗」のみに通用するもので、正統派の「南宗」には該當しないとして、いわば、「北宗」をスケープゴートにすることで「東山法門」そのものを守ろうとした。こうして、「南宗」と「北宗」の思想的相違を強調する「南頓北漸」の主張が出現した。

この回答は、神會の『定是非論』に見られる慧日の『淨土慈悲集』の影響、「北宗禪」や神會が兩京に入った後に被った思想的な變化から窺える國家權力の强大さ等から導き出したものであり、神會が「北宗」の思想を取り入れつつも、どうして生命を賭してまでも「北宗」批判を行わざるを得なかったのかという疑問に對して合理的な説明を提供するものである。以前の説は、これを禪宗內部の問題として扱うのみであったが、この私見は、淨土教等の他宗との關係、更には國家に依存する中國佛教のあり方そのものを問題にするという、より廣い視野から考察したものであり、その點のみでも從來の説を超える劃期性を持つものと自負している。

以上、本書の內容を一瞥した。紙幅の割にささやかな成果で恐縮するが、筆者が本書で行った主張は、いずれも單なる臆測に止まるものではなく、全て筆者なりの論據に基づくものである。從って、ここで示した結論は、今後の神會研究、あるいは初期禪宗史研究に確かな礎を提供するものとなると確信している。しかし、人間の常に漏れず、筆者の能力にも大きな限界があるから、重要な資料の見落としや思い違い、論理の飛躍等があるかもしれない。諸賢の忌憚のないご批判を請う所以である。

なお、神會の活動は當時の知識人たちの耳目を動かしたものの、結局はそこに止まり、慧能を「六祖」とする禪宗史の再編は道半ばで頓挫してしまった。その大業を引き繼ぎ、完成させたのは、彼の弟子たちであったのである。筆者は本書に續いて、彼ら弟子たちによる神會の悲願の實現をテーマとする著作、『荷澤宗研究——慧堅の活動と禪宗史の再編』（假題）の上梓を計劃している。この二冊によって荷澤神會と弟子たちが禪宗、あるいは佛教界全體に引き起こした波瀾の全貌が明らかになるものと期待している。

參考文獻一覽

○一次資料

撰者未詳「唐中岳沙門釋法如禪師行狀」：柳田聖山『初期禪宗史書の研究』（法藏館、一九六七年）「資料の校注 一」

撰者未詳『大乘無生方便門』：鈴木大拙『禪思想史研究　第三』（鈴木大拙全集3、岩波書店、一九六八年）

撰者未詳『付法藏人聖者傳』（擬題）：敦煌文書（具體的な文書番號は、第六章「『付法藏經』の編輯とその後の變化」を參照）

撰者未詳「嵩山□□□故大德淨藏禪師身塔銘」（「淨藏身塔銘」）：『全唐文』九九七

編者未詳『歷代法寶記』：柳田聖山『初期の禪史Ⅱ』（禪の語錄3、筑摩書房、一九七六年）

編者未詳『唐韶州曹溪寶林山國寧寺六祖惠能大師傳法宗旨并高宗大帝敕書兼賜物改寺額及大師印可門人并滅度時六種瑞相及智藥三藏懸記等傳』（『曹溪大師傳』）：駒澤大學禪宗史研究會『慧能研究―慧能の傳記と資料に關する基礎的研究』（大修館書店、一九七八年）

（傳）失譯『金剛三昧經』：大正藏九

（傳）眞諦譯『大乘起信論』：大正藏三二

（傳）菩提達摩『二入四行論』：柳田聖山『達摩の語錄』（禪の語錄1、筑摩書房、一九六九年）

（傳）弘忍『導凡趣聖悟解脫宗修心要論』（『修心要論』）：田中良昭『敦煌禪宗文獻の研究　第二』（大東出版社、二〇〇九年）

（傳）神秀『觀心論』：田中良昭『敦煌禪宗文獻の研究　第二』（大東出版社、二〇〇九年）

（傳）法才（生歿年未詳）撰「光孝寺瘞髮塔記」（『瘞髮塔記』）：柳田聖山『初期禪宗史書の研究』（法藏館、一九六七年）「資料の校注 四」

（傳）慧能撰・法海編『南宗頓教最上大乘摩訶般若波羅蜜經六祖慧能大師於韶州大梵寺施法壇經』（敦煌本『六祖壇經』）：楊曾文『敦煌新本 六祖壇經』（上海古籍出版社、一九九三年）

（傳）慧能撰・法海編・惠昕再編『韶州曹溪山六祖壇經』（惠昕本『六祖壇經』）：石井修道「伊藤隆壽氏發見の眞福寺文庫所藏の『六祖壇經』の紹介――惠昕本『六祖壇經』の祖本との關連」（『駒澤大學佛教學部論集』一〇、一九七九年）

あ行

宇清晝「唐湖州佛川寺故大師塔銘」：『全唐文』九一七
慧岌「唐東都同德寺故大德方便和尚塔銘幷序」（「方便和尚塔銘」）：介永强『隋唐僧尼碑誌塔銘集錄』（上海古籍出版社、二〇二二年）
慧空「大唐東都荷澤寺歿故第七祖國師大德於龍門寶應寺龍首腹建身塔銘幷序」（「第七祖國師身塔銘」）：楊曾文『神會和尚禪話錄』（中華書局、一九九六年）
慧日『淨土慈悲集』：大正藏八五
圓仁『入唐新求聖教目錄』：大正藏五五
圓珍『智證大師請來目錄』：大正藏五五
圓珍『日本比丘圓珍入唐求法目錄』：大正藏五五
圓珍『福州溫州臺州求得經律論疏記外書等目錄』：大正藏五五
王維「六祖能禪師碑銘幷序」（「六祖能禪師碑銘」）：柳田聖山『初期禪宗史書の研究』（法藏館、一九六七年）「資料の校注五」

か行

賈餗「揚州華林寺大悲禪師碑銘幷序」（「大悲禪師碑銘」）：『全唐文』七三一
吉迦夜・曇曜共譯『付法藏因緣傳』：大正藏五八
求那跋陀羅譯『楞伽阿跋多羅寶經』（『四卷楞伽』）：大正藏一六

鳩摩羅什譯『妙法蓮華經』（『法華經』）：大正藏九
鳩摩羅什譯『維摩詰所說經』（『維摩經』）：大正藏一四
元誼「大唐廣陽漆泉寺故覺禪師碑銘幷序」（「慧覺禪師碑銘」）：介永强『隋唐僧尼碑誌塔銘集錄』（上海古籍出版社、二〇二二年）
光定『傳述一心戒文』：比叡山專修院附屬叡山學院『傳敎大師全集 卷一』（世界聖典刊行協會、一九八九年）
侯莫陳琰『頓悟眞宗金剛般若修行達彼岸法門要決』（『要決』）：上山大峻「チベット語譯『頓悟眞宗要決』の研究」（『禪文化研究所紀要』八、一九七六年）
忽雷澄「曉了禪師塔碑」：『全唐文』九一三

さ行

最澄『內證佛法相承血脈譜』（『血脈譜』）：比叡山專修院附屬叡山學院『傳敎大師全集 卷一』（世界聖典刊行協會、一九八九年）
賾藏主原撰・明代再編『古尊宿語錄』：續藏一－二－二三－二～四
贊寧『宋高僧傳』：大正藏五〇
淨覺『楞伽師資記』：柳田聖山『初期の禪史Ⅰ』（禪の語錄2、筑摩書房、一九七一年）
徐岱「唐故招聖寺大德慧堅禪師碑幷序」（「慧堅禪師碑銘」）：介永强『隋唐僧尼碑誌塔銘集錄』（上海古籍出版社、二〇二二年）
神會『師資血脈傳』：楊曾文『神會和尙禪話錄』（中華書局、一九九六年）
神會『南陽和上頓敎解脫禪門直了性壇語』（『壇語』）：楊曾文『神會和尙禪話錄』（中華書局、一九九六年）
神會撰・獨孤沛編『菩提達摩南宗定是非論』（『定是非論』）：楊曾文『神會和尙禪話錄』（中華書局、一九九六年）
（傳）神會撰・劉澄集『南陽和尙問答雜徵義』（『雜徵義』）：楊曾文『神會和尙禪話錄』（中華書局、一九九六年）

宗密『圓覺經大疏鈔』：續藏一－一－一四－三～一五－一
宗密『中華傳心地禪門師資承襲圖』（『承襲圖』）：鎌田茂雄『禪源諸詮集都序』（禪の語錄9、筑摩書房、一九七一年）
宗密『禪源諸詮集都序』（『都序』）：鎌田茂雄『禪源諸詮集都序』（禪の語錄9、筑摩書房、一九七一年）
宗密『裴休拾遺問』：石井修道「眞福寺文庫所藏の『裴休拾遺問』の翻刻」（『禪學研究』六〇、一九八一）
靜・均二禪德『祖堂集』：孫昌武・衣川賢次・西口芳男點校『祖堂集 上・下』（中華書局、二〇〇七年）
宗杲『大慧普覺禪師語錄』：大正藏四七

た行

湛然『止觀輔行傳弘決』：大正藏四六
智炬『大唐韶州雙峯山曹侯溪寶林傳』（『寶林傳』）：田中良昭『寶林傳譯注』（內山書店、二〇〇三年）
張說「荊州玉泉寺大通禪師碑銘并序」（「大通禪師碑銘」）：柳田聖山『初期禪宗史書の研究』（法藏館、一九六七年）「資料の校注 一二」
澄觀『大方廣佛華嚴經隨疏演義鈔』：大正藏三六
張正甫「衡州般若寺觀音大師碑銘并序」（「觀音大師碑銘」）：『全唐文』六一九
趙明誠『金石錄』：『石刻史料新編 第一輯』一二
陳思『寶刻叢編』：『石刻史料新編 第一輯』二四
道原『景德傳燈錄』（『傳燈錄』）：大正藏五一
道宣『續高僧傳』：大正藏五〇
道宣『後集續高僧傳』（現在は『續高僧傳』に合揉）：大正藏五〇
獨孤及「舒州山谷寺覺寂塔隋故鏡智禪師碑銘并序」（「鏡智禪師碑銘」）：『全唐文』三九〇
獨孤及「舒州山谷寺上方禪門第三祖璨大師塔銘」（「璨大師塔銘」）：『全唐文』三九二

杜朏『傳法寶紀』：柳田聖山『初期の禪史Ⅰ』（禪の語録2、筑摩書房、一九七一年）
曇無讖譯『大般涅槃經』（『涅槃經』）：大正藏一二

は行

馬巽「大唐故李府君夫人嚴氏墓誌銘幷序」：羅振玉『芒洛冢墓遺文　三』（『石刻史料新編　第一輯』一九）
佛陀跋陀羅譯『達摩多羅禪經』：大正藏一五
房琯「三祖僧璨禪師碑文」：田中良昭『寶林傳譯注』（內山書店、二〇〇三年）
睦庵善卿『祖庭事苑』：續藏一-二-一八-一

ら行

李華「故左溪大師碑」：『全唐文』三二〇
李華「潤州鶴林寺故徑山大師碑銘」（「徑山大師碑銘」）：『全唐文』三二〇
李華「潤州天鄉寺故大德雲禪師碑」（「法雲禪師碑」）：『全唐文』三二〇
李華「荊州南泉大雲寺蘭若和尚碑」（「蘭若和尚碑」）：『全唐文』三一九
李吉甫「杭州徑山寺大覺禪師碑銘幷序」（「大覺禪師碑銘」）：『全唐文』五一二
李遵勗『天聖廣燈錄』（『廣燈錄』）：續藏一-二乙-八-四～五
劉禹錫「袁州萍鄉縣楊岐山故廣禪師碑」（「乘廣禪師碑」）：『全唐文』六一〇
劉昫等『舊唐書』：『舊唐書』（中華書局、一九七五年）
柳宗元「曹溪第六祖賜謚大鑒禪師碑幷序」（「大鑒禪師碑」）：『全唐文』五八七
李邕「大照禪師塔銘」：『全唐文』二六二
良說「唐北嶽慧炬寺建寺故禪師神道影堂紀德碑幷敍」（「智力禪師紀德碑」）：介永强『隋唐僧尼碑誌塔銘集錄』（上海古籍出

版社、二〇二二年）

○二次資料

Bernard Faure, *The Will to Orthodoxy : A Critical Genealogy of Northern Chan Buddhism*, Stanford : Stanford University Press, 1997.

IBUKI Atsushi, Translated by Eric M. Greene, "Vinaya and the Chan School: Hinayāna precepts and bodhisattva precepts, Buddhism in the city and Buddhism in the mountains, religion and the state" *Studies in Chinese Religions*, 1(2): 1–26, 2015.

John R. McRae, *The Northern School and the Formation of Early Ch'an Buddhism*, Honolulu, University of Hawai'i Press, 1986.

John R. McRae, *Zen Evangelist: Shenhui, Sudden Enlightment, and the Southern School of Chan Buddhism*, edited by James Robson and H. Sharf, with Fedde de Vries, Honolulu, University of Hawai'i Press, 2023.

Philip Yampolsky, *The Platform Sutra of the Sixth Patriarch*, Columbia University Press, 1967.

Wendi Adamek, "Rhetorical Uses of Pramāna a and Yogācāra Terminology in the *Lidai fabao ji* 歴代法寶記," *International Zen Studies*（『國際禪研究』）5, 2020. 伊吹敦譯「『歴代法寶記』に見るプラマーナや瑜伽行派の専門用語の修辞法的使用」（同上）

あ行

石井修道「伊藤隆壽氏發見の眞福寺文庫所藏の『六祖壇經』の紹介——惠昕本『六祖壇經』の祖本との關連」（『駒澤大學佛教學部論集』一〇、一九七九年）

石井修道「眞福寺文庫所藏の『裴休拾遺問』の翻刻」（『禪學研究』六〇、一九八一）

伊吹敦「『續高僧傳』の增廣に關する研究」(『東洋の思想と宗教』七、一九九〇年)
伊吹敦「「大乘五方便」の諸本について――文獻の變遷に見る北宗思想の展開」(『南都佛教』六五、一九九一年)
伊吹敦「『頓悟眞宗金剛般若修行達彼岸法門要決』と荷澤神會」(三崎良周編『日本・中國 佛教思想とその展開』山喜房佛書林、一九九二年)
伊吹敦「敦煌本『壇經』の形成――惠能の原思想と神會派の展開」(『アジアの思想と文化』四、一九九五年)
伊吹敦「最澄が傳えた初期禪宗文獻について」(『禪文化研究所紀要』二三、一九九七年)
伊吹敦「『曹溪大師傳』の成立をめぐって」(『東洋の思想と宗教』一五、一九九八年)
伊吹敦「禪宗の登場と社會的反響――『淨土慈悲集』に見る北宗禪の活動とその反響」(『東洋學論叢』二五、二〇〇〇年)
伊吹敦「初期註釋文獻に見る北宗禪の思想と實踐」(東隆眞博士古稀記念論集『禪の眞理と實踐』春秋社、二〇〇五年)
伊吹敦「「東山法門」と「楞伽宗」の成立」(『東洋學研究』四四、二〇〇七年)
伊吹敦「「戒律」から「清規」へ――北宗の禪律一致とその克服としての清規の誕生」(『日本佛教學會年報』七四、二〇〇八年)
伊吹敦「墓誌銘に見る初期の禪宗(上)」(『東洋學研究』四五、二〇〇八年)
伊吹敦「墓誌銘に見る初期の禪宗(下)」(『東洋學研究』四六、二〇〇九年)
伊吹敦「「東山法門」の人々の傳記について(上)」(『東洋學論叢』三四、二〇〇九年)
伊吹敦「北宗における禪律一致思想の形成」(『東洋學研究』四七、二〇一〇年)
伊吹敦「「東山法門」の人々の傳記について(中)」(『東洋學論叢』三五、二〇一〇年)
伊吹敦「「東山法門」の人々の傳記について(下)」(『東洋學論叢』三六、二〇一一年)
伊吹敦「道璿は本當に華嚴の祖師だったか」『印度學佛教學研究』六〇-一、二〇一一年)
伊吹敦「神秀の受戒をめぐって」(『禪文化研究所紀要』三一、二〇一一年)
伊吹敦「「東山法門」と國家權力」(『東洋學研究』一九、二〇一二年)

伊吹敦「『大乘五方便』の成立と展開」（『東洋學論叢』三七、二〇一二年）
伊吹敦「日本の古文獻から見た中國初期禪宗――大安寺道璿の『集註梵網經』を中心に」（『東洋思想文化』二、二〇一五年）
伊吹敦「『觀心論』と『修心要論』の成立とその影響」（『禪學研究』九四、二〇一六年）
伊吹敦「『楞伽師資記』と『跋陀三藏安心法』――その日本への將來と天台宗への影響」（『東洋思想文化』四、二〇一七年）
伊吹敦「胡適の禪研究の史的意義とその限界」（『駒澤大學佛教學部論集』四九、二〇一八年）
伊吹敦「李舟撰『能大師傳』の內容とその歷史的意義」（『國際禪研究』七、二〇二一年）
伊吹敦「『六祖壇經』の成立に關する新見解――敦煌本『壇經』に見る三階敎の影響とその意味」（『國際禪研究』七、二〇二一年）
伊吹敦「『付法簡子』と『西國佛祖代代相承傳法記』の史的意義」（『東洋學研究』五九、二〇二二年）
伊吹敦「荷澤宗としての神照・宗密の正統性――胡適の主張の問題點と南印傳の再構成」（『印度學佛教學研究』七一―一、二〇二二年）
伊吹敦「『內證佛法相承血脈譜』の編輯過程について――初期禪宗文獻が最澄に與えた影響」（『東洋思想文化』九、二〇二二年）
伊吹敦「再び『金剛經解義』の成立を論ず」（『印度學佛教學研究』七二―一、二〇二三年）
伊吹敦「『景德傳燈錄』所收「南陽慧忠國師語」の成立と意義」（『東アジア佛教學術論集』一一、二〇二三年）
伊吹敦「荷澤宗による「東土六祖」の碑文の創成」（『東洋學研究』六一、二〇二四年）
伊吹敦「三たび『曹溪大師傳』の成立を論ず」（『東洋思想文化』一一、二〇二四年）
伊吹敦「都市佛敎と山林佛敎の交錯としての初期禪宗史――小乘戒と菩薩戒、經典學習と禪觀修行、國家と宗敎」（『東アジア佛教學術論集』一二、二〇二四年）
入谷仙介『王維研究』（創文社、一九七六年）

印順著・伊吹敦譯『中國禪宗史――禪思想の誕生』（山喜房佛書林、一九九七年：原書『中國禪宗史―從印度禪到中華禪』正聞出版社（臺北）、一九七一年）
宇井伯壽『第二禪宗史研究』（岩波書店、一九三五年）
宇井伯壽『禪宗史研究』（岩波書店、一九三五年）
上山大峻「チベット語譯『頓悟眞宗要決』の研究」（『禪文化研究所紀要』八、一九七六年）
大久保良順「唐代に於ける天台の傳承について」（『日本佛教學會年報』一七、一九五二年）
小川太龍「『天聖廣燈錄』卷八「黃蘗章」譯注（二）」（『花園大學國際禪學研究所 論叢』一五、二〇二〇年）
小川隆『神會――敦煌文獻と初期の禪宗史』（臨川書店、二〇〇七年）
王輝斌「王維開元行踪求是」（『山西大學學報（哲學社會科學版）』第二六卷第四期、二〇〇三年）
沖本克己『禪思想形成史の研究』（禪文化研究所研究報告第五册、一九九八年）
溫玉成「記新出土的荷澤大師神會塔銘」（『世界宗教研究』二、一九八四年）

か行

介永强『隋唐僧尼碑誌塔銘集錄』（上海古籍出版社、二〇二二年）
葛兆光『中國禪思想宗史――從6世紀到9世紀』（北京大學出版社、一九九五年）
鎌田茂雄『宗密教學の思想史的研究』（東京大學東洋文化研究所、一九五七年）
鎌田茂雄『禪源諸詮集都序』（禪の語錄9、筑摩書房、一九七一年）
河內昭圓「李華年譜稿」（『眞宗總合研究所紀要』一四、一九九七年）
藏中進『唐大和上東征傳の研究』（櫻楓社、一九七六年）
胡適『神會和尚遺集――胡適校敦煌唐寫本』（亞東圖書館（上海）、一九三〇年）
胡適『神會和尚遺集――附胡先生晚年的研究』（胡適記念館（臺北）、一九八二年）

胡適「荷澤大師神會傳」：『神會和尚遺集――胡適校敦煌唐寫本』（亞東圖書館、一九三〇年）
胡適「記曹溪寶林傳的僧璨大師章裏的房琯碑文」（手稿、一九五九年、現在所在不明）
胡適「新校定的敦煌寫本神會和尚遺著兩種」：『神會和尚遺集――附胡先生晚年的研究』（胡適記念館（臺北）、一九八二年）
駒澤大學禪宗史研究會『慧能研究――慧能の傳記と資料に關する基礎的研究』（大修館書店、一九七八年）
吳其昱「荷澤神會傳研究」（『中央研究院歷史語言研究所集刊』五九、一九八八年）

さ行

椎名宏雄「『寶林傳』逸文の研究」（『駒澤大學佛教學部論集』一一、一九八〇年）
滋賀高義『唐代釋教文選譯注』（大谷大學眞宗總合研究所、一九九八年）
篠原壽雄「荷澤神會のことば――譯注『南陽和上頓教解脫禪門直了性壇語』」（『駒澤大學文學部研究紀要』三一、一九七三年）
篠原壽雄「荷澤神會のことば　第二――譯注『菩提達摩南宗定是非論』」（『文化』一、一九七四年）
徐文明「天台宗玉泉一派的傳承」（『佛學研究』一九九八年期）
鈴木大拙『禪思想史研究　第二』（鈴木大拙全集2、岩波書店、一九六八年）
鈴木大拙『禪思想史研究　第三』（鈴木大拙全集3、岩波書店、一九六八年）
鈴木哲雄「荷澤神會論」（『佛教史學』一四-四、一九六九年）
鈴木哲雄「『頓悟入道要門論』に見られる荷澤神會の影響」（『宗學研究』一二、一九七〇年）
關口眞大「禪宗と天台宗との交涉」（『大正大學研究紀要』四四、一九五九年）
關口眞大『達磨の研究』（岩波書店、一九六七年）
錢穆「神會與壇經」（張曼濤主編『六祖壇經研究論集』（現代佛教學術叢刊（一）、大乘文化（臺北）、一九八〇年：原論文『東方雜誌』四一（一四）、一九四五年）

冉雲華「《唐故招聖寺大德慧堅禪師碑》考」（『中華佛學學報』七、一九九四年）

た行

瀧瀨尙純「荷澤神會と大珠慧海」（『印度學佛教學研究』五三-一、二〇〇四年）
竹內弘道「『南宗定是非論』の成立について」（『印度學佛教學研究』二九-二、一九八一年）
竹內弘道「荷澤神會考――基本資料の成立について」（『宗學研究』二三、一九八一年）
竹內弘道「荷澤神會考――『金剛經』の依用をめぐって」（『宗學研究』二四、一九八二年）
田中良昭『敦煌禪宗文獻の研究』（大東出版社、一九八三年）
田中良昭『寶林傳譯注』（內山書店、二〇〇三年）
田中良昭『敦煌禪宗文獻の研究　第二』（大東出版社、二〇〇九年）
陳盛港「從〈六祖能禪師碑銘〉的觀點再論荷澤神會」（『中華佛學學報』六、二〇〇二年）
陳鐵民『王維新論』（北京師範學院出版社、一九九〇年）
通然「神會の布教活動とその影響――「南陽龍興寺時代」と「洛陽荷澤寺時代」を中心にして」（『東洋大學大學院紀要』五六、二〇二〇年）
程正「二十九祖說考（二）」（『駒澤大學大學院佛教學研究會年報』三六、二〇〇三年）
程正「ドイツ藏吐魯番（トルファン）漢語文書から發見された禪籍について（1）」（『駒澤大學禪研究所年報』三〇、二〇一九年）
程正「俄藏敦煌文獻中に發見された禪籍について（3）-1」（『駒澤大學禪研究所年報』三二、二〇二〇年）
程正「旅順博物館藏吐魯番漢文文獻から發見された禪籍について（1）」（『駒澤大學禪研究所年報』三四、二〇二二年）
唐代語錄研究班編『神會の語錄　壇語』（禪文化研究所、二〇〇六年）

な行
中村元等編『岩波佛教辭典』(岩波書店、一九八九年)
長倉信祐「湛然の『金剛錍』撰述の背景をめぐる一試論――李華の『顗執狐記』を視點として」(『天台學報』特別號〈國際天台學會論集〉、二〇〇七年)
長倉信祐「左溪玄朗における初期禪宗諸師との交渉――李華の『故左溪大師碑』を中心に」(『佛教文化學會紀要』一七、二〇〇八年)
長倉信祐「李華撰『故左溪大師碑』をめぐる諸問題」(『印度學佛教學研究』七〇-一、二〇二一年)
任繼愈著・古賀英彦・鹽見敦郎・西尾賢隆・沖本克己譯「論胡適在禪宗史研究中的謬誤」(『中國佛教思想論集』東方書店、一九八〇年：原論文『歴史研究』一九五五年第五期)

ま行
松本文三郎『達磨の研究』(第一書房、一九四二年)
森原康暉「『圓覺經』の初期の註釋者について」(『印度學佛教學研究』七二-二、二〇二四年)

や行
山崎宏「荷澤神會禪師」(『隋唐佛教史の研究』法藏館、一九六七年)
柳田聖山『初期禪宗史書の研究』(法藏館、一九六七年)
柳田聖山『達摩の語錄』(禪の語錄1、筑摩書房、一九六九年)
柳田聖山『初期の禪史Ⅰ』(禪の語錄2、筑摩書房、一九七一年)
柳田聖山『初期の禪史Ⅱ』(禪の語錄3、筑摩書房、一九七六年)
柳田聖山『禪佛教の研究』(柳田聖山集1、法藏館、一九九九年)

柳田聖山『禪文獻の研究 上』（柳田聖山集2、法藏館、二〇〇一年）
楊曾文『敦煌新本 六祖壇經』（上海古籍出版社、一九九三年）
楊曾文『神會和尚禪話錄』（中華書局、一九九六年）
楊曾文「唐代禪宗史上幾箇問題的考證」（『國學研究』六、一九九九年）
楊曾文『唐五代禪宗史』（中國社會科學出版社、一九九九年）
楊曾文「《唐同德寺無名和尚塔銘幷序》的發現及其學術價値」（『佛學研究』第九期、二〇〇〇年）

ら行

羅振玉『芒洛冢墓遺文　三』（『石刻史料新編　第一輯』一九）
樓正豪「新たに發見された新羅入唐求法僧・惠覺禪師の碑銘」（『國際禪研究』一、二〇一八年）

初出一覧

第一章全節、第二章第5節、第六章全節、第九章全節は、新たに書き下ろしたものであるが、他の各章各節は、既に發表したものを大幅に改訂したものである。以下、既發表の各部分について初出論文を掲げる。

第二章　神會の主要著作の成立時期と相互關係
　第1節～第4節
　「『師資血脈傳』の成立と變化、竝びに他の神會の著作との關係について」（『東洋思想文化』七、二〇二〇年）
　第6節
　「荷澤神會の著作『壇語』の成立時期について」（『印度學佛教學研究』六九-一、二〇二〇年）

第三章　『師資血脈傳』に見る『傳法寶紀』の影響
　「『師資血脈傳』に見る『傳法寶紀』の影響と神會の獨自性」（『東洋思想文化』八、二〇二一年）

第四章　「北宗」との對比に見る神會思想の獨創性とその由來
　「荷澤神會の史的意義の再檢討」（『東洋思想文化』一〇、二〇二三年）

第五章　「如來禪」と西天の祖統の提唱
　「神會による「如來禪」の創唱と宗密の改變」（『印度學佛教學研究』六八-一、二〇一九年）

第七章　慧能の實像と神會による「六祖」化

「東山法門の人々の傳記について（下）」の「五　慧能」の項（『東洋學論叢』三六、二〇一一年）

第八章　神會の活動が佛教界に與えた影響

第1節

「李華撰『故左溪大師碑』に見る知識人の佛教認識」（『佛教思想の展開：花野充道博士古稀記念論文集』山喜房佛書林、二〇二〇年）

第2節

「神會の活躍・貶逐・復權と保唐宗の成立」（『東洋學研究』六〇、二〇二三年）

伊吹　敦（いぶき　あつし）

1959年生まれ、愛知縣出身。早稲田大學大學院文學研究科博士後期課程單位取得退學。東洋大學專任講師、助教授をへて、現在、東洋大學文學部教授。專門は中國佛教史・禪宗史。
著書に、『禪の歷史』（法藏館、2001年）、『中國禪思想史』（禪文化研究所、2021年）、譯書に、『中國禪宗史――禪思想の誕生』（印順著、山喜房佛書林、1997年）などがある。

荷《か》澤《たく》神《じん》會《ね》研究《けんきゅう》
神會の生涯・著作・思想とその史的意義

二〇二五年一月二十五日　初版第一刷発行

著　者　伊吹　敦
発行者　西村明高
発行所　株式会社　法藏館
京都市下京区正面通烏丸東入
郵便番号　六〇〇-八一五三
電話　〇七五-三四三-〇〇三〇（編集）
〇七五-三四三-五六五六（営業）

装幀者　法藏館編集部
印刷・製本　中村印刷株式会社

ISBN978-4-8318-7785-7 C3015

Research on Heze Shenhui

His Life, Works, Thought and Historical Significance

Ibuki Atsushi

HŌZŌKAN

2025

CONTENTS

Part II: The Formation of Shenhui's Thought

Part IV: The Historical Significance of Shenhui's Rise

SUMMARY

Part I: The Life and Works of Shenhui

Part I provides an analysis of Shenhui's life and works, aiming to clarify the full scope of his activities.

In chapter 1, "An Overview of the Life and Works of Shenhui," I survey the works of Shenhui and combine the evidence from these works with other materials such as the writings of Shenhui's disciples, the early Chan school documents of other factions, varies stele inscriptions, Chan lamp histories, and monastic biographies to clarify the life of Shenhui as much as possible. I conclude this chapter by raising several important issues in Shenhui's biography and stating my views on these issues.

In chapter 2, "The Dating and Interrelationships of Shenhui's Major Works," I continue a comprehensive examination of the works attributed to Shenhui by using the compilation, transmission, and alterations of the *Shizi xuemai zhuan* 師資血脈傳 (Biographies of the masters and disciples who transmitted the orthodox teachings) as a key for determining the dating and interrelationships of Shenhui's other works in relation to this text. As a result, I clarify that *Shizi xuemai zhuan* which is now appended to the *Nanyang heshang wenda za zheng yi* 南陽和尙問答雜徵義 (Reverend of Nanyang's catechisms pursuing various meanings [abbreviated *Za zheng yi* 雜徵義]) had formerly been appended to the *Putidamo Nanzong ding shifei lun* 菩提達摩南宗定是非論 (Treatise of distinction between right and wrong regarding Bodhidharma's southern school), and consider that at that time there were simultaneous later additions and alternations concerning the *Diamond Sutra*—to counter the absolute regard for the *Lankavatara Sutra* which was asserted in the newly emerging

Lengjia shizi ji 楞伽師資記 (*Records of the masters and disciples of the Lankavatara Sutra*)—in the two texts of the *Shizi xuemai zhuan* and the *Putidamo Nanzong ding shifei lun*. I also clarify that the *Shizi xuemai zhuan* dates from the time that Shenhui was living in Nanyang, that the compilation of the *Ding shifei lun* dates to the time when Shenhui had moved to the Heze Monastery in Luoyang while also reasonably reflecting his Nanyang-era thought, and that the *Nanyang heshang dunjiao jietuo chanmen zhiliao xing tan yu* 南陽和上頓教解脫禪門直了性壇語 (Platform sermon by the Reverend of Nanyang on the sudden teachings and the dhyana gate of liberation which directly leads to comprehension of Buddha-nature [abbreviated *Tan yu* 壇語]) dates from after Shenhui had entered the Heze Monastery. Additionally, I make clear that the *Za zheng yi*, which hitherto had been considered a work of Shenhui, was actually an original work or compilation made by later generations which cannot be attributed to him.

Part II: The Formation of Shenhui's Thought

In part II, I clarify that the characteristic features of Shenhui's thought were not fostered in him under the tutelage of Huineng but rather formed independently through his contact with the ideological trends in central China after he had moved north in the period after Huineng had already passed away.

In chapter 3, "The Influence of the *Chuan fabao ji* on the *Shizi xuemai zhuan*," I carefully compare the biographies of Bodhidharma through Hongren in Shenhui's early-period *Shizi xuemai zhuan* with those of the *Chuan fabao ji* 傳法寶紀 (Records of the Transmission of the dharma treasure) by Du Fei and the *Xu gaoseng zhuan* 續高僧傳 (Continued biographies of eminent monks) by Daoxuan. I show how, even though Shenhui criticizes the *Chuan fabao ji* in his *Ding shifei lun*, these biographies of the Chan patriarchs in his *Shizi xuemai zhuan* actually borrow extensively from those of the *Chuan fabao ji*. I also point out that the biographical altera-

tions which Shenhui made to the *Shizi xuemai zhuan* as he borrowed from other texts such the *Chuan fabao ji* and the *Xu gaoseng zhuan*, and his biography of Huineng in this text which was his own creation, show his strong intent to position Huineng as the sixth patriarch.

Continuing in chapter 4, "The Origin and Originality of Shenhui's Rhetoric in Contrast to the Northern School," I examine whether each of the various elements of Shenhui's thought can be found in the so-called Northern school texts. I make it clear that the core of Shenhui's thought is not at all new, but rather incorporated the Chan tradition which had existed since the East Mountain teaching or the Northern school. I also clarify the influence of state power on Shenhui as seen in his new emphasis on scriptural study and observing the precepts in his *Tan yu*, written after he had moved to the Heze Monastery in Luoyang. Furthermore, I show the influence of Cimin Sanzang Huiri's criticism of Chan, as found in his *Jingtu cibei ji* 淨土慈悲集 (Collection on the Pure Land compassion), on Shenhui's *Ding shifei lun* and his criticism of the Northern school. I explain how this too is related to the authority of the state.

Part III: Shenhui's Lineage Revision and Making Huineng Sixth Patriarch

In part III, I clarify that while Shenhui based his account of the lineage of Indian and Chinese patriarchs on the *Chuan fabao ji*, he also revised it substantially with the aim of etablishing Huineng's authority. He changed the lineage of Indian patriarchs to make them acceptable to common sense, and he made Huineng to be the sixth patriarch in China.

In chapter 5, "The Origins and Aftermath of Shenhui's Advocacy of Tathagata Dhyana and the Doctrine of the Eight Indian Patriarchs," I examine why Shenhui referred to his dhyana as "*rulai chan*" 如來禪 (Tathagata dhyana). Previously, this was assumed to have come from the "rulai chan" of the *Lankavatara Sutra*, or from

its term "*rulai qingjing chan*" 如來清淨禪 (Tathagata pure dhyana), but Shenhui's writings provide no evidence that this is true, we can only know that he used this term to mean the ultimate form of dhyana which was passed down from the Tathagata. Ultimately, Shenhui's use of this term was part of his efforts to legitimize the East Mountain teaching or the Southern school, and so it is closely linked to his endeavor to reorganize the Chan lineage of the Indian and Chinese patriarchs. Although Shenhui's use of *rulai chan* is unconnected to the *Lankavatara Sutra*, I trace the historical development of this misunderstanding to reveal the great influence of Zongmi, a follower of Shenhui's lineage. I also refute the explanation that the concept of *rulai chan* was already present in the Northern school and confirm that this was original to Shenhui.

Continuing in chapter 6, "The Compilation and Subsequent Alterations of the *Fu fazang jing*," I explain Shenhui's outsized role in establishing the lineage of Indian patriarchs in the Chan school through his advocacy of the doctrine of the twenty-nine Indian patriarchs. Specifically, although Shenhui was at first content to use the doctrine of the eight Indian patriarchs from the *Chuan fabao ji*, in his later years realized that it was unnatural for there to only be eight persons to cover the great period of time from Shakyamuni to Bodhidharma, and so he began to advocate a new doctrine of twenty-nine Indian patriarchs. Various sources indicate that this doctrine was undoubtedly well-known, so there must have been some written work which promoted it. I conduct a comprehensive examination of sources such as Baotang school lamp history entitled the *Lidai fabao ji* 歷代法寶記 (Records of the transmission of the dharma treasure through the generations), the *Xiguo fozu daidai xiangcheng chuanfa ji* 西國佛祖代代相承傳法記 (Records of the transmission of the dharma by the Buddha and the patriarchs through the generations in the western countries) cited by Saichō in his *Naishō buppō sōjō kechimyakufu* 內證佛法相承血脈譜 (Bloodline genealogies of the transmissions of the internal enlightenment of Buddha dharma), and the *zuzong zhuangji* 祖宗傳記 ("patriarch biographies")

mentioned by Zongmi in his *Yuanjuejing dashu chao* 圓覺經大疏鈔 (Further comments on the Comprehensive Commentary of the Sutra of Perfect Enlightenment), and the Dunhuang manuscripts tentatively titled *fu fazang ren shengzhe zhuan* 付法藏人聖者傳 (Biographies of the sages who transmitted the dharma treasury). I propose a new theory that the text which promoted the doctrine of the twenty-nine Indian patriarchs was a text which was entitled the *Fu fazang jing* 付法藏經 (Sutra of the transmission of the dharma treasury), and I try to show as much as possible how this text developed and its interrelationship to other related texts.

Furthermore in chapter 7, "The True Picture of Huineng and His Transformation to 'Sixth Patriarch' by Shenhui," I focus on the earliest so-called biography of Huineng which Shenhui himself authored in his *Shizi xuemai zhuan*, and the *Liuzu Neng chanshi beiming* 六祖能禪師碑銘 (Stele inscription for Sixth Patriarch Chan Master Huineng) which Shenhui commissioned Wang Wei to write. I use the discrepancies of the account of Huineng in these two texts as a starting point for reconstructing original biography of Huineng as understood by Shenhui, and I also explore the reasons for the discrepancies between such accounts as the *Shizi xuemai zhuan* and the *Liuzu Neng chanshi beiming*. I conclude that Shenhui went so far as to falsify the historical facts, and I show how he tried to make Huineng's biography more befitting of an alleged sixth patriarch. I also address and present my views on a few issues related to Huineng's biography

Part IV: The Historical Significance of Shenhui's Rise

In part IV, I first demonstrate the consequence of Shenhui's activities and exile on the society of that time, and I then again clarify the significance of Shenhui's criticism of the "Northern school" in the history of early Chan Buddhism.

In chapter 8, "The Influence of Shenhui's Activities on the Buddhist World," I examine the *Gu Zuoxi dashi bei* 故左溪大師碑 (Stele inscription for the late Great

Master Zuoxi) which was written by a representative literary figure of that time named Li Hua, and I show how Li Hua intentionally chose to ignore Shenhui even though he was well aware of him, reflecting the severity of Shenhui's being punished by exile. I explain how Li Hua nevertheless matter-of-factly used terms invented by Shenhui such as the "Southern school," "Northern school," and the idea Shenhui established of there being "twenty-nine" patriarchs, which shows just how widely Shenhui's claims permeated society.

Also in chapter 8, I examine Wuzhu, the founder of the Baotang school. Wuzhu paid close attention to Shenhui's activities during his period of training in central China and had gained access to his writings. However, after he learned that Shenhui had been exiled, Wuzhu left central China for Sichuan province and began to stress his connection to Wuxiang, the leader of Jingzhong school which was extremely influential locally, and he also adopted Wuxiang's teaching style. Still, in his latter years, after Shenhui's reputation had been posthumously restored through the efforts of his disciples, Wuzhu again actively incorporated the claims of the Heze school texts. This shows that the developments of the Heze school of central China attracted attention even in provincial regions.

In chapter 9, "The Historical Significance of Shenhui's Criticism of the Northern School,'" the concluding chapter of this book, I discuss the historical significance of Shenhui and especially his criticisms of the Northern school. The question of why Shenhui was motivated to criticize the Northern school is an extremely important issue at the center of the history of early Chan Buddhism, yet previous research has provided little in the way of a convincing answer. The prevailing view has been that Huineng or Shenhui were innovative revolutionaries who criticized the conservative Northern school in order to establish a new, distinctly Chinese, Chan Buddhism. However, as I show in this book, Shenhui's ideas were not inherited from Huineng. Rather, most of Shenhui's ideas originated with the East Mountain teaching or the Northern school with few innovations, so we must consider this

previous view of Shenhui as an ideological revolutionary to be completely unfounded. I present a new answer to this issue by positing that Shenhui's criticism of the Northern school was a response to a sectarian criticism of Chan from the position of the Pure Land teachings by Cimin Huiri. I explain how Huiri's criticism was also rooted in a broader critique related to the divergence between urban Buddhism as a state-sponsored Buddhism as opposed to mountain and forest Buddhism as an outlaw Buddhism, and that ultimately despite the fact that the East Mountain teaching were in danger of being expelled by the state if they did not address Huiri's criticism, the members of the Northern school remained silent and made no effort to respond. In this context Shenhui accepted Huiri's critique but claimed that it only applied to the heterodox Northern school faction of the East Mountain teaching and not to the legitimate Southern school. In other words, Shenhui scapegoated the Northern school to protect the East Mountain teaching.

The answer I present in this book provides a rational explanation of why Shenhui was so compelled, even to the point of risking his life, to criticize the Northern school from which he inherited much of his thought. My perspective is supported by such evidence as the influence of Huiri's *Jingtu cibei ji* seen in Shenhui's *Ding shifei lun*, and the great sway of state power which can be inferred from Shenhui's ideological shift after he moved to Luoyang. Unlike previous explanations which treated this solely as an issue within Chan Buddhism, I have also considered Shenhui's relationship to other Buddhist traditions, such as the Pure Land teachings, and the reliance of Chinese Buddhism on the state. I am confident that my perspective has broken new ground over the conventional explanation, if only for having broadened the discussion to include these wider issues.

(Translated by Joseph C. Williams)

索　引

人名索引

あ行

か行

さ行

た行

な行

は行

文獻名索引

さ行

た行

な行

は行

や行

ら行

事項索引
（地名、寺名を含む）

あ行

か行

さ行

た行

な行

は行

ま行

や行

ら行